Décolonisations

Du même auteur

Une histoire environnementale de la nation
Regards croisés sur les parcs nationaux du Canada,
d'Éthiopie et de France
Éditions de la Sorbonne, 2015

L'Invention du colonialisme vert
Pour en finir avec le mythe de l'Éden africain
Flammarion, 2020

Un communiste d'Algérie
Les vies de Jules Molina (*édition*)
Alger-Paris, Barzakh – Éditions de la Sorbonne, 2020

Guillaume Blanc

Décolonisations

Histoires situées d'Afrique et d'Asie
(XIXe-XXIe siècle)

Éditions du Seuil

Les cartes ont été réalisées par Clara Delboé,
par le biais d'un financement apporté par le programme
de recherche ANR (CE27) PANSER dirigé par Guillaume Blanc
et hébergé par le laboratoire Tempora (7468)
de l'université Rennes 2.

La fabrication de l'ouvrage a bénéficié
de l'aide financière de l'IUF (Institut Universitaire de France)
dont Guillaume Blanc est membre.

institut
universitaire
de France

ISBN 978-2-7578-9285-5

Érythrée, Timor-Leste, Angola, Papouasie-Nouvelle-Guinée, Nigeria, Singapour… Pourquoi sommes-nous si nombreux à presque tout ignorer de leur histoire ?

Les historiens l'ont signalé, la colonisation fut d'abord essentialisation. Pour dominer les populations conquises, les puissances européennes ont tenté de les dépersonnifier, de les chosifier, disait Aimé Césaire. Il n'était plus question de gouverner des individus mais de contrôler des « Africains » et des « Asiatiques », des « noirs » et des « jaunes ». Les historiens ont également montré combien ce passé colonial pèse sur le présent. La presse, le cinéma, la littérature et même l'école n'en finissent pas d'essentialiser l'Afrique et l'Asie en les associant encore, toujours, aux mondes de l'Autre et de l'Ailleurs, ces mondes auxquels les colons d'autrefois voulaient croire : ceux de l'« ethnie », de la « tribu », de la « tradition ».

Ces recherches furent salvatrices. Le problème est que les grandes synthèses de l'histoire des décolonisations ont continué de proposer une géographie essentialisante et une chronologie européo-centrée. Toutes déconstruisent la prétendue homogénéité des ensembles régionaux inventés par les administrations coloniales ; mais livrent ensuite une histoire par blocs : il y aurait toujours l'« Asie méridionale », l'« Afrique du Nord » et même l'« Afrique noire ». Ces travaux insistent également sur la superficialité de la rupture que représente la proclamation formelle des indépendances, au début des années 1960. Et pourtant, le récit reste bien souvent organisé autour d'un avant et d'un après : il y aurait toujours l'époque « coloniale », objet central de chaque grande histoire des décolonisations, puis celle « postcoloniale », évoquée dans un dernier chapitre qui affirme les continuités sans vraiment les décrire. Ces synthèses demeurent brillantes, c'est indéniable. Mais au terme de leur lecture, on peine toujours autant à connaître l'histoire de la Malaisie, du Pakistan ou du Mozambique. Nous savons comment ils ont été colonisés et sont devenus indépendants. En revanche, nous ignorons beaucoup de leur singularité coloniale, et presque tout de leur identité postcoloniale.

Voilà pourquoi ce livre propose un pas de côté. Il s'organise d'abord autour d'une chronologie allant du XIXe au XXIe siècle, depuis l'invention européenne des races dans les années 1850 jusqu'à l'exode des « migrants » érythréens dans les années 2010. Le récit englobe ainsi véritablement, et non dans la seule apparence du titre, les périodes coloniale et postcoloniale. Cet ouvrage se limite ensuite à une vingtaine de pays, que l'on retrouvera au fil de plusieurs chapitres. Le tri est sélectif et donc excluant. Il implique de négliger l'histoire du Moyen-Orient et celle des institutions impériales comme le Commonwealth, par exemple. Mais ce choix permet de suivre les grandes trajectoires des aventures (post)coloniales et, en même temps, de substituer aux récits totalisants sur l'Afrique et l'Asie une histoire située des pays nés des empires français, britannique, néerlandais, belge, portugais et italien. Cette méthode permet aussi de mobiliser une historiographie spécialisée. Chaque chapitre s'appuie explicitement sur les principales références francophones grâce auxquelles chacun pourra aller en apprendre davantage sur l'histoire de telle ou telle société africaine ou asiatique. Ce livre propose enfin dix cartes et cinquante encadrés dédiés, sources à l'appui, à des lieux, des personnages, des événements. Ces arrêts sur image servent à accompagner une histoire des Suds observée depuis le Sud, une histoire qui essaie d'être attentive à tous les territoires qui font la décolonisation, à chacune des échelles internationale, nationale ou locale qui rythment une vie globale, mais toujours située.

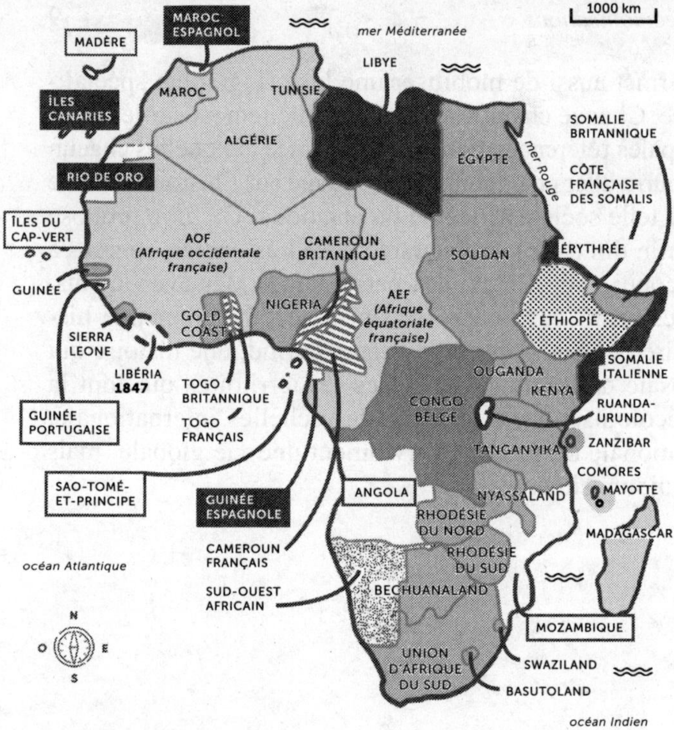

① L'AFRIQUE COLONIALE (années 1920)

Territoire :

- britannique
- français
- belge
- italien
- portugais (MADÈRE)
- espagnol (RIO DE ORO)
- indépendant
- jamais colonisé

Territoire allemand placé sous mandat :

- belge
- britannique
- français
- sud-africain

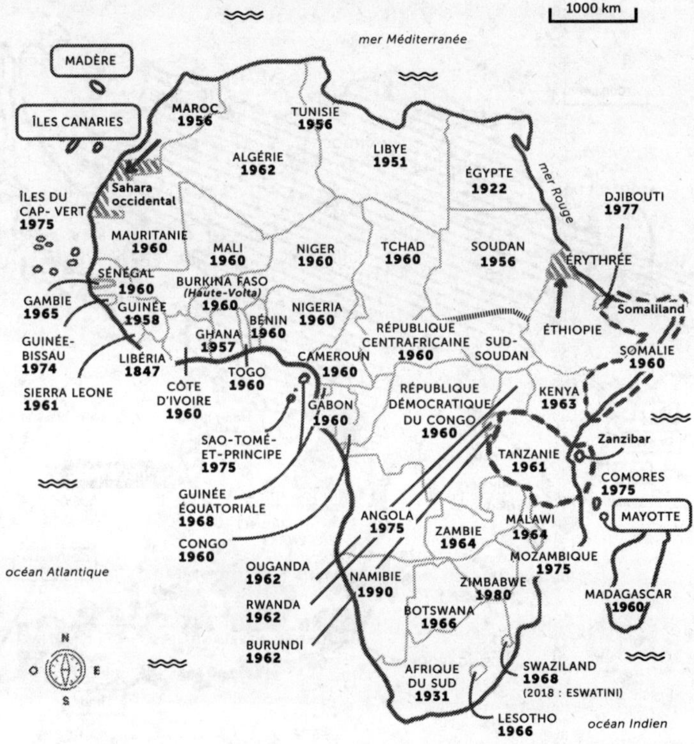

② L'AFRIQUE POSTCOLONIALE (2020)

Date d'indépendance — **1962**

Annexion d'État après l'indépendance
Érythrée 1952-1993
Sahara occidental 1975

Unification d'État après l'indépendance
Somaliland 1960
Zanzibar 1963

Séparation d'État
Sud-Soudan 2011

Territoire jamais décolonisé — MADÈRE

③ L'ASIE DU SUD-EST COLONIALE (années 1920)

Territoire :

- britannique
- français
- néerlandais
- japonais
- états-unien (PHILIPPINES)
- australien (NOUVELLE-GUINÉE)
- portugais (Goa)
- indépendant

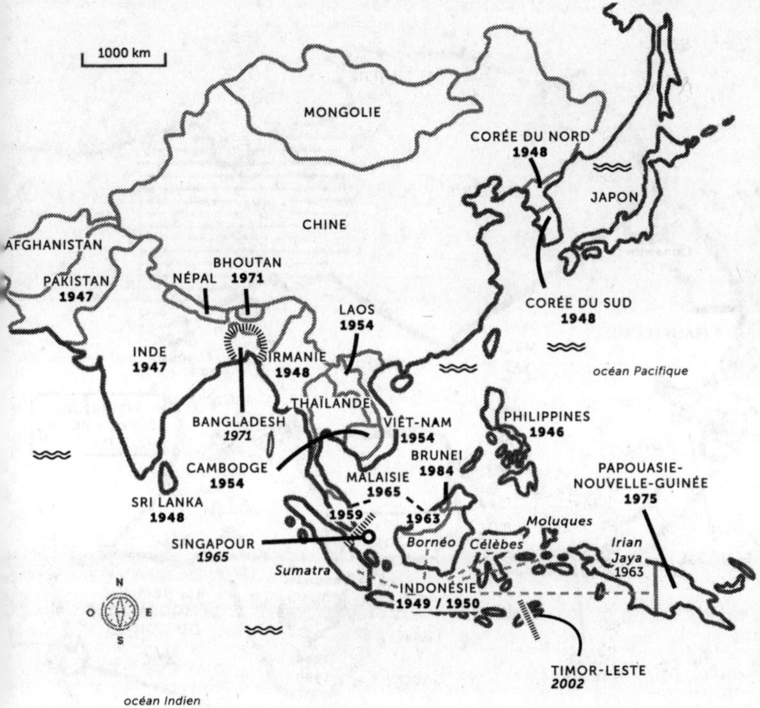

④ L'ASIE DU SUD-EST POSTCOLONIALE (2020)

1948 — **Date d'indépendance**

SINGAPOUR *1965* — **Séparation d'État**

1000 km
TUNISIE
MAROC
ALGÉRIE
LIBYE
Lamantin
1977
MAURITANIE
MALI
NIGER
Tacaud
1978
Limousin
1969-1972
Dakar
1962
TCHAD
RÉPUBLIQUE
CENTRAFRICAINE
1966
NIGERIA
1963
Épervier
1986
1986
TOGO
Biafra
1967-1970
Barracuda
1979
SÉNÉGAL
Licorne
2002
Abidjan
Yaoundé
CAMEROUN
RÉPUBLIQUE
DÉMOCRATIQUE
DU CONGO
Libreville
CÔTE
D'IVOIRE
GABON
1964
1990
Katanga
1960-1963
Bonite
1978
ANGOLA
RWANDA
1990
Turquoise
1994
N
O
E
S

⑤ FRANÇAFRIQUE

Le pré carré et son extension

Pré carré

Extension

FORMATION DU « PRÉ CARRÉ » (1960-1972)

Principaux postes du SDECE

Soutien militaire aux dirigeants « amis de la France »

Biafra 1967-1970 — Soutien de sécession ou de putsch

Opération militaire

VERS LA DIPLOMATIE DU JAGUAR (1973-1981)

Opération militaire

Intervention parachutiste

Principaux pays relais de la France

Front de la guerre fraîche

L'HÉRITAGE FOCCARTIEN (1982-2002)

Opération militaire

Soutien militaire aux dirigeants « amis de la France »

Regain interventionniste chiraquien

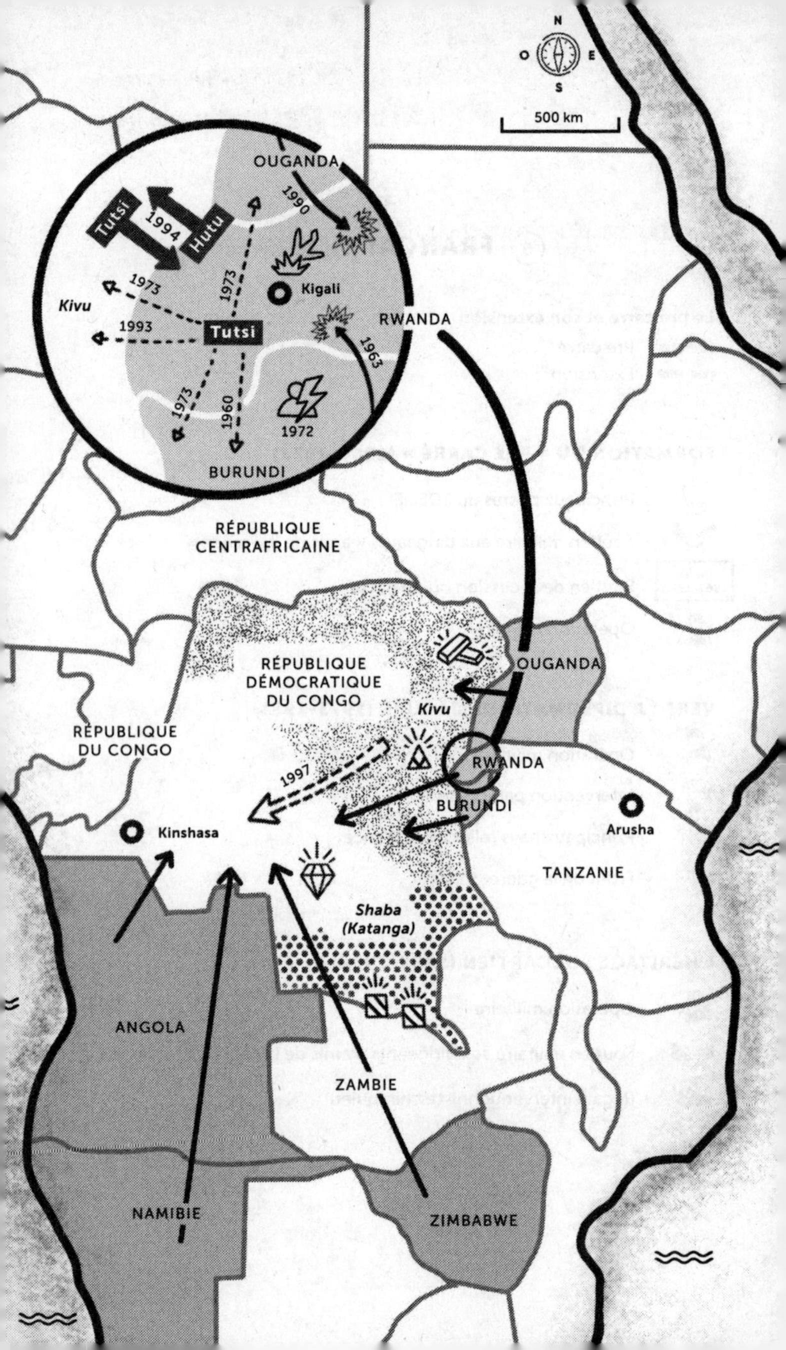
N
O
E
S
500 km
OUGANDA
1990
Tutsi
1994
Hutu
1973
Kivu
1973
Kigali
1993
Tutsi
RWANDA
1963
1973
1960
1972
BURUNDI
RÉPUBLIQUE CENTRAFRICAINE
RÉPUBLIQUE DÉMOCRATIQUE DU CONGO
OUGANDA
Kivu
RÉPUBLIQUE DU CONGO
RWANDA
1997
BURUNDI
Kinshasa
Arusha
TANZANIE
Shaba (Katanga)
ANGOLA
ZAMBIE
NAMIBIE
ZIMBABWE

⑥ AFRIQUE CENTRALE, ETHNICISATION ET RÉGIONALISATION DES CONFLITS

LE GÉANT DU CONGO-ZAÏRE

Lutte sécessionniste
- 1960-1963
- 1978

« Odyssée » de Laurent-Désiré Kabila

Ressources

Cuivre et cobalt
Coltan
Diamant
Or

TROIS VOISINS, UN GÉNOCIDE (1960-1994)

Principaux mouvements de populations tutsi

Principaux raids armés menés par des mouvements tutsi

- 1963 : raids contre Kigali organisés par des Tutsi réfugiés au Burundi, et répression par le parti hutu
- 1990 : raids contre le Rwanda organisés depuis l'Ouganda par le FPR du commandant Fred et de Kagame

Principales violences à caractère génocidaire

Ikiza : répression

6 avril 1994 : crash de l'avion qui ramène de Arusha les présidents Habyarimana et Ntaryamira

VERS UNE GUERRE CONTINENTALE (1994-2003)

Retour des Tutsi et fuite des Hutu

Zone contrôlée/déstabilisée par des mouvements rebelles après 1997

Pays soutenant la rébellion congolaise

Pays soutenant le régime congolais

Intervention militaire

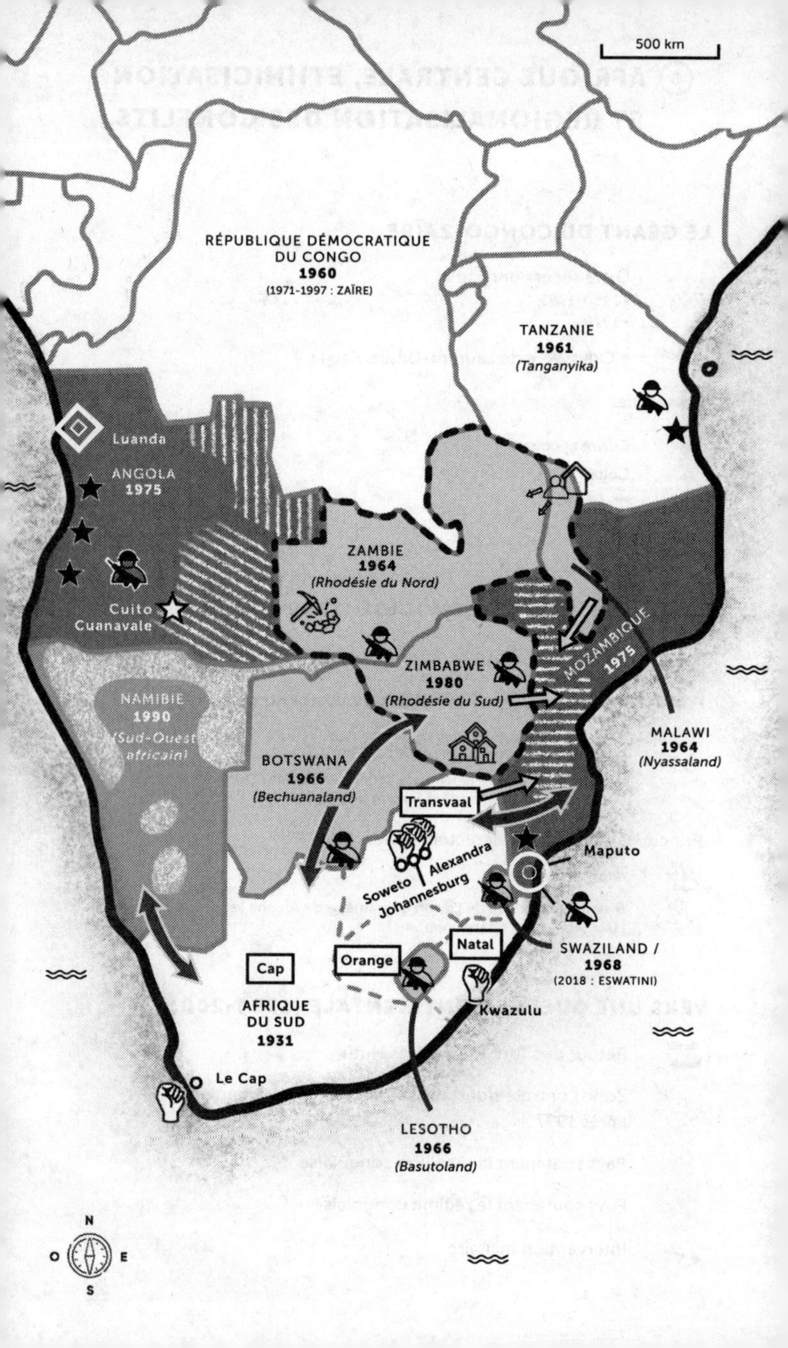
500 km
RÉPUBLIQUE DÉMOCRATIQUE
DU CONGO
1960
(1971-1997 : ZAÏRE)
TANZANIE
1961
(Tanganyika)
Luanda
ANGOLA
1975
Cuito
Cuanavale
ZAMBIE
1964
(Rhodésie du Nord)
MOZAMBIQUE
1975
ZIMBABWE
1980
(Rhodésie du Sud)
NAMIBIE
1990
(Sud-Ouest
africain)
MALAWI
1964
(Nyassaland)
BOTSWANA
1966
(Bechuanaland)
Transvaal
Maputo
Soweto
Alexandra
Johannesburg
Natal
Orange
Cap
SWAZILAND /
1968
(2018 : ESWATINI)
AFRIQUE
DU SUD
1931
Kwazulu
Le Cap
LESOTHO
1966
(Basutoland)
N
O
E
S

⑦ L'AFRIQUE AUSTRALE, OU LE POIDS RÉGIONAL DE L'APARTHEID

ANCIENNE COLONIE :

- portugaise
- britannique
- allemande puis sud-africaine
- **1964** *(Nyassaland)* Date d'indépendance et ancienne dénomination

GUERRES CIVILES SUR LES DEUX RIVES : L'ANGOLA ET LE MOZAMBIQUE

Principales aires d'influence des partis concurrents

- FNLA
- MPLA
- UNITA
- FRELIMO
- RENAMO

Des guerres civiles nationales et continentales

- Camp militaire de l'Umkhonto we Sizwe
- Principales attaques sud-africaines contre les militants de l'ANC
- 1988 : la bataille de Cuito Cuanavale

VOISINAGE (POST)COLONIAL : ZAMBIE, MALAWI, ZIMBABWE

Territoire « protégé » par la BSAC (1889) puis rattaché à la Couronne

- Colonie d'exploitation (minière)
- Colonie de peuplement
- Colonie de peuplement servant de réservoir de main-d'œuvre à ses voisins
- Une éphemère fédération (1953-1963)
- Soutien apporté à la RENAMO

L'AFRIQUE DU SUD DE L'APARTHEID

- Cap — Les provinces fondatrices de l'Union
- Bantustans du Sud-Ouest africain
- Mouvement de désobéissance civile férocement réprimé par le gouvernement d'apartheid
- Principales voies de circulation des militants de l'ANC

500 km
Cachemire
CHINE
AFGHANISTAN
Wagah
BOUTHAN
1971
Pendjab
PAKISTAN
(OCCIDENTAL)
NÉPAL
Ayodhya
UNION
INDIENNE
PAKISTAN
ORIENTAL
Junagadh
BIRMANIE
Diu
Daman
BANGLADESH
1971
Hyderabad
Yanaon
1954
Goa
Pondichéry
1962
Mahé
1954
Karikal
1954
SRI
LANKA
Cachemire
Frontière du
nord-ouest
AFGHANISTAN
Pachtounistan
Pendjab
PAKISTAN
(OCCIDENTAL)
Baloutchistan
INDE
Sind
N
O
E
S

⑧ L'INDE ET LE PAKISTAN, DEUX NATIONS EN MIROIR

LE DÉMANTÈLEMENT DE L'EMPIRE BRITANNIQUE DES INDES (1947-1948)

Indépendances birmane et sri-lankaise

Union indienne

Deux souverainetés pakistanaises

État princier rattaché à l'Inde

Mouvements massifs de populations :

hindoues

musulmanes

DES TRAJECTOIRES NATIONALES OPPOSÉES (1948-1971)

L'unification indienne

Comptoir français rattaché à l'Inde

1961 : opération Vijay

Territoire accédant définitivement à l'indépendance

Divisions pakistanaises

BANGLADESH Province orientale proclamant l'indépendance nationale

Pendjab Province occidentale centralisatrice

Provinces du Pakistan occidental sous influence ourdophone (Baloutchistan, Sind, Frontière du nord-ouest)

LE SYNDROME PAKISTANAIS DE L'ENCERCLEMENT

Territoire pachtoune contesté avec l'Afghanistan

Lieu d'affrontement symbolique avec l'Inde

Cachemire

Occupé par le Pakistan

Ligne de partage

Occupé par l'Inde

Contrôlé par la Chine

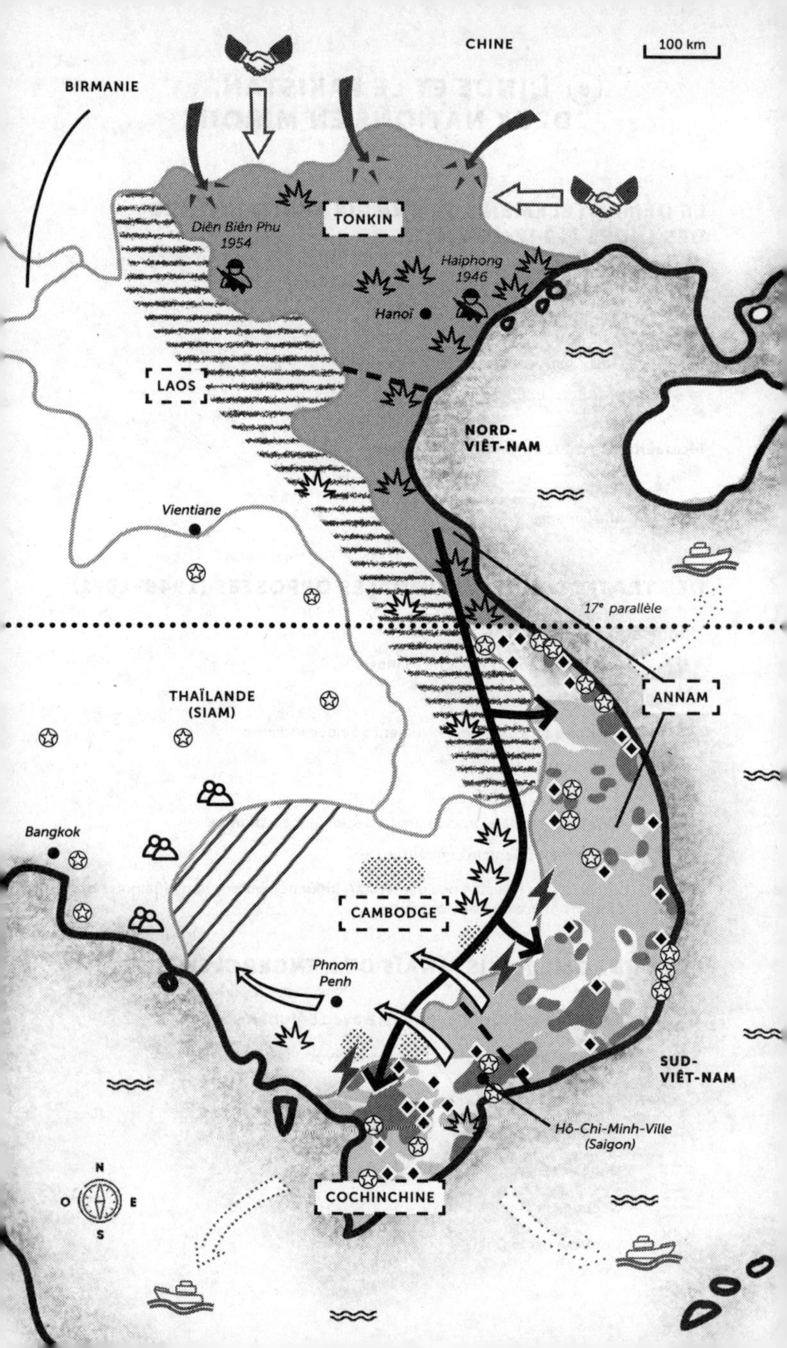
CHINE
100 km
BIRMANIE
TONKIN
Diên Biên Phu
1954
Haiphong
1946
Hanoï
LAOS
NORD-
VIÊT-NAM
Vientiane
17e parallèle
ANNAM
THAÏLANDE
(SIAM)
Bangkok
CAMBODGE
Phnom
Penh
SUD-
VIÊT-NAM
Hô-Chi-Minh-Ville
(Saigon)
COCHINCHINE
N
O
E
S

⑨ LES GUERRES D'INDOCHINE

DE LA COLONISATION À LA PREMIÈRE GUERRE D'INDOCHINE (v. 1900-1954)

TONKIN Les territoires de l'Union indochinoise française

Principaux affrontements franco-vietnamiens

Aide fournie par la Chine au Viêt Minh

DE LA PAIX DE GENÈVE À LA DEUXIÈME GUERRE D'INDOCHINE (1954-1975)

Partition de juillet 1954

Piste Hô Chi Minh

Territoire contrôlé par :

le parti des travailleurs

le Front national de libération (FNL)

la République du Viêt-Nam et les États-Unis

le Pathet Lao

les Khmers rouges

Principaux affrontements

Base militaire états-unienne

Offensive du Têt (1968)

Bombardement états-unien

Confrontation frontalière avec les Khmers rouges

DE LA RÉUNIFICATION VIETNAMIENNE À LA TROISIÈME GUERRE D'INDOCHINE (1975-1989)

1978 : invasion vietnamienne

1979 : réplique militaire chinoise

Exil des « *boat people* »

Camp de réfugiés

Combats avec les Khmers rouges renversés

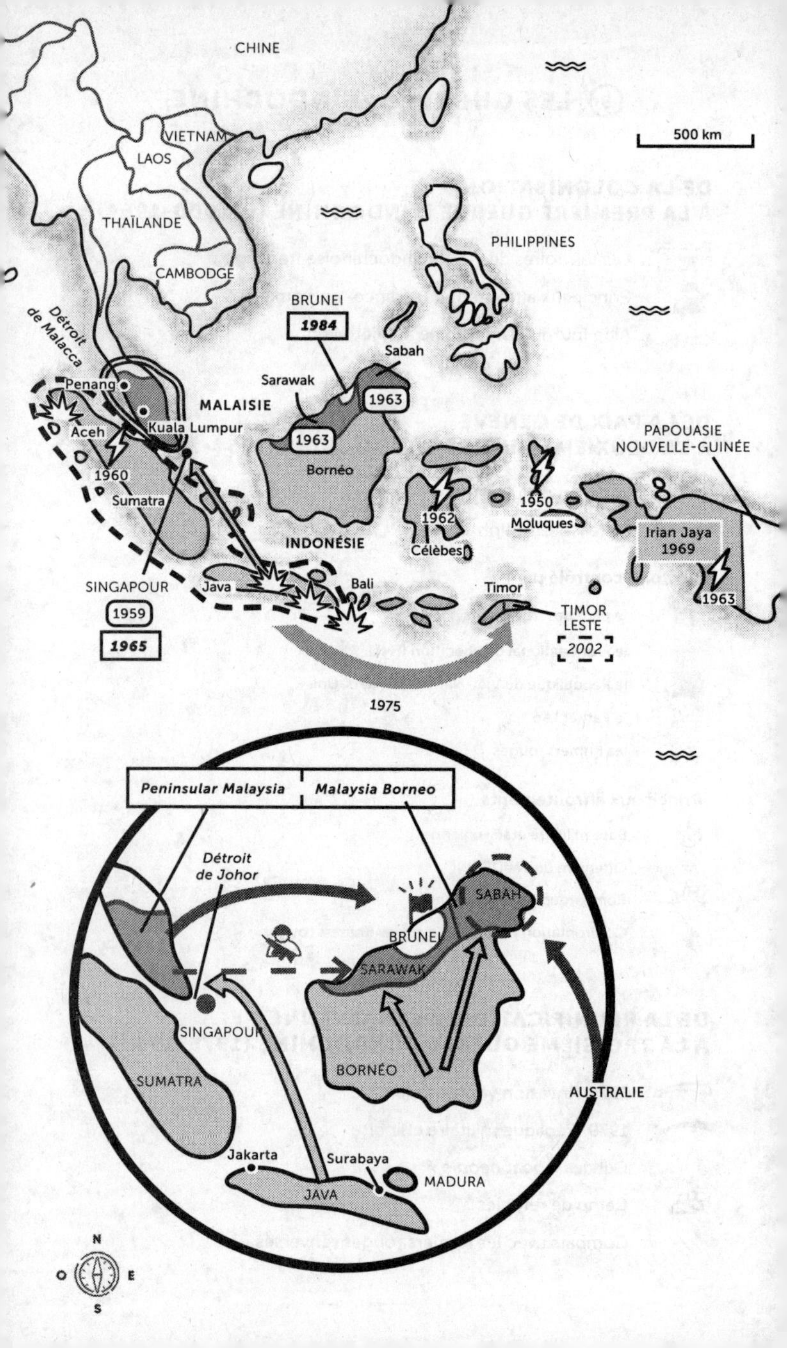
CHINE
VIETNAM
LAOS
THAÏLANDE
CAMBODGE
500 km
PHILIPPINES
BRUNEI
1984
Sabah
Sarawak
1963
1963
Bornéo
Détroit de Malacca
Penang
MALAISIE
Aceh
Kuala Lumpur
1960
Sumatra
PAPOUASIE NOUVELLE-GUINÉE
1950
Moluques
1962
Célèbes
Irian Jaya 1969
INDONÉSIE
SINGAPOUR
1959
1965
Java
Bali
Timor
1963
TIMOR LESTE
2002
1975
Peninsular Malaysia
Malaysia Borneo
Détroit de Johor
SABAH
BRUNEI
SARAWAK
SINGAPOUR
SUMATRA
BORNÉO
AUSTRALIE
Jakarta
Surabaya
MADURA
JAVA
N
O
E
S

⑩ INDONÉSIE-MALAISIE, DEUX NATIONS POUR UN ARCHIPEL

DE LA MALAYA BRITANNIQUE À LA MALAYSIA

1957 : indépendance de la *Malaya Federation* (Fédération malaise)

1959 Colonie britannique accédant à l'autonomie

L'éphémère Grande Malaysia (Grande Malaisie)

L'INDONÉISATION RÉPUBLICAINE DE L'ARCHIPEL

1949 : le cœur de la République indonésienne

1950 : la République unitaire d'Indonésie

1950-1963 : répression de bastions islamistes et sécessionnistes

KONFRONTASI (1962-1966)

Territoire convoité par les Philippines en 1962

1962 : soulèvement indépendantiste soutenu par l'Indonésie

1962 : Réaction militaire anglo-malaise

Attaque militaire indonésienne

Victoire de la coalition australienne, britannique et malaise

RETOUR À LA PAIX ET STRUCTURATION DE L'ARCHIPEL

Malaisie :

Peninsular Malaysia Une nation, deux États

1965 Territoire proclamant l'indépendance nationale

Indonésie :

Tragedi 1965

Irian Jaya 1969 Rattachement officiel de l'Irian Jaya (ex-Nouvelle-Guinée occidentale) à l'Indonésie

Invasion du Timor oriental

2002 Territoire indépendant de la République

Chapitre 1

Les espaces-temps des (dé)colonisés

Dans quel monde vit-on ? Un monde « décolonisé », « néo-colonial », « post-colonial » (avec un tiret distinguant l'avant de l'après) ou « postcolonial » (sans tiret, pour figurer non pas la succession mais l'accumulation des durées coloniale et post-coloniale) ? La réponse n'est pas simple. Cela dit, l'actualité des pays décolonisés signale combien nous vivons dans un monde où le passé pèse sur le présent, pour reprendre la formule du socio-historien Gérard Noiriel[1]. Quelques exemples suffisent à le montrer.

Au mois d'avril 2018, lorsque Michel Sardou fait ses adieux à la scène musicale, *Ouest-France*, premier quotidien français en termes de diffusion nationale, publie sur son site internet un article intitulé « Michel Sardou est-il vraiment réac ? ». Des millions d'internautes peuvent alors écouter sa chanson « la plus controversée » selon le journal. *Le Temps des colonies* est diffusée sur les ondes depuis 1977 avec ce célèbre refrain : « On pense encore à toi, oh Bwana ; dis-nous ce que t'as pas, on en a ; y a pas d'café, pas d'coton, pas d'essence en France ; mais des idées ça

1. Gérard Noiriel, *Introduction à la socio-histoire*, Paris, La Découverte, 2006, p. 4.

on en a, nous on pense[1]. » Écrite ou non au second degré, cette chanson nous renvoie directement à une représentation coloniale de l'Ailleurs et de l'Autre – en l'occurrence, l'Afrique et l'Africain.

1. Au temps durable des colonies

En 1931, depuis la Belgique, Hergé met en scène la colonisation, qui faisait des Congolais des enfants de la patrie belge. Puis, en 1946, il délaisse cet éthos colonial mais préserve encore, l'idée du fardeau civilisationnel de l'homme blanc* :

© Hergé / Moulinsart, 2022

Trente ans plus tard, en France cette fois-ci, avec « Le Temps des colonies », c'est au tour de Michel Sardou de révéler le poids du passé colonial dans la culture française postcoloniale :

1. Alice Dutray, « Michel Sardou est-il vraiment réac ? », *Ouest-France*, 12 avril 2018 (https://www.ouest-france.fr/culture/michel-sardou-est-il-vraiment-reac-5632909, consulté le 1er avril 2020).

« Moi monsieur j'ai fait la colo ; Dakar, Conakry, Bamako ; Moi monsieur j'ai eu la belle vie ; Au temps béni des colonies ; Les guerriers m'appelaient Grand Chef ; Au temps glorieux de l'AOF ; J'avais des ficelles au képi ; Au temps béni des colonies.
(Refrain) On pense encore à toi, oh Bwana ; Dis-nous ce que t'as pas, on en a ; Y a pas d'café, pas de coton, pas d'essence en France ; Mais des idées ça on en a, nous on pense ; On pense encore à toi, oh Bwana ; Dis-nous ce que t'as pas, on en a.
Pour moi monsieur, rien n'égalait ; Les tirailleurs sénégalais ; Qui mouraient tous pour la patrie ; Au temps béni des colonies ; Autrefois à Colomb-Béchar ; J'avais plein de serviteurs noirs ; Et quatre filles dans mon lit ; Au temps béni des colonies. (Refrain)
Moi monsieur j'ai tué des panthères ; À Tombouctou sur le Niger ; Et des hippo[potames] dans l'Oubangui ; Au temps béni des colonies ; Entre le gin et le tennis ; Les réceptions et le pastis ; On se s'rait cru au paradis ; Au temps béni des colonies. (Refrain)**. »

* Site officiel de Tintin (http://fr.tintin.com/albums/show/id/2/page/0/0/tintin-au-congo, consulté le 1er avril 2020).
** Michel Sardou, « Le Temps des colonies », Tréma, 1976.

Pensons également à l'œuvre du dessinateur Hergé, et en particulier au deuxième numéro des aventures de Tintin. Dans sa première version publiée en 1931, moment de l'apogée coloniale, *Tintin au Congo* est à la fois raciste (la représentation physique des enfants noirs) et colonialiste (l'homme blanc enseignant aux Noirs, et leur inculquant l'appartenance à leur patrie : la Belgique). Puis Hergé doit s'adapter à son époque. Lorsque la bande dessinée est rééditée en 1946, l'anticolonialisme a déjà pris son envol et l'auteur supprime l'allusion à la patrie belge. Mais l'album conserve, depuis, la figure de l'homme blanc enseignant les mathématiques à des enfants noirs aux têtes allongées et aux énormes lèvres rouges.

Ces représentations de l'altérité des (dé)colonisés perdurent aujourd'hui. En 2009 par exemple, le film *OSS 117. Rio ne répond plus* offre à des millions de spectateurs l'occasion de rire des blagues de l'agent secret français sur « les chinetoques [...] bouffeurs de riz[1] ». Dans une veine relativement similaire, avec *Astérix. Le papyrus de César*, l'un des livres les plus vendus en France en 2015, ce sont presque deux millions de lecteurs qui ont l'occasion de retrouver les deux célèbres Gaulois et, à leurs côtés, ces fameux portraits d'hommes noirs à l'air enfantin, aux lèvres démesurées et rouge vif, depuis les scribes numides à l'origine de la profession de « nègre littéraire » jusqu'au pirate Baba, qui dialogue tant bien que mal depuis sa vigie avec le capitaine du navire : « Chef ! Un pigeon 'eçu dans l'œil avec un message ! / Que dit le message ? / Aucune idée, chef ! Je ne sais pas li'e[2] ! »

De façon plus diffuse, il faut aussi mentionner les images d'Afrique et d'Asie que colportent les guides touristiques. Sur son site internet, le *Guide du routard* conseille par exemple aux voyageurs d'aller découvrir au Laos « la région de Luang Nam Tha, riche d'ethnies et d'un parc national », ainsi que « le plateau des Bolovens [...] célèbre pour ses ethnies, cascades, caféiers et sa fraîcheur ». Quant à ceux qui préféreraient se diriger vers le continent africain, le géant français du voyage leur conseille notamment de partir au Kenya, un pays où « comme partout en Afrique, la musique traditionnelle

1. Michel Hazanavicius (réalisateur), *OSS 117. Rio ne répond plus*, Gaumont, 2009, 29e mn.

2. Jean-Yves Ferri et Didier Conrad, *Astérix. Le papyrus de César*, Vanves, Les Éditions Albert René, 2015, p. 6 et p. 16.

rythme la vie au village. Chaque ethnie a un style particulier[1] ». En revanche, la description des pays européens n'a rien de similaire : on n'y trouve ni ethnies (seulement des peuples) ni associations naturalisantes entre des cascades et des communautés humaines, des peuples et un parc national.

Peut-on toutefois dire de ces représentations qu'elles sont racistes, ou néo-coloniales ? Non. Le constat serait beaucoup trop simpliste. Ces façons de penser l'Afrique et l'Asie nous renvoient, on ne le répétera jamais assez, à l'altérité coloniale, c'est-à-dire à l'invention de l'Ailleurs par les pouvoirs européens, lorsqu'ils cherchaient à signifier l'infériorité de l'Autre pour pouvoir légitimement l'exproprier, le dominer et le gouverner. Ce processus est à l'origine de l'essentialisation de groupes socio-politiques qui étaient, bien sûr, hétérogènes. Enfermés dans une catégorie qui résumerait toute leur identité, les Africains et les Asiatiques furent réduits à des entités prétendument homogènes et immuables. Un peuple organisait la gouvernance de ses territoires autour de lignages familiaux élargis ; il devenait une « ethnie ». Des populations pratiquaient une agriculture vivrière à laquelle était associée une certaine hiérarchie sociale ; elles devenaient « traditionnelles ». L'entreprise n'a pas plus de sens que celle qui consisterait à dire des Bretons qu'ils sont une ethnie et de leurs éleveurs qu'ils forment une société traditionnelle… Seulement, lorsqu'il s'agit de l'Afrique et de l'Asie, quoique sous des formes renouvelées, cette essentialisation d'origine coloniale reste d'actualité.

1. Site officiel du *Guide du routard*, « Où se poser au Cambodge et au Laos » et « Culture Kenya » (https://www.routard.com, consulté le 1er avril 2020).

Le phénomène est particulièrement criant dans l'enseignement français. Il y a, disons, au sommet de l'iceberg, la prégnance du souvenir de la colonisation. Entre 2005 et 2006, la polémique qui entoure la loi sur la façon d'enseigner cette page de l'histoire nationale signale toute la pesanteur du passé colonial. Issue de débats initiés quelques années plus tôt, la loi n° 2005-158 « portant reconnaissance de la Nation et contribution nationale en faveur des Français rapatriés » est votée le 23 février 2005. À cette date, l'article 4 indique : « Les programmes de recherche universitaire accordent à l'histoire de la présence française outre-mer, notamment en Afrique du Nord, la place qu'elle mérite. Les programmes scolaires reconnaissent en particulier le rôle positif de la présence française outre-mer, notamment en Afrique du Nord, et accordent à l'histoire et aux sacrifices des combattants de l'armée française issus de ces territoires la place éminente à laquelle ils ont droit. » La mention d'un « rôle positif » à reconnaître et à inculquer fait rapidement l'objet de protestations, portées par les milieux associatifs, universitaires et politiques[1]. Au point que l'alinéa entier sera supprimé, laissant gravés dans la loi les seuls impératifs de promouvoir la recherche sur la « présence française outre-mer » – terminologie qui permet encore d'éviter le terme de « colonisation »[2].

Voici l'iceberg. Mais, derrière ce mot que l'État rechigne à écrire, se dessine une histoire culturelle plus profonde, des représentations collectives si ancrées dans

1. Claude Liauzu et Gilles Manceron (dir.), *La Colonisation, la Loi et l'Histoire*, Paris, Syllepse, 2006.

2. « Loi n° 2005-158 du 23 février 2005… », *Journal officiel de la République française*, 0046, 24 février 2005, modifiée par le décret n° 2006-160 du 15 février 2006 (https://www.legifrance.gouv.fr/affichTexte.do?cidTexte=JORFTEXT000000444898, consulté le 2 avril 2020).

la société française qu'elles semblent indéboulonnables. Restons dans le domaine de l'enseignement. Ce livre, par exemple, est né d'un cours confié à l'auteur lors de son arrivée à l'université Rennes 2. Dispensé aux étudiants de troisième année de licence, celui-ci s'intitulait « Décolonisations comparées. Afrique & Asie ». La chose n'est pas anodine. Quel autre cours pourrait se permettre d'aborder conjointement, et légitimement, une histoire qui rassemble près de soixante-dix pays ? Dans un enseignement comme celui-ci, qui figure dans bien d'autres universités françaises, il est admis qu'un spécialiste de l'histoire de l'Algérie puisse enseigner, aussi, celle de l'Afrique du Sud, deux pays distants d'environ dix mille kilomètres. En revanche, il est extrêmement rare, pour ne pas dire impossible, qu'au sein d'un même cours un spécialiste de l'histoire de France enseigne aussi celle de la Russie, deux pays pourtant séparés par moins de deux mille cinq cents kilomètres. Est-ce à dire que les histoires de l'Algérie et de l'Afrique du Sud se ressemblent davantage que celles de la Russie et de la France ? Pas du tout.

Cette contradiction renvoie à deux phénomènes. De prime abord, il y a l'influence de la colonisation sur chacune des sociétés africaines et asiatiques. Les expériences coloniales furent si déterminantes qu'elles justifient en partie que l'on étudie conjointement des sociétés aux visages si différents. Mais en partie seulement, car l'argument est indissociable d'un autre état de fait tout aussi fondamental, à savoir le poids toujours actuel de l'invention des catégories « Afrique » et « Asie ». Il faut l'affirmer avec force, ces catégories nées de la science coloniale ont beau être dépourvues de fondements objectifs, elles sont aujourd'hui encore socialement structurantes. Edward Saïd l'a montré dès

1978 dans sa magistrale étude de l'« orientalisme ». Domaine de l'érudition qui s'est affirmé au XIXe siècle avec l'expansion impériale européenne et l'essor concomitant des sciences et des arts, l'orientalisme désigne un « style de pensée fondé sur la distinction ontologique et épistémologique entre "l'Orient" et (le plus souvent) "l'Occident" ». En cela, explique Saïd, « l'orientalisme est un style occidental de domination [...] sur l'Orient » : « La culture européenne s'est renforcée et a précisé son identité en se démarquant d'un Orient qu'elle prenait comme une forme d'elle-même inférieure et refoulée », « c'est pourquoi, tout autant que l'Occident lui-même, l'Orient est une idée qui a une histoire et une tradition de pensée, une imagerie et un vocabulaire qui lui ont donné réalité et présence en Occident et pour l'Occident[1]. » Cette invention orientaliste de l'Asie fait pleinement écho à l'invention de l'« Afrique noire ».

Voilà pourquoi étudier la colonisation nécessite de substituer à des cadres continentaux totalisants des situations localisées. Dans l'introduction de leur *Nouvelle Histoire des colonisations européennes*, Amaury Lorin et Christelle Taraud notent que la colonisation « a revêtu de multiples formes selon les empires, les terrains et les populations considérés, suivant des chronologies propres à chaque territoire colonisé ». Mobilisant les travaux de Jane Burbank et Frederick Cooper[2], ils en appellent à décrypter la domination et l'oppression

1. Edward Saïd, *L'Orientalisme. L'Orient créé par l'Occident* (1978), traduit de l'anglais par Catherine Malamoud, Paris, Seuil, 2005 (1re éd. 1980), p. 31-34.

2. Jane Burbank et Frederick Cooper, *Empires. De la Chine ancienne à nos jours* (2010), traduit de l'anglais par Christian Jeanmougin, Paris, Payot, 2011.

coloniales par le biais de « répertoires impériaux » variant aussi bien dans le temps que dans l'espace[1]. Il en va de même de l'étude des décolonisations, qui se sont elles aussi exprimées selon une large gamme de répertoires impériaux et nationaux. L'ajout du terme « nationaux » est ici crucial. Car c'est bien par le biais du cadre national qu'il convient d'appréhender les sorties impériales.

Ce cadre est d'abord géographique. L'immense majorité des populations colonisées s'émancipe des empires européens en ancrant sa souveraineté dans un territoire aux frontières explicitement nationales. Les décolonisations doivent donc être lues comme un processus global mais aussi et surtout comme la somme de multiples processus nationaux.

Géographique, le cadre est tout autant historique. La majeure partie des sociétés colonisées accède à l'indépendance en adoptant le modèle politique de l'État-nation. Les décolonisations doivent donc être appréhendées à l'aune d'une double temporalité : celle de la remise en cause d'un ordre colonial et celle de la fabrique d'un ordre national postcolonial.

Un monde décolonisé

Envisager l'histoire des décolonisations africaines et asiatiques nécessite de s'attarder, d'abord, sur la fabrique sociale des continents d'Afrique et d'Asie, ensuite, sur

1. Amaury Lorin et Christelle Taraud, « Introduction. Pour une nouvelle histoire comparée des colonisations européennes aux XIXe et XXe siècles », in *id.* (dir.), *Nouvelle Histoire des colonisations européennes, XIXe-XXe siècles*, Paris, PUF, 2013, p. 3.

l'invention de l'altérité africaine et asiatique, enfin sur l'appropriation, par les sociétés décolonisées, de ce legs colonial.

L'invention des continents

Les cinq continents du globe ne sont pas un donné naturel, mais le produit d'une longue histoire humaine. Ils n'existent pas en soi, mais à travers les constructions scientifiques, culturelles et politiques qui leur ont donné forme. Isabelle Surun et Hugues Tertrais ont minutieusement retracé les étapes de cette histoire dans un numéro de la revue *Monde(s)*, paru en 2013[1].

Résumée ici très schématiquement, cette histoire commence dans la Grèce antique, lorsque les Grecs partagent la surface terrestre habitée entre Asia (la femme ou la mère de Prométhée : en direction du Levant), Europe (proche de Zeus : en direction du Couchant) et Libye (aimée par Poséidon : identifiée à l'Afrique). La tradition biblique organise ensuite cette division du monde autour de la Méditerranée, chaque fils de Noé se voyant attribuer un continent : l'Europe pour Japhet, l'Asie pour Sem et l'Afrique pour Cham. Puis, au Moyen Âge, la cartographie des navigateurs européens fixe encore davantage cette répartition du monde en « continents » (du latin *continens terra*, la terre qui se touche d'un seul tenant, c'est-à-dire un espace continu). Il y a l'Europe, l'Asie et l'Afrique, auxquelles s'ajoute le Nouveau Monde, baptisé « Amérique » en l'honneur du commerçant et navigateur Amerigo Vespucci, qui aurait été le premier à comprendre que Christophe Colomb avait accosté sur un nouveau continent, et non

1. Isabelle Surun et Hugues Tertrais (dir.), « Inventions des continents », *Monde(s). Histoire, espaces, relations*, n° 3, 2013.

aux Indes orientales. Enfin, au XIXe siècle, sous le coup de l'expansion britannique vers l'« austral », l'Océanie devient le cinquième continent, dernière partie du monde à être « découverte » (c'est-à-dire conquise) par les Européens.

L'impérialisme européen aidant, cette représentation du monde s'impose, puis la classification des continents va renvoyer à une classification des « races ». Au moins deux scientifiques doivent ici retenir notre attention.

Le premier est un naturaliste français. Jean-Baptiste Bory de Saint-Vincent produit et fait connaître en 1827 un planisphère qui associe l'histoire géologique des continents à celle des berceaux successifs de l'humanité, le plus vieux berceau, l'européen, dominant naturellement le monde. Bory de Saint-Vincent établit en fait une histoire des continents et de l'humanité au gré de laquelle l'espèce la plus vieille – celle des Japétiques, les Européens – domine trois groupes plus jeunes, eux-mêmes hiérarchisés historiquement, et culturellement : d'abord les Arabiques, Hindous et Siniques (moins civilisés mais estimés) ; ensuite les Scythiques, Hyperboréens, Neptuniens, Colombiques, Amériquains, Patagons et Éthiopiens (faiblement civilisés) ; enfin les Australasiens, Cafres, Mélaniens et Hottentots (sauvages). « Honnête escroquerie », comme le décrit finement Christophe Brun, ce planisphère annonce la hiérarchisation civilisationnelle des continents et de leurs « races » respectives[1].

Carl Ritter y contribuera largement, une vingtaine d'années plus tard. En 1850, à l'Académie royale des

1. Christophe Brun, « Découper la Terre, inventorier l'Homme. Le planisphère de Bory de Saint-Vincent, 1827 », *Monde(s)*, *op. cit.*, p. 84.

sciences de Berlin, ce géographe allemand prononce un discours dans lequel il associe l'histoire de la Terre et l'évolution des sociétés humaines. Ritter affirme que certaines formations terrestres sont propices au progrès des peuples qui les occupent, tandis que d'autres leur sont défavorables, au point de condamner certaines sociétés à la stagnation et à la médiocrité.

2. Carl Ritter : les continents, les races et l'histoire

« *De la configuration des continents sur la surface du globe et de leurs fonctions dans l'histoire*

[…] Aucun accident aux contours de l'Afrique, qui offre un développement de côtes moindre que toute autre partie du monde ; cette disposition éloigne le plus possible l'intérieur des terres du contact vivifiant de l'Océan. Toute individualité de pays ou de nation a été ainsi refusée à cette masse uniforme dont toutes les extrémités également distantes du centre sont soumises à peu près à la même chaleur tropicale. L'Afrique […] est malheureusement restée partout identique à elle-même, et n'a pu être vivifiée par aucune variété ni par aucun contraste. Aussi le patriarcat s'y est conservé sans contact avec les progrès de l'histoire, et des siècles semblent s'interposer entre l'Afrique et son avenir encore mystérieux. […]

L'Asie nous offre un tout autre spectacle par le développement riche, bien que partiel, de ses côtes et de ses articulations fortement individualisées. Chacune d'elles, séparée des autres par une ligne de démarcation, et rapprochée en même temps par les relations maritimes, a reçu de la nature une dot différente en plaines et montagnes, en cours d'eau, en souffles de vents, en produits divers. Leurs peuples se caractérisent également par des individualités saillantes, et de vifs contrastes distinguent le Chinois et le Malais, l'Hindou, le Persan, l'Arabe et l'habitant de l'Asie Mineure. […]

Le morcellement de l'écorce planétaire dans la Polynésie et la formation compacte de l'Afrique sont deux extrêmes qui agissent d'une manière opposée sur la nature et sur les peuples, mais qui tous deux exercent une influence funeste et ralentissent le progrès

> de leurs habitants. Sur la surface la plus déchirée, les Malais du groupe de la Sonde sont plus qu'aucun autre peuple divisés en tribus ennemies ; dans la masse la plus compacte, les peuplades serrées de nègres sont uniformément barbares dans leur uniforme pays. Ce sont là des formes telluriques relativement défavorables pour le dégrossissement des peuples encore sauvages.
> Entre ces deux extrêmes se trouve l'Europe, non pour ralentir, mais pour accélérer le mouvement. Par suite de sa surface moins étendue et plus facile à embrasser du regard, par suite du développement de ses côtes, de ses articulations, de son système insulaire, elle a rempli toutes les perfections possibles à l'espace, et a pu réaliser plus tôt que les autres sa destination planétaire. »
>
> Cité par Isabelle Surun et Hugues Tertrais,
> « Les continents orphelins ? Introduction »,
> *Monde(s)*, *op. cit.*, p. 18.

Cette interprétation va d'autant plus s'imposer dans la culture des Européens qu'elle sert directement le dessein de leurs dirigeants, soucieux de légitimer leur entreprise de domination de l'Afrique et de l'Asie. La même logique explique d'ailleurs qu'à la naturalisation des continents et des sociétés humaines s'ajoute, progressivement, une dichotomie séparant l'Occident de l'Orient. Durant le haut Moyen Âge, cette opposition servait à distinguer les chrétientés latine et orthodoxe, héritières respectives des empires romain et byzantin. Puis, au bas Moyen Âge, l'opposition s'est transformée, l'Occident chrétien s'opposant désormais à l'Orient musulman. Enfin, au XIXe siècle, notamment avec l'essor de la pensée romantique, l'Orient finit par désigner un vaste espace élargi vers l'est, où des traditions sociales et religieuses soumettraient les individus à des lois atemporelles : c'est-à-dire l'exact opposé d'un Occident toujours plus marqué, lui, par l'effacement de la religion et l'essor du capitalisme, de la modernité et de la rationalité[1].

Les catégories « Afrique » et « Asie » prennent définitivement forme à la faveur de ce double mouvement : d'un côté la hiérarchisation raciale des continents, de l'autre la séparation civilisationnelle de l'Occident et de l'Orient.

S'agissant de l'Afrique, l'historien et anthropologue Éloi Ficquet nous invite à questionner l'image du continent saisie sur un planisphère, figurant une totalité graphique, une étendue uniforme marquée par la cohérence et la singularité, contrairement aux autres continents dont les limites sont bien plus floues : l'Europe et l'Asie divisées par des obstacles physiques aisément franchissables (l'Oural et le Bosphore) ; l'Amérique coupée entre le Nord et le Sud par une mince étendue de terre ; et l'Océanie unie par des distances maritimes. Certes, l'Afrique est généralement décrite comme coupée en deux : l'Afrique subsaharienne longtemps dite « Afrique noire » et l'Afrique du Nord, jamais explicitement nommée « Afrique blanche » car les Européens devaient la soumettre elle aussi à la domination des « Blancs ». Cependant, les frontières matérielles de cette division ne sont jamais précises. Seul le Sahara sépare ces deux entités sur les cartes, alors que l'on sait 6combien le Sahara est depuis longtemps traversé de routes dédiées au commerce, aux pèlerinages, aux migrations.

Dans cette singularité des continents productrice de sens communs (les « traditions africaines », la « cuisine asiatique », les « rébellions sud-américaines »), quelle est, concrètement, la représentation de l'Afrique ? À

1. Isabelle Surun et Hugues Tertrais, « Les continents orphelins ? Introduction », *Monde(s)*, *op. cit.*, p. 6-27.

l'époque coloniale, la cartographie fait souvent usage du « blanc » lorsqu'il est question de ce continent : l'Afrique encore inexplorée par les Européens renvoie à un continent qui serait vierge, c'est-à-dire dépourvu de cadres socio-politiques et, par conséquent, à occuper, exploiter, administrer. Cette représentation n'est plus la même depuis les indépendances. « L'Afrique comme pictogramme [...] est devenue le signe d'une communauté de destin de peuples asservis, dominés et brutalement traités », note Ficquet. Mais la même idée perdure : les sociétés africaines partageraient le même sens de l'histoire et, *de facto*, la même identité[1].

Quant à l'Asie, l'historien Claude Markovits rappelle que son invention est concomitante de celle de l'Amérique et de l'Europe. Apparue en Grèce antique et restée une catégorie floue depuis la Rome antique, l'« Asie » ne prend véritablement forme qu'après 1492, lorsque Colomb est contraint d'admettre qu'il n'a pas atteint les Indes, c'est-à-dire, pour le navigateur, l'Asie. L'expansion commerciale des Portugais, des Hollandais et des Britanniques s'intensifie tout au long du XVIe siècle, et les discours géographiques se multiplient. Ils restent toutefois éloignés de la réalité. Tantôt les « Indes [orientales] » désignent de manière confuse le vaste espace qui sépare Le Cap (Afrique du Sud) des Moluques (Indonésie), tantôt l'« Asie » désigne de façon fragmentaire des parties du continent asiatique tel qu'on le nomme aujourd'hui, étendu de Bombay à Singapour.

Il faut attendre le développement de la science géographique pour que l'Asie soit perçue, puis définie,

1. Éloi Ficquet, « L'Afrique comme pictogramme. Un continent souvent réduit à ses contours », *Cahiers d'études africaines*, n° 198-199-200, 2010, p. 415.

comme un continent délimité. En 1728, le navigateur danois Béring découvre le détroit qui relie l'Amérique du Nord et l'Asie. En 1765, suivant les interprétations russes, Diderot fixe l'Oural comme délimitation entre l'Europe et l'Asie. Puis, entre la fin du XVIIIe et le début du XIXe siècle, d'autres tableaux géographiques sont produits. Progressivement, la perception de l'Asie comme continent prend forme dans la culture des Européens et ces derniers, note Markovits, vont la considérer comme dominée par l'immobilisme et le despotisme : « L'idée qu'au-delà des facteurs géographiques l'Asie se caractérise par une certaine communauté de civilisation, qui en fait l'autre de l'Europe, une altérité qui rime clairement avec infériorité, va connaître un grand succès, en particulier dans la phase d'apogée de l'impérialisme européen à la fin du XIXe siècle[1]. »

Les colonisations : l'empire des uns contre les Autres

Au-delà de la science, c'est l'aventure coloniale dans laquelle se lancent les Européens qui donne véritablement corps à cette représentation des sociétés africaines et asiatiques.

Le premier facteur déterminant est la forme impériale que revêt la domination coloniale, l'impérialisme désignant ici la conquête au gré de laquelle des « métropoles » agissent au sein de leurs « empires ». Henry Laurens a dressé une synthèse de ce processus dans la revue *Le Débat*, en 2011. Aux XVIe et XVIIe siècles, explique l'historien, la conquête de l'Amérique s'effectue par le biais de la duplication des métropoles en colonies : ainsi sont créées la Nouvelle-France, la

1. Claude Markovits, « L'Asie, une invention européenne ? », *Monde(s)*, *op. cit.*, p. 53-66.

Nouvelle-Espagne, la Nouvelle-Angleterre, etc. Puis, au XVIIIe siècle, une différenciation s'opère : la montée d'une classe de « colons » (plutôt que les « nobles » d'Europe), la présence d'« indigènes » et l'esclavage des « noirs » créent des sociétés coloniales radicalement différentes des sociétés métropolitaines. Vient ensuite un temps de mutations, qui débute à la fin du XVIIIe siècle. Après l'indépendance des colonies de peuplement américaines et la Révolution française, seule la « mission civilisatrice » peut justifier la colonisation : désormais, l'objectif est de civiliser plutôt que de christianiser et à cette fin, les métropoles décident de gouverner plus ou moins directement les colonies. C'est sur ce registre que se forment les empires, tout au long du XIXe siècle : les colonies sont des marchés réservés aux métropoles, mais la modernisation des premières reste limitée par le souci d'économie des secondes. Alors, inévitablement, les contradictions deviennent criantes : au début du XXe siècle, entre l'égalitarisme qui croît en Europe et l'exclusion qui s'intensifie en Afrique et en Asie, le contraste est tel qu'il fragilise l'ordre colonial. Au point d'engendrer encore davantage de transformations, durant l'entre-deux-guerres : tandis que les élites coloniales remettent en cause l'autorité des métropoles, les colonisés protestent contre la privation de leurs droits fondamentaux. Jusqu'à faire radicalement vaciller l'ordre colonial, durant la décennie qui suit la Seconde Guerre mondiale : le fossé économique entre métropoles et colonies se creuse, et les tentatives européennes d'assimilation des colonisés achoppent sur la conscience de groupe qui anime maintenant ces derniers. « Le système colonial, différencialiste par nature », conclut Laurens, « va à l'encontre de la marche inexorable des métropoles dans la voie de l'égalité » : l'échec se révèle donc consubstantiel à l'entreprise impériale elle-même[1].

Ces empires coloniaux se caractérisent également, c'est là le second élément à retenir, par leur singularité territoriale. Jacques Frémeaux le souligne clairement. Le fait que les empires se soient constitués « outre-mer » s'avère déterminant, car cette caractéristique ultra-marine se révèle indissociable d'une prétendue discontinuité civilisationnelle entre les métropoles et leur outre-mer. En différenciant les peuples – de la métropole et de l'outre-mer – selon la couleur de peau, les Européens ont créé une « hiérarchie, dont la civilisation occidentale – et son représentant, l'homme blanc [...] – occuperait le sommet ». Or, écrit Frémeaux, si cette hiérarchie légitime moralement la colonisation, elle entre aussi en profonde contradiction avec les valeurs universelles au nom desquelles l'Europe entend civiliser le monde[2].

Voilà pourquoi, pour aplanir cette contradiction, la domination des outre-mers va main dans la main avec l'invention d'une étrangeté coloniale. En faisant des hommes de « races jaune ou noire » des étrangers (au sens d'hommes étranges), les Européens les excluent de leur communauté morale. C'est la seule voie possible. Lorsque deux êtres vivants ne font pas partie de la même communauté morale, l'un peut maltraiter l'autre puisque ces mauvais traitements ne sont pas, en soi, immoraux : il est immoral qu'un homme abatte un éléphant ou un chaton (des animaux anthropomorphiques), mais pas qu'il écrase un cafard ou qu'il tue une araignée (des animaux hors de sa communauté morale).

1. Henry Laurens, « Métropoles et empires coloniaux », *Le Débat*, n° 164, 2011, p. 84.

2. Jacques Frémeaux, « Les empires coloniaux : la question territoriale », *Cités*, n° 20, 2004, p. 83-84.

Les décolonisations : réactions et projections

Cette négation de l'humanité des colonisés constitue l'une des principales causes des décolonisations. La distance établie entre colons et colonisés est source quotidienne d'inégalités, d'exclusions et de violences. Et elle sera d'autant plus contestée que les dirigeants européens refusent aux colonisés l'égalité qu'ils octroient à leurs concitoyens dans les métropoles. Cette injustice qui consiste à priver les uns de droits dont bénéficient les autres, au nom d'une éthique définie par d'autres, sera le fil rouge des décolonisations, depuis leur genèse jusqu'à leur prolongement postcolonial.

Dès la conquête des Amériques, certains colonisés dénoncent l'injustice qu'entraîne la gouvernance coloniale. C'est le cas de Toussaint Louverture. Meneur de la révolte d'esclaves de Saint-Domingue, en 1797 il écrit aux révolutionnaires français soupçonnés de vouloir rétablir l'esclavage : la France ne peut renier, là-bas, les principes qui l'animent chez elle, écrit Louverture. À sa suite, les élites noires et d'anciens esclaves de Saint-Domingue refusent que les révolutionnaires les privent d'une liberté au nom de laquelle eux-mêmes continuent de se battre. Quelque cent vingt-cinq ans plus tard, en Inde, la même inégalité de traitement entre colons et colonisés poussera Gandhi à contester l'ordre britannique. De retour d'Afrique du Sud, il est arrêté par les autorités coloniales au début du mois de mars 1922. Et lors de son procès, le 23 mars, il insiste précisément sur le fait qu'en Inde, la loi et la justice sont des principes que les Anglais n'appliquent qu'à leurs concitoyens, jamais aux Indiens. Ce que Gandhi et une partie des élites indiennes dénoncent, c'est un gouvernement dont l'essence même est d'exclure les « masses à demi mourantes » pour favoriser les colons.

3. L'injustice, pilier de la gouvernance coloniale

En 1797, Toussaint Louverture s'adresse aux révolutionnaires français et les renvoie face à leurs contradictions : « Pensent-ils que des hommes qui ont été à même de jouir des bienfaits de la liberté regarderont calmement qu'on les leur ravisse ? Ils ont supporté leurs chaînes tant qu'ils ne connaissaient aucune condition de vie plus heureuse que celle de l'esclavage. Mais aujourd'hui qu'ils l'ont quittée, s'ils avaient un millier de vies, ils les sacrifieraient plutôt que d'être de nouveau soumis à l'esclavage. Mais non, la main qui a rompu nos chaînes ne nous asservira pas à nouveau. La France ne reniera pas ses principes, elle ne nous enlèvera pas le plus grand de ses bienfaits, elle nous protégera contre tous nos ennemis ; elle ne permettra pas que sa morale sublime soit pervertie, que ces [*sic*] principes qui sont son plus grand honneur soient détruits, que ses plus belles acquisitions soient avilies [...]. Mais si, pour rétablir l'esclavage à Saint-Domingue, on faisait cela, alors je vous le déclare, ce serait tenter l'impossible : nous avons su affronter des dangers pour obtenir notre liberté, nous saurons affronter la mort pour la maintenir*. »

Plus d'un siècle après Louverture, c'est sur le même ton que Gandhi s'adresse aux Britanniques. Il entend alors dénoncer l'injustice inhérente au système colonial : « Avant la venue des Anglais, l'Inde tissait et filait suffisamment dans ses millions de chaumières, pour ajouter aux maigres ressources de l'agriculture ce qui lui était nécessaire. Cette industrie villageoise si vitale pour l'existence de l'Inde fut ruinée par des procédés inhumains et cruels décrits par les Anglais qui en ont été témoins. Les habitants des villes ne savent guère comment les masses de l'Inde à demi mourantes de faim tombent dans l'épuisement, ils ne savent guère que leur méprisable confort provient du courtage qu'ils reçoivent de l'exploiteur étranger et que ce courtage et ces bénéfices, on les a arrachés aux masses. Ils ne se rendent pas compte que le Gouvernement établi par la loi en Inde n'existe que pour cette exploitation de masse. Nul sophisme, nul arrangement de chiffres, ne peut faire disparaître le témoignage évident des squelettes que l'on voit dans un grand nombre de villages. En tout cas, je suis certain que l'Angleterre et les habitants des villes de l'Inde, s'il y a un Dieu au-dessus de nous, auront à répondre devant lui de ce crime envers l'humanité et envers l'histoire. Même la Loi, dans ce pays, est mise au service de l'exploiteur étranger. [....] Dans 99 cas sur 100 dans les tribunaux de l'Inde, justice n'est pas rendue aux Indiens, alors qu'elle l'est aux Anglais. Je n'exagère pas. C'est l'expérience de tout Indien ayant eu quelques rapports avec ce genre de cause. Selon moi, l'administration de la loi, consciemment ou inconsciemment, s'est prostituée au service de l'exploiteur**. »

* Cité par C. L. R. James, *Histoire des révoltes panafricaines*, Paris, Éditions Amsterdam, 2018, p. 34.
** « Sur la non-violence », cité par Hervé Broquet, Catherine Lanneau et Simon Petermann (dir.), *Les 100 discours qui ont marqué le XXe siècle*, Bruxelles, André Versailles, 2008, p. 80-87.

Cette dénonciation de l'injustice deviendra le fer de lance de nombreux indépendantistes. Quarante ans après Gandhi, Kwame N'Krumah ne condamne pas autre chose que le leader indien. Président du Ghana, l'un des premiers pays africains à accéder à l'indépendance politique (en 1957), N'Krumah publie en 1961 un texte intitulé *Je parle de la liberté : une déclaration de l'idéologie africaine*. C'est un véritable brûlot contre l'entreprise coloniale et ses justifications idéologiques. « Durant des siècles, les Européens ont dominé le continent africain », écrit N'Krumah : « L'Homme blanc s'est arrogé le droit de gouverner et d'être obéi par le non-blanc ; à l'en croire, sa prétendue mission était de civiliser l'Afrique. Sous ce prétexte, les Européens volèrent les importantes richesses du continent et infligèrent des souffrances inimaginables au peuple africain[1]. » À l'instar de nombreux dirigeants africains promoteurs du panafricanisme, le président ghanéen dénonce ici le principe de civilisation au nom duquel les Européens opprimaient les Africains.

Cette oppression coloniale est à l'origine du regroupement national des sociétés d'Afrique et d'Asie. Mais en aucun cas l'accession à l'indépendance ne marque le coup d'arrêt de cette opposition frontale entre « colons » et « colonisés ». Ainsi lorsqu'en 1987 Thomas Sankara prononce son discours contre la dette au siège de l'OUA, l'Organisation de l'union africaine établie à Addis-Abeba, en Éthiopie, le président du Burkina Faso s'en prend non seulement aux « colonisateurs » qui endettaient autrefois l'« Afrique », mais aussi aux « néocolonialistes » qui demandent aujourd'hui aux « peuples [africains] » de rembourser la dette. Le face-à-face perdure.

4. Thomas Sankara et la dette néo-coloniale

« Nous estimons que la dette s'analyse d'abord de par ses origines. Les origines de la dette remontent aux origines du colonialisme. Ceux qui nous ont prêté de l'argent, ce sont ceux-là qui nous ont colonisés. Ce sont les mêmes qui géraient les États et les économies. Ce sont les colonisateurs qui endettaient l'Afrique auprès des bailleurs de fonds, leurs frères et cousins. Nous étions étrangers à cette dette, nous ne pouvons donc pas la payer.

La dette, c'est encore les néocolonialistes ou les colonisateurs qui se sont transformés en assistants techniques. En fait, nous devrions dire qui se sont transformés en assassins techniques. [...] Nous nous sommes endettés pour cinquante ans, soixante

1. Kwame N'Krumah, *I Speak of Freedom : A Statement of African Ideology*, Londres, William Heinemann Ltd., 1961, traduit et publié dans « Je parle de la liberté », *NAQD. Revue d'étude et de critique sociale*, n° 30, 2013, p. 201-204.

ans et même plus. C'est-à-dire que l'on nous a amenés à compromettre nos peuples pendant cinquante ans et plus.
Mais la dette, sous sa forme actuelle, contrôlée et dominée par l'impérialisme, est une reconquête savamment organisée, pour que l'Afrique, sa croissance et son développement obéissent à des paliers, à des normes qui nous sont totalement étrangères, faisant en sorte que chacun de nous devienne l'esclave financier, c'est-à-dire l'esclave tout court, de ceux qui ont eu l'opportunité, la ruse, la fourberie de placer des fonds chez nous avec l'obligation de rembourser. […]
Nous ne pouvons pas rembourser la dette parce que nous n'avons pas de quoi payer. Nous ne pouvons pas rembourser la dette parce que nous ne sommes pas responsables de la dette. Nous ne pouvons pas payer la dette parce qu'au contraire les autres nous doivent ce que les plus grandes richesses ne pourront jamais payer, c'est-à-dire la dette de sang. C'est notre sang qui a été versé.
On parle du Plan Marshall qui a refait l'Europe économique. Mais l'on ne parle pas du Plan africain qui a permis à l'Europe de faire face aux hordes hitlériennes lorsque leurs économies étaient menacées, leurs stabilités étaient menacées. Qui a sauvé l'Europe ? C'est l'Afrique.
On en parle très peu. On en parle si peu que nous ne pouvons, nous, être complices de ce silence ingrat. Si les autres ne peuvent pas chanter nos louanges, nous avons au moins le devoir de dire que nos pères furent courageux et que nos anciens combattants ont sauvé l'Europe et finalement ont permis au monde de se débarrasser du nazisme. »

Thomas Sankara, « Discours à Addis-Abeba, le 29 juillet 1987 », *NAQD*, n° 30, 2013, p. 209-213.

Prononcé près de vingt-cinq ans après les indépendances, ce discours révèle la permanence de cette conception duale du monde : l'un contre l'Autre – l'« Européen » contre l'« Africain », en l'occurrence. Née de l'époque impériale, cette double projection colons-colonisés et métropoles-colonies est au fondement du temps postcolonial, produit de l'entremêlement continu du passé colonial et du présent post-colonial.

Un monde postcolonial

Comprendre notre univers postcolonial ne peut se faire sans cette appréhension du temps. De prime abord banale, l'idée est pourtant fondamentale : notre présent est le produit du passé colonial ; il n'est pas sa suite, mais son résultat.

La question postcoloniale

En premier lieu, il importe d'interroger les relations entre anciennes métropoles et colonies. Comme l'indique le géographe Yves Lacoste, « poser la question postcoloniale consiste à examiner les interactions principalement culturelles qui existent aujourd'hui entre deux nations ayant été autrefois situées dans un rapport géopolitique de type colonial ». Et pour être mené à bien, cet examen nécessite d'envisager une relation coloniale généralement « à sens unique », suivie d'une relation postcoloniale souvent « beaucoup plus réciproque »[1].

Il faut ensuite aller plus loin. Car la question postcoloniale ne se limite pas à ces relations post-indépendance, elle renvoie aussi aux mécanismes qui perpétuent le passé colonial au sein des sociétés décolonisées. C'est ce que le politologue Jean-François Bayart et l'historien Romain Bertrand nomment, à propos de l'Afrique et de l'Asie, le « legs colonial ». D'un point de vue

1. Yves Lacoste, « La question postcoloniale », *Hérodote*, n° 120, 2006, p. 15.

matériel, nous disent-ils, la pérénnité des frontières étatiques donne forme à un *État* postcolonial. Prolongement de la « mise en valeur » coloniale, les politiques publiques de « développement » font advenir, elles, une forme de *gouvernance* postcoloniale. La permanence d'une certaine conception du futur signale, pour sa part, une forme de *culture* postcoloniale, l'objectif européen de « modernité » ayant été remplacé par celui tiers-mondiste de « progrès » (dans l'administration, la médecine, l'industrie, etc.). Enfin, la perpétuation des stratégies de contournement élaborées par les populations d'Afrique et d'Asie témoigne de l'existence d'une *société* postcoloniale, les ruses et les dissimulations de l'époque coloniale se prolongeant depuis les indépendances par de l'économie informelle, des systèmes hors-étatiques de prêt bancaire (les tontines) ou encore des sociabilités dissimulées à des pouvoirs qui feignent de les ignorer. Cet entremêlement des passés et des présents nous conduit alors à envisager le legs postcolonial par le prisme des continuités et des discontinuités entre l'« avant » et l'« après » indépendance. Appréhendée par ce prisme, concluent Bayart et Bertrand, « la question du legs colonial devient celle du contexte de l'action configurée par le passé colonial[1] ».

À cet égard, l'histoire se doit d'être attentive à une foule de phénomènes. Il faut étudier les politiques par le biais desquelles un nouveau régime peut poursuivre les mêmes fins que son prédécesseur, depuis l'exploitation des ressources naturelles jusqu'au contrôle d'une région sécessionniste. Il faut aussi s'intéresser aux élites administratives composées à la fois d'auxiliaires autochtones

1. Jean-François Bayart et Romain Bertrand, « De quel "legs colonial" parle-t-on ? », *Esprit*, décembre 2006, p. 145.

devenus dirigeants nationaux et d'administrateurs coloniaux reconvertis en experts internationaux. Il ne faut pas non plus oublier les rapports de forces entre classes dominantes et dominées, particulièrement déterminants lorsque après l'indépendance un groupe légitime son accession au pouvoir au nom de l'exclusion qu'il a subie sous le régime colonial, à l'instar des Hutu face aux Tutsi du Rwanda, par exemple. Bref, penser le fait postcolonial nécessite de penser les relations entre le passé colonial et le présent post-indépendance. Ces relations sont bien souvent contingentes, c'est-à-dire fortuites, accidentelles, circonstanciées, mais elles n'en répondent pas moins au passé et à sa façon de peser sur le présent.

Les études postcoloniales

Depuis presque vingt ans, en France, cette manière d'appréhender la question postcoloniale a fait couler beaucoup d'encre chez les spécialistes des mondes africains, sud-américains et asiatiques. En effet, du moins dans l'Hexagone, un vif débat entoure encore aujourd'hui la pratique des *postcolonial studies*, un champ apparu dans le monde universitaire anglo-saxon et états-unien au cours des années 1980. Plusieurs points méritent d'être mentionnés ici, en tant qu'ils conditionnent la manière dont les historiennes et les historiens étudient l'histoire des (dé)colonisations.

D'abord, que fait la critique postcoloniale ? Grâce à Achille Mbembe, l'un de ses principaux théoriciens, nous pouvons dire que la critique postcoloniale « déconstruit, comme le fait Edward Saïd dans *Orientalisme*, la prose coloniale, c'est-à-dire le montage mental, les représentations et formes symboliques ayant servi d'infrastructures au projet colonial ». Plus encore, l'approche postcoloniale entend éclairer l'horizontalité des relations sociales. « La colonisation n'apparaît plus comme une domination mécanique et unilatérale qui force l'assujetti au silence et à l'inaction », affirme Mbembe. « Au contraire, le colonisé est un individu vivant, parlant, conscient, agissant[1]. »

Dans la droite ligne de cette critique postcoloniale, même s'ils ne s'y rattachent pas toujours explicitement, de nombreux historiens envisagent à nouveaux frais le passé des sociétés africaines et asiatiques. À propos de l'époque coloniale, ils s'efforcent notamment d'étudier les mécanismes d'une domination reposant sur l'intériorisation, par les colonisés, du statut d'infériorité qui leur était conféré. Une place est alors faite à l'hybridation sociale qu'ont engendrée, d'abord, le mensonge universaliste sur lequel reposait la colonisation européenne, ensuite, la mise en contact de cette culture européenne avec d'autres cultures[2]. Quant à l'époque postcoloniale, nous l'avons dit, les historiens s'efforcent notamment d'analyser les multiples formes du legs colonial : les économies nationales et la mondialisation, les politiques publiques et l'importation de modèles institutionnels, les cultures et la hiérarchie entre celles dites supérieures et celles dites primitives, les sciences sociales et l'adoption de paradigmes occidentaux pour étudier les sociétés autrefois colonisées, etc.[3].

Cette nouvelle façon de penser l'histoire se révèle indissociable d'une autre façon de l'écrire. À cet égard,

1. Achille Mbembe, « Qu'est-ce que la pensée postcoloniale ? », *Esprit*, décembre 2006, p. 118-120.

2. Hélène L'Heuillet, « Les études postcoloniales, une nouvelle théorie de la domination ? », *Cités*, n° 72, 2017, p. 41-52.

3. Yves Charles Zarka, « Le postcolonialisme ou le crime inexpiable de l'Occident », *Cités*, *op. cit.*, p. 4.

les *subaltern studies* revêtent ici une importance particulière. Développé en Inde à la même époque que les études postcoloniales, ce courant a d'abord postulé l'existence, sous la domination britannique, d'un domaine autonome d'action et de pensée, évoluant hors de l'orientalisme européen et du contrôle de l'État colonial[1]. Ses promoteurs ont ensuite dépassé l'étude du seul régime colonial pour faire des subalternes des sujets historiques à part entière, des individus non pas soumis passivement à une domination uniforme, mais dotés d'une véritable capacité d'action et ce, à l'époque coloniale comme à l'époque postcoloniale. Ainsi, pour reprendre l'anthropologue Jean-Loup Amselle, « le courant qualifié de subalterniste [...] consiste à privilégier le recueil de l'expression des gens d'en bas – des opprimés, des dominés, des subordonnés, des hors castes, en un mot des subalternes – au détriment des idées, des opinions et des points de vue de l'élite[2]. »

Rendre leur histoire à ceux d'en bas, l'ambition est salvatrice. Pourtant, elle est loin de faire consensus en France. Le problème n'est pas tant l'objectif en lui-même que la manière de l'atteindre. Certains chantres des *postcolonial studies* confèrent aux anciens colonisés une telle capacité d'action que, à les lire et les écouter, la colonisation ou le régime postcolonial qui s'ensuit ne seraient finalement que le devant d'une scène où, derrière le rideau, une autre vie suivrait son cours, loin du pouvoir et de ses contraintes. Aussi, leurs détracteurs dénoncent la décontextualisation qu'induit le seul regard par le bas, accusant à demi-mot la théorie postcoloniale

1. Mamadou Diouf (dir.), *L'Historiographie indienne en débat. Colonialisme, nationalisme et sociétés postcoloniales*, Paris, Karthala, 1999.

2. Jean-Loup Amselle, *L'Occident décroché. Enquête sur les postcolonialismes*, Paris, Pluriel, 2011 (1re éd. 2008, Stock), p. 29.

de ne plus regarder que ce qu'elle a décidé de voir. De manière plus générale, il faut enfin dire que le débat français a ceci de particulier qu'il n'a souvent plus aucun lien avec l'histoire. La science s'efface derrière les enjeux de carrière et les débats se focalisent sur la position d'autorité que tel ou tel devrait occuper, ou non, dans le champ académique ; ce qui n'est d'ailleurs pas sans ironie pour un univers professionnel qui se targue de déconstruire les relations de pouvoir et de domination.

5. Les lectures françaises des *postcolonial studies*

Résumés à grands traits, voici, à propos du courant dit des études postcoloniales, les trois principaux points de vue que défendent les historiennes et les historiens français.
Du côté des promoteurs des études postcoloniales, la posture est généralement la suivante : « Pour les *postcolonial studies*, seuls ces allers-retours dans le temps permettent d'appréhender les multiplicités qui nous traversent, les agencements de sens et les devenirs minoritaires de tout un chacun. Et si les temporalités ne sont plus embrigadées dans des séquences basiques, il en est de même pour l'espace : entre ici et là-bas, le centre et la périphérie, les vieux clivages sont mis à mal. Car l'enjeu est de renverser les perspectives, mettre fin au "binarisme" qui depuis toujours oriente, sous couvert d'universel, le pouvoir de nomination et de distinction des vainqueurs. Et, pour le dire plus franchement encore, le regard eurocentré de la domination occidentale* ! »
Du côté des détracteurs des études postcoloniales à la française, la critique la plus constructive peut se résumer ainsi : « La difficulté de l'échange avec ce courant est qu'il se prétend tout et son contraire. Quand il s'agit de morigéner, il se présente au singulier. Quand il est soumis à l'exercice ordinaire de la critique scientifique, il se défile au pluriel**. »
Enfin, du côté de celles et ceux qui se tiennent assez écartés du débat pour pouvoir mieux l'analyser, voici l'argumentaire qui prévaut : « Les *postcolonial studies* sont

fondamentalement basées sur le postulat qu'il existe un univers culturel rétif à l'usage des catégories de l'entendement scientifique ordinaire. Le "Third space" de Homi Bhabha – l'"espace d'énonciation" où est localisée cette fameuse "hybridité" accessible seulement si l'on consent à se départir de la "tradition sociologique" élaborée selon "une structure binaire d'opposition" – concentre le sens de la quête des *postcolonial studies* : parvenir à dévoiler un univers définitivement soustrait à la seule autorité de nos modes de pensée inspirés de la métaphysique occidentale. [...] Cette quête tendue vers la critique de l'appareil de vérité occidental devient pathétique quand elle est confrontée à l'immense impossibilité de réaliser ce à quoi elle se consacre. [...] Le diasporique, le postcolonial ou le subalterne doit être hybride ou ne pas être***. »

* Nicolas Bancel *et al.*, « Introduction : De la fracture coloniale aux ruptures postcoloniales », *in* Ahmed Boubeker, Françoise Vergès, Florence Bernault, Achille Mbembe, Nicolas Bancel et Pascal Blanchard (dir.), *Ruptures postcoloniales. Les nouveaux visages de la société française*, Paris, La Découverte, 2010, p. 17.
** Jean-François Bayart, « Les très fâché(e)s des études postcoloniales », 8 juillet 2010 (https://blogs.mediapart.fr/jean-francois-bayart/blog/080710/les-tres-fachees-des-etudes-postcoloniales, consulté le 2 avril 2020).
*** Christine Chivallon, « La quête pathétique des *postcolonial studies* ou la révolution manquée », *Mouvements*, n° 51, 2007, p. 36-37.

Le bas, les réseaux, les enchevêtrements

Au terme de ce bref panorama, on peut retenir au moins trois préceptes grâce auxquels aborder de façon intelligible l'histoire des décolonisations africaines et asiatiques.

Le premier est celui du politique par le bas, un courant notamment porté par la revue *Politique africaine*. Paru en 1981, l'avant-propos du premier numéro donne le ton : « Les sociétés politiques africaines, aussi contrôlées soient-elles, sont également produites par l'action des groupes sociaux dominés. […] Mais, pour être fructueux, un tel débat devra avant tout se fonder sur une meilleure connaissance empirique des faits : ceux du "haut" comme ceux du "bas"[1]. »

Il y a le haut et le bas mais il y a aussi, à l'horizontale, les circulations. Cette approche fut surtout développée par des spécialistes de l'histoire de la colonisation, insistant sur la notion de réseaux : « De nombreux travaux ont ainsi été réalisés sur la circulation des colons, journalistes, savants, militants politiques autochtones et administrateurs coloniaux qui effectuent de véritables parcours impériaux, transférant biens culturels, corpus doctrinaux et pratiques administratives d'une colonie à l'autre et conférant par là même une certaine cohérence aux espaces impériaux. La notion de "réseau impérial" doit ainsi permettre aux chercheurs d'échapper au modèle figé des relations centre/périphéries : les empires sont de plus en plus décrits comme des mondes complexes et interconnectés où la métropole ne représente plus qu'un pôle parmi d'autres[2]. » Leur propos peut largement être étendu à l'époque postcoloniale, évoluant au gré de relations autant Nord-Sud que Sud-Sud et de circulations de dirigeants, d'experts ou de gestionnaires africains, asiatiques ou occidentaux, lesquels transfèrent autant de normes et de savoirs que de manières de dire et de faire le monde. En d'autres termes, toutes les échelles comptent car aujourd'hui comme au XIXe siècle, elles s'entremêlent les unes aux autres, depuis le village jusqu'à l'espace-monde.

1. Christian Coulon, Jean-François Bayart et Yves-André Fauré, « Avant-propos », *Politique africaine*, n° 1, 1981, p. 4.

2. Hélène Blais, Florence Deprest et Pierre Singaravélou (dir.), *Territoires impériaux. Une histoire spatiale du fait colonial*, Paris, Publications de la Sorbonne, 2011, p. 11-12.

Il en va de même des temporalités. C'est le troisième précepte indispensable à retenir : l'enchevêtrement des passés et des présents. À 45 ans nous ne sommes plus celui ou celle que nous étions à 15 ans ; mais notre personnalité est bel et bien le produit cumulé des personnalités qui furent les nôtres à 15 ans, puis à 30 ans, à 40 ans… Le même raisonnement doit être appliqué à la « postcolonie », théorisée par Achille Mbembe : « Toute époque est, en réalité, une combinatoire de plusieurs temporalités. Et, s'agissant de la postcolonie, il ne suffisait pas de postuler l'existence d'un *avant* et d'un *après* la colonisation […], de s'interroger sur le passage de l'un (l'avant) à l'autre (l'après) […]. Encore fallait-il savoir comment, chaque fois, réinscrire cette multiplicité des temps pas seulement dans la longue durée, mais aussi dans les *durées autochtones*. Encore fallait-il, ensuite, penser […] *le temps en cours*. [Ce temps] n'est pas une série, mais un *emboîtement* de présents, de passés et de futurs qui tiennent toujours leurs propres profondeurs d'autres présents, passés et futurs, chaque époque portant, altérant et maintenant toutes les précédentes[1]. »

Un monde qui n'est pas celui qu'on croit ?

Cette accumulation permanente des espaces-temps des (dé)colonisés implique alors d'envisager la façon dont certaines inventions coloniales de l'Autre sont devenues des réalités sociales. Le fait qu'une idée soit fausse ne l'empêche pas d'advenir, c'est-à-dire de fonctionner, d'être opérante, structurante.

1. Achille Mbembe, *De la postcolonie. Essai sur l'imagination politique dans l'Afrique contemporaine*, Paris, Karthala, 2000, p. 36.

Racisme biologique et racisme de classe

La racialisation des (dé)colonisés est l'une des illustrations les plus visibles du phénomène. Au milieu du XIXe siècle, la notion de race s'ancre durablement dans la culture européenne, avec des théoriciens comme Joseph-Arthur Gobineau, diplomate et écrivain français auteur, entre 1853 et 1855, d'un *Essai sur l'inégalité des races humaines*. Mêlant matérialisme biologique et pessimisme historique, Gobineau définit des races « pures » à l'origine, mais progressivement altérées par le métissage, source d'une décadence irréversible de l'espèce humaine. Il attribue plus précisément à trois races, « éléments purs et primitifs de l'humanité », des traits morphologiques, psychologiques et culturels. Tout en bas de l'échelle se situerait la « race noire » : empreinte d'« animalité », elle serait marquée par des « facultés pensantes médiocres » et soumise à une « instabilité d'humeur ». Au-dessus d'elle se trouverait ensuite la « race jaune ». Elle aussi entachée de « médiocrité », elle se composerait de « gens pratiques dans le sens étroit du mot [qui] ne rêvent pas, ne goûtent pas les théories, inventent peu, mais sont capables d'apprécier et d'adopter ce qui sert ». Enfin, tout en haut de l'échelle, il y aurait la « race blanche », « supérieure en beauté à toutes les autres », dotée d'une « intelligence énergique » et, surtout, d'un « honneur » inconnu des deux autres races[1].

Cette notion d'honneur signale combien le racisme, au-delà de ses fondements biologiques, est surtout un « racisme de classe ». À cet égard, le philosophe

1. Pierre-André Taguieff, « Gobineau Joseph-Arthur », in *id.* (dir.), *Dictionnaire historique et critique du racisme*, Paris, PUF, 2013, p. 751-788.

Étienne Balibar[1] explique que la notion de race, portée par un discours de discrimination, a divisé l'espèce humaine en « sur-humanité » et « sous-humanité ». La race a alors une signification de classe puisqu'elle représente l'inégalité des classes sociales comme une inégalité de nature. Balibar associe ce phénomène à une double représentation : celle de la noblesse héréditaire comme race supérieure et celle des populations soumises à la traite esclavagiste comme races inférieures. Avec les discours, en France, du sang bleu et des origines franque et germanique de la noblesse héréditaire, ou, en Espagne, de la *limpieza de sangre* (la pureté du sang), la noblesse s'est faite race supérieure. C'est le racisme aristocratique. Puis, en contexte colonial, qu'il s'agisse des Anglais en Inde ou des Français en Afrique de l'Ouest, les colons se figurent être une noblesse moderne. Le racisme est devenu colonialiste, et c'est sous cette forme qu'il rythme l'histoire des colonisations.

Derrière l'ethnie, l'ethnicisation

Depuis, sans jamais disparaître complètement, la véracité de l'existence de la « race » s'est estompée. En revanche, le concept d'ethnie se révèle étonnement pérenne, surtout à propos de l'Afrique et, dans une moindre mesure, de l'Asie. Développée aux États-Unis durant les années 1940 pour désigner les autres groupes que les Anglo-Américains, l'ethnie caractérise à la base un groupe distinct de la norme majoritaire. Un groupe ethnique renverrait à « un ensemble

1. Étienne Balibar, « Le "racisme de classe" », in *id.* et Immanuel Wallerstein, *Race, nation, classe. Les identités ambiguës*, Paris, La Découverte, 2007, p. 272-288.

d'individus qui se perçoivent ou sont perçus comme formant un groupe humain distinct, doté d'une identité collective fondée sur une auto-identification impliquant la croyance à une origine et à une culture (langue, religion, mœurs) communes. L'identité ethnique, présupposée plutôt que clairement définissable, est censée désigner ce qui serait partagé par tous les membres du groupe[1]. »

Mais il faut bien comprendre que, à l'instar de la race, l'ethnie en tant que catégorie renvoyant à une origine et une appartenance communes est une invention sociale. Et le premier objectif de la fabrique ethnique est de signifier l'infériorité. Il y a une nation, des peuples et, tout en bas de l'échelle, une multitude d'ethnies : les membres d'une ethnie ne sauraient prétendre à l'acquisition de droits similaires à ceux d'un peuple, comme le droit de se rassembler en un État souverain. Ainsi, dès lors que les Allemands puis les Belges définissent les Hutu et les Tutsi du Rwanda et du Burundi comme des « ethnies », ils les enracinent dans une infériorité collective qui les prive, de fait, de certains droits politiques.

L'ethnie relève de l'invention mais, pour autant, elle devient progressivement réalité. Loin d'être innée, l'appartenance nationale qui anime les Européens de l'entre-deux-guerres fut le produit d'une vaste entreprise éducative de nationalisation des âmes. Il en va de même de l'ethnie. L'ethnicisation fait advenir un discours en fait social : des années 1960 à 1994, au Rwanda et au Burundi, les Hutu et les Tutsi s'entretueront mutuellement au nom d'une appartenance à des groupes ethniques qui, à l'origine, ne désignaient très probablement

1. Pierre-André Taguieff, *Dictionnaire historique et critique du racisme*, *op. cit.*, p. 596-604.

que des groupes socio-professionnels perméables. Aussi, la philosophe Magali Bessone l'a fort bien noté, on ne peut pas se contenter de dire que les races ou les ethnies n'existent pas, sous prétexte qu'elles ne renvoient à aucune réalité naturelle ou historique. Il faut au contraire analyser la façon dont la race et les ethnies sont advenues, comme faits psychologique (individuel) et social (collectif)[1]. On ne peut écrire l'histoire de la « race » ou de l'« ethnie », mais on doit comprendre l'histoire de la racialisation et de l'ethnicisation des individus.

La même démarche doit prévaloir lorsque l'on étudie les notions de passé « colonial » et de présent « postcolonial », de l'« avant » et de l'« après » indépendance. C'est la clef si l'on veut un tant soit peu pénétrer dans l'espace-temps des (dé)colonisés. Car si l'invention de l'Ailleurs (l'Afrique et l'Asie) et de l'Autre (l'Africain et l'Asiatique) est l'un des piliers du système colonial, une fois réappropriée par les sociétés colonisées elle est aussi l'un des moteurs des sociétés postcoloniales.

1. Magali Bessone, *Sans distinction de race ? Une analyse critique du concept de race et de ses effets pratiques*, Paris, Vrin, 2013.

Chapitre 2

La colonisation, une situation de crise

De quoi parle-t-on, au juste, lorsque l'on étudie la « colonisation » ? Sociologue et contemporain de la fin des empires, Georges Balandier nous met sur la voie dès 1951. Analyser la colonisation, écrit-il, c'est observer à la fois une « présence », celle de la nation coloniale au sein des sociétés colonisées, et une « socio-pathologie », celle née de la chirurgie sociale à laquelle recourt sans cesse l'État colonial pour déplacer des populations, transformer les systèmes fonciers, valoriser ou étouffer des élites. Mais comprendre la « situation coloniale », c'est aussi être attentif à l'adaptation des colonisés aux colonisateurs, qui se traduit un jour par des refus et des résistances, le lendemain par des collaborations et des instrumentalisations. Analyser la société coloniale telle qu'elle est, telle qu'elle fonctionne au quotidien, c'est enfin appréhender « un état de crise caractérisé ». Car, partout, la situation coloniale suppose la domination de la majorité par une minorité. Ni les colons ni les colonisés ne constituent un groupe homogène. En leur sein, les hiérarchies de race, de classe ou de genre demeurent. Seulement, parfois bruyamment, le plus souvent en silence, chaque jour la société coloniale oppose la majorité sociologique des colons (qui représentent pourtant la minorité démographique) à la minorité sociologique des colonisés (qui représentent pourtant la majorité démographique)[1].

Bien sûr, pour nous qui l'observons soixante-dix ans après lui, la situation coloniale telle que la définissait Balandier se révèle plus complexe. Cela dit, il a ouvert la voie. À la suite du sociologue, Frederick Cooper et Ann Stoler insistent sur la nécessité de penser ensemble la métropole et la colonie, le colonisateur et le colonisé. La situation coloniale, écrivent les deux historiens, désigne « la construction culturelle et politique d'un moment particulier », où chaque individu, quel qu'il soit, est acteur de l'histoire[2]. Isabelle Merle est peut-être encore plus précise lorsqu'elle nous invite à poursuivre dans la « troisième voie » tracée par Balandier. Cette voie, nous dit l'historienne, est celle des relations. Il nous faut comprendre « la nature des relations coloniales passées qui ont "fait société" en leur temps[3] ».

L'ordre colonial

Avec un tiers de la population mondiale sous domination européenne, l'apogée du moment colonial se situe dans les années 1930. À cette date, la conquête impériale a cédé la place à la construction de l'État colonial, en Afrique, en Asie et en Océanie. On distingue alors trois principaux modes de gouvernement. La Grande-Bretagne

1. Georges Balandier, « La situation coloniale : approche théorique », *Cahiers internationaux de sociologie*, n° 11, 1951, p. 44-79.

2. Frederick Cooper et Ann Stoler (dir.), *Tensions of Empire. Colonial Cultures in a Bourgeois World*, Berkeley, University of California Press, 1997, p. 15. L'ensemble des traductions des citations de l'anglais vers le français sont de l'auteur.

3. Isabelle Merle, « "La situation coloniale" chez Georges Balandier. Relecture historienne », *Monde(s)*, n° 4, 2013, p. 232.

entend diriger ses colonies par le biais de *l'indirect rule*, une gestion reposant sur ce que le soldat puis administrateur colonial Lord Lugard nommait le « double mandat » – schématiquement, la modernité (offerte) contre les ressources (confisquées). La France, elle, recourt généralement au gouvernement direct, avec un objectif théorique d'association, voire d'assimilation des colonisés – à leur façon, l'Italie et la Belgique fonctionnent de la même manière. Enfin, dans les Indes orientales néerlandaises (Indonésie), les Pays-Bas mettent en œuvre un système mixte s'appuyant sur des élites locales encadrées par une administration néerlandaise bien formée.

Un État à imposer

Sur le terrain, ces théories recouvrent des réalités multiples. Tantôt l'association déguise l'assujettissement, comme au Congo belge (le « Congo-Kinshasa »), tantôt le gouvernement direct induit une collaboration active avec les colonisés, comme dans la Malaya britannique. Comment, alors, décrire et définir la politique de l'État colonial ?

D'abord, par la violence. Les administrations coloniales européennes ont ceci en commun qu'elles considèrent les « indigènes » comme des êtres violents, imprévisibles et, à ce titre, à soumettre par la force. Pour cela, à la fin du XIXe siècle, tandis que les Britanniques multiplient les « *small wars* » (guerres d'escarmouche) dans les territoires envahis, la France mène des guerres de « pacification ». La victoire acquise, les autorités coloniales n'ont plus à conduire de campagnes aussi intensives. Mais elles doivent désormais faire respecter l'ordre impérial à des sujets qu'elles jugent toujours trop récalcitrants, à l'instar de ces « salopards d'Afrique du Nord », pour reprendre le vocabulaire cinématographique français des années 1930. Les pouvoirs coloniaux cherchent donc à assurer la pacification permanente de leurs territoires, ce qui implique au quotidien de montrer leur force, et d'en user s'il le faut. Car, avec un rapport de forces inévitablement instable entre la minorité au pouvoir et la majorité soumise, la guerre de conquête n'est jamais totalement terminée[1].

Ce déséquilibre explique que l'État colonial se caractérise aussi par une tentative permanente d'encadrement des sociétés. Dans l'empire français, le régime de l'indigénat doit garantir le succès de l'entreprise. Les historiens ont longtemps situé la genèse de ce régime en Algérie – des règlements épars à partir de 1844, un arrêté promulgué en 1875, puis une loi édictée en 1881 et renouvelée en 1887. Mais grâce aux recherches qu'a notamment menées Sylvie Thénault, on sait maintenant que cette loi a d'abord été promulguée en Cochinchine, avant d'être étendue à l'Algérie puis, progressivement, aux autres colonies françaises. Pièce maîtresse de l'édifice impérial, le régime de l'indigénat légalise et parfois amplifie la violence exercée par l'administration française depuis la conquête et la pacification. Son objectif est de contrôler, par la force et désormais aussi par la loi, les faits et gestes quotidiens des populations conquises. Il faudra attendre 1927 en Algérie et la fin de la Seconde Guerre mondiale dans les autres colonies pour voir disparaître ce régime[2]. Mais jusque-là, dans l'empire français[3] comme dans les autres

1. Vincent Joly, *Guerres d'Afrique. 130 ans de guerres coloniales. L'expérience française*, Rennes, PUR, 2009, p. 116.

2. Sylvie Thénault, « L'indigénat dans l'empire français : Algérie / Cochinchine, une double matrice », *Monde(s)*, n° 12, 2017, p. 21-40.

3. Isabelle Merle et Adrian Muckle, *L'Indigénat. Genèses dans l'empire français. Pratiques en Nouvelle-Calédonie*, Paris, CNRS Éditions, 2019.

territoires coloniaux, l'heure reste à l'encadrement coercitif de la vie sociale des colonisés. Dans les anciens territoires allemands du Ruanda-Urundi, par exemple, l'administration belge entend répondre à la « mission sacrée de civilisation » que lui a confiée la Société des nations (SDN). C'est à cette fin que, entre 1930 et 1948, les Belges définissent toute une série d'infractions passibles d'amendes ou de peines de prison. L'obligation d'obtenir un passeport pour sortir des circonscriptions indigènes vise à « contenir » les populations. L'impossibilité juridique d'étendre les terres de pâture, source d'érosion et de famine, doit permettre de « rationaliser » les comportements collectifs. L'interdiction de détenir des boissons alcoolisées indigènes doit servir, elle, à « civiliser » les individus. Bref, l'État colonial tente de contrôler chaque fragment de la vie des colonisés[1].

6. L'indigénat français, de l'Asie à l'Afrique

Des circulations

« La loi algérienne de 1881 [28 juin 1881] figure en tête des écrits développant l'idée que l'indigénat a été étendu aux colonies françaises à partir de l'Algérie. [...] Une lecture attentive des textes réglementant l'indigénat dans les colonies françaises révèle un enchaînement à l'origine duquel se trouve non pas la loi algérienne, mais le décret cochinchinois [daté d'un mois plus tôt]. C'est ce décret qui a servi de modèle aux autres, soit directement, soit par ricochet. Il a en effet inspiré le premier décret rédigé pour l'Afrique, en date du 30 septembre 1887, qui concernait le Sénégal. Celui-ci a ensuite servi à la rédaction du décret appliqué à Madagascar, le 7 juillet 1901. Quant aux décrets consécutifs à la création de l'AOF [Afrique occidentale française] et de l'AEF [Afrique équatoriale française] en 1910 et 1911, ils reproduisaient

1. Anne Cornet, « Punir l'indigène : les infractions spéciales au Ruanda-Urundi (1930-1948) », *Afrique & histoire*, n° 7, 2009, p. 49-73.

celui de l'Annam-Tonkin, eux-mêmes fondés sur le décret cochinchinois*. »

Une même idéologie

Partout où il est instauré, le régime de l'indigénat vise à contrôler la vie individuelle et sociale des « indigènes ». L'annexe de la *Loi du 21 décembre 1897 relative aux pouvoirs disciplinaires des administrateurs des communes mixtes, en Algérie*, est révélatrice de ce mode de gouvernement des colonisés :

« Art. 1 : Les administrateurs des communes mixtes du territoire civil de l'Algérie conserveront pendant sept ans [...], par voie disciplinaire, des infractions spéciales à l'indigénat énumérées au tableau annexe à la présente loi. [...]

Tableau annexe :

1 – Propos tenus en public contre la France et son gouvernement. [...]

3 – Refus de fournir contre remboursement immédiat, au prix du tarif fixé par le préfet, les agents auxiliaires, les moyens de transport, les vivres, l'eau potable et le combustible aux fonctionnaires ou agents dûment autorisés. [...]

5 – Inobservation des décisions administratives portant attribution des terres collectives de culture, après avis de la djemaa consultée.

6 – Retard prolongé et non justifié dans le paiement des impôts, soulte de rachat de séquestre, amendes et généralement de toute somme due à l'État ou à la commune, ainsi que dans l'exécution des prestations faites en nature.

7 – Défaut d'obtempérer sans excuse valable aux convocations des contrôleurs et répartiteurs des contributions diverses à l'occasion de l'assiette et la perception des impôts. [...]

9 – Détention pendant plus de 24 h d'animaux égarés sans avis donné à l'autorité. [...]

13 – Défaut par tout indigène de se munir d'un passeport, permis de voyage, carte de sûreté ou livret d'ouvrier régulièrement visé lorsqu'il se rend dans un arrondissement autre que celui de son domicile. [...]

16 – Actes de désordre sur les marchés et dans les lieux publics, n'offrant pas un caractère de gravité suffisant pour constituer un délit.

17 – Refus ou négligence de faire les travaux, le service ou de prêter le secours dont ils auraient été requis dans les circonstances d'accidents, cas d'insurrection, brigandage, pillage, flagrant délit, clameur publique ou exécution judiciaire.
18 – Réunion sans autorisation pour ziara ou zerda (pèlerinage, repas public) – réunion sans autorisation de plus de 25 personnes du sexe masculin ; coups de feu, sans autorisation, dans une fête par exemple : un mariage, une naissance, une circoncision. […]
25 – Refus de fournir les renseignements demandés par les agents de l'autorité administrative ou judiciaire dans l'exercice de leurs fonctions ; faux renseignements donnés à ces mêmes agents. […]**. »

* Sylvie Thénault, « L'indigénat dans l'empire français », art. cit., p. 31-32.
** *Id.*, « Le régime pénal de l'indigénat. Une histoire en débat », *Carnet de l'Association des historiens contemporanéistes de l'enseignement supérieur et de la recherche*, 2012 (https://ahcesr.hypotheses.org/40, consulté le 7 avril 2020).

Aussi paradoxal que cela puisse paraître, cette radicalité de l'ordre colonial nous renvoie enfin à sa dimension limitée. Sauf exception, le principe du *cheap government* fait loi : une colonie devant rapporter davantage qu'elle ne coûte, elle doit coûter le moins possible. Aussi, dans chaque territoire colonial, le maillage administratif est si faible qu'il donne généralement naissance à des îlots de domination, plutôt qu'à une domination totale et homogène – par exemple, dans le Soudan des années 1920, l'administration britannique ne rassemble guère plus de cent cinquante agents. Ce sous-encadrement explique à la fois le statut de quasi-monarque des « gouverneurs » (celui de l'Inde britannique est « vice-roi »), le recours à des agents non étatiques (comme les missionnaires) et l'emploi d'une quantité de sujets colonisés devant servir de relais de la domination[1].

Une gouvernance située

Avec un État au pouvoir coercitif limité, inévitablement, l'ordre colonial diffère selon les contextes. Il se révèle plus précisément fonction des réseaux d'idées et d'acteurs qui organisent, sur place, le gouvernement des hommes. Prenons le cas de l'Insulinde et de la « réforme morale » qui s'y déroule au tournant des XIXe et XXe siècles. Romain Bertrand est l'un des meilleurs spécialistes de la question[2].

Après les années 1830, les Pays-Bas instaurent dans l'archipel indonésien un gouvernement qui rassemble l'Administration intérieure (les Néerlandais) et les Serviteurs du royaume (les *priyayi*, désignant la noblesse de robe de Java). Sous la houlette du gouverneur-général, l'Administration gère d'abord un système étatique de plantations où la petite paysannerie, soumise au travail forcé, cultive le thé, le café, le sucre et l'indigo. Puis, après 1860, ce système est démantelé et remplacé par un capitalisme manufacturier et entrepreneurial. Sa légitimité perdue, l'Administration intérieure doit alors réinventer sa mission.

Le souffle vient de la métropole où une « politique coloniale éthique » émerge, à la croisée d'un réformisme conservateur, d'un mouvement social-démocrate messianique et d'un courant orientaliste issu de l'université de Leyde. Les promoteurs de cette approche, les

1. Sylvie Thénault, « L'État colonial », *in* Pierre Singaravélou (dir.), *Les Empires coloniaux, XIXe-XXe siècle*, Paris, Seuil, 2013, p. 215-256.

2. Romain Bertrand, « Histoire d'une "réforme morale" de la politique coloniale des Pays-Bas : les Éthicistes et l'Insulinde (vers 1880-1930) », *Revue d'histoire moderne & contemporaine*, n° 54, 2007, p. 86-116.

« Éthicistes », pour suivre Romain Bertrand, dénoncent l'inhumanité des conditions de vie des Javanais dans les plantations. Ils diffusent la vision providentialiste d'un État chrétien et, sous leur influence, une transformation profonde s'amorce. L'Administration procède à un redéploiement social de ses activités, elle instaure différents services de santé et d'agronomie puis se lance à la poursuite d'un idéal inédit : l'amélioration du « bien-être indigène ».

L'entreprise se concrétise encore davantage après 1901, suite à la montée aux Pays-Bas du Parti social-démocrate des travailleurs, lorsque les liens s'institutionnalisent entre le monde savant et la fonction publique coloniale. Hommes politiques, académiciens ou juristes, plusieurs éthicistes investissent des partis et des groupes d'influence et, à l'université, un nouveau cursus est instauré pour les candidats aux examens d'entrée à l'Administration intérieure. Ils suivent désormais des cours d'« Indologie » ou d'« Institutions indiennes », destinés à leur faire connaître, pour mieux la parfaire, la société « indigène ».

S'ils s'évertuent à œuvrer pour le « bien-être indigène », les Éthicistes n'en sont pas moins empreints des préjugés de leur époque. Afin de conduire au bonheur une humanité réconciliée avec sa part « primitive » et « enfantine », les savants néerlandais s'efforcent d'écrire l'histoire des sociétés indonésiennes. Or, ils rattachent les peuples de l'archipel à un passé hindou-bouddhiste qui a pris fin au XVe siècle. Et ce faisant, ils inventent une tradition indonésienne qui nie la réalité des sultanats malais des XVIe et XVIIe siècles. Plutôt que de reconnaître la place centrale de l'islam dans l'archipel indonésien, les savants néerlandais idéalisent le temps long des sociétés colonisées et les définissent comme le produit historique, mais toujours actuel, de micro-communautés généalogiques et ancrées dans des territoires clos. Alors, une fois l'histoire réinventée par ces spécialistes autoproclamés de l'« islam javanais », les Éthicistes peuvent mettre en œuvre une politique qui correspond aux espoirs inavoués de nombreux colonisés. Il s'agit, d'une part, d'aider les élites javanaises à s'émanciper de la religion musulmane, d'autre part, de remplacer l'autorité des oulémas sur les paysans par celle des *priyayi*, et, enfin, d'occidentaliser les princes et enfants *priyayi*, tout en « réactivant » leur héritage hindou – c'est-à-dire en reniant trois siècles d'identité nobiliaire musulmane.

Les révoltes communistes des années 1926-1927 marquent le coup d'arrêt de cette politique éthiciste, puisque l'administration néerlandaise opte pour la répression de toute « activité indigène subversive ». Cependant, cet épisode signale combien l'ordre colonial est historiquement situé. Les réseaux d'acteurs qui organisent le gouvernement des hommes varient systématiquement selon les territoires conquis et, *de facto*, la rencontre entre la société des colonisateurs et celle des colonisés s'effectue toujours de manière différenciée.

Des réalités plurielles

Il n'y a donc pas *un* ordre colonial, mais une vaste palette de situations impériales. Dans certains espaces coloniaux, des administrations fortement centralisées prennent forme. C'est le cas dans l'Union indochinoise. Née en 1887 de l'adjonction à la Cochinchine des protectorats français du Cambodge, de l'Annam, du Tonkin et du Laos, l'Union est dirigée, entre 1897 et 1902, par Paul Doumer. Gouverneur général de l'Indochine, celui-ci entend bâtir un État solide, au fonctionnement indépendant de la métropole. Aussi prend-il le contre-pied de la politique de ses prédécesseurs. Doumer instaure une multitude d'organismes gouvernementaux centralisateurs, de la direction de l'Agriculture jusqu'à la direction des Douanes. Il crée un corps unique de services civils pour diriger, moyennant des salaires élevés, les différents territoires de l'Union. Il institue un système fiscal « productif » tout en augmentant le « travail indigène », tandis qu'il cantonne les élites locales à des postes fantoches. Cette politique lui sera reprochée mais, jusqu'à la fin de la colonisation française en Indochine, le « système Doumer » restera en place. L'Union sera régie par un État qui nourrit, à trop vouloir s'imposer et s'enrichir, les mécontentements nationalistes[1].

Dans d'autres espaces impériaux, l'administration coloniale repose au contraire sur la participation des élites locales. Ce système caractérise notamment, durant l'entre-deux-guerres, la Malaya britannique. D'abord protectorat, la Malaya finit par passer sous administration directe lorsque les représentants de la Couronne décident d'à nouveau s'attaquer aux sociétés secrètes qui animeraient, avec l'aide de la Chine, une résistance locale. Les Britanniques s'appuient encore davantage sur les aristocrates malais, et ces derniers deviennent inféodés à l'administration coloniale. Toutefois, en échange, ils reçoivent les rentes et les pensions qui pérennisent leur statut d'élite[2].

1. Amaury Lorin, « "Gouverner partout, n'administrer nulle part" : Paul Doumer, "Colbert de l'Indochine", 1897-1902 », *in* Samia El Mechat (dir.), *Les Administrations coloniales, XIXe-XXe siècles. Esquisse d'une histoire comparée*, Rennes, PUR, 2009, p. 25-32.

2. Daniel P. S. Goh, « Genèse de l'État colonial. Politiques colonisatrices et résistance indigène (Malaisie britannique, Philippines américaines) », *Actes de la recherche en sciences sociales*, n° 171-172, 2008, p. 56-73.

Bien d'autres États recourent à des intermédiaires locaux mais, dans certains cas, ces auxiliaires de la colonisation forment une sorte d'« élite exclue ». Le phénomène est particulièrement visible au Soudan. Dans ce condominium anglo-égyptien depuis 1898, les officiers soudanais sortis de l'École militaire de Khartoum ont droit à l'uniforme, au port d'arme et à une véritable rémunération. Ils constituent alors un groupe d'autant plus élitiste qu'ils ont toute la confiance de l'administration britannique, préoccupée, elle, par le grand voisin égyptien à qui il a fallu accorder une indépendance théorique en 1922. Cependant, d'un autre côté, les officiers sont toujours plus honnis de la population soudanaise, qui voit en eux le bras armé de l'État colonial. Cette situation explique qu'en 1924 ils figurent au rang des meneurs d'une révolte qui réclame l'indépendance, et l'union avec l'Égypte. Les Britanniques ne comprennent pas le soulèvement des officiers, pas plus que les Soudanais nationalistes. Chaque camp était convaincu de leur loyauté à la Couronne mais, au Soudan comme dans beaucoup d'autres territoires impériaux, l'ordre colonial se caractérise aussi par des confusions de loyauté au sein même des populations[1].

Enfin, partout, les résistances locales émaillent l'édifice colonial. Les hautes terres d'Indochine sont un cas d'école en la matière. Face aux populations jarai qui contrôlent ce territoire, parfois au point de totalement échapper à leur administration, les Français se lancent dans la bataille à la fin du XIXe siècle. Les conflits durent vingt longues années, au bout desquelles la France

1. Elena Vezzadini, « Une “élite exclue”. Les officiers soudanais entre ordre et révolte au Soudan colonial britannique (1900-1924) », *in* Jean-Pierre Bat et Nicolas Courtin (dir.), *Maintenir l'ordre colonial. Afrique et Madagascar, XIXe-XXe siècles*, Rennes, PUR, 2012, p. 85-109.

soumet officiellement les Jarai, avant de diviser leur territoire : l'ouest des hautes terres indochinoises revient au Cambodge, et l'est, à l'Annam. Les archives révèlent néanmoins une autre réalité. Non seulement les Jarai organisent encore leur vie politique autour de frontières d'abord villageoises, mais ils forment aussi une société toujours bien distincte de celle coloniale. Les responsables locaux continuent de vivre de l'attaque de villages voisins, où ils instaurent au besoin l'esclavage, et bien souvent, ils ne versent d'impôts à la France que lorsque les habitants daignent s'en acquitter[1].

Centralisation du pouvoir, partage de la domination, participation excluante, résistance ou concurrence des violences, l'ordre colonial a de nombreux visages. Historiquement situé, géographiquement varié, changeant, il fonctionne de manière nettement plus horizontale que verticale.

Exploiter et être exploité

Au-delà de cette multiplicité, la situation coloniale renvoie toujours à l'exploitation des hommes et des choses, les premiers se confondant bien souvent avec les secondes. Au point que les colonisateurs emploient des méthodes d'une cruauté parfois inouïe. Dans l'État indépendant du Congo, propriété personnelle du roi des Belges Léopold II de 1885 à 1908, les autorités iront jusqu'à instaurer une politique dite de la main coupée. Pour éviter que les soldats ne gaspillent leurs balles, par

1. Mathieu Guérin et Jonathan Padwe, « Pénétration coloniale et résistance chez les Jarai. Revisiter le rôle des colonisés dans la mise en place des frontières en Indochine », *Outre-Mers*, n° 370-371, 2011, p. 245-272.

exemple pour braconner, ces derniers doivent fournir à leurs supérieurs la preuve de la bonne utilisation de leurs cartouches : la main de leur victime.

Ce degré de violence n'est pas la règle en milieu colonial, bien sûr. Il n'empêche. Partout, la colonisation est synonyme d'une exploitation inhumaine légitimée par la croyance en l'inhumanité des « races noire et jaune ».

7. Au Congo belge, la loi de la main coupée

« Après Lemaire, il y eut Fiévez [...]. Le fleuve et la forêt ne l'avaient pas attendu. Les villages, les huttes, les pirogues ne l'avaient pas attendu. Mais il vint, il vint arracher quelque chose à cette terre. À ce fleuve et à cette forêt. On était venu ici pour remplir de petits paniers de sève. Stanley, Lemaire et quelques autres avaient bâti des comptoirs ; il fallait à présent procéder à la récolte de caoutchouc. C'est pour ça qu'on était venu, pour le caoutchouc, et il en fallait le plus possible, et vite ! Car un État, même fantoche, même un État sans administration, sans écoles, sans hôpitaux, sans rien, ça coûte cher. Le Congo coûtait cher. Il fallait donc lui soutirer son ivoire et son caoutchouc pour qu'il se finance lui-même.

Vinrent alors Fiévez et bien d'autres, de pauvres types désirant s'enrichir à tout prix. Tout alla très vite. En quelques mois, l'horreur monta d'un cran. L'Europe voulait du caoutchouc, c'était alors tout ce qu'elle demandait ; elle se fichait bien de comment ce caoutchouc pourrait être pris, récolté, touillé, filtré, séché ; il lui en fallait sa dose, point barre.

On ne sait pas exactement d'où est sortie sa face hideuse ; certains racontent que c'est Fiévez qui l'édicta ; dans son peignoir crème auquel manque un bouton, se tenant devant sa résidence, à moitié ivre, il aurait proféré cette règle intolérable : celui qui tire des coups de fusil doit, pour justifier l'emploi de ses munitions, couper les mains droites des cadavres et les ramener au camp.

Alors, la main coupée devint la loi, la mutilation une habitude. [...]

> Fiévez ordonne qu'on coupe les mains. Celles dont les vingt-sept os et je ne sais combien de muscles nous caressent, outil de mesure, pinceau. Car c'est encore avec les doigts que l'on peint le mieux ! C'est elle la confiance, le signe, la paume ! Désormais, si vous ne récoltez pas assez de caoutchouc, les surveillants vous traquent dans la forêt. Il n'y a pas de nuance. Il n'y a que la mort. [...]
>
> Quelques mots : on vous attrape et on vous fouette et on vous tue. On se penche sur votre cadavre et on vous coupe la main. C'est tout. Pas besoin d'en dire davantage. [...]
>
> Cela devait tout de même lui faire quelque chose de voir ces paniers pleins de mains. Ou plutôt non, ça ne lui faisait peut-être rien, mais alors rien du tout, et c'était ça qu'il trouvait le plus mystérieux, c'était ça qui le fascinait et l'effarait dans son refuge de lianes. Pauvre Fiévez. Avec ses pièces justificatives pour les munitions employées, ses pièces justificatives faites de peau et d'os, avec cette peur qu'il distille tout autour de lui et son parfum d'étrange cauchemar. »
>
> Éric Vuillard, *Congo. Récit*,
> Arles, Actes Sud, 2012, p. 64-66.

L'entreprise « colonie »

L'histoire économique de la colonisation fait encore débat aujourd'hui. Une question interroge particulièrement les spécialistes : les colonies ont-elles rapporté plus qu'elles n'ont coûté ? Les thèses se complètent autant qu'elles se contredisent, au point qu'il paraît impossible d'apporter une réponse claire à cette question. Probablement parce qu'elle ne peut être posée de cette façon, le raisonnement impliquant de bâtir des tableaux forcément binaires en termes de dépenses (administratives ?) et de recettes (économiques ?). Trois points permettent toutefois d'éclairer l'histoire de l'économie coloniale.

Concernant le ratio coût/bénéfice, en tout cas dans les empires britannique et français, jusqu'aux débuts de la

Première Guerre mondiale les colonies remplissent le rôle qui leur est dévolu. Grâce au marché colonial, les métropoles peuvent s'approvisionner en produits tropicaux et disposer de débouchés pour leurs produits industriels. Puis, durant l'entre-deux-guerres, les secousses monétaires et la Grande Dépression qui s'ensuit incitent les puissances européennes à jouer la carte de la « préférence impériale ». En abaissant les tarifs douaniers sur les produits importés depuis leurs seules colonies, elles se servent de leur outre-mer pour dynamiser ou tout au moins soutenir l'économie métropolitaine[1].

Au regard des acteurs qui pilotent alors cette économie, les historiens ont progressivement abandonné la vision d'un cadre de type métropole-colonies. Ils envisagent désormais des réseaux s'associant et se superposant les uns aux autres. À cet égard, Jean-François Klein distingue trois types de patronat. D'abord, les patrons métropolitains. Depuis la mère patrie, ils écoulent leur production dans l'empire en même temps qu'ils y extraient des ressources. Viennent ensuite des entrepreneurs exclusivement coloniaux. Ces derniers vivent et travaillent dans une possession ultramarine en particulier. Et puis il y a les « grands patrons ». Installés dans des centres urbains métropolitains ou coloniaux, ils connectent l'ensemble des territoires impériaux par le biais de leurs capitaux, de leurs chambres de commerce et syndicats professionnels, de leurs députés, leurs sociétés savantes et leurs groupes de pression, comme le lobby (ou « parti ») colonial. Ce « patronat impérial » prend forme durant les premières décennies du XXe siècle, nous explique Klein, au fur et

1. Bouda Etemad, « Un bilan économique de la colonisation. Approches, débats, résultats », *in* Pierre Singaravélou (dir.), *Les Empires coloniaux*, *op. cit.*, p. 301-333.

à mesure qu'émergent des « hommes nodaux ». Selon l'historien, les frères Rivaud de la Raffinière en sont le prototype : « Pariant sur la rentabilité de l'agriculture coloniale, ils fondent en 1908 la Banque Rivaud, Kinkelin & Cie, devenue en 1911 Rivaud Frères & Cie. Dans les années 1900, en plein boom du caoutchouc, Olivier Rivaud (1876-1938) crée la Société des plantations des Terres rouges et la Société des caoutchoucs de Padang. Entre les deux guerres, c'est sous sa direction que la banque investit massivement, mais sans se limiter aux colonies françaises, dans les plantations de théiers, de caféiers, de palmiers à huile et d'hévéas (le groupe produisait dans les années 1920 près de dix mille tonnes de caoutchouc, soit 1,5 % de la production mondiale) ; elle assure aussi le transport et la commercialisation des matières premières agricoles grâce à la Société bordelaise africaine dont elle a pris le contrôle. Très liés à des intérêts belges en Indochine à travers la Socfin qu'ils ont créée en 1909 avec la Banque coloniale de Belgique, les Rivaud sont des piliers de l'establishment parisien. Jean de Beaumont (1904-2002), le gendre d'Olivier dont il a épousé en 1928 la fille, Paule (1908-1999), est élu député de Cochinchine en 1936 et vice-président de la commission des Colonies à la Chambre[1]. »

Enfin, du côté des colonisés, l'exploitation devenue « mise en valeur » recouvre au moins deux réalités sociales, d'ailleurs pas forcément opposées l'une à l'autre. La première est celle de l'hybridation des institutions « indigènes » et coloniales. Puisque les Européens arrivent dans des sociétés déjà structurées,

1. Jean-François Klein, « Du patronat colonial au patronat impérial. Un changement de paradigme », *Vingtième Siècle. Revue d'histoire*, n° 114, 2012, p. 77.

l'État colonial se construit en coexistant avec d'autres classes marchandes. En Inde par exemple, les commerçants et manieurs d'argent s'insèrent dans les réseaux internationaux d'exportation de coton et d'opium. Ces hommes réinvestissent leurs bénéfices localement et, ce faisant, ils participent directement à l'industrialisation du pays. Pour autant, en particulier dans les colonies dites de « peuplement » comme l'Algérie, le Kenya, le Sud-Ouest africain (Namibie), la Rhodésie du Sud (Zimbabwe) et l'Afrique du Sud, l'hybridation des systèmes économiques n'enlève rien à l'exploitation de la majorité. La colonisation ne peut être rentable qu'à condition que les travailleurs africains et asiatiques soient sinon peu ou pas rémunérés, du moins défavorisés comparativement aux travailleurs européens. Puisque les colons s'approprient la plupart des terres et des richesses, l'appauvrissement, la marginalisation et le sous-développement des colonisés sont inévitables.

Mise en valeur et mise au travail

De cette inégalité de traitement découle une autre facette de l'économie coloniale : le travail forcé. Le phénomène est caractéristique des colonies en général et de celles belges, françaises et portugaises en particulier.

Grâce aux travaux de Romain Tiquet, l'exemple sénégalais est désormais bien connu. À la fin du XIXe siècle, les autorités françaises y élaborent un régime de contraintes assurant à la fois le recrutement des travailleurs et le contrôle des populations. La légitimité de ce régime repose sur deux principes : la mission civilisatrice (paresseux, les colonisés accéderont à la civilisation par le biais du travail) et la pénurie (la mise en valeur d'un territoire si peu peuplé nécessite le recrutement d'indigènes).

Mais, concrètement, l'entreprise s'appuie sur des mesures aussi peu éthiques que rationnelles. L'impôt obligatoire est le premier instrument du système. Forcés de verser des impôts à l'État, les colonisés doivent travailler pour s'acquitter de leurs paiements et ce, selon des conditions définies par l'administration et les entreprises coloniales : des journées harassantes et une faible rémunération. Le régime de l'indigénat constitue le second pilier de cette économie de contraintes. Instauré au Sénégal en 1887 et quelques années plus tard dans toute l'AOF, il sanctionne, entre autres, le non-paiement de l'impôt, le refus d'exécuter des travaux d'utilité publique et le vagabondage, c'est-à-dire le fait de n'avoir ni logement ni emploi fixes. L'infraction est alors punie d'amende ou, de plus en plus, de journées de travail « gratuit ». Un vaste arsenal législatif sert enfin de camouflet au travail forcé. Citons le système de la prestation (un impôt en nature qui oblige les colonisés à travailler sur les chantiers publics un certain nombre de jours dans l'année) ou encore l'emploi de la seconde portion du contingent (les soldats réservistes sont tirés au sort pour exécuter des travaux d'intérêt général durant trois ans).

L'Organisation internationale du travail (OIT) cherche à mettre fin à ce régime durant les années 1920. Défendue par la Grande-Bretagne, l'Italie et l'Espagne, et rejetée par la Belgique, le Portugal et la France, la Convention n° 29 sur le travail forcé est ratifiée en 1930. Et immédiatement, elle est contournée. La France édicte, par exemple, une « nouvelle » législation dans laquelle elle stipule que « le terme “travail obligatoire” désigne tout travail ou tout service, exigé d'un individu, pour l'exécution duquel ledit individu ne s'est pas offert de plein gré, en dehors des travaux ou services résultant de ses obligations fiscales ou militaires ou de l'exécution d'une peine de droit commun ». Encore en AOF, d'autres mesures réglementaires viennent pérenniser le travail forcé sous toutes ses formes, à l'instar du système du portage selon lequel, lorsque le réseau routier est inexistant, les colonisés doivent servir de mules pour transporter le matériel et le personnel – c'est-à-dire les colons. Sauf une réforme en demi-teinte initiée par le Front populaire en 1937, il faut attendre 1946 pour que le travail forcé soit aboli dans l'Afrique occidentale française[1].

Entre-temps, ce système laisse toujours plus de morts dans son sillage. Dans l'Union indochinoise, Paul Doumer met un point d'honneur à apporter le rail à sa colonie. Selon le gouverneur, « la civilisation suit la locomotive ». Alors, avec le consortium de la Compagnie des chemins de fer de l'Indochine et du Yunnan, l'administration française réquisitionne contre leur gré des employés qu'elle soumet à des conditions cauchemardesques. Les ouvriers sont foudroyés par la dysenterie, le paludisme et bien d'autres maladies. Ils sont fusillés en cas de fuite, battus en cas de désobéissance et poussés dans la tombe par la dureté des travaux[2]. C'est la même loi Travail qui préside, au Congo français, à la construction de la ligne Congo-Océan. Les premiers rails sont posés en 1921 sous le contrôle de la Société de construction des Batignolles et, en 1934, le chemin de fer s'étend sur 510 kilomètres, reliant Brazzaville à Pointe-Noire. Grâce à 127 250 hommes, dont plus de 20 000 meurent sur place, la France s'affranchit du Congo belge

1. Voir notamment : Romain Tiquet, *Travail forcé et mobilisation de la main-d'œuvre au Sénégal. Années 1920-1960*, Rennes, PUR, 2019.

2. Amaury Lorin, « "La civilisation suit la locomotive" : le *credo* ferroviaire de Paul Doumer, gouverneur général de l'Indochine (1897-1902) », *Revue d'histoire des chemins de fer*, n° 35, 2006, p. 41-54.

voisin et enfin, elle peut dynamiser l'exportation du cuivre congolais, du coton tchadien et du bois gabonais[1].

Une société impériale

Cette exploitation des colonies engage d'un côté des administrateurs et des entrepreneurs surtout européens, mais aussi africains ou asiatiques, et de l'autre des agriculteurs et des ouvriers africains ou asiatiques, mais également européens. En d'autres termes, le capitalisme colonial engage l'ensemble de la société impériale. L'histoire de la compagnie Michelin est fort révélatrice[2]. Elle donne notamment l'occasion d'envisager dans un seul récit, comme l'a fait Stephen Harp, la vie en métropole et en colonie.

Le marché de l'automobile et du pneu prend son essor en Amérique du Nord et en Europe au début du XXe siècle, grâce au faible coût de revient du caoutchouc cultivé dans les plantations tropicales. Mais les prix s'envolent après la guerre et, pour y faire face, en 1926, Michelin achète sa première plantation en Indochine. 1926 est aussi l'année de la publication du premier guide Michelin, consacré à la Bretagne. Dès lors, tandis qu'en France l'entreprise structure un réseau touristique à découvrir grâce à ses cartes routières et ses guides de voyage, en Indochine elle s'investit massivement dans la production de caoutchouc. Mais dans ses campagnes publicitaires diffusées en métropole, Michelin prend toujours soin de taire le mode de production sur lequel repose son succès.

1. Catherine Coquery-Vidrovitch, *Le Congo au temps des grandes compagnies concessionnaires, 1898-1930*, Paris, Éditions de l'EHESS, 2001.

2. Éric Panthou, *Les Plantations Michelin au Viêt-Nam*, Clermont-Ferrand, La Galipote, 2013.

Il faut dire que ses plantations indochinoises font face au mécontentement grandissant des *coolies*, le nom donné à la main-d'œuvre asiatique. Les quelque quatre mille coolies employés par Michelin travaillent dans des conditions médiocres : contrat fallacieux (signé pour trois ans, il ne comprend pas les jours de fête ni ceux de maladie, et s'étend donc en réalité sur quatre années) ; précarité (manque d'eau potable dans les plantations, paludisme, salaires inférieurs à ceux promis) ; brutalité des contremaîtres (qui battent les ouvriers ne travaillant pas assez efficacement à leur goût). Aussi, dès 1930, plusieurs révoltes éclatent. Les coolies sont arrêtés et certains, emprisonnés. La récession succède aux soulèvements et celle-ci n'arrange rien, au contraire. Début 1932, en réaction à la crise qui frappe désormais toute l'industrie de l'automobile, l'Union des planteurs de caoutchouc en Indochine obtient du gouvernement colonial l'autorisation de réduire les salaires des coolies nouvellement embauchés. Mais Michelin en profite, elle, pour réduire les salaires des ouvriers déjà employés. L'inspecteur du travail J.-P. Rougni s'enquiert de cette irrégularité auprès du directeur des plantations Michelin, Marc Planchon, et ce dernier lui rétorque : « [il] ne faut pas que l'administration oublie la puissance de Michelin […]. Les administrateurs [et] inspecteurs du travail ont pour chef le gouverneur. Le gouverneur a au-dessus de lui le gouverneur général, et au-dessus du gouverneur général, il y a Michelin et Cie à Paris… Eh bien sachez que la société Michelin peut faire briser la situation d'un fonctionnaire, comme elle peut pousser celui dont elle est satisfaite. » Planchon semble dire vrai. Le gouverneur de Cochinchine a beau déplorer l'« esprit "planteur" absolument lamentable » qui règne dans les plantations Michelin, lorsque d'autres révoltes éclatent les autorités françaises ne remédient pas à la situation des coolies, ni en 1932, ni en 1937.

Cette histoire donne à voir les relations impériales que nouent, sans toujours le savoir, les Français, les Britanniques et les Néerlandais avec les ouvriers vietnamiens, indiens et javanais. Tandis que la presse métropolitaine censure ou tout au moins ne relaie pas les critiques émises dans les colonies, la publicité et les expositions universelles continuent, elles, de représenter les colonisés comme des êtres retardés et les colons comme des missionnaires du progrès. Ayant accepté ce « racisme structurel », conclut Stephen Harp, les consommateurs métropolitains peuvent oublier que les produits en caoutchouc grâce auxquels ils sillonnent les routes de France conseillées par Michelin leur viennent, directement, « de la sueur, et même du sang, des peuples présumés inférieurs[1] ».

Coloniser et être colonisé

Accepté, tu ou inconscient, ce racisme ne cessera jamais de déterminer la relation qui unit les colonisateurs et les colonisés. En mai 1940, par exemple, alors secrétaire au ministère des Colonies, Marguerite Duras publie sous le pseudonyme Donnadieu un texte dédié à la propagande de la « méthode colonisatrice française ». Elle définit la conception impériale du pays comme « la négation même du racisme » et, pourtant, elle ne fait pas

1. Stephen Harp, « Des images publicitaires aux réalités cachées : Michelin, les plantations de caoutchouc et la consommation française », *in* Alain Chatriot, Marie-Emmanuelle Chessel et Matthew Hilton (dir.), *Au nom du consommateur. Consommation et politique en Europe et aux États-Unis au XXe siècle*, Paris, La Découverte, 2005, p. 328.

autre chose que d'opposer des indigènes enfermés dans l'ignorance de leur race à des colons porteurs de la vertu inhérente à la pensée française. Telles sont les représentations qui, sur place, sous-tendent les pratiques colonisatrices et remodèlent les identités « autochtones ».

8. La méthode colonisatrice française selon Marguerite Duras

« Notre conception impériale est, en effet, la négation même du racisme. La France a donné à tous ses sujets d'outre-mer, sans faire de distinction entre les races, les mêmes possibilités de développement et les mêmes espoirs.

L'indigène n'a jamais été traité en vaincu ; non seulement nous avons des devoirs envers lui, mais nous lui reconnaissons des droits sociaux et politiques et surtout celui d'acquérir des connaissances nouvelles. Certes, ce n'est pas à lui qu'il appartient de décider à quel moment il pourra user de ses capacités. C'est à nous, au moment voulu, d'alléger notre tutelle. […]

Notre politique consiste en une action concertée, d'ordre médical, éducatif, voire économique, qui tend à faire de l'indigène un homme sain, instruit au moins des principes élémentaires qui gouvernent son existence quotidienne, capable […] d'organiser son économie familiale tout en conservant sa culture, sa langue, ses traditions locales. La première manifestation de cette politique, la plus urgente, ce fut l'action médicale. L'effet de notre présence fut de sauver de la mort des millions d'indigènes jusque-là à la merci de la plus bénigne des maladies. […]

Lorsqu'il s'agit d'émanciper l'indigène, la France se préoccupe avant tout de ne jamais le détourner de ce qui semble être le destin naturel de sa race. Au contraire elle s'efforce de l'amener à une existence conforme à ses aptitudes et à son passé. On s'est heurté cependant à des nécessités d'ordre pratique ; c'est de notre enseignement que dépendait la solution de ce problème, qu'il a fallu concilier avec les principes qui inspiraient notre colonisation. Rendons hommage dans ce domaine aux missionnaires, qui, les premiers, prirent en main l'enfance indigène et fondèrent des crèches et des écoles. Ces

pionniers de la vertu et de la pensée française ne répugnèrent à aucune tâche, à aucune épreuve et leur catholicisme agissant a posé les jalons de notre politique indigène tout entière. […]
Notre devoir consistait à donner au plus riche comme au plus pauvre sa chance de réussite ; aussi a-t-on essayé de généraliser dans nos possessions l'instruction publique. Mais, la population de nos colonies étant agricole, l'extension parallèle de l'enseignement professionnel agricole, artisanal, ménager a permis d'éviter que les indigènes n'aillent en trop grand nombre vers des carrières administratives et ne délaissent leurs terres et leurs cultures. […]
En terminant, remarquons que la guerre aura été une grande expérience. Il n'est pas un seul indigène qui n'ait prêté aux échos des derniers événements une oreille attentive ; le plus ignorant de tous a reconnu là une rumeur qui lui était familière : celle des armes. Il a compris ce dont souffrait la France et s'est rapproché d'elle davantage ; il a voulu l'aider par le don de sa personne. C'est la plus valable des expériences humaines qui pouvaient être instituées aux colonies. »

L'Illustration, numéro spécial « L'empire français dans la guerre », 10 mai 1940, cité par *Clio-Texte*, 2016 (https://clio-texte.clionautes.org/lempire-colonial-la-vision-de-marguerite-donnadieu-duras-secretaire-du-ministere-des-colonies-mai-1940.html, consulté le 8 avril 2020).

La mission et l'école

Dans la mesure où elle puise sa légitimité dans l'impératif civilisationnel, l'entreprise coloniale devient une œuvre d'ingénierie sociale, avec pour fers de lance la christianisation des âmes et l'éducation des esprits. Seulement, encore une fois, si l'objectif poursuivi est la greffe du modèle européen, le résultat obtenu est l'hybridation sociale.

Tout au long du XIXe siècle, entre les missions chrétiennes et les administrations coloniales, l'alliance se renforce. Les premières acceptent d'être contrôlées par les secondes et, en échange, elles obtiennent des terres, de la main-d'œuvre et bien souvent, la charge de l'éducation primaire. Certes, de nombreuses dissensions opposent les Européens aux Africains et Asiatiques, les chrétiens aux musulmans. Mais l'œuvre évangélisatrice aboutit tout de même, au XXe siècle, à l'« indigénisation » croissante des Églises[1] et, plus largement, à une recomposition identitaire réciproque entre missionnaires et missionnés[2].

Ainsi, les cas de réappropriation religieuse sont légion. Le plus connu est probablement celui, au Congo belge, du kimbanguisme. Converti au sein d'une mission baptiste anglaise du Bas-Congo, Simon Kimbangu procède à une relecture du christianisme qui croise les valeurs morales de la religion, l'identité noire et l'orthodoxie des mœurs. Il se met à prêcher en 1921, ses discours rencontrent un succès inédit et, rapidement, ses adeptes le considèrent comme le messie d'une nouvelle religion chrétienne. Cet engouement conduit les autorités coloniales à l'emprisonner à perpétuité mais, au cours des décennies qui suivent, partout ou presque sur le continent, le kimbanguisme perdure comme religion messianique et proprement africaine[3].

Comme la christianisation, l'éducation vise à assigner aux autochtones une place bien précise au sein de la société coloniale. Pour reprendre l'analyse de Claire Fredj et Marie-Albane de Suremain, l'école doit y fabriquer aujourd'hui les « corps dociles » de demain,

1. Elikia M'Bokolo, *Afrique noire. Histoire et civilisations*. T. II, *Du XIXe siècle à nos jours*, Paris, Hatier-AUF, 2008 (3e éd.), p. 392-396.

2. Françoise Douaire-Marsaudon, Alain Guillemin et Chantal Zheng (dir.), *Missionnaires chrétiens, XIXe-XXe siècle. Asie et Pacifique*, Paris, Autrement, 2008.

3. Jean Pirotte, « L'Afrique centrale ex-belge », *Histoire, monde et cultures religieuses*, n° 25, 2013, p. 107-132.

ceux des futurs agriculteurs, soldats et auxiliaires de la colonisation. Les administrations coloniales partagent toutefois une même crainte perpétuelle : produire des individus inadaptés à leur société d'origine. Et cette peur les incite à mettre en œuvre un enseignement sinon médiocre, du moins rudimentaire. En 1932, le directeur de l'École coloniale française Georges Hardy va jusqu'à évoquer, comme idéal pour l'Afrique, « une bonne école toute simple, pas savante pour un sou, exclusivement occupée d'améliorer dans tous les sens le genre de vie traditionnel[1] ».

Il faut dire que la première caractéristique de la politique éducative impériale est de faire face à l'impossibilité structurelle d'éduquer sans subvertir. Pierre Brocheux l'a remarquablement démontré dans son étude du *quôc ngu* (« langue nationale »), né de la transcription du vietnamien en caractères latins et aujourd'hui langue officielle du Viêt-Nam. Le processus débute au début du XXe siècle lorsque la France instaure un double système éducatif en Indochine : l'école française et, pour la majorité des colonisés, l'enseignement « franco-indigène ». Dans cette deuxième catégorie, à côté d'un apprentissage rudimentaire de la langue française (le certificat d'études primaires comporte une dictée où cinq fautes d'orthographe sont éliminatoires), l'introduction du *quôc ngu* vise plusieurs objectifs. Le premier est de rejeter les caractères chinois afin de mettre un terme au monopole culturel des lettrés sinophones. L'administration coloniale entend ainsi substituer à l'influence culturelle de la Chine celle de la France. L'usage de

1. Claire Fredj et Marie-Albane de Suremain, « Un Prométhée colonial ? Encadrement et transformation des sociétés », *in* Pierre Singaravélou (dir.), *Les Empires coloniaux*, *op. cit.*, p. 267.

l'alphabet latin doit aussi favoriser la pénétration des idées « civilisatrices » de la France et, surtout, permettre de censurer et de contrôler la littérature diffusée sur place. L'administration coloniale cherche enfin à doter ses sujets d'une langue de communication qui puisse faire fonctionner l'Union, tout en s'assurant que les colonisés voient dans l'œuvre civilisatrice un caractère à la fois français et indigène. Rationnels et conçus pour pérenniser l'empire, ces objectifs se retournent cependant contre la France. Comme elle le souhaitait, les Vietnamiens s'affranchissent bel et bien de leur puissant voisin chinois. Mais l'entreprise favorise également la vietnamisation des identités au nom de laquelle les populations revendiqueront, plus tard, leur émancipation de la tutelle française[1].

Cette histoire de l'éducation donne à voir la pluralité des processus qu'entraîne l'ingénierie sociale en milieu colonial. Il y a, d'une part, le double refus des colonisés et des colonisateurs : les premiers résistent d'autant mieux à l'acculturation que les seconds ne souhaitent pas complètement les assimiler. D'autre part, l'éducation amène les colonisés à prendre conscience de l'opposition entre la société idéale (celle de l'égalité) et la société coloniale (celle de l'injustice). Qui dit éducation dit, enfin, distinction : plus les colonisés font l'apprentissage d'une culture qui leur est totalement étrangère, plus ils se différencient de celle-ci[2].

1. Pierre Brocheux et Daniel Hémery, *Indochine. La colonisation ambiguë*, Paris, La Découverte, 2001 (2e éd.), p. 215-225.

2. Pascale Barthélemy, « L'enseignement dans l'Empire colonial français : une vieille histoire ? », *Histoire de l'éducation*, n° 128, 2010, p. 5-28.

Le Mâle, la Femme, l'Inférieur

Ce double mouvement d'intégration-différenciation participe à la fabrique de nouvelles identités. Nationales et plus généralement sociales, ces identités sont le produit de la rencontre imposée par la situation coloniale.

Prenons l'exemple de la masculinisation des colonisés, instrument parmi tant d'autres de la domination européenne. L'historien Vincent Joly localise les premières traces de ce processus en Inde, à la fin du XIXe siècle. Aux yeux des Britanniques, sous l'influence du climat et du mode de vie qu'il favorise, certains peuples auraient développé une formidable aptitude au combat, au point de constituer une « race guerrière » à part entière. Ce mythe traverse l'océan et l'historien le retrouve en Afrique, en 1910, lorsque le lieutenant-colonel Mangin théorise la « force noire ». L'homme de guerre justifie l'appel de la nation française aux « races nègres » par le manque d'effectifs en métropole, mais aussi par la capacité ancestrale de ces dernières à combattre. Cet idéal guerrier fait écho à la culture de certaines sociétés colonisées, aussi finit-il par accompagner une revendication endogène de la masculinité : pour certains Bambara d'Afrique de l'Ouest ou Nandi du Kenya, s'engager dans l'armée, c'est aller prouver sa virilité. Aussi, durant les campagnes de la Première Guerre mondiale, ces soldats remettront en cause la virilité des Européens. En 1916 par exemple, les hommes de la 3e division coloniale chantent : « Depuis que dans l'Nord de la France et ailleurs ; s'sont amenés des contingents étrangers ; d'Tonkinois, de Bédouins, d'Malgaches, de Toucouleurs ; dans l'pays les p'tites femmes sont aux anges ; ell's ne peuvent s'empêcher de zyeuter l'pantalon ; de ces noirs… » Et plutôt que de la contrecarrer, les pouvoirs coloniaux vont s'emparer de cette sur-masculinité. L'idée de la virilité des hommes qui composent les races guerrières devient alors un élément discursif de la domination coloniale. Dépeints par Henri Barbusse en 1916, dans *Le Feu*, les poilus de la Grande Guerre le disent eux-mêmes : « L'sont vraiment d'une autre race que nous, avec leur peau en toile de tente, avoue Biquet qui, pourtant n'a pas froid aux yeux. Le repos les embête, tu sais ; ils ne vivent que pour le moment où l'officier remet sa montre dans sa poche et dit : "Allez ! Partez !" – Au fond, ce sont de vrais soldats. – Nous ne sommes pas des soldats, nous, nous sommes des hommes[1]. »

Cette adaptation de l'ordre colonial aux cultures colonisées se retrouve à tous les niveaux de la société impériale. L'histoire de la prostitution au Viêt-Nam en témoigne. Réalité pré-coloniale, la prostitution se développe au début du XXe siècle sous l'effet conjugué de l'exode rural et de la hausse de la demande d'une classe moyenne européenne et vietnamienne – contrairement à ceux du Maghreb, les colonisés d'Indochine ne souffrent pas d'une discrimination à l'entrée des maisons closes. Celles-ci sont ensuite placées sous étroite surveillance, durant les années 1930. Rattachée à la Sûreté générale, la police des mœurs a pour mission de contrôler les maisons closes et de faire inscrire les « filles insoumises », c'est-à-dire clandestines, au très officiel registre des « filles soumises », c'est-à-dire dûment enregistrées et respectant la réglementation : une visite médicale hebdomadaire au dispensaire. Le milieu prostitutionnel devient

1. Vincent Joly, « "Races guerrières" et masculinité en contexte colonial. Approche historiographique », *Clio. Femmes, genre, histoire*, n° 33, 2011, p. 139-156.

alors indissociable du fonctionnement carcéral du dispensaire. Les femmes atteintes de maladies vénériennes y sont tout bonnement emprisonnées, ce qui n'est pas le cas, on s'en doute, des hommes qui leur ont transmis ces maladies. Puis, des mouvements de protestation émergent en métropole et en colonie pour une meilleure prise en charge sanitaire de ces femmes, mais la réglementation demeure, et la police des mœurs aussi. Car si elle veut préserver l'ordre colonial, nous explique l'historienne Isabelle Tracol-Huynh, l'administration française se doit de contrôler la rencontre coloniale. Pour éviter le concubinage des Européens avec les colonisées, la prostitution doit continuer. Pour protéger les effectifs militaires, les « malades » sont séquestrées. Et pour maintenir une hiérarchie raciale, la taxation est proportionnelle aux origines. Les services sexuels dispensés par les prostituées vietnamiennes sont l'objet d'une faible taxe financière, ceux des femmes chinoises coûtent davantage mais restent « bon marché », et les taxes les plus élevées concernent les prostituées japonaises puis, en haut de l'échelle, européennes. Du racisme de classe naissent d'autres hiérarchies socio-identitaires[1].

Identités connectées et transformées

Imposées et appropriées, inventées et instrumentalisées, les identités coloniales sont profondément hybrides, on l'aura compris. Et cette hybridité favorisera directement le nationalisme. L'histoire du sport s'avère particulièrement utile ici[2].

1. Isabelle Tracol-Huynh, « Encadrer la sexualité au Viêt-Nam colonial : police des mœurs et réglementation de la prostitution (des années 1870 à la fin des années 1930) », *Genèses*, n° 86, 2012, p. 55-77.

2. Agathe Larcher-Goscha, « Sports, colonialisme et identités nationales : premières approches du "corps à corps colonial" en Indochine (1918-1945) »,

Restons encore en Indochine. Quand, au milieu du XIXe siècle, les autorités françaises introduisent les sports européens dans un territoire de culture bouddhiste et confucéenne, elles se heurtent à de nombreuses réticences. Aux yeux des colonisés d'Indochine, il est dégradant pour les jeunes femmes de se livrer aux exercices du corps, à la maison et encore plus encore au-dehors. Montrer et agiter son corps (semi-)dénudé en public est également le signe d'une mauvaise éducation et de mœurs pernicieuses. Enfin, comme le travail manuel, l'exercice physique est socialement déconsidéré. Les populations d'Indochine pratiquent, elles, d'autres sports. Les écoles d'arts martiaux sont associées à la force militaire et, dans les campagnes, les fêtes de village sont le moment des courses en sac ou en pirogue, du maniement des cerfs-volants, de la boxe et de la lutte, des compétitions de balançoire, de tir à l'arc et de lancer de javelot.

L'adoption des sports « modernes », c'est-à-dire européens, va donc être concurrentielle et progressive. Agathe Larcher-Goscha l'a montré, la clef de la transformation réside dans la psychologie sportive. L'historienne insiste sur le traumatisme que provoque d'abord, chez les élites vietnamiennes, le dénigrement systématique de leur corps mis à nu par le regard colonial. La couleur de la peau, les yeux bridés, la petite taille, le faible poids et la maigre pilosité sont associés à de l'indolence, de la fragilité et de la débilité, ce qui fait du colonisé l'exact opposé du colon qui monopoliserait, lui, la force et la virilité. D'ailleurs, les ethnographes français voient dans les attributs physiques des populations annamites

---

in Nicolas Bancel, Daniel Denis et Youssef Fates (dir.), *De l'Indochine à l'Algérie. La jeunesse en mouvements des deux côtés du miroir colonial, 1940-1962*, Paris, La Découverte, 2003, p. 13-31.

la preuve tangible de l'incomplétude de leur civilisation. Ces intellectuels associent le petit gabarit des colonisés à un régime alimentaire carencé (car basé sur le riz) et à des pratiques néfastes – donner du riz prémâché à des nourrissons, se baigner dans des mares communales plus ou moins propres, se montrer frugal pour être poli, etc. Cette représentation du corps colonisé incite alors de nombreux Vietnamiens sinon à rejeter le mode de vie des anciens, du moins à s'approprier les attributs de la « modernité » française.

L'élite vietnamienne va s'efforcer à la fois de maîtriser les pratiques et savoirs coloniaux et de promouvoir l'éducation physique. Pour favoriser une réappropriation de soi autant individuelle que collective, la première école physique d'Indochine est fondée en 1919, date à laquelle le journal contestataire *Tribune indigène* garantit à ses lecteurs que « les exercices de plein air [...] nous feront forts dans les luttes que nous aurons à soutenir ». Dans une veine encore plus nationaliste, le journaliste Tran Huy Liêu écrit quelques années plus tard, en 1925 : « Si nous savions nous réveiller pour lutter, que serions-nous sans faire état de la force physique, et sur qui compterions-nous sans faire appel à nos jeunes étudiants ? Il est donc indispensable d'enseigner des exercices physiques à nos élèves. » La Sûreté de la Cochinchine censure cet article, mais il est déjà trop tard. Tout au long des années 1930, les nationalistes vietnamiens investissent les organisations sportives, celles des scouts en particulier. Si bien qu'en 1940 l'amiral Decoux décidera de s'appuyer sur les sports pour mettre le « patriotisme vietnamien » au service de la lutte contre l'envahisseur japonais. Non seulement la tactique de Decoux échouera, mais elle sera aussi reprise par le Parti communiste de Hô Chi Minh dans le combat, cette fois, contre l'occupant français.

Cette dialectique du rapport entre les représentations coloniales et les perceptions de soi chez les colonisés nous renvoie à l'analyse de Georges Balandier. Le sociologue disait de la situation coloniale qu'elle constituait un « état de crise caractérisé ». Il y a en effet une crise politique puisque, pour être hégémonique, l'État colonial doit s'appuyer sur des élites autochtones qui finissent, à terme, par contester son hégémonie. La crise est aussi économique. Puisque pour être menée à bien l'œuvre coloniale repose sur l'exploitation des colonisés, l'appauvrissement de la majorité finit par susciter la contestation d'un gouvernement colonial par définition minoritaire. La crise est enfin sociale, ou plutôt, totale : les représentations racistes qui légitiment l'empire ne peuvent résister à la subversion que génère, chez les colonisés, leur rencontre avec la société colonisatrice. La situation coloniale est une situation de crise, car elle porte en elle les germes de sa destruction.

Chapitre 3

D'une guerre mondiale à l'autre : mutations, révoltes, nationalismes

Rien n'est plus difficile, pour les historiens, que de parler de « rupture ». Qu'ils travaillent sur l'époque ancienne ou contemporaine, qu'ils s'intéressent à l'Amérique latine ou à l'Europe occidentale, tous sont aux prises avec un temps social bien plus cumulatif que linéaire. Les historiens préfèrent donc évoquer, sur le court terme, des mutations, voire des bouleversements, et, sur le long terme, des entremêlements de durées. Les Première et Seconde Guerres mondiales constituent peut-être l'exception à la règle. Car, après ces deux événements-monde, « rien ne sera plus comme avant » : la rupture a bel et bien eu lieu.

Des empires sauvés puis contestés : l'impact de la Grande Guerre

En 1920, à Manhattan, lors d'un rassemblement « pan-noir », Marcus Garvey lance : « Le temps est venu pour les quarante millions de Noirs de réclamer l'Afrique. » Le célèbre orateur jamaïcain n'aurait pu se montrer aussi vindicatif dix ans auparavant. Seulement, aujourd'hui que quatre longues années de guerre et de combats ont passé, que « nous étions assez bons pour nous faire tuer sur les champs de bataille européens pour aider nos éducateurs à gagner leur guerre », dit Garvey, de nombreux colonisés revendiquent leur droit à la liberté. Et les colonisateurs tentent, eux, de contenir ces velléités autonomistes.

9. La presse face au « mouvement pan-noir »

« À quoi tend le mouvement pan-noir ? À la libération des Noirs. C'est un but légitime et qui, fatalement, sera atteint. […] Nous voulons bien assister à une évolution que nous aurons préparée : nous ne tenons pas à être victimes d'une révolution. Et c'est un peu ce que nous offrent Garvey et ses disciples. En veut-on quelques preuves ? En 1920, dans un meeting, à Madison Square, Marcus Garvey déclara ceci :

– Le temps est venu pour les quarante millions de Noirs de réclamer l'Afrique, non pas de demander à l'Angleterre, à la France, à la Belgique, à l'Italie : "pourquoi êtes-vous ici ?", mais de leur donner l'ordre d'en sortir !…

Et aussi :

– La plus sanglante de toutes les guerres est encore à venir. Lorsque l'Europe essayera ses forces contre l'Asie, ce sera l'occasion pour les frères nègres de tirer l'épée pour la rédemption de l'Afrique.

Et voici le message d'un discours qui mérite d'être cité. Il a été prononcé à New York par le même Marcus Garvey :

– Qui a gagné la guerre ? C'est le sang des nègres sur les champs de bataille des Blancs. Oui, mes amis, si les Noirs n'avaient pas été là, le kaiser serait aujourd'hui dans le palais de Buckingham. Or vous savez quelle fut la reconnaissance des Blancs. Ils ne nous donnèrent même pas un siège à la Conférence de la paix… Nous rions de ces Blancs infatués d'eux-mêmes et nous leur déclarons que, puisque nous étions assez bons pour nous faire tuer sur les champs de bataille européens pour aider nos éducateurs à gagner leur guerre, ils auraient pu au moins nous accorder cette liberté au nom de laquelle ils s'entre-tuaient. Mais nous avons appris à tuer aussi et je vous le demande, mes amis, que sera-ce donc quand nous nous battrons pour notre propre cause ? »

« Un congrès nègre à Bruxelles. Le mouvement pan-noir. D'où il vient. Où il va », *Le Matin*, 31 août 1921, p. 1 (https://www.retronews.fr, consulté le 10 avril 2020).

L'appel de l'empire, puis son ingratitude

En 1913, la France sait la guerre avec l'Allemagne inévitable. Avec deux fois moins d'hommes que son ennemi, il lui faut à tout prix mobiliser. Aussi lance-t-elle un appel à l'empire. Le 14 juillet, à l'occasion du défilé militaire de Longchamp, le président Raymond Poincaré accroche la légion d'honneur au drapeau du 1er régiment des tirailleurs sénégalais, lequel rassemble des soldats colonisés d'Afrique de l'Ouest et, plus généralement, de toute l'Afrique subsaharienne. En les décorant du plus haut grade qui puisse revenir à une unité de combattants, Poincaré récompense officiellement leur participation aux conquêtes coloniales françaises. Le geste est aussi, surtout, un appel à la mobilisation. Selon la morale impériale, les colonisés sont des sauvages. Les uns sont la « force noire » du colonel Mangin, les autres la « force jaune » du général Pennequin. Mais, en intégrant l'armée républicaine, en vivant au rythme de sa discipline, ils deviendront de bons soldats, jusqu'à former le creuset d'une élite attachée à la France, et à même de gérer ses colonies. « Mourir pour avoir le droit de vivre », tel est le sens de cet appel à l'empire, note l'historien Éric Deroo[1].

La participation à la guerre va bel et bien transformer la vie des colonisés en général et des six cent mille soldats des troupes coloniales françaises en particulier. Cependant, leur univers mental va être bouleversé sous une tout autre forme que celle prévue par l'empire.

1. Éric Deroo, « Mourir : l'appel à l'empire », *in* Pascal Blanchard et Sandrine Lemaire (dir.), *Culture coloniale, 1871-1931. La France conquise par son empire*, Paris, Autrement, 2003, p. 117.

Pour les sociétés de l'« arrière », celles qui ne sont pas au front, les campagnes de recrutement sont une source de tensions permanentes. Certains soldats de l'Armée d'Afrique et des troupes coloniales sont des engagés volontaires. Ils recherchent la gloire du combattant ou les bénéfices financiers de la solde, tout en nourrissant l'espoir de passer du statut d'« indigène » à celui de « naturalisé ». Cela dit, le gros des troupes est constitué de conscrits. Les autorités coloniales recourent à la conscription obligatoire depuis la Cochinchine jusqu'à Dakar, provoquant, partout, le mécontentement populaire. L'histoire la plus connue, parce que la plus traumatisante pour la France, est la révolte de l'Ouest-Volta, dans l'Afrique occidentale française. La localisation n'est pas anodine. Plus l'effort de guerre est important, plus les soulèvements sont nombreux. Et l'AOF est précisément la colonie française la plus ponctionnée en hommes et en ressources. Mais elle ne fait pas exception. L'Algérie suit juste derrière : sur tout le territoire, non seulement les commissions d'achat de l'armée procèdent à des réquisitions permanentes de céréales, de moutons, de vin et de tabac, mais elles disposent aussi d'un quasi-monopole du droit à l'achat, à bas prix, de denrées alimentaires. À cela s'ajoutent la conscription des soldats et le recrutement d'ouvriers. Cent soixante-dix mille Algériens se retrouvent engagés dans la guerre, et cent vingt mille partent travailler en France. Alors, avec une main-d'œuvre raréfiée par les prélèvements en hommes, la production chute, provoquant tantôt des soulèvements, tantôt des famines[1].

1. Gilbert Meynier, « Les Algériens et la guerre de 1914-1918 », *in* Abderrahmane Bouchène, Jean-Pierre Peyroulou, Ouanassa Siari Tengour et Sylvie Thénault (dir.), *Histoire de l'Algérie à la période coloniale, 1830-1962*, Paris-Alger, La Découverte-Barzakh, 2012, p. 229-234.

10. Ouest-Volta 1915,
la résistance anticoloniale en armes

C'est dans l'Ouest-Volta, en AOF, que se joue la résistance anticoloniale la plus importante de toute l'Afrique subsaharienne, jusqu'à la Seconde Guerre mondiale. Le 17 novembre 1915 à Bona, dans le canton de Datomo du cercle de Dédougou, lorsque la France lance sa seconde campagne de recrutement, des villageois refusent de livrer les quatre hommes que réclame la commission de recrutement.

L'épisode donne le coup d'envoi d'une mobilisation générale contre les autorités coloniales. Le soir même, l'armée dépêche des cavaliers pour mater les récalcitrants, mais les villageois repoussent violemment les soldats. Puis le soulèvement s'étend au-delà du cercle de Dédougou. Des conscrits désertent, des prisonniers s'enfuient et, après deux jours de combats, les insurgés font reculer la garde coloniale. Ainsi débute la « Bona-kele », la guerre de Bona. Elle durera quinze mois, opposant un millier de villages aux soldats français et à ceux accusés de les soutenir.

Dès le mois de novembre, dans la boucle du Mouhoun, les délégués des villages révoltés organisent une coalition militaire. Ils mettent en place quatre sections, avec un coordinateur à leur tête. Ensemble, celles-ci remportent deux grandes victoires. La première, à la fin novembre, tient au manque de préparation des forces coloniales. La seconde victoire est à porter, elle, au crédit de la stratégie des insurgés. L'armée française attaque à la fin décembre, après avoir fait venir des hommes et des armes des quatre coins de la colonie. Mais la colonne Dédougou tombe dans le piège que lui tend la coalition au village de Yankasso. Contraints de battre en retraite, les soldats rentrent à Bamako le 24 décembre : ils viennent d'essuyer la plus humiliante des défaites. La France finira par l'emporter au mois de juin 1916. Cependant, le mythe de l'invincibilité de la métropole s'est pour de bon effondré.

Voir Şaul Mahir, « "La jarre révolutionnaire bouillait". 1915-1916 : guerre anticoloniale dans l'Ouest-Volta », *Les Temps modernes*, n° 693-694, 2017, p. 59-86.

Les combattants du front vivent, eux, une réalité bien différente. Qu'ils soient de l'Armée d'Afrique ou des troupes coloniales, les soldats venus des quatre coins de l'empire sont confrontés à un même paradoxe quotidien. D'un côté, ils découvrent des espaces de liberté inédits. Ils font l'expérience de la solidarité avec les soldats français dans les tranchées, l'État reconnaît leur bravoure et certains tissent des relations amoureuses avec des femmes françaises. Mais, d'un autre côté, ils expérimentent un racisme d'autant plus discriminant que, sur le champ de bataille, rien ne les sépare des soldats français. Eux aussi risquent leur vie chaque jour et pourtant, leurs demandes de permission sont bien souvent refusées. Il leur est quasiment impossible de monter en grade. Et l'apprentissage du français est cantonné au « petit nègre » ou au « français tirailleur », signe que la France pour laquelle ils combattent leur refuse l'appropriation de la culture… française. Cet enfermement des colonisés dans un statut d'infériorité renforce la solidarité qui unit les bataillons « indigènes ». Au fil des combats, celle-ci stimule un sentiment d'appartenance commune qui se prolongera, au sortir de la guerre, dans le souvenir de l'impôt du sang versé. « Quand mon père fut appelé sous les drapeaux, il n'avait jamais vu la France. Il la vit et fut tué », écrivait Camus à propos de son père, « le premier homme », un soldat du 1er régiment de zouaves, mort de ses blessures en 1914 à Saint-Brieuc après la bataille de la Marne. Cette phrase, nous dit l'historien Jacques Frémeaux, pourrait servir d'épitaphe aux quelques centaines de milliers de soldats africains et asiatiques morts ou disparus pendant la Grande Guerre[1].

1. Jacques Frémeaux, *Les Colonies dans la Grande Guerre. Combats et épreuves des peuples d'Outre-Mer*, Saint-Cloud, 14-18 Éditions, 2006.

Face aux sacrifices des colonisés, à la fin de la guerre Georges Clemenceau reconnaît que la France leur « doit quelque chose ». Mais elle ne leur donne rien, ou presque. Après s'être battus pour libérer la mère patrie, beaucoup restent travailler en France où, quotidiennement, ils subissent le racisme des populations civiles et des syndicats, qui voient en eux une réserve de main-d'œuvre affaiblissant le poids des grèves. Quant aux soldats qui retournent en colonie, leur sort est encore moins enviable. Tandis que leurs voisins jalousent leurs pensions d'anciens combattants, les autorités françaises tardent à leur verser ces pensions et à tenir les promesses de naturalisation qui leur avaient été faites au moment du recrutement[1].

C'est là l'une des conséquences majeures de la Grande Guerre. Contre l'impôt du sang, les élites « indigènes » pensaient recevoir des droits politiques. Or, l'après-guerre signe davantage le temps d'un retour en arrière. Les colonisés l'ont constaté de leurs propres yeux : l'empire peut être sinon vaincu, du moins battu temporairement. Leur armée désacralisée, les colonisateurs redoublent alors de méfiance vis-à-vis des soldats rentrés au pays. Et, pour les dissuader de réclamer les mêmes droits que les citoyens, ils mettent en avant le « génie de l'empire » : seule la métropole peut rassembler des populations aussi diverses et leur garantir la paix et le progrès économique. Le discours n'empêche pas les colonisés de dénoncer, ne serait-ce qu'à demi-mot, ne serait-ce qu'entre eux, l'ingratitude des métropoles[2].

1. Myron Echenberg, *Les Tirailleurs sénégalais en Afrique occidentale française (1857-1960)*, Paris, Karthala, 2009.

2. Frederick Cooper, « Conflits, réformes et décolonisation », *in* Pierre Singaravélou (dir.), *Les Empires coloniaux*, *op. cit.*, p. 377-419.

Des identités en (trans-)formation

Il est crucial, ici, de ne pas céder à la tentation téléologique. Au sortir de la Seconde Guerre mondiale, le nationalisme constituera la menace la plus directe contre l'ordre colonial. Mais, après 1918, les contestations de l'entre-deux-guerres sont surtout religieuses, économiques, sociales et syndicales, portées par des confréries et des mouvements messianiques, des unions ouvrières, des communautés paysannes ou des militants communistes et internationalistes. Plutôt que d'être nationalistes, ces revendications témoignent de la nationalisation progressive des identités.

En Afrique, on assiste d'abord à l'émergence d'une identité continentale. Dans les congrès panafricains qu'organise l'Américain William Edward Burghardt Du Bois, dit W. E. B. Du Bois, les militants en appellent à l'unité et à la libération des peuples d'Afrique. Avec le mouvement « pan-nègre » de Marcus Garvey, certains s'approprient une culture « négro-africaine » qui fait écho, en France, à ce que Léopold Sédar Senghor et Aimé Césaire nomment la « négritude ». Enfin, à l'instar de George Padmore, parti de l'île de Trinité pour émigrer aux États-Unis, des militants syndicaux cherchent à construire un internationalisme noir. Ces idéologies circulent entre l'Amérique du Nord, l'Europe et ses empires, jusqu'à donner corps à une identité « africaine » qui va nourrir, sur place, la contestation de l'ordre colonial.

Toujours en Afrique, d'autres identités revêtent des contours plus resserrés. L'Algérie des années 1920 offre un exemple saillant. Trois mouvements s'opposent et se rassemblent autour d'une nouvelle identité

« algérienne ». Portée par Ferhat Abbas, la Fédération des élus indigènes revendique le droit des colonisés à devenir des Français à part entière, tout en conservant leur statut civil musulman. Elle demande l'égalité et non l'indépendance, « s'assimiler à la France » sans pour autant être assimilé par elle. Avec l'Association des oulémas musulmans algériens, le cheikh Ben Badis prône, lui, un nationalisme culturel fondé sur le triptyque « l'arabe est ma langue, l'Algérie est mon pays, l'islam est ma religion ». Quant à l'Étoile nord-africaine, une ancienne filiale anti-impérialiste du Parti communiste français (PCF), elle exige une indépendance totale. Son porte-parole, Messali Hadj, prône l'évacuation des troupes françaises et l'expropriation des terres accaparées par les colons. Ainsi se dessine déjà, écrit Daniel Rivet, le « caractère hybride d'une Algérie ouverte sur une multitude de signifiants[1] ».

L'Asie est elle aussi le théâtre d'un véritable concert identitaire, avec des mouvements aux allures d'ores et déjà plus nationalistes. On le remarque tout particulièrement en Inde. Tandis que l'identité nationale est désormais une réalité quotidienne, la nature de la nation en devenir demeure, elle, dans le flou. À la veille de la Grande Guerre, le sentiment d'appartenance indienne est encouragé à la fois par le Congrès national indien qui stimule un nationalisme hindou, par la All-India Muslim League qui prône une identité indo-musulmane, et par les autorités britanniques qui reconnaissent ces deux groupes pour mieux les opposer et, ainsi, les contrôler. Puis, au lendemain de la guerre, le maintien de l'ordre colonial donne une nouvelle force au nationalisme

1. Daniel Rivet, *Le Maghreb à l'époque de la colonisation*, Paris, Pluriel, 2010 (1re éd. 2002, Hachette), p. 208.

indien et à l'un de ses porte-paroles, Gandhi. Rentré d'Afrique du Sud depuis 1914, celui-ci lance en mars 1919 un appel au *hartal*, l'arrêt général du travail. Gandhi cherche à contester les lois Rowlatt qui viennent de renforcer l'interdiction de toute forme d'activité dite subversive. Et la mobilisation revêt une telle ampleur que, le 13 avril 1919, à Amritsar, dans le nord-ouest de la colonie, les Britanniques décident de la réprimer dans le sang. Le nationalisme indien en ressort galvanisé : c'est là l'effet de toute répression. Au point que musulmans et hindous s'allient momentanément dans le All-India Congress Committee, un nouvel organe politique désormais associé à un mouvement de masse. Il faudra cependant attendre le début de la Seconde Guerre mondiale pour que le Congrès revendique l'indépendance. Plusieurs raisons à cela, nous explique l'historien Claude Markovits. Par idéologie autant que par pragmatisme, les élites indiennes prônent une « révolution passive », sans débordement. Leur anglicisation les pousse aussi à entretenir une certaine connivence avec le pouvoir britannique. Et, surtout, comme les autorités coloniales, les courants centralistes (hindis) et anticentralistes (musulmans) s'opposent sur ce que devrait être l'Inde indépendante (nation ou fédération). C'est-à-dire sur ce qu'est, au fond, la nation indienne[1].

Le cas des Indes néerlandaises signale encore davantage combien, parfois, en Asie comme en Afrique, identité nationale et identité religieuse s'entremêlent. À Java, aux côtés du parti du Noble Effort emmené par l'aristocratie javanaise et du Parti indien, celui des

1. Claude Markovits, « L'Empire des Indes, de l'unification à la partition (1818-1947) », *in* Hartmut O. Rotermund (dir.), *L'Asie orientale et méridionale aux XIXe et XXe siècles. Chine, Corée, Japon, Asie du Sud-Est, Inde*, Paris, PUF, 1999, p. 411-444.

Eurasiens, la Sarekat Islam, constitue le premier parti de l'archipel indonésien. La Grande Guerre achevée, ses membres rejettent le capitalisme étranger des Chinois et des Néerlandais. Et ils en appellent à l'union, sous la bannière de l'islam, des peuples « indigènes » de l'archipel. La Sarekat Islam parvient ainsi à rassembler les masses paysannes et les petits entrepreneurs de Java, mécontents de leur sort. Mais, en 1921, le parti se divise. Les partisans de la IIIe Internationale fondent le Partai Komunis Indonesia (PKI) qui, en 1926-1927, se retrouve sur le devant de la scène d'une révolte anticoloniale sans précédent. Les forces de police néerlandaises répriment farouchement ces opposants, puis elles en profitent pour décapiter le Parti communiste indonésien et, avec lui, l'alliance entre oulémas et communistes. Sans le vouloir, les autorités coloniales laissent alors la voie libre à un autre parti, le Partai Nasional Indonesia (PNI). Son fondateur, Achmed Sukarno, prône l'indépendance, la démocratie sociale et, surtout, un nationalisme qui s'élève au-delà de l'islam et du communisme. Le PNI subit à son tour la répression mais plutôt que d'aller à l'affrontement, il s'auto-dissout en 1931 pour renaître momentanément sous le nom de Partindo, le Parti indonésien. Alors, emmenés par Sukarno, Mohammad Hatta et Sutan Sjahrir, les nationalistes offrent à l'identité indonésienne un drapeau, une langue et un hymne. Et ils ancrent aussi la colonie dans une opposition entre les nationalismes laïque et religieux[1].

D'autres identités se dessinent encore, avec d'autres amalgames en arrière-plan. Dans l'Union indochinoise

1. Thê Anh Nguyên, « Les transformations socioculturelles et le développement des nationalismes », *in* Hartmut O. Rotermund (dir.), *ibid.*, p. 359-376.

par exemple, l'identité vietnamienne se construit au gré d'une association toujours plus étroite entre lutte nationale et lutte des classes. Au début des années 1920, trois idéologies complémentaires et concurrentes donnent corps à un nationalisme vietnamien : la loyauté envers la « nation », plutôt qu'à la dynastie royale ; la promotion d'un nationalisme d'État empreint d'idéaux panasiatiques ; et la défense d'un nationalisme démocratique, lequel demeure miné par la « collaboration franco-annamite ». L'essor international du communisme vient ensuite changer la donne. Engagée dans une véritable révolte culturelle, la jeunesse intellectuelle rejette la tradition confucéenne, la gérontocratie et le poids de la famille. Elle s'approprie l'idéologie communiste de l'Occident révolutionnaire, de la Russie soviétique et de la Chine, puis elle revendique à son tour une action politique radicale. Les échauffourées avec les autorités coloniales se multiplient, et, après de violents soulèvements au printemps 1926, une nouvelle génération de partis révolutionnaires éclot. Ces derniers s'opposent aussi bien sur la fin que sur les moyens. Le Parti national du Viêt-Nam plaide pour l'action armée. Le Parti communiste indochinois (PCI) se focalise sur une lutte avant tout communiste. Et, dans les propres rangs du PCI, porté par le jeune Nguyen Ai Quoc, qui ne s'appelle pas encore Hô Chi Minh, le Thanh Niên (« La Jeunesse ») considère que la lutte doit d'abord être nationale. Ces dissensions empêchent une union populaire synchrone mais, de 1929 à 1932, une période d'insurrections et de répressions s'empare de l'Annam, immergeant durablement la culture nationaliste dans le mouvement communiste. Le pouvoir colonial parviendra à le contenir jusqu'en 1939, en instaurant un État policier et en cherchant des alternatives au projet communiste pour l'instant infructueux. Toutefois, entre nationalistes, communistes et colonisateurs, le conflit semble désormais inévitable[1].

Des empires sauvés… et perdus : le choc de la Seconde Guerre mondiale

Entre 1939 et 1945, pour la deuxième fois de leur histoire, les colonies deviennent la base arrière des empires, et le théâtre d'opérations militaires. Mais cette fois-ci, la question du futur statut des colonies est un enjeu central du conflit. Car, au fil des combats, les contestations de l'entre-deux-guerres se font toujours plus nationalistes, et indépendantistes.

L'enjeu stratégique et diplomatique des colonies

Comme en 1914, grâce au travail forcé ou simplement sous-payé, les colonies approvisionnent les empires en matières premières. En Afrique de l'Ouest par exemple, tandis que l'AOF ravitaille la France en produits oléagineux, le Nigeria apporte à la Grande-Bretagne l'étain nécessaire à l'industrie militaire. Les colonies fournissent aussi des combattants sur la base du volontariat et, surtout, de la conscription. Les Britanniques envoient au front 2,5 millions d'Indiens et presque 500 000 Africains, tandis que 10 % des soldats français viennent des colonies, soit 650 000 hommes environ. Alors, l'univers mental des colonisés se transforme. Les victoires allemandes et japonaises achèvent de désacraliser les puissances européennes, un sentiment d'égalité se propage

1. Pierre Brocheux et Daniel Hémery, *Indochine*, *op. cit.*, p. 275-323.

entre soldats européens et colonisés, une solidarité se tisse entre les régiments impériaux. Et, encore une fois, quelle que soit sa colonie d'origine, chaque soldat fait face au racisme des états-majors. Ainsi l'armée française peut contraindre les soldats musulmans à manger du porc, au nom des nécessités de la guerre, tout en les privant de rations de vin, au nom de leurs pratiques religieuses[1].

11. La Seconde Guerre mondiale des Algériens

En 1939, tandis que le nouveau Parti du peuple algérien (PPA) de Messali Hadj lance un appel à l'insoumission, les Allemands encouragent les colonisés à se révolter. Mais la mobilisation lancée par la France se traduit tout de même par l'enrôlement de 150 000 Algériens, dont près de la moitié sont faits prisonniers en juin 1940. La seconde campagne de mobilisation ne rencontre pas non plus d'oppositions majeures. Elle débute à la fin de l'année 1942, après le débarquement allié du mois de novembre, et 120 000 Algériens et Français d'Algérie prendront la mer pour participer à la campagne d'Italie.
Familiers du combat en montagne, les tirailleurs algériens se distinguent régulièrement sur le front. Des années plus tard, alors qu'il est devenu président d'Algérie, le sergent Ahmed Ben Bella écrit : « Nous étions pour ainsi dire […] l'élément permanent du front et, je ne crains pas de le dire, l'élément le plus mordant et le plus expérimenté. Notre utilité étant ainsi démontrée avec éclat sur le terrain, les Alliés voulurent bien nous admettre à nous faire tuer en plus grand nombre à leurs côtés. »
Bien des soldats colonisés semblaient partager le sentiment de Ben Bella. Des généraux français rapportent en 1944 que « ces hommes ont l'impression naissante qu'ils sont abusivement exploités par la métropole, sentiment terriblement dangereux ». Il faut dire que les combattants algériens reçoivent un tout autre traitement que celui réservé aux soldats français :

1. Jacques Frémeaux, « Les contingents impériaux au cœur de la guerre », *Histoire, économie & société*, n° 23, 2004, p. 215-233.

soldes inférieures, impossibilité de monter en grade, exclusion du maniement d'armes techniques (artillerie, blindés) et discriminations en tout genre. En décembre 1944, à propos des économies réalisées en privant les soldats musulmans des distributions de vin, un commandant d'unité note : « Les indigènes nord-africains s'inspirant plus d'une logique personnelle que de l'esprit du Coran ne comprennent pas que les nécessités de la guerre les obligent à manger du porc, mais ne les prévoient pas dans les distributions de vin. »
Comme en 1918, ce traitement attisera les mécontentements au sortir du conflit, surtout lorsque la France refusera d'accorder aux « Français musulmans d'Algérie » la liberté qu'elle venait de recouvrer en partie grâce à eux. Sans grande surprise, en 1954 on retrouvera cinq vétérans de la campagne d'Italie dans le « Groupe des 22 », lequel participera à la création du Front de libération nationale (FLN) et aux attaques de la Toussaint rouge : Krim Belkacem, Mostefa Ben Boulaïd, Larbi Ben M'Hidi, Mohamed Boudiaf et Rabah Bitat.

Voir Belkacem Recham, « La participation des Maghrébins à la Seconde Guerre mondiale », *in* Abderrahmane Bouchène *et al.* (dir.), *Histoire de l'Algérie à la période coloniale*, *op. cit.*, p. 457-462.

Déterminantes, ces discriminations ne suffisent pas à expliquer pourquoi, au lendemain de la Seconde Guerre mondiale, la majorité des protestations anticoloniales s'inscrivent désormais au registre du nationalisme. Au moins deux autres facteurs doivent être pris en compte.

D'abord, dès les débuts du conflit, les colonies deviennent le lieu d'une intense propagande, chaque camp jouant sur la promesse d'une émancipation. Les puissances de l'Axe s'attachent de leur côté à saper les fondements du colonialisme tel que les populations le subissent encore. Dans les territoires qu'elle conquiert, l'Allemagne nazie vend l'idée d'une Eurafrique qui séduit un temps les leaders marocains et algériens. Le

Japon défend, lui, en Asie, un panasiatisme qui rejette pour de bon un colonialisme blanc, matérialiste et corrompu. Les Japonais promettent un retour à la tradition et la mise en place d'une « sphère de coprospérité » qui rassemblerait l'Indochine française, la Birmanie et la Malaya britanniques, les Indes néerlandaises et les Philippines, toutes conquises par l'empire nippon[1].

Depuis l'autre camp, celui des Alliés, les États-Unis mènent une propagande tout aussi intense. Leur position a beau être ambiguë, puisqu'ils détiendront officiellement les Philippines jusqu'en 1946, partout les diplomates états-uniens encouragent les leaders nationalistes, lorsqu'ils ne les soutiennent pas directement, comme dans l'empire français au Maghreb. La position du président Roosevelt symbolise cet anticolonialisme états-unien. À propos de la Gambie britannique, il écrit : « J'ai acquis la conviction que pour chaque dollar que les Britanniques, qui ont été là depuis deux cents ans, ont dépensé en Gambie, ils en ont tiré dix. C'est de la simple exploitation. » Quant à l'œuvre française en Indochine, Roosevelt la dénigre ouvertement : « L'Indochine ne doit pas être rendue aux Français après la guerre. Les Français y ont été présents pendant près d'un siècle et n'y ont absolument rien fait pour améliorer le sort de la majorité de la population. » Opportuniste, cantonnée au discours ou bel et bien réelle, cette posture, le président états-unien tentera de la traduire en actes à plusieurs reprises. En août 1941, la Charte de l'Atlantique prévoit de « respecter le droit de tous les peuples à choisir la forme de gouvernement sous laquelle ils vivront ». Roosevelt évoque l'année suivante une mise

1. Bernard Droz, *Histoire de la décolonisation au XXe siècle*, Paris, Seuil, 2006, p. 70-75.

sous tutelle internationale du Sud-Est asiatique qui serait dédiée, sur un calendrier de vingt ans, à l'établissement de gouvernements autonomes. Enfin, en 1943, les États-Unis proclament au Caire une déclaration sur l'« Indépendance nationale » : « Toutes les nations possédant un domaine colonial devront coopérer avec les peuples de ces régions pour les rendre aptes à recevoir le statut d'indépendance nationale. » Le géant américain reverra ses exigences à la baisse, notamment pour satisfaire la Grande-Bretagne. Mais les élites colonisées prennent acte de ces déclarations. La Seconde Guerre mondiale leur apparaît, explique aujourd'hui Marc Michel, comme « l'occasion à ne pas laisser passer[1] ».

D'autant qu'au-delà des discours de propagande, pour conserver ou conquérir les colonies, chaque pays engagé dans la guerre met en place des réformes qui ouvrent la voie à l'autodétermination.

Prenons, du côté des Alliés, l'exemple franco-africain. Les 26, 27 et 28 août 1940, journées dites des « trois glorieuses », les autorités françaises du Tchad, du Cameroun et du Moyen-Congo se rallient au général de Gaulle. L'Oubangui-Chari et le Gabon suivent, offrant à la France libre un double atout, militaire et politique. Là où la Résistance dispose maintenant d'une base arrière pour attaquer la Libye, la France libre a trouvé un moyen de « se refaire une armée et une souveraineté », écrit Charles de Gaulle en 1940. Grâce à l'Afrique équatoriale française et au Cameroun, la France du général se dote d'une capitale, Brazzaville, elle bat monnaie, publie un Journal officiel, prélève des impôts, extrait des matières premières et lève des troupes. La France libre est d'abord

1. Marc Michel, *Décolonisations et émergence du tiers monde*, Paris, Hachette, 2005 (2e éd.), p. 88-91.

et avant tout africaine et c'est pourquoi, en juillet 1942, ses responsables décident d'octroyer un semblant de liberté aux « notables évolués », une catégorie qui soustrait certaines élites africaines au régime de l'indigénat et les rapproche de la citoyenneté. La manœuvre est stratégique. Donner aux « indigènes » une place dans la politique de « leur » pays est une concession grâce à laquelle la France peut maintenir le travail forcé, et poursuivre l'effort de guerre[1]. Cette réforme est l'œuvre de Félix Éboué et de son adjoint Henri Laurenti. Né à Cayenne, formé à l'école coloniale et en droit à Paris, administrateur en Oubangui, en Martinique, au Soudan (Mali actuel), en Guadeloupe puis au Tchad, Éboué se rallie à de Gaulle dès le 18 juin 1940. Sa loyauté lui vaut d'être nommé gouverneur de l'AEF au mois de novembre. Et, un an plus tard, avec Laurenti, il définit une « nouvelle politique indigène ». L'objectif de la colonisation, écrivent-ils, n'est pas de « substituer une civilisation à une autre », mais de « former une classe d'hommes particulière », « à qui l'on assignera les devoirs et une responsabilité dans les affaires de leurs propres pays », et dont on fera « des citoyens de l'Afrique équatoriale française, conscients d'appartenir à un pays français mais africain »[2].

Les puissances belligérantes vont parfois encore plus loin. Ainsi le Japon ouvre la voie vers l'autodétermination dans plusieurs pays d'Asie du Sud-Est. Durant la conquête, qui s'achève officiellement à l'été 1942, l'empire nippon laisse en place les structures européennes de la colonisation. Cette stratégie sert une

1. Eric Jennings, *La France libre fut africaine*, Paris, Perrin, 2014, p. 233-255.

2. Philippe Oulmont, « Félix Éboué, un jaurésien inattendu », *Cahiers Jaurès*, n° 200, 2011, p. 147-161.

politique de travail et de réquisition qui plonge les populations dans la misère et parfois dans la famine, comme au Tonkin et en Indonésie. Mais l'avancée des Alliés et les contestations croissantes des élites et des populations contraignent le Japon à virer de bord. Précipitant l'instauration d'un « nouvel ordre » fondé sur la sphère de coprospérité asiatique, il octroie leur indépendance à la Birmanie et aux Philippines en 1943. L'année suivante, il laisse Sukarno et les membres de son parti nationaliste gagner en influence dans toute l'Indonésie. Puis, en 1945, le Viêt-Nam, le Cambodge et le Laos déclarent leur indépendance[1].

Exaltations autonomistes, indépendantistes et nationalistes

Partout, la Seconde Guerre mondiale représente un moment d'accélération des prises de position identitaires. Cependant, comme durant l'entre-deux-guerres, ces identités continuent de varier selon les contextes. Elles sont fonction des régimes coloniaux en place depuis la fin du XIXe siècle et de la façon dont s'y déroule la guerre.

On assiste, d'une part, à la montée de revendications indépendantistes dans des colonies qui n'étaient pas forcément animées par des objectifs d'émancipation nationale. C'est le cas de plusieurs territoires d'Afrique centrale et orientale, et c'est aussi celui de Madagascar. De 1940 à 1942, tandis que les Britanniques imposent un blocus à la Grande Île, le gouvernement vichyste décide de maintenir les exportations vers la métropole. Le travail forcé s'intensifie et les populations sont de

1. Satoshi Nakano, « La gestion des colonies et l'administration militaire dans le Sud. Le démantèlement de l'Empire japonais en Asie du Sud-Est », *Guerres mondiales et conflits contemporains*, n° 249, 2013, p. 75-99.

plus en plus appauvries, à l'exception de quelques marchands français, chinois, indiens et, quoique nettement moins nombreux, malgaches. Fidèles à Vichy, les autorités coloniales mènent aussi une politique de censure, de répression et d'embrigadement de la jeunesse. Le mécontentement populaire grandit alors de façon plus spontanée qu'organisée, les uns pratiquant une culture sur brûlis itinérante, les autres refusant de payer l'impôt. L'opposition prend toutefois un autre visage durant l'été 1942, lorsque les Britanniques débarquent sur l'île. Grâce à l'intervention alliée, la France libre reprend possession de la colonie et, à son tour, elle maintient l'effort de guerre et les contraintes qui l'accompagnent. Les populations déjà mal en point sombrent dans la pauvreté et, dès lors, les Britanniques vont leur apparaître comme des « sauveurs ». Pour beaucoup de Malgaches, la défaite de Vichy et la volte-face politique de certains colonisateurs signent le début de la fin pour la domination française. Car nombre d'entre eux attribuent cette libération à venir aux Britanniques arrivés en nombre sur l'île. Ces derniers entretiennent des contacts pacifiés avec les populations et, vraisemblablement, ils sont en contact étroit avec des nationalistes malgaches. Aussi, nous dit Lucile Rabearimanana, les rêves d'émancipation qui émergent s'orientent résolument vers la fin de la tutelle française et, *de facto*, vers l'indépendance[1].

On assiste, d'autre part, notamment en Indochine et au Maghreb, à la transformation de velléités autonomistes en revendications nationalistes. L'évolution de la pensée de Ferhat Abbas éclaire ce cas de figure. Abbas grandit dans

1. Lucile Rabearimanana, « Les Malgaches durant la Seconde Guerre mondiale : souffrances et rêves d'émancipation », *Guerres mondiales et conflits contemporains*, n° 246, 2012, p. 22.

une famille à la fois paysanne et membre de la petite bourgeoisie de Constantine. Ayant accès à l'école française, il devient pharmacien à Sétif, avant de participer activement au mouvement des Jeunes Algériens. Comme eux, il est un fervent défenseur de l'assimilationnisme. Abbas prône l'acquisition de la citoyenneté française pour tous et l'édification d'une société républicaine où il serait possible d'être Français et musulman. À ses yeux, la « patrie algérienne » n'existe pas en tant que telle. C'est selon lui une « œuvre française » qui doit être poursuivie dans ce pays à propos duquel il écrit, en 1936 : « la France, c'est moi ! ». Il semble encore poursuivre cet objectif en 1938 lorsqu'il fonde le parti de masse de l'Union populaire algérienne. Mais, une fois la guerre débutée, le gouvernement vichyste refuse toute intégration aux « Algériens musulmans », ce qui pousse Ferhat Abbas à revendiquer une citoyenneté exclusivement algérienne. Puis de Gaulle reprend le contrôle de l'Algérie, où il impose un gouvernement assimilationniste. Alors, désormais, Abbas réclame pour l'Algérie le « droit à la vie et à l'existence ». Cette exigence est relayée au printemps 1943 dans le pays et le monde entier grâce au *Manifeste du peuple algérien*, dont il est l'un des principaux auteurs : le droit des Algériens à exister passe par l'indépendance, il n'y a plus d'autres solutions. Ferhat Abbas s'entoure des nationalistes du Parti du peuple algérien de Messali Hadj et, avec leur soutien, il crée en 1944 le mouvement des Amis du manifeste et de la liberté (AML). Son but est maintenant de rallier à la lutte indépendantiste les élites sociales et intellectuelles, mais aussi les couches populaires[1].

1. Malika Rahal, « Ferhat Abbas, de l'assimilationnisme au nationalisme », *in* Abderrahmane Bouchène *et al.* (dir.), *Histoire de l'Algérie à la période coloniale*, *op. cit.*, p. 443-446.

12. 1943, un peuple algérien rédige son Manifeste

L'Algérie devant le conflit mondial.
Manifeste du peuple algérien (10 février 1943),
Manifeste remis le 31 mars 1943 au Gouverneur général de l'Algérie et aux Nations unies.

« […] Pour la deuxième fois, au cours de ce XXe siècle, le monde entier combat pour le triomphe de la Justice et du Droit, pour la libération des peuples.
Mais pour la deuxième fois, le monde assiste à ce spectacle désolant et tragique : derrière le soldat qui meurt pour la liberté des hommes et le bonheur de l'humanité, les conférences diplomatiques et les accords internationaux entrent en jeu. Quelle part sera réservée, dans ces conversations, aux droits des gens ? […]
Placé en face de ces responsabilités, le peuple algérien, dans son désir de servir à la fois la paix et la liberté, élève sa voix pour dénoncer le régime colonial qui lui est imposé, rappeler ses protestations antérieures, et revendiquer son droit à la vie. […]
L'Algérie musulmane, elle, va, d'abord héroïquement puis en silence, et enfin par des revendications incessantes, affirmer son droit à la vie et à l'existence. […] Mais la colonisation ne relève ni d'un souci humanitaire ni d'un souci de justice et encore moins de la civilisation et du progrès. Elle est, dans son essence même, un phénomène impérialiste. Et comme tel, elle exige pour se développer et durer l'existence simultanée de deux sociétés, l'une opprimant l'autre. Le colon qui a exercé durant un siècle cette domination n'entend nullement en être privé. Il a la joie quotidienne de commander, d'être le maître, de représenter un soi-disant homme supérieur. C'est beaucoup trop. Et à l'évolution de l'indigène et à sa volonté farouche de se libérer et de s'émanciper, le colon opposera une volonté non moins violente de maintenir cet indigène dans sa condition première. […]
Le président Roosevelt, dans sa déclaration faite au nom des Alliés, a donné l'assurance que, dans l'organisation du monde nouveau, les droits de tous les peuples, petits et grands, seraient respectés. Fort de cette déclaration, le peuple algérien demande dès aujourd'hui, pour éviter tout malentendu et barrer la route aux visées et aux convoitises qui pourraient naître demain :

> A) La condamnation et l'abolition de la colonisation c'est-à-dire, de l'annexion et de l'exploitation d'un peuple par un autre peuple. Cette colonisation n'est qu'une forme collective de l'esclavage individuel de l'Antiquité et du servage du Moyen Âge. »
>
> Cité par Malika Rahal, « 10 février 1943 - Le Manifeste du peuple algérien », *Textures du temps*, 2015 (https://texturesdutemps.hypotheses.org/1458#footnote_1_1458, consulté le 17 avril 2020).

Volontés d'indépendance, revendications nationalistes, on assiste aussi, en dernier lieu, à des rejets effectifs de la tutelle coloniale. Ils sont surtout le fait des populations soumises au régime français du protectorat ou au gouvernement britannique indirect au Proche et au Moyen-Orient, ainsi qu'en Asie. L'histoire indienne constitue sûrement la démonstration la plus frappante du refus explicite, par une colonie, de l'autorité métropolitaine. Vice-roi des Indes, Lord Linlithgow met le feu aux poudres en septembre 1939 lorsqu'il déclare l'entrée du pays dans la guerre sans consulter le Congrès national qui, lui, refuse l'envoi de troupes. Face à l'intransigeance de la Grande-Bretagne et de son Premier ministre Winston Churchill, Gandhi lance une nouvelle campagne de désobéissance civile. Trop limitée pour faire reculer la Couronne, la contestation n'empêche pas l'Inde de devenir un immense fournisseur d'hommes et de matières premières pour l'empire. Puis la donne change, en février 1942. Singapour tombe aux mains des Japonais, les puissances de l'Axe menacent l'océan Indien et, au mois de mars, Churchill charge Stafford Cripps, un membre de son cabinet, d'aller s'assurer de la coopération du Congrès et de la Ligue musulmane indienne. La mission Cripps échoue. Car si Churchill consent à promettre pour l'après-guerre une forme plus associée de gouvernement, voire l'octroi du statut de dominion, il refuse catégoriquement de négocier avec les nationalistes indiens ; et plus ou moins officiellement, les autorités coloniales se rapprochent de la Ligue musulmane pour contrecarrer les projets d'un Congrès national indien trop velléitaire à leur goût. Alors, sous l'impulsion de Gandhi et de Jawaharlal Nehru, en juillet 1942 le Congrès adopte la résolution « *Quit India* ». Il proclame le refus de participer à la guerre et, plus grave encore, l'accession immédiate de l'Inde à l'indépendance, allant jusqu'à annoncer que cette libération « remplira les peuples d'Asie et d'Afrique d'espoir et d'enthousiasme ». La riposte des Britanniques est immédiate : ils font arrêter Gandhi, Nehru, plusieurs dirigeants du Congrès et quelque quatre-vingt-dix mille de leurs supporters. Les troupes indiennes resteront engagées dans la guerre, mais la violence de la répression scelle l'inéluctabilité des revendications indépendantistes. Quant aux ententes de la Grande-Bretagne avec la Ligue musulmane, elles rendent un autre avenir inévitable : la future partition entre l'Inde et le Pakistan[1].

Retour à l'ordre colonial

Réformé, contesté ou mis entre parenthèses, l'ordre colonial résiste à la guerre. Et plus la paix approche, plus il apparaît évident que les métropoles n'envisagent aucunement d'abandonner leurs empires. L'action de la France libre est ici édifiante.

Le massacre de Thiaroye signale que la France entend maintenir les colonisés sous sa tutelle. Le 1er décembre 1944, dans ce camp militaire basé en périphérie de

1. Fabrice Bensimon, *L'Empire britannique*, Paris, PUF, « Que sais-je ? », 2013, p. 97-107.

Dakar, des tirailleurs sénégalais réclament à leurs supérieurs le reste de leur solde, soit quatre ans de salaire correspondant à la durée de leur captivité en France, sous le régime nazi. Plusieurs dizaines de tirailleurs sont alors abattus par l'armée française, c'est-à-dire par leurs officiers et leurs frères d'armes. Trente-quatre soldats sont ensuite désignés comme les meneurs de ce que l'armée nomme une « mutinerie », puis condamnés à des peines d'une à dix années de prison. L'historien Martin Mourre associe cet événement à une triple violence : celle qui consiste à ramener des soldats à leur statut de « Noirs » en niant leur droit à être payés ; celle d'un État colonial qui abat des « mutins » vraisemblablement désarmés ; et celle qui exclut des « Africains » de la communauté morale du droit en leur refusant l'occasion de prouver leur innocence devant un tribunal[1].

Cette violence nous renvoie à l'essence du système colonial tel qu'il fonctionne encore à la fin de la guerre. Les célébrations du 8 mai 1945 en Algérie sont tristement célèbres à cet égard. Les Français fêtent la victoire sur l'Allemagne nazie, et les « Algériens musulmans » aussi. Mais certains d'entre eux défilent en exhibant le mot d'ordre « À bas le fascisme et le colonialisme ». La police ouvre le feu sur la foule, les Algériens ripostent et s'en prennent à des policiers et des civils français, puis une guerre de représailles sans merci débute dans tout le Constantinois. Elle s'achèvera au mois de juin, laissant derrière elle au moins quinze mille cadavres algériens[2].

1. Martin Mourre, « La répression de Thiaroye. Décrire les différents degrés de la violence coloniale », *Les Temps modernes*, n° 693-694, 2017, p. 87-110 ; voir plus largement : *id.*, *Thiaroye 1944. Histoire et mémoire d'un massacre colonial*, Rennes, PUR, 2017.

2. Benjamin Stora, *Histoire de l'Algérie coloniale, 1839-1954*, Paris, La Découverte, 2004 (2e éd.), p. 85-86.

À l'échelle de la France, cette violence disproportionnée traduit la peur qui s'est emparée des autorités métropolitaines. Depuis 1944, elles s'efforcent à tout prix, selon les directives du général de Gaulle, d'« empêcher que l'Afrique du Nord ne glisse entre nos doigts pendant que nous libérons la France[1] ». Plus largement, à l'échelle des empires, les ressorts de cette violence s'expliquent par le fonctionnement même d'un système désormais confronté à une double épreuve : celle des mouvements nationalistes portés par les colonisés et celle des réformes mises en œuvre, en retour, par les colons.

Des décolonisations pas impossibles, mais pas au programme

La Seconde Guerre mondiale prend fin au mois d'août 1945. Les puissances européennes entendent conserver leurs empires mais, sur place, rien n'est plus comme avant. Les colonisés ont vu les colons capituler, fuir et les abandonner à l'ennemi, avant de s'allier pour combattre ceux qui leur ravissaient leurs empires. Comme en 1914-1918, les colonisés ont lourdement participé à l'effort de guerre. Mais, cette fois-ci, à l'instar des partisans de Hô Chi Minh dans l'Annam français, certains refusent d'attendre que l'Europe consente, ou non, à leur accorder cette liberté au nom de laquelle ils ont combattu ensemble cinq années durant, côte à côte, colonisateurs avec colonisés.

1. Charles-Robert Ageron, « Mai 1945 en Algérie : enjeu de mémoire et histoire », *Matériaux pour l'histoire de notre temps*, n° 108, 2012, p. 68-73 ; Jean-Pierre Peyroulou, *Guelma, 1945. Une subversion française dans l'Algérie coloniale*, Paris, La Découverte, 2009, p. 14.

13. Viêt-Nam, le droit d'être libre et indépendant

Déclaration d'indépendance de la République démocratique du Viêt-Nam, Hanoi, 2 septembre 1945.

« "Tous les hommes naissent égaux. Le Créateur nous a donné des droits inviolables, le droit de vivre, le droit d'être libres et le droit de réaliser notre bonheur."

Cette parole immortelle est tirée de la Déclaration d'Indépendance des États-Unis d'Amérique en 1776. Prise dans un sens plus large, cette phrase signifie : tous les peuples sur la terre sont nés égaux ; tous les peuples ont le droit de vivre, d'être heureux, d'être libres.

La Déclaration des Droits de l'Homme et du Citoyen de la Révolution française de 1791 proclame également : "Les hommes naissent et demeurent libres et égaux en droits."

Ce sont là des vérités indéniables.

Et pourtant, pendant plus de quatre-vingts années, les colonialistes français, abusant du drapeau de la liberté, de l'égalité, de la fraternité, ont violé notre terre et opprimé nos compatriotes. Leurs actes vont directement à l'encontre des idéaux d'humanité et de justice.

Dans le domaine politique, ils nous ont privés de toutes les libertés. […]

Dans le domaine économique, ils nous ont exploités jusqu'à la moelle, ils ont réduit notre peuple à la plus noire misère et saccagé impitoyablement notre pays. […]

En automne 1940, quand les fascistes japonais, en vue de combattre les Alliés, ont envahi l'Indochine pour organiser de nouvelles bases de guerre, les colonialistes français se sont rendus à genoux pour leur livrer notre pays. […]

Le 9 mars dernier, les Japonais désarmèrent les troupes françaises. Les colonialistes français se sont enfuis ou se sont rendus. Ainsi, bien loin de nous "protéger", en l'espace de cinq ans, ils ont par deux fois vendu notre pays aux Japonais. […]

Malgré tout cela, nos compatriotes ont continué à garder à l'égard des Français une attitude clémente et humaine. Après les événements du 9 mars, la Ligue Viêt Minh a aidé de nombreux Français à passer la frontière, en a sauvé d'autres des prisons nippones et a protégé la vie et les biens de tous les Français. […]

> Après la reddition des Japonais, notre peuple tout entier s'est dressé pour reconquérir sa souveraineté nationale et a fondé la République démocratique du Viêt-Nam. […]
> Les Français s'enfuient, les Japonais se rendent, l'empereur Bao Dai abdique. Notre peuple a brisé toutes les chaînes qui ont pesé sur nous durant près d'un siècle, pour faire de notre Viêt-Nam un pays indépendant. Notre peuple a, du même coup, renversé le régime monarchique établi depuis des dizaines de siècles, pour fonder la République démocratique. […]
> Pour ces raisons, nous, membres du Gouvernement provisoire de la République démocratique du Viêt-Nam, proclamons solennellement au monde entier :
> Le Viêt-Nam a le droit d'être libre et indépendant et, en fait, est devenu un pays libre et indépendant. Tout le peuple du Viêt-Nam est décidé à mobiliser toutes ses forces spirituelles et matérielles, à sacrifier sa vie et ses biens pour garder son droit à la liberté et à l'indépendance. »
>
> Hô Chi Minh, président
>
> Cité par *Perspective monde* (http://perspective.usherbrooke.ca/bilan/servlet/BMDictionnaire?iddictionnaire=1727, consulté le 13 avril 2020).

Des indépendances arrachées : le cas vietnamien[1]

Fin 1940, en Indochine, les Japonais l'emportent sur la France. Ils font de la péninsule la base arrière de leur expansion et, en échange, ils laissent les Français conserver un semblant d'autorité sur les populations. Cette double tutelle s'avère déterminante pour l'avenir de l'Union indochinoise.

Sous la houlette japonaise, les nationalistes vietnamiens gagnent en reconnaissance et, progressivement, le Parti communiste indochinois s'oriente vers une nouvelle

1. Pierre Brocheux, *Histoire du Viêt Nam contemporain. La nation résiliente*, Paris, Fayard, 2011, p. 103-136.

stratégie. Après avoir été décimé par la répression, le PCI se reconstruit autour de la ligne définie par Nguyen Ai Quoc : la libération nationale. Celui-ci prend le nom de Hô Chi Minh (« source de lumière ») et, en 1941, il fonde le Viêt Minh, la Ligue pour l'indépendance du Viêt-Nam. Le nationalisme vietnamien se renforce et bon gré mal gré, le gouvernement vichyste de l'amiral Decoux y contribue largement. Gouverneur de l'Union indochinoise depuis juin 1940, Decoux mène une politique de révolution nationale au double sens du terme. Au nom du culte du maréchal Pétain, il réprime les communistes, les socialistes et les gaullistes. Mais, pour éviter que le Japon ne gagne l'adhésion des populations locales, il valorise aussi les élites indochinoises. Decoux favorise la reconnaissance d'une culture « viêt » et met en place une fédération, quoique très superficielle, avec les souverains vietnamien, cambodgien et laotien. La France et le Japon se font donc concurrence, chacun s'appuyant sur les nationalistes pour délégitimer l'autre. Ces derniers n'en sortent pas tout de suite grandis. En revanche, tout au long de la guerre, la culture nationale ne cesse de se renforcer.

Elle atteint son apogée en 1945, l'année du « temps suspendu », écrit Pierre Brocheux. Le 9 mars, dans une tentative désespérée de contrer les Alliés et la France libre, le Japon destitue les autorités vichystes et proclame l'indépendance des trois États de l'Union indochinoise : le Laos, le Cambodge et le Viêt-Nam, où les Japonais ont maintenu Bao Dai sur le trône. L'empereur tente de réunifier le territoire qu'avaient divisé les Français et, pas à pas, il reprend les rênes du Tonkin, de Hanoi, de Haiphong et de la Cochinchine. Mais cela ne suffit pas. La pression économique imposée par les efforts de guerre japonais puis français a plongé la paysannerie dans une telle précarité qu'en janvier 1945, la famine a fait entre un à deux millions de morts au Tonkin et dans le nord de l'Annam. Et, depuis, le Viêt Minh n'a jamais manqué l'occasion d'imputer ce drame aux « colonialistes français et fascistes japonais ». Quand le Japon capitule le 10 août 1945, Bao Dai n'a donc d'autre choix que de se rallier au Viêt Minh et à son parti, le Parti communiste indochinois. L'empereur l'a compris : sur le terrain, son autorité est sapée par les liens qu'il entretient avec les deux puissances étrangères de la péninsule. Il en va de même pour les nationalistes. En revanche, les communistes sont prêts. Socialement, ils sont en contact avec les masses paysannes. Politiquement, ils savent quel système instaurer. Et stratégiquement, ils sont en relation avec la France libre comme avec les États-Unis. Aussi, lorsque le 2 septembre Hô Chi Minh proclame l'indépendance, en aucun cas les Vietnamiens ne font face à un putsch orchestré par le PCI. Pendant cinq longues années, les communistes ont patiemment capté les attentes d'une population occupée à la fois par les Français et les Japonais. Le 2 septembre n'est que la traduction en acte d'un nationalisme vietnamien déjà ancré dans les esprits et les campagnes, « un ajustement théâtral à des mots et des choses qui existaient déjà », conclut Pierre Brocheux.

En revanche, le colonialisme français n'est pas pour autant balayé. La guerre de conquête commencera dès le mois de septembre.

Des démocratisations en trompe-l'œil : le cas malaisien[1]

Là où certains tentent d'arracher leur indépendance, d'autres décident de négocier avec les colonisateurs

1. Alexandra Carter, « Le long retour du colonisateur : les Britanniques et le choc de la Seconde Guerre mondiale en Malaisie (1941-1948) », *Relations internationales*, n° 134, 2008, p. 19-35.

qui profitent de la paix pour faire leur retour en colonie. C'est le cas en Malaya, l'un des fleurons de la Couronne britannique. Riche en étain et en caoutchouc, située au carrefour des mondes chinois et indien, la Malaya est divisée par un profond dualisme entre Malais « autochtones » et Chinois immigrés, presqu'aussi nombreux les uns que les autres. Les Britanniques s'appuient précisément sur cette division pour régner. Tout en maintenant les Malais autochtones dans un état de sous-développement, ils contrôlent la colonie en s'appuyant sur l'aristocratie des anciens sultans malais. Et ils organisent son exploitation en s'appuyant sur les Chinois (et les Indiens) privés de droits politiques. Cette politique explique que les résistances populaires soient généralement communautaires plutôt que nationalistes.

Les Britanniques doivent toutefois revoir leur modèle colonial après 1942. Singapour et la Malaya sont conquis par les Japonais, et l'URSS, la Chine et les États-Unis excluent désormais, pour le monde de l'après-guerre, un retour au statut colonial antérieur. En accord avec la Charte de l'Atlantique, la Couronne britannique se targue alors de préparer un gouvernement qui travaille à son propre remplacement : c'est le projet de la *Malayan Union*. Aux statuts pour l'instant variés, les quatorze territoires de la colonie seront remplacés par un régime centralisé dirigé par les autorités britanniques, mais au sein duquel les populations seront dotées de la pleine et entière citoyenneté. Ce « nouvel état d'esprit » abolira les barrières raciales et sociales entre colons et colonisés, annoncent les Britaniques.

La paix revenue, ces derniers ne se pressent pas pour concrétiser leur projet. Ils doivent cependant répondre à une demande désormais populaire. Tout au long de la guerre, pour contrôler les territoires situés au sud de la mer de Chine, les Japonais se sont appuyés sur un nationalisme panindonésien : les colonisés n'ont pas oublié qu'avec le colonisateur, une autre relation était donc possible. C'est justement l'objectif de la *Malayan Union*, qui voit officiellement le jour le 1er avril 1946. Mais les Malais s'en inquiètent. Depuis cinq ans, les Britanniques leur répètent que « la Malaya appartient aux Malais ». Or, avec l'octroi de la citoyenneté à tous les habitants de la péninsule, les Malais craignent que la domination économique chinoise ne devienne, à terme, une réalité politique. Voilà pourquoi, dès le mois de mai, les mouvements qui refusaient jusqu'ici de s'associer se regroupent en un seul parti d'opposition, l'UMNO : la United Malays National Organisation, dite Parti malais. Pièce maîtresse de la politique coloniale, la doctrine du « diviser pour mieux régner » se retourne maintenant contre les Britanniques.

Contraints de négocier, dès le mois de juin 1946 ces derniers proposent un substitut à la *Malayan Union* : la *Malayan Federation*. Dans ce nouveau projet, la Couronne consentirait à la mise en place d'une réelle fédération et, en échange, les Malais accepteraient un gouvernement fédéral britannique doté d'un pouvoir exécutif et financier, ainsi qu'une citoyenneté octroyée à tous, Chinois compris. Au fil de longues négociations un consensus se dessine et, le 1er février 1948, la *Malayan Federation* est créée. Mais le poids de la colonisation continue de se faire sentir. En effet, le succès britannique tient moins à la teneur de son projet fédéral qu'à l'incapacité des opposants à formuler un projet national concurrent. Le Parti communiste malaisien est surtout peuplé de militants chinois, le Conseil pour une action commune est porté par des populations non malaises et le Parti malais s'accroche, lui, à l'autochtonie. Aucun idéal de vivre-ensemble n'émerge et, comme l'explique Alexandra Carter, « cette incapacité à s'unir, héritée de la colonisation, se traduit donc finalement par l'absence d'une véritable synthèse nationale malaisienne ».

La Couronne peut en revanche se féliciter d'avoir réussi son retour en Malaya. Avec une fédération désormais composée de onze États – neuf protectorats (anciens sultanats malais) et deux colonies (Penang et Malacca) –, la Grande-Bretagne restaure sa souveraineté : les Britanniques exercent un contrôle fédéral sur les États « malais » et un contrôle total sur les colonies. Plus encore, au sud de la péninsule malaisienne, les Britanniques parviennent à maintenir sous un régime strictement colonial la petite île de Singapour, alors en passe de devenir le point nodal d'une vaste zone économique reliant l'Inde, l'Asie du Sud-Est et la Chine. Le tour de passe-passe est tortueux. En 1947, la question de l'octroi de la citoyenneté est au cœur des débats qui entourent la création de la future *Malayan Federation*, chaque population craignant d'être dominée par l'autre. Singapour étant peuplée de travailleurs chinois, si l'île venait à intégrer la fédération, les Chinois seraient majoritaires dans le nouvel ensemble fédéral. Si Singapour était en revanche séparée de la fédération, les Malais conserveraient dans celle-ci, quoique de justesse, le titre de peuple majoritaire. Voilà pourquoi tout le monde consent à la séparation : les Malais pour ne pas être discriminés en Malaya ; les Chinois pour ne pas être dominés à Singapour ; et les Britanniques pour pouvoir garder le contrôle de Singapour, tout en limitant les droits des Malais et des Chinois au nom de la protection des uns contre les autres.

La stratégie britannique est suffisamment pernicieuse pour susciter les railleries (et la jalousie) des autres puissances impériales. Dès juillet 1947, s'adressant au ministre des Affaires étrangères Georges Bidault, le consul de France à Singapour André Guibaut note : « ayant ainsi conféré aux Malais une suprématie réelle sur les autres races, les Anglais ont beau jeu de leur dénier en vertu de la protection qu'ils leur accordent [...] les droits qu'une population plus évoluée et moins menacée par l'immigration n'aurait pas manqué de revendiquer ». En effet, au lieu d'abandonner le système colonial, en 1948 la Grande-Bretagne a réussi à le pérenniser sous une forme rénovée, et sous couvert du droit des peuples à l'autodétermination.

Des tentatives assimilationnistes :
l'Union française et le cas africain

D'autres puissances essaient aussi de réformer pour ne rien changer. Les registres varient toutefois selon les empires, et là où les colonisateurs sont rompus à l'exercice du gouvernement direct des colonisés, ils se veulent assimilationnistes. C'est la stratégie qu'adopte le Comité français de libération nationale au Congo, fin janvier 1944. Présidée par de Gaulle en personne, la conférence de Brazzaville réunit les dirigeants des colonies françaises et exclut les sujets colonisés. Pour autant, elle prévoit d'intégrer les « évolués » africains dans l'administration impériale, d'abolir le travail forcé et d'initier une politique économique à même de développer les colonies. Mythifiée à plus d'une reprise, cette conférence reste en fait très conservatrice. Si les anciens de la France libre font volte-face en condamnant les pratiques qu'ils imposaient eux-mêmes en temps de guerre, ils envisagent encore une Afrique rurale, élitiste et coloniale[1]. D'ailleurs, lorsqu'il ouvre la conférence le 30 janvier, de Gaulle ne s'en cache pas. « Il n'y aurait aucun progrès qui soit un progrès, si les hommes, sur leur terre natale, n'en profitaient pas moralement et matériellement, s'ils ne pouvaient s'élever peu à peu jusqu'au niveau où ils seront capables de participer chez eux à la gestion de leurs propres affaires », dit le général. Avant d'ajouter : « Vous avez, Messieurs les Gouverneurs généraux et Gouverneurs, les pieds assez bien enfoncés dans la terre d'Afrique pour ne jamais perdre le sens de ce qui y est réalisable et, par conséquent, pratique. Au demeurant, il appartient à la nation française et il n'appartient qu'à elle, de procéder, le moment venu, aux réformes impériales de structure qu'elle décidera dans sa souveraineté[2]. »

Cette nécessité de moderniser l'empire s'inscrit dans le prolongement des contestations de l'entre-deux-guerres et, plus récemment, dans la reconfiguration du jeu des grandes puissances durant la Seconde Guerre mondiale. La réforme vise aussi à répondre à l'agitation sociale qui gagne les colonies depuis la fin 1945. Le Viêt-Nam a déclaré son indépendance en septembre et, au mois de décembre, à Dakar, face à l'inflation et à la misère qui s'ensuit, une grève générale éclate. Les dockers cessent le travail et, pendant douze jours, toute la ville se trouve paralysée par un mouvement social que rejoignent les travailleurs non qualifiés puis qualifiés, les femmes puis les petits commerçants des marchés dakarois. « À travail égal salaire égal », scandent les grévistes qui obtiendront

1. Eric Jennings, *La France libre fut africaine*, *op. cit.*, p. 259.
2. Paul-Marie de La Gorce, *L'Empire écartelé, 1936-1946*, Paris, Denoël, 1988, p. 476-479.

des augmentations de salaire et même, pour les fonctionnaires, des allocations familiales[1].

L'année suivante, deux lois vont encore davantage adapter l'empire aux réalités et revendications sociales de ses colonies. Elles sont élaborées avec la contribution de la dizaine de députés africains élus l'an passé à l'Assemblée constituante à Paris, parmi lesquels on retrouve Senghor et Césaire. Le 11 avril 1946, la « loi Houphouët-Boigny » abolit le travail forcé et le régime de l'indigénat. Puis, le 25, la « loi Lamine Guèye » attribue la citoyenneté à tous les sujets de l'empire, abolissant enfin la distinction sujet-citoyen. Voilà comment la France tente de remodeler son empire pour pouvoir le conserver. Jusqu'ici inexistante, l'égalité civique devient un droit fictif : les 70 millions de colonisés sont représentés par 1/5e du Parlement, tandis que les 40 millions de Français en élisent les 4/5es, restant de fait majoritaires à la Chambre. Cela dit, les élites africaines accèdent bel et bien à des postes importants. Tel est le but de la politique assimilationniste. Les dirigeants africains choisis par la France doivent être les acteurs disciplinés de sa politique impériale[2].

Ces lois ouvrent la voie d'une réforme qui se prétend plus profonde : l'Union française. Adoptée en octobre 1946, la Constitution de la IVe République transforme l'empire en « union », et les colonies en départements ou territoires d'outre-mer, États associés ou autres territoires français. L'Assemblée de l'Union est légalement impuissante, puisque ses avis ne s'imposent ni au Parlement ni au gouvernement. Cependant, ce

1. Frederick Cooper, *L'Afrique depuis 1940* (2002), traduit de l'anglais par Christian Jeanmougin, Paris, Payot & Rivages, 2012, p. 83-99.

2. Elikia M'Bokolo, *Afrique noire. Histoire et civilisations*. T. II, *op. cit.*, p. 453.

desserrement de l'étau colonial favorise l'émancipation politique des sociétés colonisées. De plus en plus de partis politiques voient le jour, comme à Bamako où, en 1946, plusieurs dirigeants de l'Afrique française créent le Rassemblement démocratique africain (RDA). Affilié au PCF jusqu'en 1952, le RDA s'inspire autant du communisme que des revendications des premiers députés africains de l'Assemblée, lesquels entendaient « se libérer du colonialisme ». Et, à ce titre, ses sections sont réprimées dans toute l'Afrique francophone[1].

Il en va ainsi de la politique française en Afrique, qui évolue au gré d'une logique toujours plus contradictoire. Là où les revendications anticolonialistes aboutissent à une politique assimilationniste et élitiste, les revendications d'égalité se heurtent à une politique répressive. Le cas malgache l'a montré : pour les empires européens, à moins de redoubler de violence, l'équilibre est désormais difficilement tenable[2].

14. Madagascar 1947,
l'impossible réforme du colonialisme

La révolte de Madagascar témoigne des contradictions inhérentes à la réforme du colonialisme français.
La Grande Île est appauvrie, depuis 1943, par l'effort de guerre que soutiennent le travail forcé et le régime de l'indigénat, et, depuis la fin de la guerre, par l'économie de pénurie et la corruption. Ancien gouverneur retraité à Tananarive (l'actuelle Antananarivo), Léon Reallon décrit au mois de novembre 1945 l'état d'esprit des élites locales malgaches : « Vous nous avez affamés en nous privant de riz par votre stupide réquisition.

1. Pierre Brocheux (dir.), *Les Décolonisations au XXe siècle. La fin des empires européens et japonais*, Paris, Armand Colin, 2012, p. 234-237.

2. Meredith Terretta, « *Cause lawyering* et anticolonialisme : activisme politique et État de droit dans l'Afrique française, 1946-1960 », *Politique africaine*, n° 138, 2015, p. 25-48.

[…] Vous nous avez fait mourir de froid en réservant les tissus aux seuls Européens. Vous nous tenez en esclavage au moyen de l'indigénat et de votre justice indigène. Vous nous avez menti en nous disant que vous vous intéressiez à nous alors que vous n'êtes que des exploiteurs. Nous avons lu la Charte de l'Atlantique. Nous avons assez souffert. Nous en avons assez. Allez-vous en… »

Puis viennent les réformes de 1946 sur le travail forcé, l'indigénat et la citoyenneté. À Madagascar, elles sont portées au crédit des députés malgaches élus à l'Assemblée constituante, Joseph Ravoahangy et Joseph Raseta, leaders du nouveau parti nationaliste, le Mouvement démocratique de la rénovation malgache (MDRM). Mené par Ravoahangy, Raseta puis Jacques Rabemananjara, le MDRM recrute toujours plus de membres chez les *merina* (commerçants, planteurs, fonctionnaires), les *mpanjaka* (chefs locaux du sud-est malgache) et les tirailleurs malgaches ramenés, sur leur île, à leur condition de sujets africains.

C'est dans ce contexte qu'éclate un vaste mouvement spontané de désobéissance civile. Pour les populations malgaches, qui dit indépendance dit retour à la terre et à l'ordre ancien. Mais le pouvoir colonial s'en prend aux cadres du MDRM, et émerge alors, au sein du parti, un groupe radical hérité d'une société clandestine : la Jina, Jeunesse nationaliste. Contrairement aux cadres du parti qui l'avaient acceptée, les membres de la Jina s'opposent à une indépendance sous la tutelle de l'Union française : la violence des Français les a privés de leur liberté, celle-ci devra être reprise par la violence. Aussi, sans planification concrète, ni même un objectif final, la révolte éclate le 29 mars 1947. Les combats dureront jusqu'au mois de juin 1948, mais l'insurrection ne sera définitivement matée qu'en novembre.

Le 29 mars, armés de sagaies et *d'antsy* (coupe-coupe), des centaines d'hommes s'en prennent au camp militaire de Moramanga et aux concessions coloniales des villes côtières de Manakara et Vohiperno. Sur leur passage, ils attaquent les Européens et ceux réputés être leurs alliés, comme les membres du Parti des déshérités de Madagascar, le PADESM, soutenu par le pouvoir.

Puis l'insurrection tourne à la jacquerie. Des chefs de guerre locaux débordent les nationalistes et encouragent les pillages. Les paysans révoltés se livrent à des pratiques incomprises des Européens – par exemple, porter la responsabilité collective du meurtre en poignardant collectivement le corps de l'ennemi, avant de le découper et le jeter à la rivière où il ne pourra retrouver le tombeau de ses ancêtres. Les forces coloniales se mettent à arrêter et à torturer avant de plonger dans une paranoïa alimentée par les rumeurs sur la sauvagerie des paysans ou des tirailleurs malgaches. Aussi se livrent-elles à de véritables crimes de guerre : un jour, des cadres du MDRM sont enfermés dans des wagons puis mitraillés ; un autre, un pilote d'avion décide de jeter par-dessus bord un groupe de prisonniers… Puis, l'arrivée de l'armée française et de ses bataillons nord-africains renverse l'équilibre des forces en juillet 1947, et la guerre de reconquête commence, lentement, mais sûrement. Enfin, durant l'été 1948, le procès public et la condamnation à mort de Raseta et Ravoahangy montrent aux populations que la France entend bien demeurer sur l'île.

Certes, la plupart des peines capitales seront commuées en perpétuité, et les crimes amnistiés en 1957. Mais la révolte, les exils et la répression qu'elle a engendrés auront tué trente à quarante mille Malgaches. Quant aux populations de l'île, elles garderont le souvenir de s'être entretuées. Un souvenir qu'entretiendront les membres du PADESM qui arrivent au pouvoir en 1960, soutenus par les autorités françaises. Ils y resteront jusqu'en 2001.

Voir Jean Fremigacci,
« La vérité sur la grande révolte de Madagascar »,
L'Histoire, n° 318, 2007, p. 36-43.

Chapitre 4

Les voies asiatiques de la décolonisation

Été 1945, la guerre s'achève et le monde très contemporain prend forme. Les Alliés s'affairent en particulier à réorganiser l'Asie où, l'Inde exceptée, toutes les colonies européennes ont été envahies par les Japonais. Au mois d'août 1945, désormais en position de vainqueur, le commandement militaire états-unien envoie à l'empereur nippon le programme de sa capitulation. Le *General Order Number One* commande aux Japonais de se livrer aux Alliés, territoire par territoire : la Mandchourie et la Corée (au nord du 38ᵉ parallèle) seront placées sous l'autorité de l'URSS ; le reste de la Chine, Taïwan et l'Indochine française (au nord du 16ᵉ parallèle) seront remis à l'armée chinoise de Chiang Kaishek ; les Indes néerlandaises, la Malaya, la Thaïlande, la Birmanie et le reste de l'Indochine française (au sud du 16ᵉ parallèle) seront placés sous contrôle britannique ; le Japon, les Philippines et le reste de la Corée (au sud du 38ᵉ parallèle) tomberont sous l'autorité des États-Unis. Élaboré par le haut et par les vainqueurs, ce découpage de l'Asie ne tient compte ni des revendications anticoloniales de l'entre-deux-guerres ni des identités nationales que la guerre a chaque jour renforcées. Le programme des Alliés va alors rapidement être mis à mal par la formation d'États-nations indépendants et marqués, profondément, par l'expérience coloniale.

Empires affaiblis et nationalismes endurcis : la guerre continue

L'été 1945 signe la fin d'une guerre dévastatrice et l'ouverture d'une ère de paix et de prospérité. Du moins en Occident. Car si l'on se place du côté des populations asiatiques, pour elles, partout ou presque, les hostilités continuent. Et elles se déroulent à des échelles à la fois régionales, nationales et locales.

Des républicains et des révolutionnaires face aux Alliés : l'Indonésie

Vindicatif mais réprimé depuis les années 1920, le nationalisme indonésien doit beaucoup à la Seconde Guerre mondiale. En 1939, plusieurs organisations nationalistes de l'archipel se regroupent dans une Fédération politique indonésienne, le Gabungan Politik Indonesia (GAPI). Celui-ci réclame un *self-government* (gouvernement autonome) au sein d'une union néerlandaise et, à cette fin, il se dote d'un drapeau, d'une langue et d'un hymne. En vain, puisque les Néerlandais ne veulent pas entendre parler d'indépendance. Il en va autrement de l'empire nippon. Les Japonais prennent le contrôle de l'archipel en mars 1942. Ils instaurent une politique autoritaire tournée vers l'effort de guerre mais sont contraints, pour gouverner, de s'appuyer sur les nationalistes. Aussi libèrent-ils Sukarno et Hatta, condamnés à l'exil par les autorités coloniales. Ils leur confient des postes à responsabilité et, mois après mois, les deux hommes détournent à leur avantage les structures créées ou soutenues par les Japonais pour tenir l'archipel. Sukarno et Hatta organisent le mouvement nationaliste autour du Putera (Pusat Tenaga Rakyat, le Centre des forces du peuple), puis ils l'ancrent dans les villes et les campagnes grâce à la Peta (Pembela Tanah Air, l'Armée des défenseurs de la patrie). Les Japonais tentent bien de diviser les populations indonésiennes. Ils s'appuient sur les dissensions nées de l'ordre colonial pour opposer d'un côté les élites javanaises aux communistes, de l'autre les nationalistes laïques aux indépendantistes musulmans. Mais l'empire nippon échoue, si bien que deux jours après sa capitulation, le 17 août 1945, Achmed Sukarno et Mohammad Hatta proclament l'indépendance de la République d'Indonésie. Sa souveraineté n'est pas reconnue dans tout l'archipel, seulement sur les deux grandes îles de Java et de Sumatra qui regroupent 80 % des populations indonésiennes. Sukarno devient président de la nouvelle République, Hatta vice-président et Sutan Sjahrir Premier ministre[1].

La guerre a engendré la République, la paix va maintenant menacer son existence. Dans le camp nationaliste, dès la fin du conflit, les divisions éclatent au grand jour. Les leaders républicains et la jeunesse révolutionnaire des *pemuda* partagent les mêmes objectifs d'indépendance et de progrès social. Cependant, tandis que les premiers consentent à s'entendre avec les Alliés et les élites traditionnelles, les *pemuda* réclament une révolution globale qui renverse toutes les hiérarchies. Face à eux, dans le camp des Alliés, les dissensions

1. Thê Anh Nguyên, « L'Asie du Sud-Est et le nouvel ordre mondial (1940-vers 1990) », *in* Hartmut O. Rotermund (dir.), *L'Asie orientale et méridionale aux XIXe et XXe siècles*, *op. cit.*, p. 377-405.

15. Sukarno, le *Pancasila* et les principes d'une Indonésie libérée

Achmed Sukarno naît en 1901 sur l'île de Java. Durant ses études, il se spécialise dans l'apprentissage des langues, jusqu'à maîtriser le javanais, le balinais, l'indonésien, l'arabe, le néerlandais, l'allemand, le français et l'anglais. Il est ensuite diplômé en ingénierie civile, en 1927. La même année, le jeune homme participe à la fondation du Parti national indonésien, le PNI, né de la conversion du Club des études générales en parti politique. Partisan d'une indépendance totale vis-à-vis de la tutelle néerlandaise, Sukarno est l'un des premiers artisans de l'union des différentes organisations nationalistes indonésiennes, ce qui lui vaut d'être emprisonné par les autorités coloniales en 1929. Il est privé de liberté jusqu'à la fin de l'année 1931, date à laquelle il adhère au nouveau Partindo, le Parti indonésien, qui l'élit président. Exilé par les Néerlandais sur l'île de Flores en 1933 puis à Sumatra en 1938, Sukarno est « libéré » par les Japonais en 1942. Il joue pour eux le rôle de propagandiste et de recruteur de main-d'œuvre, tout en se servant de ses responsabilités pour exporter le mouvement national vers les campagnes. Bon gré mal gré, les Japonais laissent faire. Les autorités nippones mettent en place un Comité d'études pour la préparation de l'indépendance et devant celui-ci, le 1er juin 1945, Sukarno prononce son discours sur le *Pancasila*. Ce sont les « Cinq Principes » du futur État indépendant et uni d'Indonésie : la foi (le droit pour tout citoyen de croire en son Dieu) ; le nationalisme (porté par un État qui défend l'unité dans la diversité) ; l'internationalisme (grâce à une famille de nations se reconnaissant mutuellement) ; le consentement (autour d'un État indonésien légitime) ; et la justice sociale (garantie par une politique économique démocratique, source de prospérité pour les Indonésiens). Ces cinq principes seront inscrits dans le préambule de la première Constitution indonésienne.

Voir notamment Hans Antlöv et Stein Tønnesson (dir.), *Imperial Policy and Southeast Asian Nationalism, 1930-1957*, Richmond, Curzon Press, 1995, p. 110-143.

sont aussi de mise. Les Américains et les Britanniques encouragent les Pays-Bas à négocier. Les États-Unis veulent voir l'Insulinde reprendre ses exportations de matières premières, les Britanniques savent qu'ils ne peuvent contrôler chaque île indonésienne et, depuis la métropole, les autorités néerlandaises s'engagent à accepter un « Commonwealth à l'anglaise » grâce auquel elles contrôleraient la transition post-coloniale. Seulement, sur place, l'armée et les colons sont d'un autre avis. Ils considèrent la République indonésienne comme illégitime et à ce titre, ils entendent l'écraser.

C'est dans ce contexte qu'éclate la bataille de Surabaya, à la fin du mois d'octobre 1945. Forte de l'autorité que lui confère le *General Order*, la Grande-Bretagne décide de débarquer à Surabaya, une ville portuaire située à l'extrémité orientale de l'île de Java. Mais les jeunes révolutionnaires *pemuda* craignent de voir les Britanniques redonner le pouvoir aux Néerlandais. Aussi leur bloquent-ils l'accès à la ville, et de premières violences éclatent. Puis, le 10 novembre, la Grande-Bretagne décide de prendre Surabaya par la force. Les contingents indiens de la Couronne luttent contre les *pemuda* et les soldats républicains pendant plus d'un mois, au prix de plusieurs milliers de morts. « C'était un combat rapproché sanglant à chaque coin de rue », écrira Sukarno. « Il y avait des corps éparpillés partout. Des troncs démembrés et décapités étaient empilés les uns sur les autres[1]. »

La République indonésienne sort de la bataille à la fois renforcée et fragilisée. Les Britanniques ont une crainte : voir leur position affaiblie dans la Malaya

1. Christopher Goscha, « Géopolitique de l'Asie nouvelle », *L'Histoire*, n° 413-414, 2015, p. 120-125.

voisine. Ils poussent donc les Néerlandais et les nationalistes à négocier. Ce sera chose faite en novembre 1946, lors des accords de Linggajati. Ils sont ratifiés en mars 1947. L'administration néerlandaise ne reconnaît pas l'indépendance de la République mais sa souveraineté, et ce uniquement sur les trois îles de Java, Sumatra et Madura. En échange, les républicains acceptent d'adhérer à une fédération des États-Unis d'Indonésie, régie par un gouvernement d'union indo-néerlandais. La République acquiert donc une existence légale, mais dans un cadre post-colonial que refusent, sur le terrain, les *pemuda* comme les Néerlandais.

Des nationalistes communistes face à l'empire : le Viêt-Nam

En Indochine, la question du *statu quo* ne se pose pas. Depuis que le Parti communiste indochinois a créé le Viêt Minh en 1941, la rencontre entre le communisme, le nationalisme et la société s'intensifie, partout. Cette synthèse vietnamienne permet à Hô Chi Minh d'établir à Hanoi, le 2 septembre 1945, la République démocratique du Viêt-Nam (RDV). L'indépendance de la République est proclamée, l'État est fondé et, l'une comme l'autre, ils sont communistes. De la Cochinchine au Tonkin, les dirigeants de la RDV tentent alors d'instaurer des « comités populaires ». Or, ils doivent combattre deux ennemis : ceux de l'intérieur, à savoir les partis nationalistes vietnamiens et les trotskystes ; et ceux de l'extérieur, c'est-à-dire, au nord, les Chinois qui soutiennent les nationalistes anticommunistes, et, au sud, les Français de l'amiral d'Argenlieu qui commencent à mettre en œuvre le « projet indochinois » du général de Gaulle. Il s'agit de réformer l'Union indochinoise en créant une Fédération qui, concrètement, conserverait les cinq États de l'Union : le Laos, le Cambodge, la Cochinchine, l'Annam et le Tonkin[1].

Avec des objectifs aussi contradictoires, les deux camps se dirigent lentement vers l'affrontement. Les soldats chinois de Chiang Kaishek ont quitté le nord de l'Indochine, investi par les forces de Philippe de Hauteclocque, dit le général Leclerc. Ses troupes gagnent toujours plus de terrain, au point qu'en février 1946 elles prennent pied à Hanoi, aux côtés du gouvernement de Hô Chi Minh. La France se prépare au combat. Elle se dit prête à accepter un « État libre du Viêt-Nam » intégré à la Fédération indochinoise mais, en réalité, elle entend restaurer sa domination sur la péninsule. Quant au camp vietnamien, la dimension populaire de la révolution d'août 1945 s'efface un peu plus chaque jour. L'intelligentsia communiste élimine les leaders nationalistes et progressivement, la RDV devient un État-parti autoritaire soutenu par l'Armée populaire de libération (APL) du général Vo Nguyen Giap. Plus la France manœuvre et plus le Viêt Minh se prépare, lui aussi, à la guerre.

L'événement déclencheur se déroule en novembre 1946, dans la ville portuaire de Haiphong, à l'est de Hanoi. Un incident douanier pousse les milices vietnamiennes d'autodéfense à ouvrir le feu sur les troupes françaises, qui ripostent en bombardant la ville, puis en l'occupant. La bataille achève de convaincre les dirigeants de la République démocratique : puisque la France cherche à reconquérir sa colonie, il faut lancer une contre-offensive

1. Daniel Hémery, « L'Indochine à l'âge des extrêmes : protestations et révolutions (XIXe-XXe siècles). III, 1940-2006 », *Europe solidaire sans frontières*, 2007 (https://www.europe-solidaire.org/spip.php?article9821, consulté le 16 avril 2020).

au plus vite. L'opération débute à la mi-décembre. L'Armée populaire et les milices attaquent les garnisons françaises stationnées à Hanoi et dans d'autres territoires, puis Hô Chi Minh lance un appel au peuple : « Que celui qui a un fusil se serve de son fusil ! Que celui qui a une épée se serve de son épée ! Et si l'on n'a pas d'épée, qu'on prenne des pioches et des bâtons ! Que chacun mette toutes ses forces à combattre le colonialisme pour sauver la Patrie. » Tout juste arrivé au pouvoir en France, Léon Blum décide de contre-attaquer. « Je n'avais pas mérité cela », aurait-il dit, les larmes aux yeux[1].

16. Hô Chi Minh, « source de lumière »

Nguyen Tat Thanh quitte l'Indochine à l'âge de vingt et un ans. Fils d'un fonctionnaire (révoqué) de l'administration impériale, il embarque en 1911 comme aide-cuisinier sur un navire de la Compagnie des chargeurs réunis. C'est le début du « Voyage à l'Ouest » qu'effectuent tant de jeunes Vietnamiens éduqués : « partir à l'étranger pour étudier, revenir au pays pour l'aider ». Pendant huit ans, il voyage en Afrique, en Amérique et en Europe où il s'installe, en France, en 1919. Sous le nom de Nguyen Ai Quoc (Nguyen le patriote), il intègre la SFIO, la Section française de l'Internationale ouvrière. Puis, à partir de 1923, séjournant régulièrement en Chine et en URSS, il structure un véritable réseau communiste entre l'Annam, le Siam (actuelle Thaïlande) et la Malaya. Nguyen Ai Quoc s'établit un temps à Moscou. Délégué du Komintern de 1933 à 1938, il prépare une prise de pouvoir au sud de la Chine et au nord de l'Annam. Son objectif est la libération du Viêt-Nam, et sa tactique, celle de l'Internationale : mettre momentanément en sommeil la lutte « classe contre classe » au profit du « front uni » des forces nationales anti-impérialistes. À cette fin, maintenant dénommé « source de lumière », Hô Chi Minh

1. Pierre Brocheux et Daniel Hémery, *Indochine*, *op. cit.*, p. 350.

fonde en 1941 le Viêt Minh, la Ligue pour l'indépendance du Viêt-Nam. Un maquis viêt minh est implanté en Indochine en 1942. Deux ans plus tard, une « zone libérée » est établie dans le Tonkin et, en 1945, après que le Japon a proclamé l'indépendance du Cambodge, du Laos et du Viêt-Nam, Hô Chi Minh se lie avec les Américains et ainsi le Viêt Minh prend le relais des réseaux français antijaponais. L'entreprise permet à la Ligue de s'assurer le contrôle du territoire au lendemain de la capitulation japonaise. Président de la République démocratique du Viêt-Nam, Hô Chi Minh endosse alors le double rôle de chef de l'État et des armées. Il mènera la résistance contre l'armée française jusqu'en 1954 et jusqu'à sa mort, en 1969, il continuera de se battre ; mais cette fois-ci contre les États-Unis.

Voir Pierre Brocheux, *Hô Chi Minh*, Paris, Presses de Sciences Po, 2000.

Des communautés nationalistes mais ennemies : l'Inde

L'Indonésie et le Viêt-Nam ne sont pas des exceptions. Dans bien d'autres colonies, tandis que les puissances occidentales s'opposent les unes aux autres au nom de considérations stratégiques, les nationalistes se disputent le pouvoir au nom d'idéaux politiques divergents. Mais il est encore d'autres cas de figure. Les Européens ont pu essentialiser puis diviser des communautés au point qu'au sein d'un même État colonial, à la veille des indépendances, plusieurs identités explicitement nationales cohabitent. L'Inde est un triste cas d'école en la matière.

En 1943, face aux nationalistes réticents à partir se battre pour la Couronne, la Grande-Bretagne est contrainte de promettre l'instauration, après-guerre, du *self-government*. Puis l'Inde se rapproche encore davantage de l'indépendance, à la fin 1945, à l'occasion des élections provinciales organisées dans la colonie. Avec un programme à la fois indépendantiste et nationaliste, la Ligue musulmane indienne remporte 90 % des sièges attribués aux musulmans et, quelques mois plus tard, à Londres, devant la Chambre des communes, le Premier ministre travailliste Clement Attlee déclare : « J'espère que le peuple indien décidera de rester dans le Commonwealth britannique. [...] Si, toutefois, l'Inde vote pour l'indépendance, nous estimons qu'elle a le droit de le faire. »

17. Gandhi, l'indépendantiste pacifiste

La vie politique de Mohandas Karamchand Gandhi débute en Afrique du Sud. Il s'y installe en 1893. À l'âge de vingt-quatre ans, il y fait l'apprentissage de son métier d'avocat en luttant contre les Britanniques pour améliorer le sort des Indiens, bien plus rarement celui des Noirs. De retour en Inde en 1915, Gandhi est reconnu par les élites indiennes pour son combat sud-africain. Mais il ne représente aucune organisation politique et sa connaissance du pays demeure limitée. Il décide alors de s'immerger au sein de « sa » population, allant jusqu'à nettoyer les latrines dans le milieu des intouchables. Puis Gandhi se fait le défenseur de l'usage des langues locales, au détriment de l'anglais des élites. Il organise également des mouvements paysans de résistance pacifique contre la levée des impôts, avant de mettre en œuvre le *satyagraha*, la « force de la vérité ». Cette théorie se traduit dans la pratique par des actions de désobéissance civile, lesquelles doivent mener au *swaraj*, le « réveil » de l'Inde dans une autonomie, même relative, vis-à-vis de la Couronne. Pour Gandhi, ce réveil reposera sur quatre piliers : l'unité des hindous et des musulmans ; la fin de la discrimination pour les plus basses castes ; la non-violence ; et la fabrique locale des tissus et vêtements. Quant à l'attitude à adopter face aux autorités britanniques, qu'il a vues recourir à la violence d'État à Amritsar, Gandhi définit une politique de « non-coopération », officiellement adoptée par le Congrès en 1920. Il en appelle alors, parfois, au boycott total des institutions impériales (l'école, le tribunal ou l'armée), d'autres fois, à des contestations non violentes, comme le ramassage « sauvage » de sel, un moyen ingénieux de ne pas s'acquitter des impôts dus à la Couronne qui détient le monopole de la distribution du sel. Emprisonné par les Britanniques en 1922 pour sédition, il travaille par la suite, en marge du Congrès, contre le système de castes et en faveur de l'éducation des masses. Puis, à compter de 1928, Gandhi ne cesse de demander à la Grande-Bretagne d'accorder à l'Inde le statut de dominion, c'est-à-dire l'indépendance au sein du Commonwealth. Les refus britanniques se succèdent, les micro-victoires de Gandhi aussi et son engagement nationaliste grandit tout au long des années 1930. Enfin, l'attitude de la Couronne durant la Seconde Guerre mondiale le convainc de la nécessité de faire sécession. Il obtient gain de cause en 1947 mais, à ses yeux, associée à la partition, cette indépendance n'est pas une victoire.

Voir Pap Ndiaye, « Naissance d'un leader indépendantiste », *L'Histoire*, n° 393, 2013, p. 46.

La Grande-Bretagne est réaliste. Elle ne peut financer la reconstruction de la métropole si, dans le même temps, elle doit investir dans la répression de chacun des mouvements nationalistes qui agitent ses colonies. En Inde, les Britanniques envisagent alors de créer une structure fédérale à laquelle ils transféreront pacifiquement leur pouvoir de souveraineté. Mais c'est sans compter les divisions communautaires qu'ils ont eux-mêmes encouragées, et instrumentalisées. Celles-ci atteignent des sommets au mois d'août 1946. Pour plaider la cause du Congrès national, Jawaharlal Nehru prévoit de se rendre au Bengale, dans le Nord-Est indien. Ali Jinnah entend bien contrer son adversaire dans cette région largement acquise à la Ligue et, pour ce faire, il en appelle à une journée d'action nationale, à Calcutta. Très vite, entre hindous et musulmans, la mobilisation dégénère et les affrontements se font meurtriers. Du 16 au 19 août, cinq à dix mille Indiens perdent la vie, au moins autant sont blessés. Le « *Great Calcutta Killing* » convainc les Britanniques : il leur faut quitter la colonie avant que la situation n'empire.

Le massacre annonce la partition. Devant l'inflexibilité de Jinnah à renoncer à un État-nation par et pour les musulmans, le vice-roi Lord Mountbatten propose un premier plan : les provinces et les États princiers de la colonie auront le choix soit de se rattacher à l'Inde ou au Pakistan, soit de déclarer leur indépendance. Nehru refuse cette seconde proposition susceptible, selon lui, de faire éclater le pays. Alors la partition s'impose. Tandis que chacune des provinces du Pendjab (au nord-ouest) et du Bengale (au nord-est) sera partagée entre l'Inde et le Pakistan, un référendum sera organisé pour décider du sort de l'État princier du Jammu-et-Cachemire. Le Congrès et la Ligue acceptent et, sur cette base, la Chambre des communes prépare puis adopte, le 10 juillet 1947, l'Acte d'indépendance. Le 15 août, le Pakistan et l'Inde deviennent officiellement indépendants. Et, fin décembre, la partition aura entraîné la mort de près d'un demi-million de personnes[1].

Les affres identitaires de la sortie coloniale

Au lendemain de la guerre, dans chaque empire européen, l'accession à l'indépendance se joue selon les mêmes facteurs : les structures sociales héritées de l'ordre colonial ; l'attitude de la métropole vis-à-vis de

1. Bernard Droz, *Histoire de la décolonisation au XX*e *siècle*, *op. cit.*, p. 125-134.

sa colonie ; l'enjeu que celle-ci représente dans le monde bipolaire en formation. Pourtant, chaque indépendance est singulière. Car, selon les contextes, la rencontre entre ces trois facteurs – le passé colonial, le présent indépendantiste et le futur bipolaire – génère des identités de face-à-face radicalement différentes les unes des autres.

La révolution nationale d'abord : l'indépendance indonésienne

En novembre 1946, une fois les accords de Linggajati acceptés, les Britanniques quittent l'archipel des Indonésiens, désormais en tête-à-tête avec les Néerlandais. Portée par une majorité conservatrice, la métropole refuse d'ailleurs une indépendance qu'elle considère illégitime et désastreuse pour l'économie d'après-guerre. Quant à la République d'Indonésie de Sukarno, Hatta et Sjahrir, elle est désormais soutenue par les *pemuda*, acquis à la cause nationaliste, et par la Peta, reconvertie en Armée nationale indonésienne. L'objectif républicain est clair : la gouvernance du pays doit être unitaire plutôt que fédérale et, surtout, débarrassée de toute ingérence étrangère. Entre la métropole et la colonie, aucun compromis n'est donc possible. Dès le mois de décembre 1946, le conflit s'avère inévitable. Il se déroule en trois actes.

De la fin 1946 jusqu'au mois d'août 1947, les relations entre les deux camps se dégradent. Les Néerlandais organisent un blocus contre les territoires tenus par les républicains et, en réponse, non seulement les *pemuda* intensifient la guérilla dans les campagnes, mais ils la mènent aussi jusque dans les villes. L'administration coloniale en profite pour prendre position dans les centres urbains tenus par la République. Celle-ci dénonce une violation des accords de Linggajati, mais cela n'empêche pas les Néerlandais de poursuivre leurs efforts et de soutenir, voire de créer des formations politiques antirépublicaines. L'entreprise est payante puisque le gouvernement indonésien se voit contraint de démissionner, accusé de faire trop de compromis avec les étrangers. Puis, galvanisés par le succès de leur manœuvre, fin juillet 1947 les Néerlandais déclenchent leur première action de police, l'« Opération Produit ». À Java et Sumatra, leurs soldats mènent des raids pour se fournir en matières premières dans les plantations et pour occuper les villes contrôlées par la République. Les Pays-Bas échouent cependant à la mettre à genoux. À la campagne les forces républicaines et les *pemuda* font bloc, en ville les embuscades et les sabotages se multiplient et, dans le monde, les protestations de l'Inde et du bloc communiste poussent les États-Unis et l'ONU à agir. Le Conseil de sécurité des Nations unies impose un arrêt des hostilités et, au mois d'août 1947, un comité d'arbitrage international est mis sur pied.

Le deuxième acte commence. Jusqu'en décembre 1948, une forme d'armistice se dessine, avant de s'enliser. Début janvier, les conclusions du comité aboutissent aux accords du Renville, du nom du navire sur lequel ils sont signés sous les auspices de délégués belges, australiens et états-uniens. La trêve militaire est prolongée, des élections sont prévues mais la souveraineté des colonisateurs demeure intacte. La rupture est proche. Les Néerlandais consolident leur position dans les plantations et les zones pétrolifères des îles de Java et de Sumatra. Ils continuent d'encourager les mouvements antirépublicains et projettent, encore, la mise en œuvre d'un système fédéral au sein duquel ils seraient majoritaires. Le gouvernement de Hatta consent bien à certains compromis mais il refuse, lui, d'accepter la présence illimitée des troupes néerlandaises. Afin de se retrouver en position de force pour négocier avec les Pays-Bas, Hatta et Sukarno décident alors de réprimer le Parti communiste indonésien qui ne cesse de les critiquer. Les républicains décapitent le PKI et, en septembre 1948, ils sont les maîtres incontestés (et anticommunistes) du mouvement national indonésien. La réaction des Néerlandais ne se fait pas attendre. Deux mois après, ils lancent leur seconde « opération de police ». L'armée occupe les villes de Java et Sumatra, elle fait arrêter les principaux dirigeants de la République et inévitablement, ses soldats ne font que renforcer l'animosité des Indonésiens à l'égard du colonisateur. Alors, en ville comme à la campagne, les Indonésiens leur opposent une résistance chaque jour plus féroce.

L'intensité des combats ouvre enfin la voie de l'indépendance. La communauté internationale répond unanimement à l'appel au secours des républicains, les Nations unies sont à nouveau saisies du dossier et, au mois de mai 1949, elles parviennent à imposer la fin des hostilités, la restauration du gouvernement indonésien et l'ouverture de négociations entre les fédéralistes néerlandais et les républicains au pouvoir. Cette fois-ci, la métropole doit céder pour de bon : en décembre 1949, les Pays-Bas transfèrent leur souveraineté aux États-Unis d'Indonésie. Puis, quelques mois plus tard, en août 1950, les États fédérés s'effacent derrière la nouvelle République (unitaire) d'Indonésie que proclame Sukarno.

Cette chronologie des faits s'appuie principalement sur deux ouvrages, l'un dirigé par Pierre Brocheux[1] et

1. Pierre Brocheux (dir.), *Les Décolonisations au XXe siècle*, *op. cit.*, p. 49-63.

l'autre rédigé par Marc Michel[1]. Ces derniers nous aident à saisir ce qui se cache derrière ce récit événementiel.

Le contexte de guerre froide permet d'abord de comprendre l'isolement progressif des Pays-Bas. Les Britanniques ne cherchent pas immédiatement à contraindre leurs homologues néerlandais car ils sont, eux aussi, à la tête d'un empire colonial. Ils redoutent cependant que l'agitation communiste ne s'étende à la Malaya voisine, déjà en passe de basculer dans le bloc de l'Est. Les États-Unis ne réclament pas non plus le retrait instantané des Néerlandais. Après tout, les Pays-Bas appartiennent au bloc de l'Ouest qui se construit à ce moment-là en Europe. Mais plus le conflit s'enlise et plus les Américains craignent qu'une coalition anti-occidentale ne se forme entre les pays de l'Asie méridionale (en premier lieu l'Inde et l'Australie), la Ligue arabe (qui soutient l'Indonésie musulmane) et le mouvement afro-asiatique (qui s'est réuni à New Delhi en 1949). L'écrasement des communistes par Sukarno et Hatta fournit alors aux Britanniques et aux États-Unis l'assurance qu'il leur fallait pour soutenir l'indépendance, et faire pencher les Nations unies en sa faveur.

Aussi déterminante soit-elle, cette géopolitique internationale n'enlève rien au rôle majeur du nationalisme indonésien. Il est le premier moteur des aspirations indépendantistes mais, sans cesse, les colonisateurs ont sous-estimé sa force et son authenticité. Les Néerlandais ont persisté à croire que les États fédérés préféreraient rester dans une union encadrée par eux, plutôt que d'intégrer une République née à Java et Sumatra. Cette cécité nous renvoie directement à la culture colonisatrice : les

1. Marc Michel, *Décolonisations et émergence du tiers monde*, *op. cit.*, p. 128-136.

Néerlandais n'ont jamais pris la mesure du soutien dont bénéficiaient les nationalistes révolutionnaires, un soutien véritablement populaire qui grandissait au fur et à mesure que les habitants de l'archipel subissaient la violence… néerlandaise.

Il faut enfin mentionner l'habileté diplomatique et la combattivité, sur le terrain, des dirigeants républicains et des jeunesses révolutionnaires. En élaborant une idéologie et un programme qui se plaçaient au-delà des deux mouvements indépendantistes islamiques et communistes, ils ont réussi à faire passer la lutte nationale devant celle sociale. La République fut la seule force capable d'inventer, de capter puis d'incarner un sentiment d'appartenance collective proprement indonésien. Ce sentiment était fébrile durant l'entre-deux-guerres, opportuniste durant la guerre et l'occupation japonaise, puis il est devenu décisif entre 1945 et 1950. Et il se trouve désormais au cœur de l'État autoritaire que Sukarno s'apprête à construire.

Les nationalismes religieux : la partition Inde-Pakistan

En Indonésie, le sentiment national des uns a fini par l'emporter sur la foi des autres. Mais dans d'autres colonies asiatiques, comme l'Inde, appartenance nationale et appartenance religieuse se confondent trop pour être cantonnées l'une à la sphère étatique, l'autre à la sphère privée. Le 15 août 1947, l'indépendance de l'Inde et du Pakistan se solde donc par l'organisation de la partition, c'est-à-dire notamment le rattachement des États princiers soit à l'Inde, soit au Pakistan. Or, dans chaque territoire, parce qu'il structure la vie sociale des individus depuis les débuts de la colonisation, le facteur religieux va se révéler déterminant. Il va susciter de vives tensions dans trois territoires en particulier.

Au nord-ouest de l'Inde, les habitants de l'État du Junagadh sont majoritairement hindous. Pourtant, le maharaja demande son rattachement au Pakistan. Le « grand roi », en effet, est musulman. Sa décision provoque un soulèvement populaire, le maharaja est renversé, l'armée indienne vient « sécuriser » le Junagadh et, début 1948, l'État princier est rattaché à l'Inde. Puis un scénario relativement similaire se déroule dans l'Hyderabad, État situé au centre de l'Inde. Devant composer avec une population à majorité hindoue, le maharaja, musulman, sait que les autorités indiennes n'accepteront pas l'option pakistanaise. L'État princier est donc rattaché à l'Inde en septembre 1948 mais, pour cela, il aura fallu que des milices musulmanes s'en prennent aux hindous et que, une nouvelle fois, les troupes indiennes « pacifient » la région.

L'État du Jammu-et-Cachemire représente un cas de figure opposé. La population est essentiellement musulmane et le maharadja, de confession hindouiste. Celui-ci craint donc des représailles pakistanaises s'il venait à réclamer un rattachement à l'Inde. Beaucoup de musulmans l'ont compris et c'est pourquoi, en octobre 1947, des milices venues du Pakistan vont jusqu'à instaurer un « gouvernement du Cachemire libre ». Ainsi débute la première guerre du Cachemire. Appelé à l'aide par le maharadja, Nehru envoie l'armée indienne : il entend d'abord restaurer l'ordre, ensuite rattacher l'État princier à l'Inde. Les combats durent plus d'une année, jusqu'à l'imposition d'un cessez-le-feu par l'ONU. Celui-ci entre en vigueur le 1er janvier 1949, mais chaque État continue de gouverner la zone tenue par ses soldats. La présence des deux armées ennemies se transforme alors en annexion de fait : le Pakistan contrôle le nord-ouest du Cachemire et l'Inde, le sud-est[1].

Les conséquences de la partition vont encore plus loin puisque, à l'échelle non pas d'une région mais du pays, deux Pakistan sont créés. À l'ouest de l'Inde, peuplé de musulmans et de sikhs, le Pendjab est divisé : une partie pour le Pakistan dit « occidental », une autre pour l'Inde. Et mille sept cents kilomètres plus à l'est, peuplé de musulmans et d'un tiers de populations hindoues, le Bengale est lui aussi divisé : une partie pour l'Inde, une autre pour le Pakistan dit « oriental ». Cette organisation spatiale de deux souverainetés nationales fait de la partition un véritable drame humain. Musulmans dans une Inde hindoue ou hindous dans un Pakistan musulman, quelque quinze millions d'hommes et de femmes migrent vers « leur » patrie. Ils doivent affronter la faim, la soif et les dangers du voyage, mais aussi les pillages, les viols, les meurtres et les massacres que provoquent l'annonce et le découpage des nouvelles frontières nationales. En quelques mois, au moins quatre cent mille personnes meurent[2].

Désastre humain, la partition achoppe également sur un drame politique. Au Pakistan, les hindous sont contraints de faire profil bas : ils y sont peu nombreux. En revanche, en Inde, les musulmans représentent encore 10 % de la population. Et les nationalistes hindous extrémistes les considèrent comme une « cinquième colonne pakistanaise », c'est-à-dire comme une menace directe à leur souveraineté. Cette animosité

1. Claude Markovits, « Les États successeurs de l'Empire des Indes de 1947 à 1990 », *in* Hartmut O. Rotermund (dir.), *L'Asie orientale et méridionale aux XIXe et XXe siècles*, *op. cit.*, p. 491-509.

2. Christophe Jaffrelot, *Les Nationalistes hindous*, Paris, Presses de la Fédération nationale des sciences politiques, 1993, p. 88-96.

motive les violences antimusulmanes en général, et l'assassinat de Gandhi en particulier. Le 12 janvier 1948, à New Delhi, celui-ci entame une nouvelle grève de la faim. Il entend appeler au calme les hindous qui affluent du Pendjab et s'en prennent aux musulmans, occupant leurs mosquées, leurs maisons. Gandhi espère également convaincre le gouvernement indien de ménager le Pakistan, Nehru menaçant Jinnah de ne pas rétrocéder les 550 millions de roupies qu'aurait dû lui rapporter le partage des fonds de la Banque indienne de réserve. L'action de Gandhi porte ses fruits. L'Inde verse ses avoirs au Pakistan, les notables de Delhi restituent leurs mosquées aux musulmans et, le 18 janvier, le mahatma (« grande âme ») met un terme à sa grève de la faim. Mais, deux semaines plus tard, le 30, Nathuram Godse l'abat de trois balles de révolver. Le jeune homme est issu d'une famille brahmane, la caste la plus « pure » de la société hindoue et, plus précisément, de la sous-caste chitpavan, très influente à l'époque coloniale, rompue à l'éthique et la formation martiales. Comme beaucoup de nationalistes de la mouvance Hindu Mahasabha, Godse est hostile aux musulmans, à l'ascension sociale des classes inférieures et à la non-violence. Pour lui et les militants avec qui il prépare son attaque, Gandhi représente donc l'ennemi par excellence. Et son meurtre, un succès. Car malgré la répression que lance Nehru à l'encontre de la Hindu Mahasabha et de la RSS (Rashtriya Swayamsevak Sangh, l'Association des volontaires nationaux), le rêve d'une cohabitation harmonieuse entre hindous et musulmans est bel et bien mort avec Gandhi[1].

1. *Id.*, « Delhi, 30 janvier 1948 : l'assassinat de Gandhi », *L'Histoire*, n° 216, 1997, p. 64-69.

À propos de cette violence née de la partition, beaucoup de praticiens des sciences humaines et sociales s'interrogent encore : les Britanniques sont-ils responsables ? Plutôt que de chercher des victimes et des coupables, Aminah Mohammad-Arif pose, elle, une autre question. Pourquoi, demande la socio-anthropologue, l'indépendance a-t-elle correspondu à la partition[1] ? Sa réponse nous renvoie au temps qui passe et s'accumule.

Il importe de d'abord prendre en compte la longue durée du pouvoir musulman incarné, depuis le XIIIe siècle, par le sultanat de Delhi et, depuis le XVIe siècle, par l'empire moghol. Minorité démographique sur le territoire qu'ils gouvernent, les musulmans représentent un groupe de populations hétérogènes (turques, afghanes ou iraniennes) et bien souvent « indianisées » (elles ont adopté le système de castes). Ils jouissent cependant d'un statut supérieur aux hindous qui sont relégués, eux, au statut de *dhimmi*, c'est-à-dire des citoyens de seconde zone soumis à l'impôt dû par les non-musulmans.

Vient ensuite la moyenne durée du pouvoir impérial. Les colonisateurs instaurent le droit civil britannique, mais ils l'associent à un droit familial lié, lui, au statut personnel, c'est-à-dire religieux. Avec la Grande-Bretagne, les musulmans et les hindous gèrent désormais *leur* sphère familiale en fonction de *leur* droit religieux. Alors, progressivement, les identités se figent. Tandis que les lois musulmanes variaient d'un territoire à l'autre, avec l'introduction d'un droit uniforme, la diversité des sociétés de l'islam s'efface derrière une identité qui devient exclusivement musulmane. Quant

1. Aminah Mohammad-Arif, « Les Britanniques et l'islam dans le sous-continent indien : pourquoi l'indépendance a-t-elle correspondu à la Partition ? », *in* Pierre-Jean Luizard (dir.), *Le Choc colonial et l'islam*, Paris, La Découverte, 2006, p. 409-425.

aux populations de confession hindoue, petit à petit, elles aussi vont faire de la religion un vecteur de cohésion sociale. Le mouvement pour la protection de la vache éclaire le processus, tout particulièrement entre 1880 et 1920. Les hindous réclament l'interdiction de l'abattage des vaches : à leurs yeux l'animal a une valeur purificatrice et sacrée, valeur que nieraient les musulmans en exerçant le métier de boucher. Les autorités coloniales refusent d'accéder aux demandes des populations hindoues et, en retour, celles-ci en viennent à considérer les Britanniques et les musulmans comme des barbares. Puis les élites se réapproprient ce mouvement populaire. Pour les notables hindous, c'est l'occasion de promouvoir une version hindouiste du nationalisme indien. Et, pour les élites musulmanes, c'est un moyen de dénoncer l'oppression que subiraient leurs coreligionnaires si les hindous venaient à obtenir un système politique reconnaissant leur statut de majorité.

Cet enchevêtrement des appartenances religieuse et nationale doit être lu, enfin, à l'aune de la courte durée du moment indépendantiste. Après la Première Guerre mondiale, lorsque musulmans et hindous parviennent momentanément à s'entendre, ils peuvent opposer un front commun aux colonisateurs. Dès lors, les Britanniques ont tout intérêt à creuser le fossé qui sépare déjà les deux communautés : quand le nationalisme hindou se fait trop vigoureux, les colonisateurs soutiennent le nationalisme musulman, et vice versa. Cette stratégie du « diviser pour mieux régner » explique qu'en 1942, lors de la campagne *Quit India*, la Ligue musulmane se garde bien de participer au mouvement de désobéissance promu par le Congrès national. Au contraire, elle décide d'instrumentaliser la bienveillance des Britanniques à son égard. Plusieurs des gouvernements provinciaux tenus par le Congrès démissionnent pendant la campagne, et la Ligue en profite. Elle part renforcer sa popularité au Pendjab et au Bengale, avant de demander aux Britanniques un État séparé pour les musulmans. Cet État doit venir concrétiser la théorie des deux nations formulée par Jinnah : hindous et musulmans forment des civilisations distinctes et incapables de cohabiter.

Ici, Aminah Mohammad-Arif nous invite finalement à dépasser les visions essentialistes selon lesquelles les identités religieuses seraient si fortes en « Orient » qu'elles ne pouvaient qu'aboutir à cette partition. L'histoire révèle au contraire le poids du moment colonial dans la structuration d'oppositions identitaires de type « Eux » contre « Nous ». Ces identités de face-à-face continueront d'ailleurs d'influer sur le cours de l'histoire, en Inde comme au Pakistan. Elles aboutiront en 1965 à la deuxième guerre du Cachemire, puis en 1971 à l'indépendance du Pakistan oriental, l'ancienne province du Bengale devenant, à cette date, le Bangladesh.

Les nationalismes de lutte : la guerre d'Indochine

Certains mouvements nationalistes s'appuient, par exemple en Indonésie, sur l'élaboration d'une nation qui transcende la foi et l'engagement social. D'autres, comme en Inde, reposent au contraire sur la nationalisation de la religion. Et, parfois, des identités deviennent nationales par et pour la lutte. C'est notamment le cas de l'Indochine, où l'entêtement des Français à conserver leur empire par la force donne toute sa vigueur au sentiment national des communistes.

De retour sur la péninsule indochinoise, *leur* péninsule, les Français font feu de tout bois. D'abord, en

1949, ils fondent l'État associé du Viêt-Nam, qu'ils confient à Bao Dai. La France place l'empereur sous le contrôle de l'Union française et ainsi, elle ne lui laisse ni pouvoir économique ni reconnaissance diplomatique ; en revanche, c'est à Bao Dai de faire face aux dissensions qui opposent les différentes factions nationalistes. Puis le Corps expéditionnaire français en Extrême-Orient (CEFEO) s'efforce d'intégrer les populations au conflit indochinois. « Soyez des hommes, c'est-à-dire, si vous êtes communistes, rejoignez le Viêt Minh, il y a là-bas des individus qui se battent bien, pour une cause mauvaise mais, si vous êtes patriotes, combattez pour votre patrie car cette guerre est la vôtre », s'exclame le général de Lattre de Tassigny, en juillet 1951. Le commandant du CEFEO provoque donc la jeunesse colonisée afin de vietnamiser le conflit. La métropole décide ensuite de renforcer sa marine et son aviation : avec une guerre classique, elle pense venir facilement à bout des insurgés. Enfin, la France se tourne vers les États-Unis. Grâce à l'anticommunisme des nouveaux leaders du monde « libre », elle parvient à faire financer 80 % de ses efforts de guerre.

La stratégie vietnamienne est peut-être plus simple à décrire. Politiquement, l'objectif est clair : réprimer les mouvements nationalistes concurrents pour mieux construire l'État socialiste. À cette fin, en 1951, la République démocratique dissout le Viêt Minh pour le remplacer par le Parti des travailleurs du Viêt-Nam, dont le rôle est de fédérer la classe paysanne autour d'un idéal d'égalité et de liberté. Sur le plan militaire, l'armée vietnamienne s'appuie, d'un côté, sur les subsides de l'URSS et de la jeune Chine communiste de Mao Zedong, et, d'un autre côté, sur le succès avéré de sa pratique du *hit and run* : « l'ennemi est-il fort, on l'évite, est-il faible, on l'attaque », explique le général Giap.

Les combats se déroulent et s'éternisent alors sur un double fond de décolonisation et de guerre froide. Entre 1947 et 1949, les Français ont l'avantage. Une période d'affrontements relativement équilibrés s'ensuit jusqu'en 1953 et, en 1954, la bataille finale se joue à Diên Biên Phu. L'historien Hugues Tertrais a très clairement décrypté les enjeux de cette bataille. Nouveau commandant du CEFEO, le général Navarre sait qu'en prenant Diên Biên Phu il couperait le passage des insurgés vers le Laos, à qui la France a promis protection. La victoire permettrait aussi au gouvernement français d'arriver en position de force à la Conférence sur l'Extrême-Orient prévue à Genève, au printemps 1954, sous l'égide des États-Unis, de l'URSS et de la Grande-Bretagne : défaire les communistes, ce serait s'assurer une « sortie honorable » en Indochine. L'issue du combat est tout aussi décisive pour la République démocratique du Viêt-Nam. Pour arriver à Genève avec une victoire à afficher aux yeux des grands du monde, le général Giap substitue à la stratégie « attaque éclair, victoire rapide » celle d'« attaque sûre, progression sûre ». Les combats durent deux mois, du 13 mars au 7 mai 1954. Côté français, sur les 15 000 soldats engagés, 10 000 sortent vivants de la bataille mais seulement 3 300 d'entre eux reviendront des camps de prisonniers où ils sont envoyés après la défaite. Beaucoup sont morts, certains sont sûrement partis vers d'autres champs de bataille pour vivre du mercenariat. Côté vietnamien, la République a engagé environ 60 000 combattants, dont 20 000 à 30 000 périssent dans la bataille. Leur sacrifice se révèle payant puisqu'en juillet 1954 la conférence de Genève entérine leur victoire. Les accords sont signés par Pierre Mendès France, arrivé au pouvoir après la reddition française. Un cessez-le-feu est instauré, les troupes françaises sont évacuées, les prisonniers restitués et une déclaration finale est signée. Elle scelle l'indépendance du Laos, du Cambodge et du Viêt-Nam, après une guerre qui aura coûté la vie à près de 400 000 hommes : environ 100 000 combattants de la France coloniale, dont 70 000 étaient « indochinois », et 300 000 soldats de la République démocratique[1].

Au-delà de l'hécatombe qu'elle a provoquée, cette guerre témoigne encore une fois d'une construction identitaire répondant à une logique de face-à-face.

Commençons par la métropole. Daniel Hémery souligne le poids culturel du « syndrome indochinois ». Comme en 1871 après la défaite contre l'Allemagne ou comme après la débâcle de 1940, l'identité nationale française se reconstruit autour de l'empire. Puis, avec l'Union française, le projet d'un colonialisme rajeuni et modernisé nourrit une mythologie que les Français intériorisent rapidement : l'empire est l'« antidote » des mésaventures de la nation. Ce nationalisme impérial fait consensus jusqu'à la fin des années 1940, lorsque les communistes commencent à évoquer, à l'Assemblée nationale, leur « haine pour la majorité impérialiste[2] ». Ils sont suivis par une gauche chrétienne, intellectuelle ou socialiste, et, progressivement, la société française se divise, partisans de la « re-colonisation » contre défenseurs de la « décolonisation ». Les manifestations se multiplient et des procès suivent : à l'instar d'Henri Martin et

1. Hugues Tertrais, « Diên Biên Phu l'incroyable victoire », *Les Collections de L'Histoire*, n° 62, 2014, p. 62-65. Voir aussi : Pierre Journoud, *Diên Biên Phu. La fin d'un monde*, Paris, Vendémiaire, 2019.

2. Alain Ruscio, « L'opinion française et la guerre d'Indochine (1945-1954). Sondages et témoignages », *Vingtième Siècle*, n° 29, 1991, p. 35-46.

de Raymonde Dien, des militants se retrouvent inculpés de « détérioration de matériel susceptible d'être employé par la défense nationale », ou encore de « démoralisation de l'armée et de la nation ». Enfin, l'anticolonialisme dépasse les sphères communistes pour devenir un projet social à part entière, porté par plusieurs hommes politiques comme Mendès France. On assiste donc à deux décolonisations, nous dit Hémery : « Celle des sociétés décolonisées et celle non moins essentielle des sociétés colonisatrices[1]. » Cependant, en 1954, quelques mois avant que ne débute la guerre d'Algérie, le colonialisme demeure un pilier de l'identité « France ». Car les Français continuent en partie d'exister en miroir des « Autres », les colonisés.

Ce jeu de miroir est encore plus fondateur en colonie. Les écrits de Vo Nguyen Giap révèlent combien la présence française fut le premier ciment de l'identité vietnamienne. En 1961, Giap continue d'opposer les « impérialistes agresseurs français » à « l'héroïsme d'un petit peuple encore jeune ». Le face-à-face entre le colonialisme français et le communisme vietnamien a donné naissance à un nationalisme de lutte ; celui-ci a à son tour donné corps à une identité nationale ; et celle-ci est désormais incarnée par un État-nation, celui de la RDV. Mais contrairement à ce qu'écrit Giap, cette nation vietnamienne est loin d'être celle de tout un peuple. Elle est celle du Viêt-Nam communiste au nord et non pas celle, au sud, du Viêt-Nam anticommuniste de Ngo Dinh Diem. La guerre du Viêt-Nam va bientôt accentuer cette dualité aussi idéologique qu'identitaire.

1. Daniel Hémery, « Décoloniser la France : le “syndrome indochinois” », *in* Pascal Blanchard et Sandrine Lemaire (dir.), *Culture impériale, 1931-1961. Les colonies au cœur de la République*, Paris, Autrement, 2004, p. 196.

18. Diên Biên Phu : victoire d'une armée, formation d'un peuple

« Diên Biên Phu fut une épreuve de force qui opposa notre peuple et son armée au Corps expéditionnaire des impérialistes agresseurs français aidés par les États-Unis. Nous en sommes sortis vainqueurs. Diên Biên Phu perpétuera à jamais l'esprit indomptable de notre peuple qui a opposé à la puissante armée d'un pays impérialiste la force de son union dans la lutte, l'héroïsme d'un petit peuple encore jeune. Cet héroïsme a animé notre peuple et notre armée tout au cours de la Résistance. Aussi pouvons-nous affirmer que chacun de nos combats, quelle que soit son importance, était pénétré de "l'esprit de Diên Biên Phu", que la guerre de libération de notre peuple a été elle-même une longue et prodigieuse bataille de Diên Biên Phu. […] Ainsi Diên Biên Phu est non seulement une victoire pour notre peuple, elle est encore une victoire pour tous les peuples faibles en lutte pour se débarrasser du joug des impérialistes et des colonialistes. C'est là sa profonde signification. […] L'union dans la lutte sous la direction de notre Parti, a été la voie qui a conduit notre peuple à la victoire de Diên Biên Phu. Elle nous conduira sûrement à de nouvelles victoires encore plus grandes dans l'édification du socialisme au Nord-Viêt-Nam et dans la lutte pour la réunification du pays par des moyens pacifiques. »

Vo Nguyen Giap, *Guerre du peuple, armée du peuple*, Paris, Maspero, 1967 (2e éd.), p. 180-182.

L'ouverture de l'ère postcoloniale

Les indépendances de l'Inde, de l'Indonésie et de l'Indochine marquent les débuts de la décolonisation et, à sa suite, de la formation des État-nations du « Sud ». Mais ce cadre national ne doit pas nous faire oublier l'existence d'autres échelles, toujours entremêlées et rythmant elles aussi l'histoire des premières décolonisations.

Penser les cadres régionaux : un islam indépendantiste pan-malais[1]

Dans l'Indonésie du premier XXe siècle, au sein des partis anticoloniaux qui se forment, les militants débattent des identités à construire, et au nom desquelles se battre. Romain Bertrand l'explique, certains sont loyaux à l'*ummah* (la collectivité des croyants musulmans), d'autres au territoire « ethnique » (le *suku*), et d'autres encore à la *bangsa* (la nation). Les diverses formations politiques de l'archipel rivalisent alors de discours concurrents. Investie dans l'administration coloniale à Java, l'aristocratie des *priyayi* revendique une appartenance communautaire exclusivement javanaise. Mouvement politique d'abord créé par des petits commerçants musulmans, la Sarekat Islam conjugue, elle, javanisme, islam et socialisme. Les propagandistes du parti mobilisent en fait la mythologie javanaise, selon laquelle la venue d'un prince de justice annoncera un millénaire de prospérité, c'est-à-dire l'ère… socialiste. Et ils attribuent à la « Mère Indonésie » une ascendance musulmane, faisant ainsi de la lutte nationale celle d'un djihad pour l'unité des musulmans, contre les Néerlandais et sans les *suku*. Quant au Parti national indonésien, il s'appuie lui aussi sur une appartenance javanaise. Cependant, avec Sukarno, non seulement cette appartenance n'est pas exclusivement musulmane, mais son histoire est également bien plus nationale que régionale. Avec un tel discours, le PNI entend faire vivre l'esprit

1. Romain Bertrand, « Les relations entre l'Indonésie et la Malaisie. L'histoire oubliée d'un "nationalisme malais" et d'un islam social-démocrate sans frontières (c. 1920-1960) », *Matériaux pour l'histoire de notre temps*, n° 88, 2007, p. 44-51.

« national » de chaque « Indonésien » ; même si cet esprit renvoie, en fait, à l'histoire des royaumes javanais.

Les membres du PNI l'emportent, de même que leur vision de l'identité indonésienne. Toutefois, la mouvance islamique continue de se construire au sein d'un espace identitaire plus large, allant des Indes néerlandaises jusqu'à la Malaya britannique. Au sein du mouvement du Persatuan Islam, Singapour joue le rôle de plaque tournante du commerce et des idées religieuses. Dans une veine relativement similaire, le mouvement de la Muhammadiyah encadre la formation d'un réseau de jeunes lettrés qui naviguent entre les deux rives du détroit de Malacca. Ces circulations et rencontres régionales s'intensifient durant l'entre-deux-guerres et, en 1945, elles aboutissent à une éphémère Union des peuples indonésiens et de la Malaya péninsulaire. Celle-ci s'inspire des enseignements de l'école coranique de Mohammad Tahir Jalaludin al-Azhari, un cheikh d'origine sumatranaise ayant vécu en Malaya. À l'instar de son père spirituel, l'Union œuvre à la fondation d'un mouvement nationaliste pan-malais.

La guerre entraîne cependant la nationalisation de ces idéologies pan-malaises. Ainsi, à Java, depuis 1937 un Conseil islamique suprême regroupe les principales organisations musulmanes de l'île. Son objectif est de concilier la démocratie parlementaire et l'idéal de justice coranique, tout en contrant le sécularisme du Parti national indonésien. Ce conseil prend le nom de Masjumi en 1945 et, sous la direction de Mohammad Natsir, il anime jusqu'en 1949 une centaine de maquis indépendantistes à Java. Le but est encore de créer un État musulman régional, plutôt qu'un État-nation non confessionnel. Mais l'avènement de la République indonésienne va pousser les partisans du Masjumi à se replier sur un cadre national. Cet idéal ne correspondait ni à leur identité ni aux frontières de *l'ummah*, la communauté musulmane. Pourtant, petit à petit, ils se l'approprient et s'y inscrivent véritablement, faisant eux aussi leur entrée dans la « nation » indonésienne. Jusqu'à ce qu'en 1957, Sukarno les assimile aux foyers séparatistes qui contestent son autorité. Réprimés, emprisonnés, traqués, de nombreux militants du Masjumi vont alors opter pour une action plus radicale. Plutôt qu'un État démocratique et confessionnel, ils prôneront un islamisme sectaire.

Les colonisés n'envisageaient pas forcément de remplacer le carcan colonial par un cadre national, voilà ce que nous dit ici Romain Bertrand. Beaucoup d'habitants de la future Indonésie s'inscrivaient dans un territoire régional : loin des découpages néerlandais et britannique, leur identité répondait d'abord au « principe de l'archipel ».

Penser les cadres coloniaux : les trois États de l'Indochine[1]

Contrairement aux Indonésiens et aux Malais, d'autres se sont au contraire réappropriés les cadres coloniaux. L'histoire indochinoise le signale. De 1945 à 1954, si la guerre d'Indochine se déroule principalement au Viêt-Nam, elle engage en fait toute la péninsule, du Cambodge jusqu'au Laos. Christopher Goscha a écrit à ce propos une fascinante petite histoire de la « route indochinoise ».

Dès les débuts de la guerre, la République démocratique du Viêt-Nam fait face à un dilemme de taille. Avec le

1. Christopher Goscha, « Une guerre pour l'Indochine ? Le Laos et le Cambodge dans le conflit franco-vietnamien (1948-1954) », *Guerres mondiales et conflits contemporains*, n° 211, 2003, p. 29-58.

gros de ses troupes stationné au nord et des Français bien implantés au sud, comment unifier le pays ? Une solution possible émerge en 1948 : bâtir une route grâce à laquelle le Nord-Viêt-Nam pourrait envahir le Sud. Le problème est que la topographie des hautes terres indochinoises nécessite la construction d'une route verticale. La piste devra donc partir du Viêt-Nam au nord, passer par le Laos oriental puis descendre par le nord-est cambodgien pour à nouveau déboucher, au sud, sur le Viêt-Nam. Les dirigeants de la RDV confient ce projet à Vo Nguyen Giap et, en 1950, le général se lance dans l'entreprise. Il entend créer cette piste et ainsi unifier l'Indochine en instaurant des partis communistes khmer et lao au Cambodge et au Laos. Pour Giap, la contre-offensive qui abattra les Français ne peut être qu'indochinoise. Sa qualité de stratège est ici indéniable puisqu'elle placera les Français devant un problème insoluble : défendre des régions excentrées du Laos et du Cambodge, c'est risquer de perdre le cœur de l'Indochine ; abandonner ces régions, c'est risquer de les voir se soulever.

La clarté du projet contraste tout de même avec la difficulté que représente sa mise en œuvre. L'opération se déroule progressivement. En 1953, la RDV attaque le Laos ; et les Français y perdent un tiers de leurs territoires. En 1954, les troupes vietnamiennes lancent l'assaut contre le Cambodge à partir duquel ils comptent rejoindre le sud du Viêt-Nam ; et les Français s'accrochent à leurs positions mais, chaque jour, ils perdent du terrain. L'offensive générale de mars 1954 consiste enfin à lancer des attaques partout dans la péninsule ; et la bataille de Diên Biên Phu vise, elle, à ouvrir définitivement la « piste indochinoise ». L'issue du combat est bien connue. Mais seule cette histoire régionale peut nous permettre d'appréhender la guerre de dix mille jours que connaît le Viêt-Nam, de 1945 jusqu'en 1975. Car cette guerre nationale, nous dit Goscha, n'a pratiquement jamais cessé d'être indochinoise. La colonisation a créé des territoires autant nationaux que régionaux et, comme les identités qui leur sont associées, ces cadres géographiques sont socialement structurants, à l'époque coloniale et peut-être encore davantage depuis.

19. La piste Hô Chi Minh, un contre-projet indochinois

« En mai 1959, le Parti vietnamien et son état-major général allaient reprendre leurs projets indochinois là où ils s'étaient arrêtés en juillet 1954. Plus que jamais avant, le Laos, les Hauts Plateaux et surtout cette piste "indochinoise" rebaptisée en 1959 la "piste de la chaîne annamitique" seront essentiels à la guerre que les communistes vont amener à la victoire en avril 1975. C'est seulement en adoptant une vision géographique plus large de la guerre, située dans ses dimensions régionales, non étatiques et non nationales, que l'on peut commencer à cerner la nature plus complexe de ce conflit. Cette piste "indochinoise" est particulièrement révélatrice de la géohistoire de cette guerre. En effet, jusqu'à la fin de la guerre pour le Viêt-Nam en 1975, "la piste de la chaîne annamitique" continuera à traverser l'épine dorsale de l'Indochine – à savoir le LK IV et le LK V [sous-zones] d'un côté et le Bas-Laos et le nord-est du Cambodge de l'autre. Elle jouera un rôle majeur dans les victoires communistes tant au Sud-Viêt-Nam qu'au Laos et au Cambodge. Dans ce contexte plus large, la guerre dite "américaine" fut, elle aussi, une guerre indochinoise, voire un conflit asiatique. Elle ne fut jamais une simple guerre "du Vietnam". La guerre dite "du Vietnam", au sens géomilitaire du mot, s'était estompée en 1948, et a disparu en 1953… »

Christopher Goscha,
« Une guerre pour l'Indochine ? », art. cit., p. 58.

Penser les cadres impériaux : l'Indochine, le Maghreb et l'Union française[1]

Penser les échelles auxquelles se vivent les décolonisations nécessite enfin de penser au-delà des frontières nationales et régionales. Car il y a, aussi, les cadres impériaux, comme celui de l'« Union française ».

Forme rénovée de l'empire, l'Union voit officiellement le jour le 27 octobre 1946, lorsque la Constitution de la IVe République est proclamée. Pour réformer le colonialisme, la France prévoit de remplacer la tutelle par l'association. Le haut-commissaire Bollaert explicite ce nouvel esprit de l'impérialisme au printemps 1947, à l'occasion de son discours de rentrée à l'université d'Indochine : « Le repliement des peuples sur soi est une erreur. […] L'idéal du nationalisme commence à vaciller parce que nous sommes en marche vers l'humanité. L'Union française est hostile aux repliements. [Elle facilite] les échanges et les synthèses [et donc] une culture universaliste en rapprochant dans une même organisation des peuples aux conceptions différentes. » Chérif Mécheri abonde dans le même sens. Premier préfet musulman et algérien au sein de l'administration française, il est chargé des affaires de l'Union auprès du gouvernement. Et en 1956 il la définit encore comme une « création continue » plutôt qu'un ensemble figé et enraciné dans le colonialisme du XIXe siècle.

En réalité, à cette date, l'Union française vit ses derniers jours. Elle ne représentait pourtant pas une réforme majeure des relations entre la France et son outre-mer. Dès 1945, la métropole prévoit que, aux côtés des

1. Pierre Grosser, « Une "création continue" ? L'Indochine, le Maghreb et l'Union française », *Monde(s)*, n° 12, 2017, p. 71-94.

« provinces », des « départements » et des « territoires » de l'Union, parmi toutes ses colonies seuls l'Indochine, le Maroc et la Tunisie seront en fait de véritables « associés », dotés d'une réelle « personnalité juridique ». La réforme de 1946 se voulait donc minime et, malgré tout, l'Union sera un échec. Pourquoi, s'est récemment demandé Pierre Grosser ? À cause d'un cadre idéologique qui demeure résolument impérial.

Il y a d'abord, en 1946, la question de la participation du Maroc et de la Tunisie. À peine formée, l'Union est déjà dans l'impasse. Puisque la France n'est pas en position de force en Indochine, elle ne l'est pas non plus pour négocier avec ses deux anciens protectorats de l'Afrique du Nord. Leur « union » est donc mise en suspens. Puis les débats s'éternisent. Si la France ne veut pas faire de l'Union le « vestibule » de la sortie coloniale, nous dit Grosser, elle ne peut accorder davantage d'autonomie à chacune de ses possessions d'outre-mer. Alors, lorsqu'en 1949 la guerre d'Indochine contraint la métropole à attribuer le statut d'« associés » aux trois États du Laos, du Cambodge et du Viêt-Nam, il est urgent de freiner l'engrenage. Craignant que le Maroc et la Tunisie se fassent eux aussi pousser des ailes indépendantistes, la République met à nouveau leur union en attente. Enfin, en 1953, tandis que des soulèvements nationalistes gagnent l'Afrique du Nord, le sultan du Maroc déclare au *Figaro* n'avoir jamais été consulté par la métropole pour un projet d'association à l'Union. Le sultan est destitué durant l'été et la France est, elle, décidée à concrétiser sa réforme impériale. Mais il faudrait pour cela qu'elle remporte une victoire décisive en Indochine. Les préparations de la conférence de Genève révèlent alors combien l'impasse est devenue blocage. À la tête de l'État associé du Viêt-Nam, Bao Dai se voit promettre en 1954 une « constante consultation », rien de plus. Il insiste avec Ngo Dinh Diem pour être reçu par le président Coty, en vain. Car René Coty n'a pas le choix. Il ne peut défendre les intérêts de l'empire s'il doit véritablement s'associer avec des États… « associés ». L'Union meurt donc à petit feu. La France se replie sur les relations bilatérales pour conserver son influence en Asie, et en Afrique elle mise sur une nouvelle « Communauté » pour organiser les relations avec ses colonies.

Au-delà des affres juridico-stratégiques de l'Union française, Grosser nous invite ici à ne jamais perdre de vue que, en matière de colonisation, toutes les échelles comptent. Et le constat s'applique aussi aux décolonisations. Que leur cadre soit régional, colonial ou impérial, elles nous renvoient toujours à une histoire-monde.

Chapitre 5

Le panafricanisme au temps du tiers-mondisme

Dans un jeu de miroir perpétuel, l'avènement des décolonisations engage, d'un côté, les empires qui s'accrochent à leur pouvoir, de l'autre, le tiers-monde qui cherche à s'en affranchir. Mais le tiers-mondisme existe-t-il tel qu'on le conçoit généralement ? Il est d'usage de l'associer à Bandung, du nom de la ville indonésienne où se réunissent, en avril 1955, les représentants d'une trentaine d'États et partis indépendantistes africains et asiatiques. Cette conférence constituerait l'acte de naissance officiel d'un monde qui ne se situe ni à l'Ouest ni à l'Est, et qui vibre d'une idéologie anti-impérialiste et non-alignée. Pourtant, à Bandung, aucun des délégués présents ne parle de « tiers-monde » ou de « tiers-mondisme ». À vrai dire, cette terminologie est avant tout utilisée en Occident, où elle est apparue trois ans plus tôt sous la plume d'un intellectuel et haut fonctionnaire français, Alfred Sauvy. Formé à l'économie, la sociologie et la démographie, Sauvy publie en 1952 dans *L'Observateur* un article intitulé « Trois mondes, une planète ». Il y explique que la guerre froide pousse les deux mondes soviétique et occidental à vouloir « conquérir le troisième », celui des pays dits « sous-développés ». Or, explique-t-il, ce « Tiers Monde ignoré, exploité, méprisé comme le

Tiers état veut, lui aussi, être quelque chose[1] ». Avec cette formule, Sauvy dit du monde ce que l'abbé Sieyès disait de la France en 1788 : « 1. Qu'est-ce que le Tiers état ? Tout. 2. Qu'a-t-il été jusqu'à présent dans l'ordre politique ? Rien. 3. Que demande-t-il ? À être quelque chose[2]. » Le tiers-mondisme ne vient donc ni d'Asie ni d'Afrique. Il naît *en* Occident, *à propos* de l'Afrique et de l'Asie.

La doctrine est ensuite étayée par les intellectuels, les journalistes et les militants qui commentent l'essor des mouvements indépendantistes en Afrique et en Asie. Sur les deux continents, plusieurs courants de pensée s'entremêlent depuis le début des années 1950 : le panarabisme, le panafricanisme, l'afro-asiatisme et le non-alignement. Or, au même moment en Occident, la désillusion commence à frapper les sympathisants de l'URSS. Les anticapitalistes d'Europe et d'Amérique du Nord transportent alors leur idéal socialiste vers les Tropiques. Ainsi se crée et se renforce le tiers-mondisme, comme « une catégorie servant moins à décrire une réalité qu'à prescrire une identité[3] ».

Le constat n'enlève rien à la vigueur du tiers-mondisme tel qu'il existe au Sud, par et pour les Suds. Seulement, son histoire y est bien plus discontinue qu'uniforme. Sociologue et activiste, Gérard Chaliand a défini dès 1987 les points saillants du mouvement. Le tiers-mondisme, écrit-il, est d'abord réciproque : projection occidentale de l'espoir révolutionnaire vers

1. Alfred Sauvy, « Trois mondes, une planète », *L'Observateur*, n° 118, 14 août 1952, p. 5.

2. Emmanuel Joseph Sieyès, *Qu'est-ce que le Tiers état ?*, Paris, Éditions du Boucher, 2002 (texte issu de la troisième édition de 1789), p. 1.

3. Maxime Szczepanski-Huillery, « "L'idéologie tiers-mondiste". Constructions et usages d'une catégorie intellectuelle en "crise" », *Raisons politiques*, n° 18, 2005, p. 47.

les continents sud-américain, africain et asiatique, il est également porté par les habitants du tiers-monde qui le galvanisent, le dénigrent ou l'instrumentalisent. Le tiers-mondisme est aussi triangulaire : il évolue autant au fil de la confrontation Est-Ouest qu'au gré de son ancrage au Sud, au cœur des conflits sociaux qui traversent chaque société africaine ou asiatique. Enfin, le tiers-mondisme est éminemment politique : l'anticolonialisme, le non-alignement et le développement en sont l'essence permanente[1].

Pour raconter une histoire si dense, il faut alors accepter de resserrer la focale d'analyse. Aussi, dans ce chapitre, nous nous concentrerons sur le panafricanisme. Mobilisé par tant d'indépendantistes africains, le panafricanisme offre une voie d'entrée pour appréhender les valeurs tiers-mondistes qui circulent entre les Nords et les Suds par le biais de congrès, d'associations, de discours et de textes-réseaux lus et appropriés par des militants toujours plus nombreux.

L'avant-Bandung : des idéologies sans frontières

Suivant l'intuition d'Éric Desmons, qui voit dans la conférence de Bandung « un aboutissement et un point de départ[2] », il peut être utile d'envisager un « moment Bandung » et d'étudier ses origines, et ses aboutissements. Car si le « tiers-monde » prend forme durant les années 1950 lorsque se rencontrent les mouvements

1. Gérard Chaliand, *Repenser le tiers-monde*, Bruxelles, Complexe, 1987.
2. Éric Desmons, « Avant-propos », *Revue française d'histoire des idées politiques*, n° 42, 2015, p. 9-12.

panafricains, panarabiques et panasiatiques, ces courants de pensée et d'action ont en fait émergé dès les débuts de la colonisation, avant de se structurer au lendemain de la Première Guerre mondiale.

Cultures et revendications panafricaines

Le panafricanisme fait son apparition dès la fin du XIXe siècle, aux États-Unis, après l'abolition de l'esclavage, puis il se développe en Grande-Bretagne où se tient, à Londres, en 1900, la première conférence panafricaine. Les militants antiracistes cherchent ici à redonner leur humanité à tous les « Noirs » qui partagent, partout dans le monde, un quotidien d'humiliations et de dominations. Puis vient la Première Guerre mondiale. Après les combats, la lutte pour l'égalité des Noirs et des Blancs devient celle pour l'autonomie et l'indépendance. Plutôt qu'un mouvement panafricain unique et uniforme, plusieurs dynamiques panafricaines se dessinent. Elles sont emmenées, aux États-Unis, par des ligues afro-américaines, en Europe, par les congrès de la diaspora africaine, et en Afrique, par les associations politiques qui voient le jour au Liberia, en Sierra Leone, en Afrique du Sud et de l'Ouest.

Amzat Boukari-Yabara a livré en 2017 une histoire aussi exhaustive que passionnante de ces mouvements[1]. Il associe la naissance du panafricanisme à « deux manières d'être noir ». Avec W. E. B. Du Bois, des militants plutôt élitistes se battent pour l'autodétermination des Noirs, mais pas seulement. Ils envisagent une lutte commune à tous les peuples de couleur, liés les uns aux autres par une même histoire d'oppression. Autour de

1. Amzat Boukari-Yabara, *Africa Unite ! Une histoire du panafricanisme*, Paris, La Découverte, 2017 (2e éd.), chap. 3-9.

Marcus Garvey, d'autres activistes insistent au contraire sur la fierté de la race noire. Ils revendiquent leur appartenance à l'Afrique, et ils réclament la liberté totale pour le continent.

20. Du Bois et Garvey, deux façons d'« être noir »

William Edward Burghardt Du Bois grandit aux États-Unis. Né d'un père haïtien et d'une mère aux origines africaines et hollandaises, il est le premier Afro-Américain à obtenir un doctorat, à Harvard. Historien et sociologue, Du Bois plaide pour la formation d'une élite noire, le « dixième talentueux » : 10 % des Noirs défendraient et amélioreraient les conditions de vie du reste de la population afro-américaine. Il participe en 1900 à la conférence de Londres, où il jette les bases de la NAACP (National Association for the Advancement of Colored People). Formée par des élites noires et blanches progressistes, l'Association définit « la ligne de couleur » comme « le problème du XXe siècle ».

Puis Du Bois devient le principal organisateur des congrès panafricains qui se tiennent, au cours des années 1920, en Europe et aux États-Unis. Ces congrès se traduisent par l'élaboration de projets un peu flous, comme la création d'un vaste État noir en Afrique centrale. Ils aboutissent aussi à des revendications précises : droit à l'éducation et à l'emploi, équilibrage des revenus entre métropoles et colonies, fin de la discrimination. Ces congrès suscitent enfin des critiques permanentes. Tandis que les puissances coloniales les considèrent infiltrés par les communistes et les garveyistes, les communistes noirs comme George Padmore ne voient en eux que des réunions de nationalistes petit-bourgeois. Quant aux partisans de Marcus Garvey, ils préfèrent insister de leur côté sur la fierté que devraient ressentir tous les hommes de la « race noire ».

Né en Jamaïque, Garvey fait l'apprentissage des luttes sociales et nationalistes en Amérique latine et en Europe. Il retourne en Jamaïque en 1914 et, avec celle qui deviendra son épouse, Amy Ashwood Garvey, il fonde la future UNIA (Universal Negro Improvement Association). Deux ans plus tard, il s'installe à Harlem, aux États-Unis, où il découvre la ségrégation et la

violence que subissent les Noirs. Garvey entre définitivement dans le militantisme. Il cible le grand public, prône la fierté raciale et un retour (métaphorique) vers l'Afrique, associé à un éthiopianisme religieux : un Dieu noir, comme les hommes qui le prient. Pour diversifier ses financements, il fonde la compagnie maritime Black Star Line et, en 1920, il organise la première Convention internationale des peuples nègres du monde. Marcus Garvey y revendique l'égalité raciale, la justice sociale, la dignité et une Afrique rendue aux Africains.
L'UNIA prend alors la forme d'une « véritable internationale noire », rassemblant près de six millions de membres et un millier de comités dans le monde. Ce succès vaut à Garvey d'être arrêté en 1922 puis emprisonné en 1925 par le FBI. Les autorités états-uniennes l'accusent de fraude fiscale et l'envoient au pénitencier d'Atlanta puis, en 1927, en Jamaïque. Sa carrière politique prend fin sur son île de naissance, mais pas le mouvement qu'il a initié. En 1930, le *ras* (gouverneur) Tafari Mäkonnen vient d'être couronné empereur d'Éthiopie sous le nom d'Hailé Sélassié et, dès lors, les partisans de Garvey voient là le signe du messianisme que prédisait le Jamaïcain : « Un dieu ! Un but ! Une destinée ! »

Voir Amzat Boukari-Yabara, *Africa Unite !*, *op. cit.*, chap. 3-6.

De l'autre côté de l'Atlantique, les colonisés participent eux aussi à ces dynamiques panafricanistes. Élitistes plutôt que populaires, réformistes bien plus que révolutionnaires, les Africains anglophones revendiquent un nationalisme territorial. C'est le cas de l'ANC (African National Congress) en Afrique du Sud et, à l'ouest du continent, de la NCBWA (National Congress of British West Africa). Quant aux Africains francophones, formés à l'école coloniale sur le continent ou en métropole, ils défendent avant tout une identité culturelle commune. C'est le cas des intellectuels et écrivains qui animent le mouvement de la « négritude ». Léopold

Sédar Senghor et Aimé Césaire sont probablement les plus connus d'entre eux. Diplômé de lettres classiques, en 1931 Senghor réagit à l'inhumanité des zoos humains de Vincennes en s'exclamant : « Je déchirerai les rires Banania sur tous les murs de France. » Il participe ensuite, en 1935, à la création du journal *L'Étudiant noir* avec Léon-Gontran Damas et Césaire. Des années plus tard, ce dernier revient sur l'origine de la négritude : « Le mot "nègre" était insultant. Mais ce n'est pas nous qui l'avions inventé. Un jour, je traverse une rue de Paris, pas loin de la place d'Italie. Un type passe en voiture : "Eh, petit nègre !" C'était un Français. Alors, je lui dis : "Le petit nègre t'emmerde !" Le lendemain, je propose à Senghor de rédiger ensemble avec Damas un journal : "L'étudiant noir". Léopold : "Je supprimerais ça, on devrait l'appeler 'Les étudiants nègres'. Tu as compris ? Ça nous est lancé comme une insulte. Eh bien, je la ramasse, et je fais face." Voici comment est née la "négritude", en réponse à une provocation[1]. » En réalité, Césaire n'emploie le terme qu'en 1939, dans *Cahier d'un retour au pays natal*[2]. Mais l'idée est bien là dès 1935 : la négritude est née de la réappropriation positive, par les Noirs, d'une identité d'abord imposée comme négative.

Culturelles et militantes, les dynamiques panafricaines s'orientent ensuite vers des revendications mêlant communisme et anticolonialisme. À l'origine de cette évolution se trouvent au moins deux hommes, originaires de Trinidad. Le premier fut formé en droit et à

1. Aimé Césaire, « Ma poésie est née de mon action », *Le Monde des livres*, 2008 (https://www.lemonde.fr/livres/article/2008/04/12/aime-cesaire-ma-poesie-est-nee-de-mon-action_751265_3260.html, consulté le 21 avril 2020).

2. Ernst Wilhelm Müller, « *L'Étudiant noir*, négritude et racisme. Critique d'une critique », *Anthropos*, n° 91, 1996, p. 5-18.

la médecine aux États-Unis, où il adhère au Parti communiste. Malcolm Nurse, dit George Padmore, devient ensuite directeur du « Bureau nègre » du Komintern, à Moscou. Puis il part en Europe animer une Internationale des travailleurs noirs. Mais Padmore coupera les ponts avec ses anciens camarades communistes. Installé à Londres, il décide de se concentrer sur l'organisation, dans les colonies, de partis nationalistes soutenus par des mouvements ouvriers et paysans. Il mène ce combat avec son ami d'enfance Cyril Lionel Robert James. Historien autodidacte, C. R. L. James est, depuis l'Angleterre puis les États-Unis, l'un des principaux meneurs de la dissidence marxiste et internationaliste : celle qui reproche aux communistes leur incapacité à penser la question raciale et coloniale. Plusieurs indépendantistes adhèrent à ce courant de pensée, à l'instar de Kwame N'Krumah et Jomo Kenyatta, les futurs dirigeants du Ghana et du Kenya. Cette idéologie se renforce après octobre 1935, lorsque l'Italie fasciste envahit l'Éthiopie, et que l'Europe laisse faire. Qu'ils suivent James, Padmore, l'Étoile nord-africaine de Messali Hadj ou encore les anciens combattants de la Gold Coast, ces militants voient l'Éthiopie comme le symbole de la résistance et de l'indépendance africaines : vainqueur des troupes italiennes en 1896, le pays est le seul du continent à n'avoir jamais été colonisé. S'inspirant de l'Éthiopie maintenant envahie, plusieurs mouvements indépendantistes envisagent alors de créer une armée africaine de libération[1].

La Seconde Guerre mondiale stimule encore davantage cette idéologie panafricaine. La guerre a insufflé un élan

1. C. R. L. James, *Histoire des révoltes panafricaines* (1938), traduit de l'anglais par Véronique Samson, Paris, Éditions Amsterdam, 2018. Voir notamment les préface et postface de Selim Nadi et Matthieu Renault.

nationaliste sur tout le continent et, à présent, beaucoup de militants associent fascisme, racisme et colonialisme. C'est l'un des principaux arguments du cinquième congrès panafricain qui se tient à Manchester en octobre 1945. Du Bois, Padmore et Amy Ashwood Garvey en sont les principaux organisateurs. Ils clôturent le congrès par deux grandes déclarations. La première est adressée « aux puissances coloniales » : elle exige l'indépendance de tous les pays d'Afrique et menace de « faire appel à la force dans le but de conquérir la liberté ». La seconde est destinée « aux peuples colonisés » : elle appelle les Africains et les Asiatiques à se libérer du « contrôle impérialiste étranger » et envoie un message de solidarité aux habitants des trois colonies déjà engagées dans la lutte pour l'indépendance, l'Inde, l'Indochine et l'Indonésie[1].

Du panarabisme au panasiatisme, jusqu'à l'afro-asiatisme

La vague panafricaine fait écho aux mouvements panasiatique et panarabique. Ces deux idéologies naissent dans des aires régionales bien différentes, mais elles ont en commun de se développer à la croisée de revendications anticolonialistes, identitaires et communistes. La rencontre des deux mouvements va alors favoriser un éphémère rassemblement afro-asiatique.

Pierre Queuille en a proposé une analyse d'historien et de diplomate en 1965. Il faut d'abord souligner, disait-il, la spontanéité du rapprochement qui s'opère, au début du XXe siècle, entre un panarabisme qui préconise l'union du monde arabe contre l'empire ottoman et un panasiatisme qui en appelle à l'unité asiatique

1. Amzat Boukari-Yabara, *Africa Unite !*, *op. cit.*, p. 134-137.

contre l'Europe. La Première Guerre mondiale précipite ensuite le regroupement des hommes qui entendent lutter pour les « peuples opprimés » : les panafricanistes de W. E. B. Du Bois, les défenseurs sino-japonais de la « Plus Grande Asie » et, au Moyen-Orient, les congrès islamistes décidés à obtenir l'unité arabe que les Britanniques et les Français viennent de leur refuser après la chute du pouvoir ottoman. L'influence soviétique joue ici un rôle déterminant. L'Internationale prône la révolution des ouvriers et paysans du monde entier, et l'URSS accorde son soutien aux partis nationalistes et socialistes qui se multiplient dans les empires européens : l'union des oppositions doit permettre de mieux combattre le colonialisme, stade ultime du capitalisme. Cette conception de la lutte anti-impérialiste favorise un rapprochement entre les mouvements indépendantistes situés d'un bout à l'autre de l'océan Indien. Puis la Seconde Guerre mondiale accélère le processus. Partageant les mêmes aspirations sociales et nationales, au sortir de la guerre l'Indonésie, l'Inde et l'Égypte signent une série de pactes d'amitié qui leur permettent de rester neutres face au conflit qui se dessine entre les deux blocs. Un axe Jakarta-Delhi-Le Caire commence à prendre forme[1].

Poursuivons cette généalogie avec celle qu'a dressée l'historien Henry Laurens. De l'Égypte à l'Iran, les pays arabes et musulmans théoriquement déjà indépendants décident de s'unir. Ensemble, ils exigent des Alliés qu'ils quittent leurs territoires respectifs. C'est l'une des principales raisons d'être de la Ligue des États arabes, fondée au Caire en 1945. Ses sept membres représentent le « groupe arabe » des Nations unies, où ils vont

1. Pierre Queuille, *Histoire de l'afro-asiatisme jusqu'à Bandoung. La naissance du Tiers-Monde*, Paris, Payot, 1965, p. 13-72.

notamment évoquer le sort de la Palestine. Puis, de l'autre côté de l'océan Indien, sous l'impulsion de Sukarno, deux conférences se tiennent à New Delhi en 1947 pour organiser une union asiatique. Fervent défenseur du non-alignement, Nehru parachève le mouvement. En 1949, il est le maître d'œuvre de l'appel que lancent à l'ONU les anciennes colonies : la communauté internationale doit forcer les Néerlandais à octroyer son indépendance à l'Indonésie. Un groupe arabo-asiatique émerge donc officiellement aux Nations unies, rassemblant l'Indonésie, la Birmanie, l'Inde, le Pakistan, l'Iran, la Syrie, le Liban, l'Égypte, l'Arabie saoudite et le Yémen. Le Liberia et l'Éthiopie le rejoignent en 1950 et, avec eux, ce groupe devient afro-asiatique. Son activité est d'abord limitée par la guerre de Corée, laquelle l'oblige à prendre position dans la guerre froide. Mais, une fois la guerre achevée et Staline décédé, en 1953 et 1954, les dirigeants asiatiques et les nationalistes africains vont annoncer d'une seule voix leurs objectifs : la neutralité et le développement[1].

L'afro-asiatisme est né. La doctrine désigne l'union de peuples qui ont fait l'expérience de la même domination coloniale et qui partagent, au milieu des années 1950, la volonté de construire leur indépendance par le biais des Nations unies et dans un contexte de guerre froide. Certes, contrairement à l'Asie et au Moyen-Orient, la plupart des colonies africaines sont encore sous tutelle européenne. Le nationalisme y est cependant porté par une génération désormais en état et en position d'agir. Le panarabisme et le panasiatisme permettent au panafricanisme de faire son entrée définitive en politique et, dès lors, les contours du tiers-mondisme vont se préciser.

1. Henry Laurens, « Les Afro-Asiatiques : acteurs ou enjeux de la scène politique internationale ? », *Politique étrangère*, n° 65, 2000, p. 887-900.

21. Les tiers-mondistes entre contestation, espoir et politique

Césaire et l'indéfendable Europe

« L'Europe est indéfendable. […] l'acte d'accusation est proféré sur le plan mondial par des dizaines et des dizaines de millions d'hommes qui, du fond de l'esclavage, s'érigent en juges. […] Et je dis que de la colonisation à la civilisation, la distance est infinie ; que, de toutes les expéditions coloniales accumulées, de tous les statuts coloniaux élaborés, de toutes les circulaires ministérielles expédiées, on ne saurait réussir à extirper une seule valeur humaine. […] Entre colonisateur et colonisé, il n'y a de place que pour la corvée, l'intimidation, la pression, la police, l'impôt, le vol, le viol, les cultures obligatoires, le mépris, la méfiance, la morgue, la suffisance, la muflerie, des élites décérébrées, des masses avilies. […] On me lance à la tête des faits, des statistiques, des kilométrages de routes, de canaux, de chemins de fer. Moi, je parle de milliers d'hommes sacrifiés au Congo-Océan. Je parle de ceux qui, à l'heure où j'écris, sont en train de creuser à la main le port d'Abidjan. […]. Je parle de millions d'hommes à qui on a inculqué savamment la peur, le complexe d'infériorité, le tremblement, l'agenouillement, le désespoir, le larbinisme*. »

N'Krumah et les États-Unis d'Afrique

Kwame N'Krumah naît au sud de la Gold Coast (futur Ghana) en 1909. Enseignant et directeur d'école, il part pour les États-Unis en 1935. Docker, vendeur de poisson, il mêle les petits boulots aux études et sort diplômé d'Oxford et de Philadelphie en sociologie et en économie, en sciences de l'éducation et en histoire. Il se lie alors d'amitié avec C. R. L. James, lequel l'envoie vers Padmore avec qui il participe, en 1945, au congrès panafricain de Manchester. N'Krumah devient l'animateur radical du Secrétariat national ouest-africain et le premier défenseur d'une solidarité régionale qui favoriserait l'accès à l'indépendance totale. Puis il se rapproche des Africains francophones : Senghor, Lamine-Guèye et les partisans du RDA. Il rentre enfin en Gold Coast pour participer aux grands mouvements sociaux de 1947. Son ambition politique est claire : « L'indépendance maintenant et, demain, les États-Unis d'Afrique ». Dans un premier temps, N'Krumah est contraint de mettre ce projet en veille, attendant de gagner davantage de légitimité. C'est chose faite en 1951, date à laquelle il remporte les élections avec le Parti de la convention du peuple. Il fait alors venir Padmore en Gold Coast avant d'organiser, en 1953, au Liberia, une conférence destinée à promouvoir l'union ouest-africaine. L'événement donne le coup d'envoi du mouvement panafricain sur le continent. Avec N'Krumah pour président à partir de 1957, le Ghana devient une plateforme de réflexion et d'action pour la libération et l'union de l'Afrique**.

Nehru et la solution non-alignée
L'engagement de Jawaharlal Nehru pour l'indépendance de l'Inde s'articule autour d'une pensée anticoloniale bien définie. En premier lieu, selon Nehru, le nationalisme indien doit être ouvert aux influences étrangères. En second lieu, parce qu'il serait « quelque chose [de] ridiculement petit », le colonialisme britannique doit céder la place à des travailleurs et des paysans émancipés. Ensuite, pour vaincre l'impérialisme, l'indépendance et la réforme sociale doivent aller de pair : c'est le mot d'ordre de la Ligue contre l'impérialisme créée au Congrès des peuples opprimés à Bruxelles, en 1927, et avec laquelle Nehru travaille depuis. Internationaliste, Nehru considère enfin les mouvements indépendantistes africains et asiatiques comme les parties d'un seul et même ensemble. À ce titre, il entend soutenir toutes les luttes indépendantistes. Et, pour mener à bien ces quatre objectifs, le nationalisme, l'anticolonialisme, le socialisme et l'internationalisme, Nehru estime que la guerre froide doit inciter les pays d'Afrique et d'Asie à adopter une politique commune : « nous limiter nous-mêmes ainsi que nos voisins [...] à une politique de non-alignement dans un contexte de tensions et de guerre mondiale. Nous croyons que cela est essentiel pour notre propre bien et pour nous permettre d'apporter notre contribution à la paix mondiale »***.

* Aimé Césaire, *Discours sur le colonialisme*, Paris, Présence africaine, 2004 (1re éd. 1950), p. 8-24.
** Voir Amzat Boukari-Yabara, *Africa Unite !*, *op. cit.*, p. 143-160.
*** Voir B. Krishnamurthy, « De Bruxelles à Bandung : l'anticolonialisme de Jawaharlal Nehru », *Revue française d'histoire des idées politiques*, n° 42, 2015, p. 13-46.

Trois figures incarnent l'essor de cette pensée qui s'insère entre les deux blocs. Il y a tout d'abord Aimé Césaire, maire de Fort-de-France depuis 1945 et membre du PCF jusqu'en 1956. Publié aux éditions Réclame en 1950 puis par Présence africaine en 1955, son célèbre discours sur le colonialisme révèle que le « troisième monde » est avant tout une contestation : il existe par et contre la colonisation qu'il a subie. On peut ensuite à nouveau évoquer Kwame N'Krumah, qui considère les indépendances nationales comme une étape vers une plus vaste union africaine. Suivi par beaucoup de militants, son engagement signale que le tiers-mondisme est aussi un espoir : seule l'union de toute l'Afrique pourrait apporter la paix et la prospérité à tous les Africains. Mentionnons enfin Jawaharlal Nehru. Premier président de l'Inde, l'ancien compagnon de Gandhi plaide pour la fusion de l'anticolonialisme, de l'unité afro-asiatique et de la doctrine du non-alignement. Car le tiers-mondisme est aussi une politique : se tenir à l'écart du monde de la guerre froide est la condition nécessaire à la (sur)vie du tiers-monde. Le vœu de Nehru sera au cœur des discussions de Bandung.

Le moment Bandung : l'idéologie en action

Fin avril 1954, l'Inde, le Pakistan, la Birmanie et l'Indonésie se réunissent chez leur allié du Ceylan (actuel Sri Lanka), dans la ville de Colombo. Au terme de cette conférence, ils décident d'en organiser une seconde, d'une ampleur inédite. Elle a lieu l'année suivante, sur l'île de Java. Au mois d'avril 1955, pendant une semaine, la ville de Bandung accueille quelque mille cinq cents délégués, représentants de vingt-neuf États africains et asiatiques et de quatre mouvements nationalistes algérien, marocain, tunisien et palestinien. Acte de naissance mythifié du tiers-monde, que représente, sur le moment, la conférence de Bandung ?

Un « coup de tonnerre » avant tout médiatique

Secrétaire d'État du gouvernement Faure, Léopold Sédar Senghor est envoyé à Bandung comme observateur officiel de la France. Et le Sénégalais décrit l'événement comme « un coup de tonnerre ». L'hyperbole renvoie à la véhémence avec laquelle les participants condamnent l'Europe. Dans son discours d'ouverture, Sukarno évoque une « haine commune du colonialisme » et, lors du discours de fermeture, Nehru appelle tous les pays d'Asie à soutenir l'Afrique et à faire bloc pour n'être plus jamais « dominés par aucun pays, par aucun continent ». Entre-temps, la conférence a abouti à l'adoption d'une politique commune de coexistence pacifique, définie par dix principes. L'autodétermination est associée au respect des droits de l'homme et chaque État s'engage, d'une part, à ne pas s'ingérer dans les affaires intérieures d'un pays tiers, d'autre part, à ne pas adhérer à des pactes de défense collective. Cette coexistence pacifique scelle la constitution de l'afro-asiatisme tel que le définira Mohammed Bedjaoui, juriste du Front de libération nationale (FLN) puis diplomate algérien : un « concept géopolitique fondé à la fois sur l'appartenance à une aire géographique, l'hémisphère Sud, à une période historique, la colonisation, et à une situation économique, le sous-développement[1] ».

Les médias du monde entier relaient les conclusions de la conférence et, en cela, celle-ci représente bel et bien

1. Mohammed Bedjaoui, *Pour un nouvel ordre économique international*, Paris, Unesco, 1979, p. 28.

un « coup de tonnerre ». Mais derrière l'unité affichée des participants se cachent de nombreuses dissensions. Avec l'URSS absente et deux Viêt-Nam présents, la liste des participants en témoigne, les pays réunis sont loin de partager la même vision du monde. Certains, comme le Japon, sont pro-Occidentaux. D'autres sont communistes, la Chine par exemple, et quelques-uns, comme l'Inde, résolument neutralistes. Chaque pays poursuit aussi des objectifs nationaux. Nasser condamne violemment la politique d'Israël, qu'il considère comme une violation quotidienne de la souveraineté égyptienne. Les indépendantistes maghrébins jugent bien trop timoré l'appel lancé par les conférenciers à la France, uniquement priée de trouver un règlement pacifique aux conflits qui se déroulent dans ses possessions d'Afrique du Nord. La Thaïlande et les Philippines vont, elles, jusqu'à dénoncer l'attitude colonialiste de la Chine à leur égard. Aussi, dans ce contexte, les conférenciers se focalisent finalement sur ce qui fait compromis : la reconnaissance internationale de la souveraineté des peuples ; la participation de ces derniers aux institutions des Nations unies ; la stabilisation mondiale du prix des matières premières ; et la coopération économique entre pays africains et asiatiques. L'impact de Bandung n'est donc pas celui qu'on croit. La conférence reste une affaire d'États en général, et d'États asiatiques et moyen-orientaux en particulier – l'Afrique n'est représentée que par l'Égypte, le Soudan, l'Éthiopie, la Gold Coast et le Liberia[1]. Ajoutons que les conférenciers ont beau prôner la neutralité vis-à-vis des deux blocs, ils entrent tout de même de plain-pied dans la guerre froide[2].

1. Serge Cordellier, « 1955 : naissance de l'altermondialisme d'État », *Alternatives internationales*, n° 22, 2005, p. 40.

2. Georges Balandier, « Inventer des sociétés neuves », *Arguments*, n° 15, 1959, p. 34-36.

Suez, une victoire tiers-mondiste

Voilà ce qui a changé. Les indépendances vont désormais se construire dans un monde divisé par la guerre froide. La nationalisation du canal de Suez le confirme en 1956.

Depuis soixante-dix ans, le canal symbolise la domination coloniale. Occupée par la Grande-Bretagne en 1882, l'Égypte ottomane devient un protectorat de la Couronne en 1914 et, depuis 1922, si le royaume égyptien est officiellement indépendant, les Britanniques continuent de le contrôler militairement et d'une certaine façon, politiquement. Mais la Seconde Guerre mondiale rebat les cartes et le canal de Suez va cristalliser les enjeux d'une sortie coloniale dont l'un des facteurs principaux est devenue la guerre froide.

Jusqu'en 1950, l'Égypte fait face à des difficultés internationales, régionales et nationales. Les Nations unies laissent sans mot dire les Britanniques continuer d'occuper le canal au nom de la défense de la « libre circulation ». Israël remporte sa première victoire sur ses voisins arabes en 1949. Et le roi Farouk, déjà affaibli, est confronté à un mécontentement nationaliste grandissant. Cette configuration va permettre au colonel Gamal Abdel Nasser d'arriver au pouvoir. Depuis 1951, la « guerre du canal » oppose les Britanniques aux nationalistes égyptiens. Les premiers répriment l'opposition, les seconds se soulèvent au Caire et, en 1952, les « officiers libres » déposent Farouk. Puis, l'année suivante, au mois de juin 1953, ils proclament la République. Le général Naguib en devient le premier président mais, quelques mois plus tard, Nasser le renverse. Celui-ci obtient d'abord le retrait des Britanniques, moyennant un accord militaire. Le colonel rassure ensuite les États-Unis en leur demandant un prêt grâce auquel financer la construction du barrage d'Assouan. Cependant, à Bandung, Nasser se déclare opposé à la signature de pactes de défense qui remettraient en cause la neutralité vis-à-vis des deux blocs. L'attaque est explicite. Le dirigeant égyptien dénonce en fait le pacte que l'Irak, la Turquie, le Pakistan et l'Iran viennent de signer, à Bagdad, avec le Royaume-Uni et les États-Unis. La riposte diplomatique est inévitable : en juin 1956, les Américains refusent à Nasser le prêt qu'ils lui avaient promis.

22. Suez, un canal géopolitique

Lorsque Napoléon Bonaparte se lance à l'assaut de l'Égypte en 1798, le contrôle de l'isthme de Suez est déjà un enjeu international. L'empire ottoman interdit aux non-musulmans d'y circuler : Suez se trouve sur la route sacrée du pèlerinage vers La Mecque. Mais les Britanniques et les Français entendent bien contrôler Suez : celui qui occupera l'isthme gagnera la première étape vers la route des Indes.

Puis la Grande-Bretagne réussit à négocier un droit de passage avec les Ottomans, et la France se lance alors dans une vaste entreprise : relier la mer Rouge à la Méditerranée par un canal. Le projet divise les trois parties concernées. Les Français sont favorables à sa construction puisque celle-ci, disent-il, permettrait de « réunir » l'Occident et l'Orient et de faire progresser la « civilisation ». En revanche, les Britanniques et les Égyptiens y sont farouchement opposés. Les premiers craignent que la France utilise le canal pour contrôler les Indes, les seconds redoutent que les Européens s'en servent pour conquérir la vallée du Nil. Le canal va tout de même voir le jour, sous l'influence de Ferdinand de Lesseps. Vice-consul de France et adepte du saint-simonisme et du socialisme utopique, le diplomate est proche du vice-roi d'Égypte. Il fait jouer ses relations et, en 1854, il obtient la concession des terres nécessaires au percement d'un canal entre le Nil et l'isthme de Suez, ainsi qu'un droit à l'exploitation du canal pour une durée de quatre-vingt-dix-neuf ans. La Compagnie universelle du canal maritime de Suez est créée en 1858. Et immédiatement, les conflits débutent. Londres fait pression sur Constantinople pour bloquer l'ouverture du chantier, mais de Lesseps commence les travaux en 1859, sans autorisation. Puis, en 1863, le nouveau vice-roi d'Égypte remet en cause les règlements fonciers acceptés par son prédécesseur. Après des négociations diplomatiques tortueuses, il est acquis que, en échange d'une compensation financière versée par l'Égypte, les Français abandonneront la corvée et les terres périphériques sur lesquelles ils s'étendaient. Le chantier reprend et, en 1869, le canal est inauguré.

Les rivalités ne cessent, dès lors, de s'exacerber. L'Égypte est en pleine faillite, et la Grande-Bretagne en profite pour devenir le principal actionnaire de la Compagnie universelle. Puis, en 1882, elle occupe l'Égypte. La France proteste, part à la recherche de soutiens internationaux et, en 1888, elle obtient que soit signée la Convention de Constantinople. Celle-ci stipule que le canal restera toujours ouvert : pour tous et en tout temps, même en cas de guerre. La Première Guerre mondiale permet cependant aux Britanniques de retrouver leur monopole. En prétextant la nécessité qu'il y a à défendre cette « voie mondiale de communication », ils s'octroient le contrôle du canal *de facto*, avant de l'officialiser par un traité anglo-égyptien, en 1936. L'Égypte remettra en cause cette domination après la Seconde Guerre mondiale.

Voir Henry Laurens, « Le canal de Suez », *L'Histoire*, n° 157, 1992, p. 112-113.

La crise de Suez éclate un mois plus tard. La concession octroyée à la Compagnie universelle devait durer encore treize ans, mais Nasser décide de réagir à l'humiliation états-unienne. Il nationalise le canal en juillet, Israël envahit la zone à la fin octobre et ses alliés français et britannique débarquent quelques jours plus tard à Suez. Les États-Unis, l'URSS et le Conseil de sécurité de l'ONU désapprouvent l'intervention : à la fin de l'année, la France et la Grande-Bretagne sont contraintes d'abandonner le canal. Les Égyptiens dynamitent alors la statue de Ferdinand de Lesseps qui trônait à l'entrée de la ville de Port-Saïd. C'en est fini non seulement de la domination britannique en Égypte, mais aussi de la supériorité des empires européens dans le monde. Ces derniers vont maintenant devoir affronter les nationalistes dans un jeu où les États-Unis et l'URSS dominent, et où le « tiers-monde » a lui aussi des atouts en main[1].

L'après Bandung : la fin d'un rêve ?

Paradoxalement, Suez représente l'apogée et la mort du tiers-mondisme. En Afrique et en Asie, comme au Moyen-Orient, les États et les partis indépendantistes vont troquer leur neutralité contre l'aide que peut leur fournir l'un des deux blocs. Puis, entre chaque pays, l'idée d'une alliance politique s'efface jour après jour : l'Indonésie anticommuniste se rallie aux États-Unis, l'Inde combat le Pakistan et la Chine, la Ligue arabe est paralysée par des dissensions internes, etc. La voix tiers-mondiste continue d'être portée par les « non-alignés » à Belgrade en 1961, puis par le « groupe des 77 » aux Nations unies en 1963. Mais ces derniers ne partagent plus qu'un seul objectif fédérateur : le développement. Le philosophe et politiste Pierre Hassner le note dès 1966, désormais « la tendance est à la fragmentation et à la diversification tant entre continents, voire entre régions, qu'entre types et nuances de non-alignement[2] ».

1. Caroline Piquet, « Le canal de Suez : une route stratégique au cœur des conflits du Moyen-Orient au XXe siècle », *Guerres mondiales et conflits contemporains*, n° 262, 2016, p. 73-92.

2. Pierre Hassner, *Les alliances sont-elles dépassées ?*, Paris, Fondation nationale des sciences politiques, 1966, p. 19.

Cela dit, lorsque cette évolution se dessine, la majorité des pays africains sont indépendants et trente-deux d'entre eux ont fondé l'Organisation de l'unité africaine (OUA). Le tiers-mondisme s'est en grande partie réduit à sa dimension panafricaine.

Le fédéralisme panafricain face au nationalisme

Comme l'afro-asiatisme, le panafricanisme se traduit davantage par des déclarations d'intention que par des politiques concrètes.

En avril 1958 à Accra, au Ghana, N'Krumah réunit la première conférence des États africains indépendants. Ils adoptent une « unité de but et d'action » grâce à laquelle constituer un bloc africain dans les arènes internationales[1]. Le contexte est particulièrement propice à l'union puisque, partout, l'empire français menace de craquer. En Algérie, le FLN lui oppose une résistance toujours plus forte et, en Afrique de l'Ouest, la Guinée de Sékou Touré vient de voter son refus d'intégrer la Communauté française. L'imminence d'une décolonisation générale du continent encourage N'Krumah à organiser un second sommet, encore une fois à Accra, et ce dès le mois de décembre 1958. L'affiche de la Conférence panafricaine des peuples résume son contenu : l'image représente un homme noir brisant ses chaînes au-dessus d'une carte d'Afrique ; et la légende indique : « Vous n'avez rien à perdre à part vos chaînes, vous avez un continent à regagner », en référence au *Manifeste du parti communiste* dans lequel Marx et Engels écrivaient que « les prolétaires n'ont rien à perdre que leurs chaînes. Ils

1. Communiqués de *Présence africaine*, « Conférence des États indépendants africains (Accra, 22 avril 1958) », *Présence africaine*, n° 18-19, 1958, p. 247.

ont le monde à gagner ». Le monde que la soixantaine d'organisations présentes à Accra entend conquérir, c'est l'Afrique. Pour mettre fin au colonialisme, les délégués préconisent la création d'une légion africaine de volontaires associée à une Afrique unie, organisée en cinq fédérations, du Nord, de l'Ouest, de l'Est, du Centre et du Sud. Ce programme est celui dont rêve N'Krumah depuis des années : plutôt que des divisions propices au néo-colonialisme, une Afrique fédérale et socialiste[1].

Le message connaît un écho d'autant plus retentissant qu'entre l'Europe et les colonies, les circulations culturelles s'accentuent. Formés en métropole où ils animent des mouvements anticolonialistes, de nombreux étudiants et intellectuels retournent en Afrique au moment où s'ouvrent les voies de l'indépendance[2]. C'est notamment le cas de Cheikh Anta Diop. Sénégalais, il étudie à Paris depuis 1946 et, en 1954, il publie sa thèse chez Présence africaine, la maison d'édition de son aîné et compatriote Alioune Diop[3]. Dans *Nations nègres et culture*, Cheikh Anta Diop affirme que, au-delà de la négritude, la renaissance africaine peut s'appuyer sur la réalité scientifique : celle d'une civilisation africaine plus vieille et donc plus riche que l'européenne. Désormais reconnu dans les cercles militants, il rentre au Sénégal en 1960 pour enseigner et prôner l'union des Afriques française et britannique. Sans une organisation fédérale, explique-t-il, l'Afrique sera « transformée en une prolifération de petites dictatures sans liens organiques,

1. Blondin Cissé, « La problématique de la renaissance africaine dans le *Consciencisme* de Nkrumah : pour une relecture du socialisme africain », *Présence africaine*, n° 185-186, 2012, p. 61-78.

2. Françoise Blum, *Révolutions africaines. Congo, Sénégal, Madagascar, années 1960-1970*, Rennes, PUR, 2014.

3. Marc-Vincent Howlett et Romuald Fonkoua, « La maison Présence africaine », *Gradhiva*, n° 10, 2009, p. 106-133.

éphémères, douées d'une faiblesse chronique, gouvernées par la terreur à l'aide d'une police hypertrophiée, mais sous la domination économique de l'étranger, qui tirerait ainsi les ficelles à partir d'une simple ambassade[1] ». Cette peur de la balkanisation du continent incite plusieurs militants et partis politiques à élaborer des projets d'union régionale : l'union Ghana-Guinée, la Fédération du Mali pour remplacer l'AOF ou encore les États-Unis de l'Afrique latine pour succéder à l'AEF. Mais aucun de ces projets ne verra le jour. L'attitude de Félix Houphouët-Boigny éclaire les causes de cet échec. Pilier du Rassemblement démocratique africain depuis sa création en 1946 à Bamako, le président ivoirien s'oppose autant au panafricanisme de N'Krumah qu'au fédéralisme de Senghor. Car, comme bien d'autres chefs d'État, Houphouët-Boigny préfère maintenant traiter avec Paris et œuvrer, par le biais de relations bilatérales, à la construction de la « Françafrique »[2].

Ces dissensions vont mener à la création de l'Organisation de l'unité africaine (OUA). Entre décembre 1960 et mai 1961, les sorties coloniales virent à la catastrophe au Congo, en Algérie et en Mauritanie. Deux groupes se forment alors, au fil d'une série de conférences panafricaines. Celui dit de Casablanca réunit les tendances radicales et régionalistes représentées par N'Krumah et Senghor, tandis que le groupe dit de Brazzaville puis de Monrovia rassemble, lui, les partisans des approches modérées ou françafricaines portées par l'Éthiopie et Houphouët-Boigny. Le manque d'unité du premier groupe va permettre au second d'imposer ses vues. Tout

1. Cheikh Anta Diop, *Les Fondements culturels, techniques et industriels d'un futur État fédéral d'Afrique noire*, Paris, Présence africaine, 1960, p. 28.
2. Marcel Amondji, *Félix Houphouët et la Côte-d'Ivoire. L'envers d'une légende*, Paris, Karthala, 1984.

en usant de la reconnaissance internationale pour renforcer son empire[1], Hailé Sélassié oriente les négociations qui aboutissent en mai 1963 à la création de l'OUA. L'Organisation prend la forme d'un « syndicat de chefs d'État ». Les dirigeants africains s'unissent autour, d'une part, de la lutte contre le colonialisme là où il perdure, comme en Afrique du Sud, d'autre part, de l'intangibilité des frontières héritées de la colonisation et, enfin, de la non-ingérence et de la protection mutuelles. En d'autres termes, le panafricanisme est désormais une agrégation d'intérêts nationalistes[2].

L'union panafricaine, un échec politique

Au premier jour des décolonisations, doit-on voir le panafricanisme comme un échec ou comme un succès ? Le combat perdu de Lumumba fait pencher l'histoire du côté de la première réponse. Fonctionnaire déchu de l'administration belge, fondateur du Mouvement national congolais (MNC) et emprisonné à plusieurs reprises par les Belges, Patrice Lumumba devient Premier ministre du Congo au printemps 1960, aux côtés du président Kasa-Vubu, le leader du parti de l'Abako bakongo. Mais Lumumba doit faire face à des difficultés croissantes. L'armée se mutine, protestant contre l'arrogance des officiers belges encore présents. Puis, au sud-est du pays, la province du Katanga fait sécession. À sa tête, Moïse Tshombé bénéficie des richesses de l'industrie du cuivre et, qui plus est, du soutien de la Belgique. Lumumba ne peut plus compter sur le cuivre katangais pour financer

1. Delphine Lecoutre, « L'Éthiopie et la création de l'OUA », *Annales d'Éthiopie*, n° 20, 2004, p. 113-147.

2. Marc Michel, *Décolonisations et émergence du tiers monde*, *op. cit.*, p. 205-211.

l'État et l'armée et, dès lors, sa fin est proche. Des émeutes urbaines et des soulèvements militaires éclatent dans tout le pays, les Nations unies envoient des troupes pour rétablir l'ordre et Kasa-Vubu en profite pour limoger son Premier ministre. Lumumba s'échappe de sa résidence surveillée mais il est vite rattrapé par les soldats du chef d'état-major parti à sa poursuite, Joseph-Désiré Mobutu. Avec le soutien de Tshombé et de Kasa-Vubu, de la Belgique et de la CIA, Mobutu fait arrêter et assassiner Lumumba et deux de ses compagnons.

L'engagement de Lumumba convoque chacun des espaces-temps des décolonisations : la Belgique et son ancienne colonie, les États-Unis et l'actuelle guerre froide, le Congo et la construction de son futur État. Et ici, l'échelle panafricaine joue un rôle de premier ordre. Lumumba est présent à Accra en décembre 1958. Il y rencontre N'Krumah, Padmore, Frantz Fanon et, à leurs côtés, il se fait résolument panafricain. Enfermer l'Afrique dans le carcan des luttes nationales, c'est du « suicide », dit-il en mars 1959, à l'occasion du Congrès pour la liberté et la culture organisé à l'université d'Ibadan. Fédéraliste, le panafricanisme de Lumumba est aussi profondément anticolonialiste. Il l'exprime avec ferveur le 30 juin 1960, lors de son discours devant le roi des Belges, le jour de l'indépendance : « Nous avons connu les ironies, les insultes, les coups que nous devions subir matin, midi et soir, parce que nous étions des nègres. […] tout cela est désormais fini. » Son engagement pour une Afrique unie et contre les anciens colonisateurs lui coûtera la vie. Mais, avant que sa défaite ne soit consommée, et tandis que le Ghana a déjà envoyé ses troupes au Congo sous le contrôle de l'ONU, Lumumba en appelle encore, à Léopoldville en août 1960, à l'unité africaine. Il l'a compris au Congo, si chaque pays laisse les deux grands de la guerre froide s'ingérer dans leurs affaires intérieures, l'Afrique risque d'être divisée, et contrôlée.

23. Un assassinat postcolonial au Congo-Kinshasa

Gérard Soete est officier militaire au Congo belge. En janvier 1961, probablement à la demande du Premier ministre katangais Moïse Tshombé, il est chargé de faire disparaître les corps de Patrice Lumumba, Joseph Okito et Maurice Mpolo. Les trois leaders indépendantistes sont déjà morts et enterrés, mais il faut à tout prix éviter que leurs partisans puissent pleurer et glorifier leurs dépouilles, celle de Lumumba en particulier. Soete s'exécute. Il mourra quarante ans plus tard, en juin 2000, après avoir confessé son crime mais sans avoir rendu les reliques de Lumumba, qu'il expose à la télévision : deux dents et des doigts. Il avait d'ailleurs romancé son crime dans un roman publié en 1978 : « Il sort le bras droit du fût et coupe deux doigts de la main raide. L'index qu'une balle a blessé en traversant la main qui essayait de se protéger, l'index qui a tellement menacé, qui avait montré le chemin de la destruction, de la mort et sa propre perte aux masses excitées. Le petit doigt à l'ongle long qu'il utilisait pendant son emprisonnement pour se curer le nez et se nettoyer ses oreilles. Il enveloppe les reliques dans un linge propre, se penche vers le sol où une balle venant de sortir du corps est tombée, les ajoute aux preuves et empoche le tout. »

Puis Soete dissout le reste du corps : « Il prend le torse, le fait descendre dans le fût, au-dessus des membres défaits, et pose la tête sur le tout. Il débouche une des dame-jeannes (d'acide) et verse le contenu sur le corps dépecé. Une colonne de gaz, blanche et sifflante, monte au ciel. L'acide transforme le Prophète (Lumumba) en masse muqueuse. »

Quelques mois plus tard, à Élisabethville, le reporter Philippe Toussaint interroge l'un de ses compatriotes belges. À propos de la disparition de Lumumba, celui-ci déclare : « Il va de soi que nous restons ici parce que nous y avons nos biens, notre travail. Que retrouverions-nous en Belgique ? Il n'y a pas de l'idéalisme dans notre attitude, mais il y a cependant [*sic*].

Nous sommes prêts à accomplir beaucoup plus que n'exigerait la protection de nos biens. C'est dans cet esprit que la mort de Lumumba est accueillie ici par les Blancs. On trouve la chose grave au point de vue international, et elle pose un problème de conscience aux magistrats – qui ne bougeront d'ailleurs pas, je le jurerais, et qui s'ôteront même bien vite ce souci de la tête – mais en fait, on retombe toujours sur le même type de raisonnement : "Que voulez-vous ? Il faut ce qu'il faut, et Lumumba n'a que ce qu'il méritait"… »

Voir Jean Omasombo Tshonda,
« Lumumba, drame sans fin et deuil inachevé
de la colonisation », *Cahiers d'études africaines*,
n° 173-174, 2004, p. 221-261.

24. Le panafricanisme selon Patrice Lumumba

Appel à l'union des peuples africains, mars 1959

« […] nous [peuples colonisés] atteindrons facilement et plus rapidement ceux-ci [nos objectifs] dans l'union plutôt que dans la division. Ces divisions […] ont largement contribué – et elles contribuent encore – au suicide de l'Afrique. Comment sortir de cette impasse ? Pour moi, il n'y a qu'une voie. Cette voie, c'est le rassemblement de tous les Africains au sein des mouvements populaires ou des partis unifiés. […] Tous nos compatriotes doivent savoir qu'ils ne serviront pas l'intérêt général du pays dans des divisions ou en favorisant celles-ci, ni non plus dans la balkanisation de nos pays en de petits États faibles. Une fois le territoire national balkanisé, il serait difficile de réinstaurer l'unité nationale. Préconiser l'unité africaine et détruire les bases mêmes de cette unité n'est pas souhaiter l'unité africaine*. »

Proclamation d'indépendance et condamnation du colonialisme, juin 1960

« Nous avons connu le travail harassant exigé en échange de salaires qui ne nous permettaient ni de manger à notre faim, ni de nous vêtir ou de nous loger décemment, ni d'élever nos enfants comme des êtres chers. […] Qui oubliera qu'à un Noir on disait "Tu", non certes comme à un ami, mais parce que le

"Vous" honorable était réservé aux seuls Blancs ? […] Nous avons connu qu'il y avait dans les villes des maisons magnifiques pour les Blancs et des paillottes croulantes pour les Noirs : qu'un Noir n'était admis ni dans les cinémas, ni dans les restaurants, ni dans les magasins dits européens, qu'un Noir voyageait à même la coque des péniches au pied du Blanc dans sa cabine de luxe. […] Tout cela, mes frères, nous en avons profondément souffert, mais tout cela aussi, nous, que le vote de vos représentants élus a agréés pour diriger notre cher pays, nous qui avons souffert dans notre corps et dans notre cœur de l'oppression colonialiste, nous vous le disons, tout cela est désormais fini**. »

Appel à l'unité des États africains, août 1960

« Nous savons que l'Afrique n'est ni française, ni britannique, ni américaine, ni russe, mais africaine. Nous connaissons l'objectif de l'Occident. Hier, il nous divisait au niveau des tribus, des clans, des chefferies. Aujourd'hui, parce que l'Afrique se libère, il veut nous diviser au niveau des États. Il veut créer des blocs antagonistes, des satellites, et à partir de cet état de guerre froide, accentuer les divisions afin de maintenir sa tutelle éternelle. […] Tous ont compris que si le Congo meurt, toute l'Afrique bascule dans la nuit de la défaite et de la servitude. Voilà, encore une fois, la preuve vivante de l'Unité Africaine. […] Voilà la preuve concrète de cette Unité sans laquelle nous ne pourrions vivre face aux appétits monstrueux de l'impérialisme. […] Aujourd'hui le temps des projets est révolu. Aujourd'hui l'Afrique doit accomplir des actes. Ces actes, les peuples d'Afrique les attendent avec impatience. L'Unité et la Solidarité africaines ne sont plus des rêves, elles doivent se traduire par des décisions. […] Vive l'indépendance et l'unité africaines. En avant, Africains, vers la libération totale*** ! »

* Cité par Jean Van Lierde, *La Pensée politique de Patrice Lumumba*, Paris, Présence africaine, 1963, p. 58.

** Cité par Perspective monde (http://perspective.usherbrooke.ca/bilan/servlet/BMDictionnaire?iddictionnaire=1447, consulté le 21 avril 2020).

*** Cité par Organisation internationale de la francophonie, *Le Mouvement panafricaniste au XXe siècle*, Paris, OIF, 2007, p. 310-313.

Cet appel sera vain, explique Amzat Boukari-Yabara. Car si la mort de Lumumba devient un symbole de « l'Afrique qui réclame sa justice », elle signe aussi l'échec panafricain. En envoyant leurs soldats dans le contingent des Nations unies, lesquelles sont alliées aux ennemis de Lumumba, les États africains enterrent toute possibilité d'unir le continent. Frantz Fanon le souligne après l'assassinat du leader congolais : il ne peut y avoir « une Afrique qui se bat contre le colonialisme et une autre qui tente de s'arranger avec le colonialisme[1] ».

La lutte panafricaine, un succès idéologique

Le succès politique ne sera jamais au rendez-vous pour les panafricanistes. Cependant, l'idéal de lutte qui les animait va survivre à l'écart des cercles de pouvoir. Fanon en est le premier théoricien et l'un des principaux moteurs. Descendant d'esclaves, né en 1925 à Fort-de-France en Martinique, il grandit dans une famille aisée. Après s'être engagé très jeune dans les forces gaullistes, il étudie la médecine en France, milite contre le colonialisme et publie son deuxième ouvrage en 1952 : *Peau noire, masques blancs*. Pour Fanon, tant qu'il sera enfermé dans sa « noirceur », l'homme noir ne pourra être libre.

Frantz Fanon reçoit son diplôme de psychiatrie en 1953. Envoyé en Algérie, il découvre à l'intérieur du pays les exactions commises par les Français et, à l'hôpital de Blida, les effets délétères des théories du « primitivisme indigène ». Fanon se rapproche alors de l'association Amitiés algériennes, et il commence

1. Amzat Boukari-Yabara, *Africa Unite !*, *op. cit.*, p. 211-213.

à soigner clandestinement les maquisards souffrant de traumatismes et de troubles psychiques. Puis il s'engage dans la lutte pour l'indépendance. Il quitte son poste en 1956, se fait expulser en France et, l'année suivante, il part rejoindre le Front de libération nationale à Tunis. Fanon devient rédacteur à *El Moudjahid*, le journal « Le Combattant » du FLN. Il représente le Front à Accra en 1958, avant de s'affirmer comme l'un des défenseurs les plus virulents des luttes indépendantistes. Ainsi, dans les colonnes de la revue publiée par les éditions Présence africaine, en 1959 Frantz Fanon définit le « fondement réciproque de la culture nationale et des luttes de libération ». Selon lui, il ne peut y avoir de culture nationale sans une lutte nationale.

Il diffuse ce message dans toute l'Afrique. Représentant maintenant le Gouvernement provisoire de la République algérienne, Fanon part en 1960 assister à la conférence de Léopoldville au Congo. Puis il sillonne le continent pour défendre les causes algérienne et africaine, et s'opposer aux chefs d'État qui ont fait le choix du repli national et de la coopération avec l'ancienne métropole. Mais Fanon est stoppé dans son élan par la maladie. En décembre 1960 il apprend souffrir d'une leucémie qui le tuera, un an plus tard. Avant de mourir, il aura cependant écrit *Les Damnés de la terre*. Ce dernier livre représente l'aboutissement théorique de son œuvre : la violence n'est pas seulement un moyen de la lutte anticolonialiste, écrit Fanon, elle est aussi une fin en soi. Pour le psychiatre qu'il est, la colonisation a imposé aux individus une violence si intense et si profondément intériorisée que, pour s'en défaire, les colonisés doivent recourir à la même violence.

25. Fanon, la noirceur, la lutte et la violence

Sortir de la noirceur (1952)

« Alors ? Alors, calmement, je réponds qu'il y a trop d'imbéciles sur cette terre. [...] Une seule réponse à fournir et le problème noir se dépouille de son sérieux. Que veut l'homme ? Que veut l'homme noir ? Dussé-je encourir le ressentiment de mes frères de couleur, je dirai que le Noir n'est pas un homme. [...] Le Blanc est enfermé dans sa blancheur. Le Noir dans sa noirceur. [...] C'est un fait : des Blancs s'estiment supérieurs aux Noirs. C'est encore un fait : des Noirs veulent démontrer aux Blancs [...] l'égale puissance de leur esprit. [...] Aussi pénible que puisse être pour nous cette constatation, nous sommes obligés de la faire : pour le Noir, il n'y a qu'un destin. Et il est blanc. [...] S'il y a complexe d'infériorité, c'est à la suite d'un double processus : économique d'abord ; par intériorisation ou, mieux, épidermisation de cette infériorité, ensuite. [...] Il n'y aura d'authentique désaliénation que dans la mesure où les choses, au sens le plus matérialiste, auront repris leur place*. »

Lutter pour la culture nationale (1959)

« Tous les efforts sont faits pour amener le colonisé à confesser l'infériorité de sa culture transformée en conduites instinctives, à reconnaître l'irréalité de sa nation et, à l'extrême, le caractère inorganisé et non fini de sa propre structure biologique. [...] il ne saurait y avoir de culture nationale, de vie culturelle nationale, d'inventions culturelles, ou de transformations culturelles nationales, dans le cadre d'une domination coloniale. [...] Progressivement, et de façon imperceptible, la nécessité d'un affrontement décisif se fait prégnante [...]. Les événements internationaux, l'écroulement par pans entiers des Empires coloniaux, les contradictions inhérentes au système colonialiste entretiennent et renforcent la combativité, promeuvent et donnent forme à la conscience nationale. [...] Tout concourt à réveiller la sensibilité du colonisé [...]. Le monde perd son caractère maudit, les conditions sont réunies pour l'inévitable confrontation. [...] Dans la situation coloniale, la culture privée du double support de la nation et de l'État dépérit et agonise. La condition d'existence de la culture est donc la libération nationale, la renaissance de l'État. [...] Après la lutte, il n'y a pas seulement disparition du colonialisme, mais aussi disparition du colonisé**. »

La violence pour se désintoxiquer (1961)
« La décolonisation est la rencontre de deux forces congénitalement antagonistes [...]. Leur première confrontation s'est déroulée sous le signe de la violence et leur cohabitation [...] s'est poursuivie à grand renfort de baïonnettes et de canons. [...] Cette praxis violente est totalisante, puisque [...] les groupes se reconnaissent entre eux et la nation future est déjà indivise. La lutte armée mobilise le peuple, c'est-à-dire qu'elle le jette dans une seule direction à sens unique. [...] La violence du colonisé, avons-nous dit, unifie le peuple. [...] Au niveau des individus, la violence désintoxique. Elle débarrasse le colonisé de son complexe d'infériorité, de ses attitudes contemplatives ou désespérées. Elle le rend intrépide, le réhabilite à ses propres yeux***. »

* Frantz Fanon, *Peau noire, masques blancs*, Paris, Seuil, 1952, p. 25-30.
** *Id.*, « Fondement réciproque de la culture nationale et des luttes de libération », *Présence africaine*, n° 24-25, 1959, p. 82-89.
*** *Id.*, *Les Damnés de la terre*, Paris, La Découverte, 2002 (1re éd. 1961, Maspero), p. 40 et p. 90.

Cet appel à la violence fait encore débat aujourd'hui, conduisant les uns ou les autres à encenser ou condamner l'œuvre de Fanon. Trois remarques peuvent être faites ici, empruntées à Robert Young, professeur de littérature comparée aux États-Unis. L'appel que lance Fanon s'inscrit d'abord dans le pragmatisme dont celui-ci fait preuve lorsqu'il note qu'« aucune puissance coloniale ne renonce à la suite d'une soudaine prise de conscience ». Dans le Constantinois en 1945, à Madagascar en 1947, au Viêt-Nam jusqu'en 1954, le colonisateur a rarement cédé pacifiquement. Le contexte algérien doit également être pris en compte. Fanon saisit le piège sans issue dans lequel se trouvent les Algériens, et il extrapole cette situation à toute l'Afrique : la violence semble le seul moyen d'expulser d'une terre des colons persuadés que celle-ci leur appartient. Son appel à la violence s'inscrit enfin dans un contexte africain. En 1958 à Accra, l'option proposée par Fanon est loin de faire l'unanimité. Mais en 1960 à Léopoldville, il y a désormais un réel clivage entre opposants et partisans du recours à la force. Les indépendantistes cubains viennent de l'emporter en fomentant une révolution et, partout en Afrique, de plus en plus de militants viennent de prendre le chemin de la lutte armée, au Cameroun, en Érythrée, en Guinée-Bissau et en Afrique australe[1].

Le panafricanisme a échoué en tant que projet politique mais il est donc aussi devenu, à la fin des années 1950, une dynamique fédératrice plaçant la lutte au cœur de l'identité africaine. Et cette identité est relationnelle. Le colonisé tendait à se définir par rapport au colonisateur et d'une certaine façon, il va continuer de le faire : exister en tant qu'être « indépendant », c'est encore se définir par rapport à l'autre, même si la nature de la relation n'est plus celle de la « dépendance ». Il en va de même pour le colonisateur. Son existence tout entière reposait sur le fait que, comparativement au colonisé, il était privilégié. Or, la perte du statut n'entraîne pas forcément la disparition du sentiment. C'est le constat que dresse Albert Memmi dès 1957 dans sa conclusion de *Portrait du colonisé. Portrait du colonisateur*. Juif tunisien, enseignant à Tunis, il insiste sur le poids intime du colonialisme. L'identité militante, panafricaine et tiers-mondiste favorise bel et bien les décolonisations, mais pour autant, des deux côtés de la Méditerranée,

1. Robert J.-C. Young, « Fanon et le recours à la lutte armée en Afrique », *Les Temps modernes*, n° 635-636, 2006, p. 71-96.

n'est pas décolonisé qui veut, explique Memmi : « Si l'Européen doit annihiler en lui le colonisateur, le colonisé doit dépasser le colonisé. »

26. Albert Memmi, le drame du colonisé, et du colonisateur

« 1. Il apparaît, en définitive, que le colonisateur est une maladie de l'Européen, dont il doit être *complètement* guéri et préservé. [...] Et certes il y a un drame du colonisateur [...]. La colonisation ne pouvait que défigurer le colonisateur. Elle le plaçait devant une alternative aux issues également désastreuses : entre l'injustice quotidienne acceptée à son profit ou le sacrifice de soi nécessaire et à jamais consommé. Telle est la situation du colonisateur que, s'il l'accepte, il en pourrit, s'il la refuse, il se nie. [...] Raison de plus, dira-t-on, pour qu'il s'accroche, pour qu'il refuse tout changement : il peut en effet s'accepter comme monstre, accepter son aliénation par ses propres intérêts. Mais non, même pas. [...] Car, ne l'oublions pas, il existe une autre face au diptyque : un jour il y sera contraint par le colonisé.
2. Un jour vient nécessairement où le colonisé relève la tête et fait basculer l'équilibre toujours instable de la colonisation. Et le refus du colonisé ne peut qu'être *absolu*, c'est-à-dire non seulement *révolte*, mais dépassement de la révolte, c'est-à-dire *révolution*. [...] Révolution : on a noté que la colonisation tuait matériellement le colonisé. Il faut ajouter qu'elle le tue spirituellement. La colonisation fausse les rapports humains, détruit ou sclérose les institutions, et corrompt les hommes, colonisateurs et colonisés. Pour vivre, le colonisé a besoin de supprimer la colonisation. Mais pour devenir un homme, il doit supprimer le colonisé qu'il est devenu. Si l'Européen doit annihiler en lui le colonisateur, le colonisé doit dépasser le colonisé. »

Albert Memmi,
Portrait du colonisé. Portrait du colonisateur,
Paris, Gallimard, 2017 (1re éd. 1957, Éditions Corréa),
p. 157-161.

Chapitre 6

L'empire britannique en Afrique : fin et suites

Souffrances individuelles, émeutes voire massacres de groupes, sur les deux continents l'accession à la souveraineté est génératrice d'un nombre incalculable de violences. Celles-ci ne surviennent pas toujours au moment de l'indépendance. Elles peuvent exploser des années avant, comme à Madagascar, ou quelques mois après, comme au Congo belge, mais la violence est partout. La Couronne britannique a pourtant souvent prétendu avoir réussi, elle, en Afrique, une décolonisation « pacifique ». Selon le récit officiel, cette histoire débute à la fin des années 1950 : le Royaume-Uni prend acte de ses problèmes financiers et de l'inéluctabilité des indépendances, il octroie des constitutions, accepte de les faire réviser puis la Couronne quitte les colonies. Quinze États naissent ainsi de la dissolution de l'Afrique britannique, entre 1958 et 1968. Cette relative rapidité des décolonisations est alors généralement attribuée au « vent du changement » qu'évoque le Premier ministre britannique Harold Macmillan devant le Parlement sud-africain, en février 1960 : « Le vent du changement souffle à travers tout ce continent et, que nous le voulions ou non, la montée de cette conscience nationale est un fait politique[1]. »

1. Pour une synthèse générale éclairante, voir Philippe Chassaigne, *La Grande-Bretagne et le Monde, de 1815 à nos jours*, Paris, Armand Colin, 2009, p. 248-270.

La Grande-Bretagne se veut en effet pragmatique. Dès 1959, le secrétaire aux Affaires étrangères présente au cabinet du Premier ministre un plan intitulé « Afrique : les dix prochaines années après l'indépendance ». Les Britanniques sont sur le départ, mais leurs objectifs diffèrent largement de ceux qu'ils prétendent poursuivre : « Nous continuerons à promouvoir pas à pas des avancées constitutionnelles mais nous chercherons aussi à prolonger efficacement la période au cours de laquelle le Royaume-Uni conservera le contrôle sur les domaines vitaux afin de s'assurer que les territoires soient raisonnablement capables d'assurer les responsabilités du *self-government* au moment où ils atteindront leur indépendance. » La Grande-Bretagne compte bien rester en Afrique. Le continent doit lui permettre d'approvisionner la métropole en matières premières, de conserver des relais militaires dans le monde et de se tailler une place entre les blocs de l'Est et de l'Ouest. Et pour cela, la Couronne doit réformer son empire, surtout pas l'abandonner[1].

La nécessité de la réforme s'est imposée après la débâcle de l'expédition de Suez, en 1956. Là où la France remplace l'Union par une Communauté, le Royaume-Uni s'engage à renouveler les voies de son influence dans le monde. Les Britanniques maintiennent leur doctrine impériale, « *keep the flag flying* ». Seulement, il leur faut désormais refouler les violences coloniales nécessaires à l'entreprise. C'est ici qu'intervient le récit d'une décolonisation « pacifique ». Il doit permettre de tourner la page coloniale pour mieux perpétuer le système créé en 1931,

1. « A Memorandum : "Africa : The Next Ten Years" After Independence (Presented to British Cabinet by Secretary for Foreign Affairs, 1959) », British Documents on the End of Empire Project (BDEEP), series A, partie 4, 8 juillet 1959, p. 15 (http://www.waado.org/colonial_rule/decolonization_plans/british_1959_plans_projections.pdf, consulté le 23 avril 2020).

le Commonwealth. Alors, quand Macmillan prononce son discours émancipateur, immédiatement, il fait aussi rapatrier les dossiers coloniaux compromettants à Hanslope Park, au nord de Londres. Ceux-ci sont entreposés à côté des bâtiments du MI5 et MI6, les services secrets britanniques. Et il faut attendre le procès intenté à la Couronne en 2012 par les anciens prisonniers kényans Mau Mau pour que ces archives soient ouvertes au public. Elles ne le sont que partiellement mais cinquante ans après sa fabrique, le récit d'une décolonisation britannique pacifique s'effondre, lui, pour de bon[1].

Celle-ci fut violente et elle s'est aussi traduite par la pérennisation d'États (post)coloniaux autoritaires. Deux approches sont ici possibles. La première consisterait à n'observer que des dynamiques européennes et, dès lors, à accuser le Royaume-Uni d'avoir sauvé ses intérêts en laissant ses colonies s'enliser dans les divisions qu'il avait lui-même créées. Il pourrait être tout aussi aisé de se focaliser sur des dynamiques strictement africaines, puis de déplorer l'avidité des dirigeants qui se sont rués vers le pouvoir et la richesse dès le départ des colonisateurs. Partiels et partiaux, ces récits ne seraient pas totalement mensongers. Mais ils nous cacheraient les dynamiques afro-européennes du changement, celles qui rythment la vie sociale sur le continent et qui nous permettent d'observer l'histoire au-delà de la rupture que représenteraient les dates d'indépendance. Les décolonisations du Ghana, du Nigeria et du Kenya sont suffisamment documentées pour que l'on adopte cette approche afin d'appréhender,

1. Jean-Pierre Bat et Vincent Hiribarren, « Les décolonisations britannique et française de l'Afrique ou la création de l'étalon pour l'impérialisme », *in* Laurent Dornel et Michael Parsons (dir.), *Fins d'Empires. Ends of Empires*, Pau, Presses de l'université de Pau et des pays de l'Adour, 2016, p. 43-56.

à travers trois cas situés, la diversité des sorties coloniales de l'empire britannique en Afrique.

Le moment pré-indépendantiste : des transitions européo-africaines

Après 1945, comme en Asie, les mouvements indépendantistes africains contraignent les métropoles à réviser les modalités de la gouvernance coloniale. Plusieurs synthèses l'expliquent déjà pour les cas qui nous occupent ici. Il importe cependant d'insister sur la singularité de chaque territoire et de chacune des réformes que négocient les colonisateurs et les colonisés. Car, partout, celles-ci imprimeront leur marque sur l'État postcolonial africain.

Des voies populaires et centralisatrices, l'exemple ghanéen

Depuis la fin du XVIIIe siècle, au centre de la future Gold Coast, le royaume ashanti mène sa « révolution bureaucratique ». Tout au long du XIXe siècle, un gouvernement central, un Trésor public, des administrations territoriales et une classe de fonctionnaires jettent les bases d'un État similaire à celui des États-nations qui se créent en Europe à la même époque. Les Britanniques interrompent le processus en 1896 mais ils vont s'appuyer sur les élites déjà en place pour imposer un pouvoir centralisateur aux populations urbaines et paysannes. Et c'est précisément ce mode de gouvernement que contesteront les indépendantistes du CPP (Convention People's Party)[1].

1. Jean-François Bayart, « La cité bureaucratique en Afrique subsaharienne », *in* Béatrice Hibou (dir.), *La Bureaucratisation néolibérale*, Paris, La Découverte, 2013, p. 306.

Ce parti de masse va se développer en réaction aux réformes qu'instaure Alan Burns, en 1946. Le gouverneur accorde à la Gold Coast une Constitution grâce à laquelle davantage de colonisés peuvent intégrer l'État colonial et, en particulier, son Conseil exécutif. Toutefois, avec des élections au suffrage restreint, la représentation des colonisés demeure profondément élitiste. Membre d'un autre conseil, celui-là législatif, Joseph Danquah plaide pour des réformes plus poussées et à cette fin, en 1947, il fonde la Convention pour la Gold Coast unie. La plupart de ses militants sont issus d'une classe moyenne et modérée mais, avec N'Krumah au poste de secrétaire général, les plus radicaux d'entre eux transforment la Convention en un parti de masse. Ils organisent plusieurs mouvements de contestation et, en février 1948, une émeute dirigée contre des hommes d'affaires européens conduit N'Krumah en prison. Libéré en juin 1949, il décide de fonder le CPP. Le parti poursuit un objectif : obtenir une Assemblée constituante qui donnera son autonomie à la colonie. N'Krumah le fait savoir aux autorités britanniques quelques mois plus tard. « Tiens-toi prêt, peuple de la Gold Coast, l'ère de "l'action positive" se rapproche », s'exclame-t-il dans un discours relayé par le *Evening News* : « Ce que le peuple de ce pays demande maintenant est la convocation d'une Assemblée constituante par le biais d'élections générales, afin de déterminer la constitution d'un véritable gouvernement d'autonomie pour ce pays. Le peuple de ce pays attendra patiemment durant deux semaines [...] sinon, l'action positive sera lancée à tout moment [...]. Peuple de la Gold Coast, sois paré et prépare-toi pour le grand jour, s'il devait arriver. » Le CPP passe à l'action dans les semaines qui suivent. Il s'appuie d'un côté sur une presse bon marché et des meetings destinés à rassembler les jeunes, les femmes et les salariés des villes et des plantations de cacao. D'un autre côté, le parti s'inspire des méthodes indiennes pour organiser le boycott des structures coloniales d'encadrement et, de concert avec les syndicats, des grèves et des marches pacifiques. Le succès est au rendez-vous. Les populations se rallient massivement au CPP et les Britanniques sont acculés. Ils vont devoir préparer l'indépendance[1].

Les autorités essaient d'abord de reculer l'échéance, en vain. Lorsqu'en janvier 1950 le gouvernement annonce une réforme qui renverrait le *self-government* à un futur indéterminé, de violentes manifestations éclatent dans la colonie. N'Krumah est une nouvelle fois incarcéré. Les Britanniques doivent tout de même répondre aux attentes des populations et, à la fin de l'année, ils promulguent une nouvelle Constitution. Le Conseil législatif est converti en une Assemblée nationale où siègent des représentants européens et des députés « nationaux » élus, le droit de vote est abaissé de 25 à 21 ans et, au mois de février 1951, des élections générales sont organisées. Le CPP l'emporte haut la main et la Grande-Bretagne prend enfin la mesure de la volonté d'émancipation suscitée par le parti. Le gouverneur Arden-Clarke ne cache pas sa résignation : « Nous n'avons qu'un chien dans le chenil. Tout ce que nous pouvons faire, c'est l'aider à grandir en lui donnant des vitamines et de l'huile de foie de morue[2]. »

1. Elikia M'Bokolo, *Afrique noire. Histoire et civilisations*. T. II, *op. cit.*, p. 481.

2. John Iliffe, *Les Africains. Histoire d'un continent* (1995), traduit de l'anglais par Jean-Paul Mourlon, Paris, Flammarion, 2016 (2e éd. révisée par Anne Hugon), p. 495.

N'Krumah sort de prison pour devenir Chef des affaires gouvernementales puis, en 1952, Premier ministre. Lors de sa prise de fonction, il se fait rassurant. N'Krumah explique aux Britanniques qu'il « désire pour la Gold Coast le statut de dominion au sein du Commonwealth », avant de déclarer à l'intention des États-Unis qu'il est « un socialiste marxiste et un chrétien sans dénomination ; je ne suis pas communiste et ne l'ai jamais été ». Ses potentiels détracteurs apaisés, le Premier ministre continue d'encadrer la marche vers l'indépendance. Il remporte deux élections consécutives, en 1954 et 1956, puis, le 6 mars 1957, la colonie accède à l'indépendance. En référence à un ancien empire situé un peu plus au nord de l'actuelle Gold Coast, le pays prend le nom de Ghana. Depuis l'étranger, N'Krumah est alors considéré comme le pionnier de la libération africaine. Mais, vu depuis le Ghana, liberté est loin de rimer avec unité. Car si le CPP a réussi à rassembler les populations autour d'un nationalisme territorial et socialiste, il a déjà commencé à mater les oppositions et, en premier lieu, celles des mouvements religieux et régionaux qui espéraient retarder l'indépendance pour pouvoir envisager un État décentralisé[1].

Des options fédérales retorses, l'exemple nigérian

De prime abord, les Ghanéens et les Nigérians partagent une histoire coloniale relativement identique. Le protectorat du Nigeria est soumis à une administration indirecte depuis la fin du XIXe siècle et, au sortir de la guerre, la Grande-Bretagne y encourage la hausse de la scolarité, la formation de syndicats et la création de

1. Hélène d'Almeida-Topor, *L'Afrique du XXe siècle à nos jours*, Paris, Armand Colin, 2013 (4e éd.), p. 205.

partis politiques. Comme en Gold Coast, elle y édicte une nouvelle Constitution et là aussi, la réforme est trop insignifiante pour apaiser les mouvements nationalistes qui agitent désormais la colonie. Avec quelque cinquante millions d'habitants, le Nigeria est cependant un territoire bien plus vaste et plus peuplé. Aussi se distingue-t-il du Ghana par l'ampleur des découpages socio-politiques sur lesquels s'appuyait l'empire[1].

Les Britanniques ont divisé le pays entre trois régions, le Nord, l'Ouest et l'Est. Puis, progressivement, ils les ont dotées de leur propre administration. Lorsque les autorités coloniales décident d'organiser les premières élections du protectorat, elles envisagent donc naturellement la mise en place d'un État fédéral. Et, pour cela, dans chacune des trois régions, elles favorisent l'ascension d'un parti associé au groupe majoritaire – que les Européens appellent communément une « ethnie », désignant par là celles et ceux qui, sur un territoire donné, parlent la même langue. Région la plus peuplée et la moins éduquée, le Nord est dominé par l'élite musulmane et conservatrice des Haoussa et Fulani : ils se regroupent au sein du NPC, le Northern People's Congress. À l'Ouest, la plus riche des trois régions grâce aux planteurs de cacao, les Yoruba musulmans et chrétiens sont majoritaires : ils prennent la tête de l'AG, l'Action Group. Enfin, à l'Est, dans une région qui abrite une population éduquée composée d'ouvriers et d'employés administratifs pour la plupart chrétiens, les Ibo sont les plus nombreux : ils se rassemblent dans le NCNC, le National Council of Nigeria and the Cameroons.

Ce découpage ethnico-politique est caractéristique du gouvernement européen de l'Afrique tel qu'il se dessine

1. John Iliffe, *Les Africains*, *op. cit.*, p. 495-496.

après 1945. Quoi de plus réformiste, en contexte colonial, que d'organiser un État fédéral où le pouvoir serait partagé entre les « ethnies » les plus peuplées ? En pratique, rien de bon ne sortira d'un projet aussi essentialiste. Dans chacune des trois régions, les groupes dits « minoritaires » se retrouvent *de facto* dominés par celui majoritaire. Et, à l'échelle du pays, ces « minorités » qui représentent en fait un tiers de la population nigériane sont privées de représentants. Ces divisions apparaissent au grand jour lors des élections de 1952. Frederick Cooper explique de façon extrêmement claire ce qui se joue alors. Le système encourage *dans* chaque région une quête du pouvoir électoral à l'issue de laquelle il ne peut y avoir qu'un vainqueur, qui raflera donc toute la mise. Et *entre* les régions, les trois partis se livrent une amère compétition pour accéder au pouvoir fédéral, seul moyen légal à leur disposition pour protéger leur propre région. Le résultat, explique Cooper, est « un mélange malsain d'ethnicité et de patronage régional ». Tandis que *dans* chaque région le parti dominant s'appuie sur des patrons locaux pour contrôler les circonscriptions une par une, *entre* les trois régions du pays la méfiance règne, chaque parti craignant que les deux autres décident de s'allier pour accéder au pouvoir fédéral. Il faut dire que l'enjeu est de taille. Avec une économie dépendante de l'exportation de matières premières et de l'importation de biens manufacturés, les taxes prélevées sur les ports, les douanes et les transports sont extrêmement lucratives. Or, dans un système fédéral, cette fiscalité est gérée par l'État… fédéral[1].

Les Britanniques ont conscience de ces tensions. Mais découper le Nigeria en plusieurs États-nations souverains

1. Frederick Cooper, *L'Afrique depuis 1940*, *op. cit.*, p. 133-136.

reviendrait à s'exposer aux appétits de la France qui domine la région, avec l'AOF à l'ouest et l'AEF à l'est. Plutôt que de prendre un tel risque, la Grande-Bretagne continue donc de miser sur l'organisation fédérale. Elle organise des élections au suffrage universel en 1959 et le 1er octobre 1960, elle accorde son indépendance au Nigeria. Or, à cette date, sa vision ethnolinguistique de l'Afrique et des Africains a d'ores et déjà profondément divisé le pays[1].

Des indépendances à contrecœur,
l'exemple kényan

L'accession du Kenya à la souveraineté représente encore une autre façon de devenir indépendant. Assez pauvre économiquement et offrant peu ou pas d'éducation aux colonisés, le Kenya est une colonie de peuplement. Des immigrés anglais s'y installent depuis les débuts du XXe siècle, en particulier sur les hauts plateaux fertiles du centre, les « *white highlands* ». Venus de métropole ou d'Afrique du Sud, ces colons forment rapidement une classe de petits et grands propriétaires. Les autorités leur octroient des concessions foncières dans des conditions très favorables, parfois pour une durée de neuf cent quatre-vingt-dix-neuf ans, et en échange ces derniers consacrent leurs productions aux besoins de la métropole : café, maïs et lin. La présence massive de colons explique probablement le nombre limité de contestations auxquelles les Britanniques font face durant l'entre-deux-guerres. Des associations culturelles voient le jour, comme la Kikuyu Central Association, mais seule la guerre, avec les pénuries et

1. Vincent Hiribarren, « L'héritage spatial de l'*Indirect Rule* au Nigeria », *Hérodote*, n° 159, 2015, p. 13-26.

l'oppression qui l'accompagnent, pousse l'opposition à se structurer. L'empire procède ici comme il le fait partout ailleurs. Les Britanniques desserrent l'étau colonial, ils ouvrent un conseil législatif à des délégués de couleur puis autorisent les partis politiques, dont la Kenya African Union (KAU) qui se construit, entre autres, autour de Jomo Kenyatta. Mais l'option constitutionnelle disparaît pour les colonisés lorsqu'en 1952, la révolte des Mau Mau éclate[1].

27. Les Mau Mau face à l'ordre colonial

Le nom « Mau Mau » est celui que les Britanniques donnent à la colère paysanne qui agite le Kenya depuis 1940, et qui le fait basculer dans la violence au début des années 1950. Le mouvement recrute des populations meru, kemba, embu et, surtout, des Kikuyu. Car ces derniers sont les principales victimes du développement économique de la colonie. Au début du XXe siècle, quand ils ne les exproprient pas, les Britanniques les regroupent en grand nombre sur les rares terres qu'ils sont en droit de cultiver. Beaucoup de Kikuyu migrent alors vers les hauts plateaux centraux où ils deviennent *squatters* dans les fermes coloniales. Ils fournissent une main-d'œuvre bon marché aux propriétaires blancs qui les autorisent, en échange, à cultiver des petites parcelles de terre et à élever quelques bêtes. Déjà peu enviable, la situation des Kikuyu se détériore au lendemain de la Seconde Guerre mondiale. Les colons intensifient l'exploitation agricole, ils modernisent leurs techniques de production, expulsent les squatters kikuyu et, dès lors, ces derniers font face à une double exclusion. Ceux qui partent en ville sont trop marginaux pour pouvoir y trouver un emploi. Et ceux qui retournent dans leurs villages d'origine se voient refuser tout accès à la terre par une élite kikuyu qui a su intégrer le système agraire britannique, essentiellement tourné vers l'exportation de café. Le mécontentement Mau Mau puise ses racines dans ce contexte.

1. Bernard Droz, *Histoire de la décolonisation au XXe siècle*, *op. cit.*, p. 234.

Il se développe durant les années 1940, à la ville comme à la campagne. Ce mouvement n'a toutefois pas grand-chose à voir avec les contestations qui secouent au même moment les autres colonies d'Afrique. Il s'organise non pas en parti politique mais en secte secrète obéissant à des rituels codifiés, et ses membres cherchent moins à rejeter la colonisation qu'à restaurer l'ancien ordre économique et social.

La rébellion se structure après l'assassinat d'un chef kikuyu en 1950. Les Britanniques déclarent l'état d'urgence en 1952 et, quatre années durant, les insurgés plongent la colonie dans la terreur. Regroupés dans l'Armée de la terre et de la liberté, rompus au banditisme, les Mau Mau conduisent des raids dans les campagnes kényanes. Et, partout dans le pays, ils jouent le rôle d'informateurs, capables d'agir lorsqu'il le faut, de garder le secret s'il le faut et, pire encore, de vivre dans l'entourage des planteurs européens, désormais hantés par l'idée de se faire assassiner par leurs propres employés. Les rebelles s'en prennent aussi à ceux qui collaborent, à leurs yeux, avec le colonisateur. « Vous les Blancs, vous êtes étrangers dans notre pays [...], maintenant, quittez notre pays [...], et vous les traîtres qui nous vendez à l'oppresseur blanc [...], vous paierez vos actes de trahison de votre vie », chantent les Mau Mau.

Les Britanniques l'emportent militairement en 1956, mais la répression se poursuit jusqu'en 1960. Elle atteint son paroxysme dans l'enceinte des camps d'internement que créent les autorités coloniales pour « rééduquer » les insurgés et tous ceux qu'elles soupçonnent, homme ou femme, de collusion avec les Mau Mau. Passages à tabac, humiliations, viols : pendant encore quatre longues années la guerre vise la soumission totale des populations à l'ordre colonial.

Voir notamment Elikia M'Bokolo, *Afrique noire. Histoire et civilisations.* T. II, *op. cit.*, p. 483-484.

Le conflit fait 95 morts chez les Britanniques, 2 000 chez les Kényans dits « loyaux » et environ 11 500 chez les « rebelles ». S'ajoute l'arrestation de quelque

30 000 Kikuyu, internés et soumis aux traitements psychologiques censés les guérir de la « folie » collective propre à leur « race ». La violence de cette riposte ne peut être comprise hors de l'éthos colonial qui la soutient : aux yeux des Britanniques, les Africains sont des êtres naturellement arriérés. Le gouverneur du Kenya l'évoquait encore en 1945. « L'Africain a le choix entre rester un sauvage ou adopter notre civilisation, notre culture, notre religion et notre langue », disait Philip Mitchell, avant de préciser le rôle qui revenait au Colonial Office : « C'est ce second choix qu'il s'efforce de concrétiser du plus vite qu'il peut. » La révolte des Mau Mau a ensuite convaincu les Britanniques qu'il était vain de chercher à contrôler les « Africains » autrement que par la violence. En revanche, tout au long des années 1950, les leaders de la KAU ont pris soin de leur montrer qu'un espoir était possible. Kenyatta emprisonné depuis 1952, c'est Tom Mboya qui rassure les colonisateurs. Avec les réformateurs de son parti, leur dit-il, une classe d'entrepreneurs modernes saura apporter la civilisation à la paysannerie encore prisonnière, elle, de son arriération[1].

Les autorités coloniales se tournent vers cette opposition réformiste après avoir levé l'état d'urgence, en janvier 1960. Libéré l'année suivante, Kenyatta reprend la tête du parti devenu la KANU (Kenya African National Union). Il fait alliance avec les très modérés de la KADU (Kenya African Democratic Union) et, ensemble, ils entament des pourparlers avec la Grande-Bretagne qui cherche à promouvoir en Afrique orientale un nationalisme pluriracial, c'est-à-dire un nationalisme où les Blancs auront leur place, en Tanzanie comme au Kenya.

1. Frederick Cooper, *L'Afrique depuis 1940*, *op. cit.*, p. 141-145.

La première colonie refuse ce compromis, la seconde l'accepte. Kenyatta promet la protection des droits des populations blanches et asiatiques, un accueil bienveillant à tous les futurs immigrants et, ce faisant, la KANU remporte les négociations. Le Kenya accède à la souveraineté le 12 décembre 1963 et le pays fait son entrée dans le Commonwealth. Mais, dès 1964, Kenyatta convertit la monarchie constitutionnelle en une République indépendante centralisée. Puis, fort de ses origines kikuyu, il s'investit dans la construction d'un État-nation autoritaire qui puise toute sa légitimité dans la mémoire des combattants Mau Mau, eux qui étaient exclus par tous mais qui n'auraient pas hésité à se sacrifier pour libérer le pays du joug britannique. Le mythe de la lutte kikuyu est d'ores et déjà constitutif de la nation kényane[1].

Le moment indépendantiste : l'essor de dynamiques africaines

À chaque État sa sortie coloniale. Après une administration britannique centralisée, un pouvoir centralisateur commence à prendre forme au Ghana. La régionalisation coloniale du Nigeria va trouver son prolongement dans un système fédéral et, au Kenya, l'autoritarisme du colonisateur cédera sa place à celui du libérateur. Ces trois cas signalent que, en matière de décolonisation, le jour J de l'indépendance ne représente jamais une rupture totale. L'ordre colonial disparaît mais pas ses structures : les sociétés africaines vont se les approprier, faire « avec » ou les instrumentaliser.

1. Hélène d'Almeida-Topor, *L'Afrique du XXe siècle à nos jours*, *op. cit.*, p. 219.

Gouverner par le haut : le Ghana[1]

En Gold Coast, l'ordre colonial se veut élitiste. Pour étouffer ou au moins contrôler des identités musulmanes ou ashanti déjà structurées à l'échelle locale, les Britanniques gouvernent par le haut. Alors, pour les renverser, le CPP s'appuie sur le peuple. Le parti avance pas à pas. Après avoir stimulé un nationalisme de masse (1947-1951), il joue la carte modérée et populaire afin de remporter la compétition électorale (1951-1957). L'indépendance acquise, le CPP consolide son gouvernement en mobilisant l'idéal panafricaniste (1957-1960), puis la Première République du Ghana peut enfin engager le pays vers sa « Seconde Révolution », celle de la transformation structurelle de la société (1960-1966). À chacune de ces étapes, le projet nkrumaïste mobilise en fait une conception du pouvoir résolument ancrée dans le moment colonial : une relation absolutiste entre l'État et la société. Plutôt que d'étudier les rouages administratifs de cette relation, Martin Verlet a analysé les débats relatifs à la langue nationale du Ghana. Ces derniers sont particulièrement éclairants.

Le sociologue explique qu'en 1960, après avoir affermi son autorité, la République entreprend de bâtir un nouveau Ghana. À cette fin, elle définit l'anglais comme la langue de la modernité et les langues ghanéennes comme celles de la tradition. Le CPP entend édifier une société à la fois unitaire – grâce à l'anglais qui servira de *lingua franca* à l'administration et à la presse – et ghanéenne – grâce aux langues nationales qui seront enseignées à l'école primaire (gratuite et obligatoire) et employées par les conseils locaux et municipaux. Avec

1. Martin Verlet, « Langue et pouvoir au Ghana sous Nkrumah : les maîtres-mots », *Politique africaine*, n° 23, 1986, p. 67-82.

cette réforme, le parti vise plus précisément à organiser la liberté autour de trois principes fondamentaux. La liberté doit d'abord être étatique : contre le « tribalisme », un pouvoir centralisé avec une seule langue. Elle sera aussi panafricaine : pour réduire la diversité culturelle du continent, l'unité linguistique autour de l'anglais. Enfin, la liberté ne peut qu'être universelle : seul l'anglais peut ouvrir la voie vers la modernité.

Les débats au Parlement débutent en octobre 1961, dans un contexte où, face à la répression, l'opposition s'est déjà engagée dans les voies illégales de l'agitation publique. Puis les membres du CPP se divisent autour de la généralisation de l'akan comme *lingua franca*, plutôt que l'anglais : parmi la soixantaine de langues parlées au Ghana, plus de la moitié sont apparentées au groupe akan. Pour les partisans de cette réforme, l'adoption de l'akan comme langue nationale contribuerait à réduire la dépendance à l'ancien colon en rejetant sa langue, à lutter contre les divisions locales et à promouvoir l'unité nationale autour d'une langue africaine (l'union du continent pouvant, elle, s'appuyer sur l'anglais). La majorité du Parlement est cependant d'un autre avis. Pour beaucoup d'autres membres du CPP, généraliser l'usage de l'akan n'est pas une option réaliste : en plus d'être trop différentes les unes des autres, les langues akan ne reposent pas sur une orthographe codifiée. Les députés considèrent également qu'une telle réforme engendrerait des conflits régionaux puisqu'elle signerait la domination du groupe akan sur beaucoup d'autres ; cette crainte faisant ici écho à la réticence qu'avaient déjà exprimée les opposants musulmans et ashanti face à la formation d'un État centralisé.

La motion est rejetée et le divorce prononcé entre deux espaces publics : l'un, celui de l'État, où l'anglais est la règle ; l'autre, celui des rapports sociaux, régis au quotidien par les langues ghanéennes. Représentant le CPP à l'échelle locale, les commissaires de district se retrouvent donc confrontés, partout, à l'impossible tâche qui consiste à ancrer la nation au village, tout en renforçant les différences que le sommet de l'État impose en même temps qu'il prétend les abolir. Cette extériorité sociale de la nation compromet la cohésion du Ghana postcolonial où, jour après jour, le fossé se creuse entre la *construction* nationale de l'État (avec des politiques publiques et des idéologies élaborées en langue anglaise) et la *formation* locale de ce même État (avec des pratiques publiques et des acteurs sociaux employant des langues ghanéennes). Le pays évolue alors au fil d'une instabilité permanente. Tandis que les factions dirigeantes s'affrontent pour contrôler l'État et son projet de libération nationale *par le haut*, les populations désertent l'espace public où la libération devait s'opérer concrètement, *par en bas*. La Première République sera renversée en 1966.

Fragmentations par le bas : le Nigeria

Au Ghana, le CPP a perpétué le poids d'un État élitiste. Et au Nigeria, la nouvelle fédération va accentuer les divisions régionales héritées de l'époque coloniale. Dans chaque région, l'économie d'exportation est de mise. Grâce au cacao dans le Sud-Ouest et aux produits agricoles au Sud-Est et au Nord, les élites politiques peuvent asseoir leur autorité de patronage sur leurs circonscriptions, où ils œuvrent au développement de l'économie et de l'éducation. Mais, à l'échelle nationale, les tensions se font croissantes. Le gouvernement fédéral est assuré par Abubakar Tafawa Balewa, le leader du

NPC (Nord), et chaque parti se méfie des deux autres. Tandis que le NCNC (Est) et l'AG (Ouest) craignent le pouvoir du Nord plus peuplé et dirigé par une élite islamique, celle-ci redoute de voir l'Est et l'Ouest s'associer pour prendre le contrôle de l'État fédéral. Quant aux autres groupes qui représentent les « minorités », certains réclament désormais leur propre administration régionale. C'est le cas des Edo du *Midwest*, l'un des principaux peuples de l'ancien royaume du Bénin. Les élections de 1963 entérinent la création de leur État du Centre-Ouest, désormais la quatrième région officielle du Nigeria aux côtés du Nord, de l'Est et de l'Ouest[1].

Les contours du conflit à venir se précisent. Loin de la vision galvaudée d'une Afrique rongée par l'ethnisme, le problème du Nigeria est celui qui se pose à n'importe quelle fédération à travers le monde : il y a des peuples *fédérés*, il y a un gouvernement *fédéral* et, forcément, une question de partage des ressources et du pouvoir de les contrôler. La découverte à l'Est de l'une des plus grandes réserves mondiales de pétrole est l'étincelle qui met le feu aux poudres. C'est la « pire chance du Nigeria », écrit Frederick Cooper. Chaque parti cherche à gravir les échelons de l'État fédéral pour capter la rente pétrolière qui lui permettra de gouverner le pays et, ainsi, de mieux développer sa propre région. Or, l'Est est le premier bénéficiaire des revenus de ce pétrole découvert sur son territoire. Les tensions régionales s'accentuent rapidement et, en janvier 1966, Balewa est assassiné. Il est renversé par un coup d'État dont le général Johnson Ironsi sort vainqueur. Populiste et réformateur, Ironsi entend diriger un gouvernement militaire, compétent et non corrompu.

1. Vincent Hiribarren, « L'héritage spatial de l'*Indirect Rule* au Nigeria », art. cit.

Mais les habitants du Nord ne voient en lui qu'un Ibo de l'Est, décidé à œuvrer pour les siens. Ainsi débutent les premiers pogroms. Avec la bienveillance des élites locales, les habitants du Nord s'en prennent aux Ibo de la région, au prix de milliers de morts et d'une quantité innombrable de réfugiés. Les violences révèlent que les découpages coloniaux – « une région, un peuple » – étaient bien plus poreux que ce que voulaient croire les Britanniques[1]. Comment pourrait-il en être autrement ? Trop tard. À leur tour, les officiers nordistes renversent et assassinent Ironsi. Et, pour les Ibo de l'Est, le coup d'État est bien la preuve que le Nord veut sinon les éliminer, au moins les dominer. À leurs yeux, l'autonomie est donc le seul choix qui s'offre à eux[2].

Yakubu Gowon a pris la tête de la fédération. Décidé à faire face aux revendications régionales qui menacent l'unité du pays, il divise le Nigeria en douze États. Sa stratégie est simple : en morcelant les régions, le Nord perd sa suprématie fédérale et l'Est se retrouve coupé de la mer et de la région pétrolière. Mais l'opération ne fait que renforcer la détermination de l'Est. Le général Odumegwu Ojukwu y fait sécession et le 30 mai 1967, il proclame la République du Biafra. La riposte fédérale est immédiate. Gowon envoie l'armée, il organise le blocus de l'Est et trois années de guerre débutent. Soucieuses de sécuriser une région clef de la guerre froide et de protéger les ressources pétrolières qu'elles pourraient y exploiter, la France, la Chine, la Côte d'Ivoire et la Tanzanie offrent leur soutien au Biafra. Les ventes d'armes étrangères s'envolent dans les deux

1. Laurent Fourchard, « Violences et ordre politique au Nigeria », *Politique africaine*, n° 106, 2007, p. 4-27.

2. Frederick Cooper, *L'Afrique depuis 1940*, *op. cit.*, p. 316-318.

camps ennemis, mais les sécessionnistes restent les plus mal équipés. Avec une population décimée par les combats et les pénuries, Ojukwu capitule le 17 janvier 1970 et Gowon en profite, lui, pour renforcer son pouvoir[1].

La guerre a tué 100 000 soldats, la famine, entre 500 000 et 2 millions de civils, et le Nord vit désormais dans la peur de se voir encore davantage privé de sa (sur-)représentation démographique et politique au sein de la fédération. Dix ans après l'indépendance, les divisions sociopolitiques sont durablement ancrées dans le quotidien des Nigérians.

Centraliser par le haut et par le bas : le Kenya[2]

Là où certains rebelles devenus dirigeants composent bon gré mal gré avec les structures héritées de l'époque britannique, l'État kényan va sciemment reprendre à son compte un mode de gouvernement colonial qui a déjà fait ses preuves pour contrôler le pays. L'historien Daniel Bourmaud a étudié la pérennisation des liens qui attachent la vie locale au pouvoir du centre.

Une fois l'état d'urgence levé, en 1960, des tendances centralisatrices et régionalistes se dessinent. Celles-ci renvoient à des dissensions politiques, mais pas seulement. La KANU est avant tout dirigée par des Kikuyu et des Luo tels que Jomo Kenyatta et Tom Mboya, deux groupes représentant environ un tiers de la population kényane. Menée par Ronald Ngala, la KADU constitue en revanche une sorte de fédération des autres communautés, bien souvent dominées par les Kikuyu et les Luo.

1. Hélène d'Almeida-Topor, *L'Afrique du XXe siècle à nos jours*, *op. cit.*, p. 246.

2. Daniel Bourmaud, *Histoire politique du Kenya. État et pouvoir local*, Paris, Karthala-CREDU, 1988, p. 75-150.

Ces divisions expliquent que la KANU cherche à bâtir un État-nation centralisé tandis que la KADU envisage, elle, un système décentralisé. Fidèles à leur préférence fédérale, les Britanniques soutiennent la seconde option et, après avoir fait réviser la Constitution, ils encadrent l'instauration d'un système régional. La KANU jouant pour l'instant la carte du Commonwealth, elle laisse faire. Six régions voient le jour. Elles sont découpées sur des critères ethnolinguistiques (un territoire, une langue) et dotées d'une assemblée élue au suffrage universel, chaque assemblée régionale partageant alors le pouvoir, au niveau national, avec la Chambre des représentants et le Sénat.

Cette parenthèse régionaliste se referme après les élections de 1963. La KANU remporte la majorité dans les deux chambres et elle impose son projet centralisé à la KADU et au pays. Le parti de Kenyatta promulgue trois réformes majeures. Il opère d'abord un renversement hiérarchique des pouvoirs. Les autorités régionales sont privées d'une bonne partie de leurs prérogatives et, à présent, elles doivent appliquer chez elles les programmes nationaux élaborés au sommet de l'État. La KANU fait ensuite main basse sur les impôts. En s'associant aux plus bas échelons administratifs du pays (les assemblées provinciales), l'État central perçoit les taxes qui revenaient jusqu'ici aux régions. Le parti s'efforce enfin de légaliser ces mesures pour l'instant anticonstitutionnelles. La République est proclamée le 12 décembre 1964, Kenyatta en devient le président, la KANU suspend l'autonomie des régions puis elle met fin au bipartisme, la KADU de Ngala ayant finalement accepté de se rallier à son adversaire. Le processus signe le retour au mode de gouvernement instauré par les Britanniques. Comme à l'époque coloniale, une relation verticale du pouvoir organise la société, de l'échelon local de la province (et non des régions) à l'échelon central du pouvoir étatique. Mais à la place des Britanniques se trouve désormais un État-parti, celui de la KANU. Cinq années plus tard, en 1969, l'État-Kenyatta est solidement construit.

28. Le Kenya et l'État-Kenyatta

L'État-Kenyatta s'appuie sur trois piliers. Premier d'entre eux : le présidentialisme. La KANU ne peut modifier d'un coup, d'un seul, le cadre parlementaire né de la période de transition, entre 1960 et 1963. Elle le retouche donc pas à pas. Des pouvoirs exceptionnels sont accordés au président en 1966, le monocamérisme est officialisé en 1967 et, l'année suivante, le suffrage universel est instauré selon une règle bien précise : pour être choisi par le parti, le candidat à la présidence doit obligatoirement être élu dans sa circonscription. Or, non seulement Jomo Kenyatta bénéficie dans sa circonscription de l'aura kikuyu, mais il met aussi en œuvre, partout ailleurs dans le pays, un système clientéliste qui lui garantit l'élection. De cette manière, Kenyatta se positionne tout en haut de la chaîne du pouvoir. En théorie, celle-ci monte des provinces jusqu'au sommet de l'État. Cependant, en pratique, elle ne fait que descendre du bureau présidentiel vers les administrations provinciales.

Deuxième pilier : le monopartisme. Dans une telle configuration, les seules limites au pouvoir du chef de l'État sont les oppositions qui le forcent à composer avec ses « alliés-rivaux » du centre et de la périphérie. Puisque le parti unique est une nécessité pour Kenyatta, il doit éliminer le risque idéologique à l'intérieur et à l'extérieur de la KANU. Pour cela, l'État-parti ne doit pas devenir le fer de lance d'une idéologie mobilisatrice : ce serait ouvrir la voie à d'autres partis partisans. Au contraire, il doit devenir le porte-parole des périphéries, là où le jeu politique dépend de plus en plus de la redistribution des terres. Kenyatta va alors endiguer les deux oppositions qui se cristallisent autour de la question foncière : celle des partisans du capitalisme et de l'Occident, représentés par le ministre de la Planification Tom Mboya, d'origine luo ; et celle des défenseurs du socialisme et du bloc soviétique, rassemblés autour du vice-président Oginga Odinga, lui aussi d'origine luo. Jomo Kenyatta s'appuie d'abord sur le premier pour se défaire du second. Poussé à la démission par Mboya en 1966, Odinga rejoint les rangs du principal parti d'opposition, la KPU (Kenya People's Union), ancêtre de la KADU. Mais le parti est défait par les urnes, ou plutôt par les réformes électorales imposées par le présidentialisme. Tom Mboya sort vainqueur du conflit puis, petit à petit, ses alliés de la KANU se liguent contre lui, dénonçant sa tendance bureaucratique et modernisatrice, voire ses origines luo. Son assassinat en 1969 parachève la prise de pouvoir de Kenyatta. Des révoltes luo éclatent, Odinga est arrêté, la KPU interdite et, dès lors, la KANU devient l'unique parti du pays.

Reste un troisième et dernier pilier : le clientélisme. À l'époque coloniale, les Britanniques n'autorisaient d'organisations partisanes qu'à l'échelle locale et, dans le Kenya indépendant, les collectivités municipales bénéficient toujours d'une certaine autonomie. Parce qu'elles sont au cœur du système présidentialiste, l'État-parti leur laisse d'abord prendre en charge l'enseignement, les infrastructures de transport et, surtout, le financement des projets de « développement », mot d'ordre et idéologie très officiels du gouvernement Kenyatta : *Harambee*, « tirons tous ensemble ». Mais le pouvoir central fait face à deux dangers. Les collectivités commencent à contester le manque des ressources que l'État est censé leur apporter, et la KPU envisage de prendre sa revanche à l'échelle locale. L'État impose alors l'appartenance au parti unique à tous les candidats aux élections municipales. Puis il s'appuie sur des « patrons » locaux pour contrôler l'ensemble des dépenses publiques relatives au transport, à l'enseignement et à la santé. Il y a le président, le parti et, tout en bas, leurs « clients » qui préservent la stabilité de l'État, tant que celui-ci leur garantit l'accès aux ressources et au pouvoir.

Voir Daniel Bourmaud,
Histoire politique du Kenya, op. cit., p. 111-150.

À la fin des années 1960, la centralisation du pouvoir est devenue l'un des principaux moteurs du Kenya postcolonial. Unifié par le monocamérisme, le parti et le syndicat uniques, l'appareil administratif a retrouvé les fonctions régaliennes de la période coloniale. La KANU n'existe que pour empêcher d'autres partis d'exister, mais, comme les Britanniques avant eux, ses dirigeants n'ont pas les moyens de réguler totalement le jeu politique. Alors, même si elles sont théoriquement soumises à l'État central, les collectivités locales demeurent. Les municipalités urbaines conservent leurs attributions et, partout dans le pays, les patrons locaux disposent de suffisamment de ressources pour pouvoir s'opposer au centre, dès lors qu'ils se sentent lésés par celui-ci. Tout devient question de vassalité, entre les périphéries qui veulent capter la rente monopolisée par l'État-parti et les dirigeants qui cherchent à les contrôler en distribuant cette rente.

Le moment post-indépendantiste : une histoire afro-européenne

Il serait trop facile de voir dans ces continuités le signe d'une « malédiction coloniale », trop simple de considérer les sociétés africaines comme les victimes passives de l'histoire. Le temps très contemporain de l'Afrique est ancré dans l'expérience coloniale et le moment indépendantiste, mais des dynamiques afro-européennes postcoloniales sont à l'œuvre. La formation de l'État « garde-barrière » (au Ghana), l'appropriation du jeu néocolonial (au Nigeria) et l'instrumentalisation (kényane) de la lutte anticolonialiste constituent trois des caractéristiques majeures des moments post-indépendantistes sur le continent.

L'État garde-barrière[1]

Arrivé au pouvoir, N'Krumah ne change rien au programme développementaliste élaboré par les Britanniques. L'État ghanéen contrôle les excédents commerciaux, les agriculteurs ne reçoivent qu'une maigre partie des revenus que génère la vente de leur production sur le marché mondial et, avec les bénéfices qu'il capte, le gouvernement entend dynamiser et encadrer le développement : la construction des écoles, l'aménagement des routes et l'industrialisation du pays. Cette politique, N'Krumah l'a conçue durant les six années de sa marche vers le pouvoir. Il connaissait les positions régionalistes du mouvement ashanti, héritier de la révolution étatique des XVIIIe et XIXe siècles. Et le leader panafricaniste redoutait d'autant plus ces opposants que ces derniers bénéficiaient des revenus du cacao pour financer leur propre Mouvement national de libération. Mais N'Krumah a réussi à convaincre le gouvernement britannique et les électeurs que les Ashanti se battaient pour une minorité, et non pour le « peuple ». Quant aux autres mouvements anticentralisateurs, N'Krumah s'est servi du CPP pour mieux les contenir. Dans toute la Gold Coast, il fit remplacer les meneurs locaux par des militants fidèles au parti. Il s'assura également que les dirigeants syndicaux intègrent une fédération syndicale contrôlée par le CPP, fer de lance d'un militantisme socialiste authentique. Enfin, au nom du gouvernement du peuple par le peuple, il fit en sorte que les planteurs de cacao se mettent à vendre leurs récoltes sous la supervision des agences gouvernementales associées au CPP.

1. Frederick Cooper, *L'Afrique depuis 1940*, p. 133-136 et p. 298-300.

Lorsqu'il prend la tête du Ghana en 1957, Kwame N'Krumah peut alors s'investir dans la construction d'un « État garde-barrière ». Une nouvelle fois, c'est à l'historien états-unien Frederick Cooper que l'on doit l'explication. Puisque les principales sources de revenu de l'État sont les taxes sur les marchandises qui entrent et sortent du pays, son premier souci est de capter la rente issue de ces flux. Il lui faut donc se placer à l'intersection entre le territoire national et le monde extérieur : il doit garder la barrière. Et, comme tant d'autres dirigeants africains, N'Krumah entreprend de bâtir cet État collecteur de taxes dès les premiers jours de son arrivée au pouvoir. Pourquoi ?

Le CPP veut à tout prix échapper à une économie « néocoloniale ». Plutôt que de pérenniser une économie entièrement tournée vers la monoculture et l'exportation, N'Krumah entend développer l'industrie de l'aluminium. Pour cela, il prévoit de faire construire un barrage qui fournira, depuis la Volta, l'énergie hydroélectrique nécessaire. Or, s'il veut pouvoir financer ce projet, N'Krumah a besoin de la principale richesse du pays, située en territoire ashanti : la production de cacao. Dès 1957, l'État ponctionne donc la moitié du revenu des exportations des planteurs. Ces derniers contestent l'action invasive du CPP et celui-ci dissout les organisations de producteurs de cacao, avant d'interdire tout parti politique régional. Toutefois, l'autoritarisme de N'Krumah ne suffira pas. Au début des années 1960, le cours mondial du cacao s'effondre et pour survivre, les planteurs se tournent vers l'économie vivrière. La production chute et l'État se trouve privé d'encore plus de revenus. N'Krumah fait alors appel à ceux dont ils voulaient s'affranchir : les entreprises étrangères et les institutions internationales qui détiennent la technologie et les fonds nécessaires à la poursuite de son projet de diversification de l'économie. Cette ouverture au monde pousse le Ghana sur la voie de l'État garde-barrière et N'Krumah, sur celle de l'autocratie. Même les militants fidèles au CPP critiquent le parti. Et en retour, ce dernier les réprime. Les dirigeants syndicaux sont sinon assassinés au moins arrêtés, et la grève est en passe de devenir illégale.

Face à cette répression politique doublée d'un échec économique, un coup d'État renverse N'Krumah en 1966. D'autres régimes militaires (1966-1969, 1972-1979) et civils (1969-1972, 1979-1981) suivront, et tous se renverseront les uns les autres au nom des mêmes objectifs : en finir avec le capitalisme et la corruption d'État, adopter une économie de marché. Le lieutenant Jerry Rawlings jettera les bases d'un gouvernement populiste et socialiste en 1981, mais il pérennisera jusqu'en 2001 et l'État garde-barrière, et les conflits entourant la captation de la rente qu'il génère[1].

Le pouvoir du pétrole, de l'humanitaire et des images

Les puits de pétrole du Nigeria entraînent eux aussi une lutte sans fin pour le contrôle de la « barrière ». Le cas nigérian éclaire cependant d'autres points saillants caractéristiques des premiers temps postcoloniaux africains, et partagés par la majorité des anciennes colonies britanniques mais aussi françaises, belges ou portugaises.

Observons encore une fois le déroulement de la guerre du Biafra pour signaler, d'abord, l'importance que revêtent désormais les relations entre l'État postcolonial et les firmes européennes. À cet égard, l'historien

1. Sur l'État garde-barrière en Afrique, voir aussi : Jean-François Bayart, *L'État en Afrique. La politique du ventre*, Paris, Fayard, 2006 (2e éd.).

Jonathan Kuiken a mené une étude particulièrement minutieuse de l'action conjointe du gouvernement britannique, des maisons-mères de la Royal-Dutch Shell et de la British Petroleum, et de leur filiale commune au Nigeria, Shell-BP. Ses employés découvrent du pétrole dans la région de l'Est en 1956. Ils commencent à l'exploiter massivement au début des années 1960, avant de se retrouver pris entre deux feux. Le général Gowon arrive à la tête de la fédération nigériane en juillet 1966, et Shell-BP accepte un accord fiscal qui permet à Gowon de financer et de consolider son pouvoir. Puis le général Ojukwu menace de faire sécession dans l'Est, c'est-à-dire là où se trouvent les exploitations de Shell-BP. Gowon demande alors à l'entreprise de s'engager à ne payer ses taxes qu'à l'État fédéral. Celle-ci se fait prudente, lui promettant de ne pas agir sans l'avoir d'abord consulté. Mais lorsque les insurgés de l'Est proclament la République du Biafra et que l'armée fédérale organise le blocus de la région, Ojukwu somme les marchands de pétrole de payer leur taxes… au Biafra. Shell-BP doit décider quel belligérant soutenir, et la décision n'est pas aisée. Si le gouvernement britannique et les patrons de Shell et de BP misent sur l'État fédéral, sur place, les dirigeants de la filiale Shell-BP n'ont pas le luxe de la distance. Craignant de perdre leurs investissements, leur matériel et leur personnel, ils préféreraient payer le Biafra ; ce que la Grande-Bretagne refuse puisque le Nigeria ne manquerait pas d'interpréter ce geste comme le signe d'une reconnaissance légale de la République sécessionniste. Un compromis est donc trouvé : Shell-BP verse une somme minime au Biafra d'Ojukwu et explique au gouvernement fédéral de Gowon avoir agi sous la contrainte. Échec. Le premier est scandalisé et le second étend le blocus de la région aux navires de Shell-BP. Les intérêts britanniques sont compromis. Pire, la presse diffuse les images de civils biafrais morts de faim et, très vite, en Europe, l'opinion publique commence à basculer du côté des insurgés. Shell et BP lancent alors leur propre campagne diplomatique. Depuis le Royaume-Uni, ils financent une propagande pro-nigériane dans la presse internationale, tout en faisant pression sur les députés britanniques qui s'apprêtaient, eux, à condamner légalement la stratégie de Gowon au Biafra. Et, depuis le Nigeria, pour retrouver la confiance de Gowon, Shell-BP inonde la région Ouest de nouveaux investissements. Lorsque la guerre touche à sa fin, c'est donc une toute nouvelle configuration globale qui se dessine. Si, pour remettre le pays sur les rails, l'État fédéral nigérian a besoin des revenus du pétrole exploité par Shell-BP, ses dirigeants se savent aussi en position de force vis-à-vis de l'industrie pétrolière et de leur ancienne métropole[1].

Au-delà des sphères de l'économie politique, la guerre du Biafra signale également la place qu'occupe désormais l'enjeu humanitaire dans l'Afrique postcoloniale. Marie-Luce Desgrandchamps a consacré sa thèse de doctorat à ce sujet, analysant la politique menée par la France au Biafra, en parallèle de l'aide internationale. Pour le général de Gaulle, soutenir les insurgés de l'Est permettrait à la France non seulement de profiter des ressources pétrolières de la région, mais aussi d'affaiblir le géant nigérian et, par ce biais, d'écorner l'influence britannique dans le pré carré français. Le président fait part de sa stratégie à son « Monsieur Afrique », Jacques

1. Jonathan Kuiken, « Une persistance de l'Empire britannique en Afrique postcoloniale ? Le rôle des compagnies pétrolières British Petroleum et Shell », *Afrique contemporaine*, n° 261-262, 2017, p. 49-63.

Foccart : « Nous ne devrons ni intervenir ni donner l'impression d'avoir choisi. Mais tout compte fait, le morcellement du Nigeria est souhaitable et, si le Biafra réussit, ce ne sera pas une mauvaise chose. » Cette posture se traduit par l'implication des services français au Biafra. Tout en envoyant des armes et des mercenaires aux sécessionnistes, ils mettent en place un dispositif d'aide humanitaire indépendant de celle apportée par la Croix-Rouge et les Églises chrétiennes. Plus la guerre se prolonge et plus de Gaulle insiste auprès de Foccart sur la nécessité d'envoyer sur place un personnel français autonome : « Il est hors de question de faire passer notre aide au Biafra par le biais d'organismes internationaux. Nous devons apporter une aide directe au Biafra grâce à la Croix-Rouge française et non par le canal de la Croix-Rouge internationale. » Au cours de l'été 1968, l'armée française organise alors un pont aérien entre le Nigeria et le Gabon : les enfants mourants du Biafra sont transportés à Libreville, puis les avions repartent chargés des armes qui blesseront… d'autres enfants. Les opérations humanitaires font leur entrée sur la scène africaine sur ce registre sombrement géopolitique. Pour l'Afrique comme pour les anciennes métropoles, l'humanitaire est désormais un moyen efficace de tisser des alliances et de peser sur l'équilibre des pouvoirs en place[1].

Les violences qui déchirent le Nigeria pendant trois ans témoignent enfin de l'émergence d'une nouvelle arme de guerre pour les États africains. Après avoir décrypté les quelque trois cents reportages qui traitent du Biafra en France entre 1967 et 1970, Barbara Jung insiste sur le

1. Marie-Luce Desgrandchamps, « Soutien militaire et aide humanitaire. Les ambiguïtés de la France au Biafra », *Relations internationales*, n° 165, 2016, p. 81-96.

pouvoir qu'acquièrent, à cette époque, les images télévisuelles. Lorsqu'il annonce la sécession de l'Est nigérian, Ojukwu sait qu'il a désespérément besoin du soutien de la communauté internationale. La tâche revient à la Direction de la propagande de la nouvelle République. Avec Radio Biafra sur place et l'agence de relations publiques Markpress basée à Genève, les sécessionnistes diffusent auprès de la presse africaine et occidentale une impressionnante quantité de films et de photographies des combats et de leurs ravages sur les civils. Ojukwu définit Gowon comme « un Hitler de l'Afrique », un homme qui chercherait à « exterminer quatorze millions de Biafrais de la plus horrible manière ». Le leader de la petite République reçoit les journalistes étrangers à même le champ de bataille, favorisant ainsi la circulation à grande échelle des images de la famine. Car Ojukwu en est persuadé, celles-ci feront basculer la communauté internationale dans le camp biafrais. Il n'atteindra pas son objectif, mais il aura tout de même réussi à faire émerger un mouvement de sympathie envers la cause républicaine[1]. Et, là encore, les dynamiques à l'œuvre sont bien afro-européennes. Tandis que des dirigeants africains orchestrent des famines politiques, mettant au service du pouvoir l'image d'enfants au ventre gonflé et au regard meurtri, des « *French Doctors* » font, eux, le jeu des anciennes métropoles qui ont ajouté une corde humanitaire à leur arc interventionniste.

1. Barbara Jung, « L'image télévisuelle comme arme de guerre. Exemple de la guerre du Biafra, 1967-1970 », *Bulletin de l'Institut Pierre Renouvin*, n° 26, 2007, p. 49-63.

Le mythe de la lutte anticoloniale au service de la nation[1]

L'économie, la guerre et l'image accompagnent les débuts de l'Afrique postcoloniale au même titre que les mythes. Comme dans le Viêt-Nam du PCI ou l'Algérie du FLN, au Kenya, les mémoires de la lutte anticoloniale vont largement façonner le moment post-indépendantiste. Car si Kenyatta est bien le fondateur de la nation kényane, l'historienne Hélène Charton explique que son statut de héros de l'indépendance relève, lui, d'un mythe élaboré durant le régime colonial et concrétisé après 1963.

Le 20 octobre 1952, après avoir proclamé l'état d'urgence, les Britanniques lancent l'opération Jock Scott. Ils arrêtent et écrouent cent six leaders indépendantistes, parmi lesquels se trouvent les six fondateurs de la KAU. Jomo Kenyatta est l'un d'entre eux. Nationaliste modéré, il fait partie d'une nouvelle génération d'hommes politiques pour qui les divergences doivent s'effacer au profit de l'unité nationale. Oginga Odinga, Ronald Ngala et Tom Mboya sont eux aussi de cette génération. Restés libres, ils vont alors faire de Kenyatta un héros. L'entreprise leur permet de négocier légitimement l'indépendance avec les Britanniques, tout en l'emportant sur les nationalistes kényans radicaux. Avec leur slogan « Kenyatta et l'indépendance », ils imposent sa libération comme la condition préalable aux pourparlers avec la Couronne et, surtout, à la formation d'un gouvernement par la nouvelle KANU. Lorsque Kenyatta sort de prison, il est donc déjà l'icône de la

1. Hélène Charton, « Jomo Kenyatta et les méandres de la mémoire de l'indépendance du Kenya », *Vingtième Siècle*, n° 118, 2013, p. 45-59.

lutte indépendantiste. Il représente la synthèse entre les mouvements insurrectionnels, syndicaux et réformistes. Puis, Premier ministre de la monarchie constitutionnelle en 1963, Kenyatta s'affirme en garant de l'ordre pour contrer les radicaux, en défenseur de la réconciliation raciale pour rassurer les Britanniques, et en héros kikuyu pour se forger une image de « père de la nation ».

La fabrique de l'État-Kenyatta débute l'année suivante, plus précisément le 20 octobre 1964. Douze ans jour pour jour après la proclamation de l'état d'urgence, la date devient le *Kenyatta Day*. Dans les huit provinces du pays, chaque église et chaque mosquée organisent des cérémonies d'action de grâce, célébrant le dernier souper pris par Jomo Kenyatta avant son arrestation. L'État-parti offre au peuple un jour divin et, simultanément, il donne à la nation la profondeur historique qui pouvait lui manquer. Kenyatta prononce un discours radiophonique au cours duquel il fait remonter son combat indépendantiste au début des années 1920, minimisant ainsi l'épisode Mau Mau au profit de la réconciliation nationale : « Nous devons décider de ne plus jamais nous référer au passé. Mais d'être au contraire unis dans nos paroles et dans nos actes, dans l'intérêt de la reconstruction du pays et de la vitalité de l'avenir du Kenya. » L'instauration de cette date anniversaire sert enfin à mettre en scène l'allégeance de la nation envers son père. Alors que les oppositions régionalistes font rage et que la répression a déjà conduit à l'arrestation de nombreux militants kikuyu, Kenyatta s'adresse à la foule rassemblée dans l'enceinte du stade de Kamukunji : il annonce la libération de tous les prisonniers Mau Mau. Le peuple peut ainsi acclamer l'homme qui le libère, pour la seconde fois.

La République proclamée, la légende doit légitimer l'État-parti et l'élimination des mythes concurrents, et de ceux qui les portent. Deux périodes de crise le montrent clairement. La première se situe entre les années 1963 et 1965. Tandis que, à l'intérieur du parti, la KANU fait face à l'opposition des nationalistes et des socialistes radicaux, dans le pays les premières publications des récits des combattants Mau Mau rappellent à tous les opposants que, à l'origine, la lutte devait servir l'égalité, la justice sociale et l'équitable répartition des richesses. Les manifestations sont réprimées et le leader de la gauche radicale Pio Gama Pinto est assassiné. Puisque la KANU est l'incarnation vivante de la mémoire Mau Mau, contester la première, c'est renier la seconde. Le scénario se répète quelques années plus tard, entre 1966 et 1969. Les militants de la KPU (les anciens de la KADU) dénoncent désormais la dérive « néocoloniale » du régime : Odinga est arrêté, Mboya tué et des émeutes sont réprimées dans l'ouest du pays. Les proches de Kenyatta décident alors d'organiser des campagnes de serments d'unité et de fidélité. Avec de telles pratiques, ils convoquent les rituels Mau Mau nés du combat pour la libération et les transposent à la lutte pour l'unité nationale.

Plutôt que le fondateur de la nation, Kenyatta est l'homme qui bâtit un régime sur un mythe, conclut Hélène Charton. Et ce régime survivra à sa mort, grâce au mythe. Au pouvoir de 1978 à 2002, Daniel Arap Moi puisera sa légitimité et ses alliances politiques dans la figure de Kenyatta et, à travers lui, des Mau Mau. Le passé colonial continue se s'entremêler au présent postcolonial.

Chapitre 7

Algérie : la situation postcoloniale

Entre l'avant et l'après-indépendance, le temps continue d'échapper à la linéarité. Les durées s'accumulent et se superposent bien plus qu'elles ne se succèdent. En Algérie, les dirigeants du Front de libération nationale en témoignent encore aujourd'hui, en 2020, eux qui s'accrochent coûte que coûte au pouvoir qu'ils ont arraché à la France en 1962. Plus encore, l'histoire algérienne signale qu'il en va des temps de la décolonisation comme de ses territoires. L'Algérie et la France républicaine n'ont jamais véritablement existé l'une séparée de l'autre, au XXIe siècle pas plus qu'au siècle dernier.

Après 1945, « il était déjà évident que les Maghrébins n'étaient plus colonisables », explique Daniel Rivet dans sa magistrale synthèse de l'histoire contemporaine du Maghreb. Mais, au lendemain de la guerre, les dirigeants français s'enferment dans une approche défensive : ils ne négocieront pas l'émancipation avant d'être en position de force face aux nationalistes. La décolonisation va tout de même s'opérer sans que la France atteigne cet objectif. Dans les protectorats du Maroc et de Tunisie, depuis la fin des années 1940, les élites en manque d'État et le peuple en demande de justice sociale se réunissent autour d'un arabo-islamisme fédérateur. L'indépendance est acquise en 1956, mais les nouveaux dirigeants ne parviendront pas à combler le fossé entre leur soif de nation et la soif populaire d'égalité. L'Algérie suit une tout autre trajectoire. Dans cette colonie de peuplement, département français et non pas protectorat, le mouvement indépendantiste est porté par des déclassés. Animés par un nationalisme plébéien, ces hommes se vivent comme des exclus. Car ils ont notamment vécu, nous dit Rivet, l'humiliation du centenaire de l'Algérie lorsqu'ils étaient enfants, en 1930, puis la répression du 8 mai 1945 lorsqu'ils étaient de jeunes adultes. Prêts à tout pour se débarrasser des colons, ces militants deviennent alors les symboles d'une « aristocratie du sacrifice », écrit Camus. Et, après l'indépendance acquise en 1962, leur nationalisme de lutte sera la première source de légitimité de l'État-parti algérien, mais aussi sa principale source de contestation[1].

Avant de nous plonger dans cette histoire, concentrons-nous sur la chronologie et, en premier lieu, sur la nature inégalitaire de cette colonie. La vie sociale de l'Algérie française constitue probablement l'une des expressions les plus abouties de la « situation coloniale » telle que la définissait Georges Balandier. À la veille de la Seconde Guerre mondiale, tous les habitants d'Algérie sont dits *français*. Ils sont toutefois loin d'être égaux. Une minorité démographique (900 000 *Européens* dont 80 % nés sur place) représente la majorité sociologique : *citoyens*, ils sont tous privilégiés comparativement aux *indigènes musulmans*. Et une majorité démographique (8 millions d'Arabes, de Berbères, de Kabyles ou de Mozabites) représente la minorité sociologique : *indigènes musulmans*, ils sont tous discriminés comparativement aux

1. Daniel Rivet, *Le Maghreb à l'époque de la colonisation*, *op. cit.*, p. 373-386.

citoyens. Cette domination partagée favorise le rapprochement des colonisés. Depuis les années 1920, plusieurs groupes s'organisent autour de revendications communes : l'affirmation d'une identité culturelle portée par Ben Badis et l'Association des oulémas ; l'indépendance revendiquée par Messali Hadj et le Parti populaire algérien (PPA) ; l'égalité des droits réclamée par Ferhat Abbas et l'Union populaire algérienne (UPA). Quant aux Français et aux Européens d'Algérie, si certains dénoncent les inégalités d'un système colonial capitaliste, tous refusent de reconnaître l'authenticité du nationalisme *autochtone*, y compris le Parti communiste algérien (PCA), pourtant ouvert aux colonisés[1].

Puis la Seconde Guerre mondiale exacerbe les velléités d'indépendance. Après l'instauration du régime de Vichy en 1940, le débarquement allié en novembre 1942 et l'arrivée du général de Gaulle en mai 1943, en 1944 Ferhat Abbas, les autonomistes et les élites algériennes se regroupent dans l'association des Amis du manifeste et de la liberté (AML). Ils revendiquent pour le peuple le droit à la liberté au nom de laquelle les leurs se battent en Europe. Puis le point de non-retour est franchi en mai 1945, après les massacres perpétrés par l'armée française dans le Constantinois. Les autorités coloniales ont beau ouvrir aux colonisés l'accès à l'emploi puis à la citoyenneté, rien n'y fait. Face cette émancipation surtout de façade, les *indigènes* désormais appelés *Français musulmans d'Algérie* se rassemblent autour d'une identité toujours plus exclusivement « nationale ».

L'inégalité croissante qui sépare les colons des colonisés favorise, chez ces derniers, le sentiment d'une

1. Claire Marynower, *L'Algérie à gauche (1900-1962). Socialistes à l'époque coloniale*, Paris, PUF, 2018.

appartenance commune. À la campagne, l'agriculteur algérien gagne trente-cinq fois moins que l'européen. Et, en ville, où les Européens ont la garantie de l'emploi, les Algériens sont en proie, eux, au chômage et à une extrême pauvreté. Cette fracture socio-identitaire nourrit la montée des contestations. Elles sont portées par trois grands partis : le PCA, qui réclame désormais l'indépendance ; l'Union démocratique du manifeste algérien (UDMA) de Ferhat Abbas ; et, avec Messali Hadj, le Mouvement pour le triomphe des libertés démocratiques (PPA-MTLD). C'est au sein du MTLD qu'en mars 1954, les partisans d'une action immédiate fondent le Comité révolutionnaire pour l'unité et l'action. Ses dirigeants le renomment Front de libération nationale (FLN) au mois d'octobre et, le 1er novembre, ils organisent une série d'attentats contre les symboles de la présence française sur « leur » territoire. La Toussaint rouge est le premier acte de la guerre d'Algérie. Lorsqu'elle s'achève presque huit ans plus tard, la guerre a fait au moins cinq cent mille victimes, selon Benjamin Stora, dont presque 90 % d'Algériens.

Le 5 juillet 1962 signe à la fois l'accession à l'indépendance et la victoire du FLN. Le Front est particulièrement puissant. Excepté ses alliés du PCA, il a assujetti les autres formations politiques à sa doctrine du parti unique. Le FLN s'est imposé comme le garant d'une identité algérienne qui reposerait sur le socialisme et l'arabo-islamisme, piliers respectifs de la libération sociale et de l'identité nationale. Mais le parti est également divisé par le conflit qui oppose le Gouvernement provisoire de la République algérienne (GPRA), partisan d'un contrôle des militaires, et l'État-major général (EMG) de Houari Boumediene, plus communément appelé l'« armée des frontières ». Ce parti de la force militaire l'emporte en septembre 1962 après un été de conflits. Ferhat Abbas prend la tête de l'Assemblée nationale, Boumediene celle de l'Armée nationale populaire (ANP) et Ahmed Ben Bella se retrouve au sommet de l'État et du FLN.

Devenu président en 1963, Ben Bella s'affaire à édifier le socialisme et, trois années durant, il délaisse la construction de l'État. Il nationalise les terres et les entreprises, mais ignore les réalités économiques du pays. Il interdit le multipartisme et réprime ses dissidents, puis ses alliés. Et, en juin 1965, il est renversé par les militaires du groupe d'Oujda, du nom de la ville marocaine où stationnait l'EMG. Après avoir maté les oppositions au sein du FLN, en Kabylie et dans la société civile, Boumediene s'appuie quant à lui sur un triangle État-armée-parti pour diriger le pays. À compter de 1969, les communes et *wilaya* (régions) « autogérées » sont placées sous la responsabilité de l'État et du FLN. Le même sort est réservé aux entreprises en 1971, année depuis laquelle le « tournant socialiste » doit permettre la réussite du modèle industriel développementaliste. Enfin, en 1976, la Constitution conforte le rôle directeur de l'État-parti, celui-ci devant garantir l'unité du territoire national et la pérennité du socialisme. La Constitution érige également l'islam et l'arabe aux rangs de religion d'État et de langue nationale : l'islamité et l'arabité représentent désormais très officiellement les deux faces d'une seule identité algérienne.

Tel est le système dont hérite Chadli Bendjedid à la mort de Boumediene, en 1978. Cet ancien de l'EMG fait face, très vite, à une crise multiforme. Au début des années 1980, tandis que les revendications kabyles aboutissent à un soulèvement régional, le mécontentement des oulémas se traduit par la formation de maquis islamiques. Et lorsqu'en 1985 Bendjedid lance un plan d'austérité pour répondre à la chute des cours du pétrole et du gaz, c'est au tour de la jeunesse urbaine de se rebeller puis, trois ans plus tard, de contester ouvertement le pouvoir. Les émeutes d'octobre 1988 dénoncent un État-FLN dont la seule légitimité est d'avoir gagné une guerre que les jeunes, eux, n'ont pas connue. S'ensuit une éphémère libéralisation du pays et, enfin, une course au pouvoir qui pousse l'armée à annuler les élections prévues en 1992. Une nouvelle guerre civile débute alors, pour dix ans[1].

Ce chapitre est dédié à cette histoire. Pour la comprendre, il nous faut appréhender la profondeur des divisions coloniales qui ont abouti à la guerre de libération nationale et qui se sont depuis renouvelées, pour donner forme à l'Algérie postcoloniale.

Une guerre coloniale

« Évidemment, plus longue a été la soumission, plus lourds furent le silence et le fardeau, et plus vives seront l'hostilité et la cruauté[2]. » La formule nous vient d'un ancien serviteur de Hailé Sélassié. Celui-ci cherchait à expliquer au journaliste et écrivain Ryszard Kapuściński les atrocités qui avaient accompagné la chute de l'empire éthiopien, en 1974. Si Kapuściński s'était rendu

1. Pour une synthèse brève mais très complète de l'histoire contemporaine de l'Algérie, voir les trois volumes publiés (et réédités) par Benjamin Stora, *Histoire de l'Algérie coloniale, 1830-1954* ; *Histoire de la guerre d'Algérie, 1954-1962* ; *Histoire de l'Algérie depuis l'indépendance, 1962-1988*, Paris, La Découverte, 2004.

2. Ryszard Kapuściński, *Le Négus* (1978), traduit du polonais par Véronique Patte, Paris, Flammarion, 1984, p. 112.

en Algérie dix ans plus tôt, il aurait pu y recueillir des témoignages similaires. Car partout, l'injustice mène à la violence et la violence à toujours plus d'injustice, le cercle est sans fin.

Chronologie de la guerre d'Algérie

Plusieurs séquences peuvent être identifiées pour suivre le fil de la guerre d'Algérie[1]. 1954-1955 : le temps des débuts. Après la Toussaint rouge, le FLN et son Armée de libération nationale (ALN) misent sur la guérilla urbaine pour défaire les colonisateurs. L'Assemblée nationale française vote l'état d'urgence au mois de février 1955 et, dès lors, le gouvernement colonial réprime aussi bien les insurgés que les opposants politiques. L'escalade de la violence atteint ensuite des sommets, en 1956-1957. Les indépendantistes sont toujours plus nombreux à prendre le maquis et, face aux soulèvements qui se multiplient, en mars 1956 la France décide d'octroyer des « pouvoirs spéciaux » aux autorités militaires chargées de rétablir l'ordre. L'ALN d'un côté et les soldats français de l'autre, ce sont maintenant deux armées qui s'affrontent, à la campagne comme en ville.

Les Français remportent la bataille d'Alger en septembre 1957, imposant une défaite de premier ordre au FLN. Mais, deux ans plus tard, le Front aura rééquilibré le rapport de forces en internationalisant la lutte indépendantiste. Le parti s'appuie, en Algérie, sur les maquis tenus par l'ALN et, à l'extérieur, sur son armée des frontières et son nouveau Gouvernement provisoire de la République algérienne, installé à Tunis. Quant à la

1. Mohammed Harbi et Benjamin Stora, *La Guerre d'Algérie*, Paris, Pluriel, 2010.

France, elle est affaiblie en métropole par la dénonciation des tortures pratiquées par l'armée sur les Algériens et les Français. L'opinion publique proteste de plus en plus vigoureusement contre la guerre, de Gaulle revient au pouvoir en juin 1958, la Ve République est instaurée au mois d'octobre et, début 1959, le général entame des premières négociations avec les insurgés. Pour autant, la guerre s'enlise et se prolonge. Encore deux ans de combats. Tandis que le FLN et le GPRA imposent l'indépendance comme préalable aux pourparlers avec la métropole, de Gaulle mise sur ses cinq cent mille soldats (contre cinquante mille en 1956) pour vaincre les indépendantistes avant de négocier. Quant aux partisans radicaux de l'Algérie française, civils et surtout militaires se sentant trahis par le général, ils entendent poursuivre la lutte et remporter une victoire totale.

La guerre d'indépendance dégénère enfin en guerre civile. Côté français, le 21 avril 1961 quatre généraux fomentent un putsch pour défendre la colonie contre la métropole qui veut, elle, l'abandonner. Ils échouent et l'Organisation de l'armée secrète (OAS) prend le relais, s'attaquant aux Algériens et aux partisans français de l'indépendance. Côté algérien, on se bat aussi entre voisins. Le FLN réprime ses adversaires en usant d'une brutalité qui rivalise avec celle déployée par l'OAS et une année durant, la guerre oppose donc des colons à des colonisés, des « Français » à des « Français », des « Arabes » à des « Arabes ». Il faut attendre la fin de l'été 1962 pour que les combats cessent véritablement. Les accords d'Évian ont beau instaurer un cessez-le-feu le 18 mars, les hostilités continuent. Les populations puis l'armée algériennes s'attaquent aux harkis, l'OAS mène une politique de la terre brûlée, le 5 juillet à Oran la foule investit le quartier européen pour y traquer les colons et, jusqu'à septembre, les libérateurs s'affrontent entre eux. Cette omniprésence de la violence sera consubstantielle aux mémoires de la guerre d'Algérie. Les médias l'ont instrumentalisée tout au long du conflit, dans les deux camps[1], mais elle ne vient pas de nulle part.

La France et la frénésie répressive

La violence qu'inflige les forces coloniales aux indépendantistes tient au cadre dans lequel elle s'exerce. La colonie n'est pas un protectorat mais un département : « L'Algérie, c'est la France, et la France ne reconnaîtra pas chez elle d'autre autorité que la sienne », lance le ministre de l'Intérieur François Mitterrand le 7 novembre 1954, une semaine après avoir fait la découverte (et l'expérience) du FLN. Cette attitude défensive du gouvernement français est à l'origine des pratiques répressives qu'il va mettre en œuvre.

Celles-ci se traduisent par la création d'un système d'internement reposant, d'abord, sur les centres de triage et de transit. Légalisés en 1957, les CTT furent probablement créés après le vote des pouvoirs spéciaux en 1956, voire dès celui de l'état d'urgence en 1955. Leur fonction est de favoriser la collaboration des autorités militaires et civiles dans la conduite des interrogatoires. Avec les CTT, l'armée dispose de vingt-quatre heures pour informer l'administration judiciaire de l'« assignation à résidence » d'un individu, puis d'un mois pour décider si ce dernier est innocent, coupable ou suspect, et doit alors être relâché, traduit devant les tribunaux ou envoyé dans un centre d'hébergement géré par les autorités civiles. L'historienne Sylvie Thénault

1. Jean-Pierre Bertin-Maghit (dir.), « La guerre d'Algérie et les médias. Questions aux archives », *Théorème*, n° 18, 2013.

explique que ces centres d'internement constituent alors un système de détention parallèle dans l'Algérie coloniale. En 1958, ils abritent plus de sept mille prisonniers. Algériens ou Européens, ce sont des opposants à la guerre, des supposés membres du FLN, des communistes, ou encore des avocats les ayant défendus. Les centres de triage révèlent encore davantage l'ascendant pris par l'armée sur la justice. Fers de lance d'un pouvoir arbitraire, les CTT se multiplient dans l'Algérois après l'octroi des pleins pouvoirs au général Massu, en janvier 1957. Au sommet de la répression, près de vingt mille personnes transiteront par ces centres, hommes et femmes confondus[1].

Les centres de triage et de transit symbolisent le règne de la torture, bien connu grâce aux travaux d'une autre historienne, Raphaëlle Branche. À Alger, les généraux Massu et Salan ont pour mission de « pacifier la ville » en démantelant les réseaux clandestins du FLN, dont cinq des principaux chefs sont déjà en prison. Les « para » et les « zouaves » sont aux commandes. Les membres de la division des parachutistes sont bien souvent des anciens de l'Indochine, à l'instar de Massu et Salan, tandis que le régiment des zouaves est composé essentiellement de Français nés en Algérie. Assistés par la police, ils torturent l'immense majorité des « résidents » de la petite centaine de CTT que compte désormais l'Algérie. Ceux qui leur ont survécu décriront une méthode bien rôdée : intimidation, corde, coups, électricité et eau.

1. Sylvie Thénault, *Une drôle de justice. Les magistrats dans la guerre d'Algérie*, Paris, La Découverte, 2004 (2e éd.), p. 99-127. Sur la complexité du système français de l'internement en Algérie, voir aussi : *id.*, « Personnel et internés dans les camps français de la guerre d'Algérie. Entre stéréotypes coloniaux et combat pour l'indépendance », *Politix*, n° 69, 2005, p. 63-81.

29. Cornélie, victime et témoin de la torture en Algérie

Institutrice, Cornélie est arrêtée le 25 mars 1957 à Alger, puis emmenée à la villa Sésini : « On me couvrit la tête d'une cagoule et on me fit descendre au milieu du jardin dans un pavillon qu'ils m'avaient complaisamment dit s'appeler "chambre des aveux". Là on me déshabilla complètement. On me lia les mains et les pieds. […] Quand il [un homme allé « recharger » la batterie] revint, mes bourreaux commencèrent à m'appliquer les électrodes d'abord sur les seins. Sous la douleur, et comme mes pieds étaient liés, je tombais. Ils me relevèrent à coups de pied. […] On m'appliqua ensuite des électrodes sur les régions ovariennes, à la face interne des cuisses et sur la gorge. L'intensité du courant augmentait sans cesse. On me coucha ensuite dans une couverture mouillée et on m'y enroula en m'attachant solidement. J'avais toujours la cagoule. Le plus gros des hommes s'assit sur mon estomac en me dégageant la bouche et en la maintenant ouverte, tandis que l'autre y versait de l'eau à l'aide d'un jerrican. […] Ils recommencèrent plusieurs fois et me déversèrent dans la bouche le contenu de plus de trois jerricans. Alors ils s'arrêtèrent, m'essuyèrent le corps et la tête, me frottèrent les poignets et les chevilles pour faire disparaître les traces de cordes. Ils me firent monter au secrétariat et me donnèrent immédiatement une feuille de papier en m'ordonnant d'écrire ce qu'on m'avait fait dire sous les tortures. »

Raphaëlle Branche, *La Torture et l'Armée pendant la guerre d'Algérie (1954-1962)*, Paris, Gallimard, 2001 (1re éd.), p. 189.

Ajoutons que plusieurs milliers d'assignés à résidence « disparaissent » des CTT. L'accident peut faire suite à une bavure, à une séance de torture ayant mal tourné. C'est peut-être ce qui est arrivé au mathématicien Maurice Audin, assassiné par l'armée française. Dans bien d'autres cas, les soldats évoquent des « corvées de bois », c'est-à-dire des exécutions perpétrées par des militaires pour qui la justice publique ne répond pas aux exigences de la guerre. Larbi Ben M'hidi en sera l'une des innombrables victimes. Membre fondateur du FLN, il est arrêté le 16 février 1957. Transféré « par raison de sécurité » au bataillon de Paul Aussaresses le 3 mars, il se serait suicidé le soir même. Bien d'autres détenus sont « suicidés ». Et d'autres sont abattus lors d'une prétendue « tentative d'évasion »[1].

Le FLN et le monopole du pouvoir

La frénésie de la répression française fait à écho à la violence du FLN, à la fois concrète et symbolique. Baptisée *a posteriori* la Toussaint rouge, la nuit du 30 octobre au 1er novembre 1954 représente la première action terroriste du Front. Les insurgés orchestrent une trentaine d'attentats dans le pays, tous dirigés contre les attributs du pouvoir français : poste de gendarmerie, caserne de tirailleurs algériens, pont, route, usine ou entrepôt de pétrole. Les attaques ne font que neuf morts, quatre blessés et peu de dégâts matériels. Mais l'opération remporte un vif succès psychologique. En diffusant dans la nuit un appel à arracher l'indépendance par la force, le FLN donne une cohérence politique à ces attentats et à ceux qui vont suivre. Et l'ALN ne procède pas autrement dans le maquis. La guérilla qu'elle mène dans les campagnes a d'abord un impact plus psychologique que militaire[2].

Prenons l'exemple de l'« embuscade » de Palestro, que l'on connaît encore une fois grâce à Raphaëlle

1. Raphaëlle Branche, *La Torture et l'Armée pendant la guerre d'Algérie (1954-1962)*, Paris, Gallimard, 2001 (1re éd.), p. 165-205. Voir aussi la nouvelle édition de l'ouvrage en 2016 et, plus récemment : Sylvie Thénault, « Les disparus de la guerre d'Algérie », *L'Histoire*, n° 466, 2019, p. 12-19.

2. Jean-Pierre Bat, *La Toussaint rouge. Aux origines de la guerre d'Algérie*, Paris, Hatier, 2014.

Branche. La scène se déroule en Kabylie, le 18 mai 1956, trois mois après que la mobilisation a été déclarée en France. Ce jour-là, vingt et un appelés du contingent grimpent les gorges de Palestro, à quatre-vingts kilomètres au sud-est d'Alger. Chargés de pacifier un territoire qu'ils ne maîtrisent pas, ils tombent sur les hommes de l'ALN, en contrebas du village de Djerrah. Dix-sept soldats français sont tués, dépouillés puis mutilés. Sur les quatre hommes faits prisonniers, un seul survit, puis une quarantaine d'Algériens sont abattus lors de la riposte qui suit la découverte des corps, le 19 mai. La presse française s'empare de l'événement mais, plutôt que d'évoquer la réussite de l'armée après l'attaque ennemie, les médias font de cet épisode le symbole de la sauvagerie des Algériens. Car l'embuscade fait écho à l'entreprise coloniale elle-même. Près d'un siècle plus tôt, dans la même vallée de Palestro, en 1871, des Kabyles avaient attaqué et massacré des colons français. L'emprisonnement des rebelles, leur envoi aux galères et la confiscation des terres fertiles de la région avaient ensuite permis la reprise de la colonisation. Voilà ce qui se rejoue en 1956. Chaque camp essaie d'imposer sa vision de la « cohabitation ». Pour la France, monter en épingle la cruauté des indépendantistes vise à justifier la répression : face aux Algériens, la violence est le seul recours. En revanche, le FLN entend montrer aux Kabyles et à toutes les populations qu'avec eux un autre avenir est possible : la violence peut mener à la victoire[1].

Les deux camps placent ainsi la terreur au cœur de la guerre. L'historien Guy Pervillé souligne que le FLN systématise le terrorisme pour pallier la supériorité de

1. Raphaëlle Branche, *L'Embuscade de Palestro. Algérie 1956*, Paris, La Découverte, 2018.

l'armée française. En vengeant leurs victimes, les indépendantistes poussent l'armée vers la répression et ils unifient ainsi le peuple, en lui montrant la vraie nature du système colonial[1]. La France fait donc le jeu du FLN. Plus elle le diabolise pour légitimer l'étouffement de toute velléité nationaliste, plus le Front peut s'attribuer le monopole de la guerre de libération.

Sa victoire sur les autres mouvements indépendantistes débute au mois d'août 1955, dans le Constantinois. Encadrés par l'ALN, quelques milliers de paysans investissent le port de Philippeville et, dans sa périphérie rurale, plusieurs bourgs ainsi que des exploitations minières. Ils tuent cent vingt-trois Européens, mutilent des femmes et des enfants puis assassinent le neveu de Ferhat Abbas. La riposte militaire fait près de deux mille morts et, comme après Sétif, elle creuse le fossé entre *Français* et *musulmans*. Par conviction mais aussi par peur, l'UDMA et le parti des oulémas se rallient au FLN quelques mois plus tard. Puis le Front va consolider son pouvoir. Après le Congrès de la Soummam organisé durant l'été 1956 en Kabylie, les meneurs du FLN qui sont encore libres et présents à l'intérieur du pays créent un Conseil national de la révolution, doublé d'un Comité de coordination et d'exécution. En donnant aux Algériens une alternative à l'État colonial, ils jettent les bases d'un contre-État qu'ils concrétisent sur le terrain début 1957 en encadrant, d'abord à Alger, une vaste campagne de désobéissance civile. La victoire française porte un coup d'arrêt à l'entreprise et la direction politique du FLN prend alors le relais. Réfugiée à l'extérieur du pays, elle renforce sa représentation internationale

1. Guy Pervillé, « Terrorisme : l'arme du FLN », *Les Collections de L'Histoire*, n° 15, 2002, p. 46-51.

à partir de 1958. À Tunis, Ferhat Abbas préside le nouveau Gouvernement provisoire de la République et, depuis la Tunisie et le Maroc, Houari Boumediene organise l'armée des frontières. Puis, après 1959, les maquisards de l'ALN s'imposent à l'intérieur du pays. Leur victoire passe en partie par la coercition qu'ils exercent sur la paysannerie. Mais elle tient surtout à leur capacité à mobiliser le mécontentement populaire que suscite le plan dit des « mille villages ». Lancée par la France pour rétablir l'ordre dans les campagnes algériennes, l'opération se traduit par le déplacement d'un million de paysans. Leur regroupement au sein de ces nouveaux villages précipite leur « clochardisation », selon l'expression de l'ethnologue Germaine Tillion, puis leur ralliement à la cause indépendantiste.

La victoire du FLN se concrétise enfin après 1960. Le Front s'impose dans les négociations avec la France comme le seul représentant légitime de la société algérienne. Et à l'intérieur du pays, non seulement il défait ses opposants, mais il rallie aussi toujours plus d'Algériens terrorisés par l'OAS. Au point qu'en juillet 1962 le FLN a réussi à entièrement monopoliser la violence nécessaire à la victoire indépendantiste. Il entendra, ensuite, monopoliser le pouvoir nécessaire à la construction du pays[1].

Une guerre civile

La réussite du FLN n'enlève rien à l'ampleur des divisions de la société algérienne. Car, note Tom

1. Daniel Rivet, *Le Maghreb à l'époque de la colonisation*, *op. cit.*, p. 399-417.

Sheppard, la guerre a généré autant de « divisions entre les peuples » que de « divisions au sein de chacun »[1].

Des divisions algériennes

Le FLN se bat autant en Algérie qu'à l'extérieur de la colonie. En menant campagne auprès des États « tiers-mondistes » nouvellement indépendants, il fait entendre sa cause jusque dans les arènes des Nations unies. Les dirigeants du Front souhaitent en fait mobiliser une opinion publique internationale. C'est le sens de l'action qu'ils mènent en avril 1958 auprès des professionnels algériens du football évoluant pour la plupart en métropole. Le parti organise leur fuite vers Tunis où ils viennent former la très officielle équipe du FLN. Jusqu'en 1962, le « onze de l'indépendance » dispute quatre-vingt-onze matchs, en Tunisie, au Moyen-Orient, en Europe de l'Est, en Asie. Et, à chaque rencontre, les joueurs entonnent le *Kassaman*, « nous jurons ». Composé par Moufdi Zakaria, probablement durant sa détention à la prison algéroise de Barberousse au début de la guerre, ce poème deviendra l'hymne national algérien : « Nous jurons par les tempêtes dévastatrices abattues sur nous, par le sang pur généreusement versé, […] que nous nous sommes dressés pour la vie ou la mort, car nous avons décidé que l'Algérie vivra. » Cette propagande offre au monde l'image d'une Algérie unie et représentée par un seul parti, le FLN[2]. C'est l'un des principaux objectifs de

1. Todd Shepard, *1962. Comment l'indépendance algérienne a transformé la France* (2006), traduit de l'anglais par Claude Servan-Schreiber, Paris, Payot, 2012 (2e éd.), p. 23.

2. Vincent Jacquet, « D'instrument de propagande à miroir de la guerre d'Algérie : l'équipe de football du Front de libération nationale, 1954-1962 », *Bulletin de l'Institut Pierre Renouvin*, n° 47, 2018, p. 121-131.

son activité internationale : s'imposer comme le seul porte-parole légitime de l'Algérie à l'extérieur comme à l'intérieur du pays, c'est-à-dire face à la France et face à ses rivaux[1]. D'autant que, aux yeux des leaders du FLN, ces derniers sont nombreux.

Le parti combat d'abord les mouvements nationalistes qui lui font concurrence et qu'il appelle, non pas à s'unir à lui mais à se dissoudre pour l'intégrer. Face à l'impossibilité de négocier avec la France, l'Association des oulémas est la première à rejoindre le FLN, en janvier 1956. Puis, en avril, l'UDMA se rallie au Front par pragmatisme et par peur des violences que ses soldats peuvent infliger, comme en témoigne l'assassinat du neveu de Ferhat Abbas. Les communistes du PCA obtiennent, eux, au mois de juin, un accord avec le FLN. Cette alliance se traduit cependant par l'intégration de leurs Combattants de la libération (CDL) à l'ANL, puis par l'élimination de leurs dirigeants lorsque celle-ci les juge trop hostiles à la suprématie du Front. Quant à l'opposition du Mouvement national algérien (MNA), elle aboutit à ce que l'historien Mohammed Harbi nomme une « guerre dans la guerre ». Fin 1954, contre le nouveau FLN, Messali Hadj décide de fonder le MNA. Et celui-ci concurrence très vite les soldats du Front en menant sa propre lutte armée : attentats, boycotts, soulèvements dans les maquis[2]. Entre les deux partis, l'affrontement ne s'achèvera qu'avec l'indépendance. On estime aujourd'hui le coût humain de cette guerre

1. Jeffrey James Byrne, « L'action internationale du FLN », *in* Abderrahmane Bouchène *et al.*, *Histoire de l'Algérie à la période coloniale*, *op. cit.*, p. 651-657.

2. Nedjib Sidi Moussa, *Algérie, une autre histoire de l'indépendance. Trajectoires révolutionnaires des partisans de Messali Hadj*, Paris, PUF, 2019.

intestine à 14 000 morts et 6 000 blessés en Algérie, 4 500 tués et 9 000 blessés en France[1].

L'ALN combat également ceux qu'elle considère comme des traîtres. Tout au long de la guerre, l'Armée de libération nationale est habitée par une véritable hantise des complots. Ceux-ci sont tantôt réels, tantôt chimériques. Ils sont parfois fabriqués par la France mais, face à eux, dans tous les cas, la justice des tribunaux révolutionnaires de l'ALN est « implacable », explique Charles-Robert Ageron. Parmi les civils, les exécutions individuelles et les purges collectives touchent tous ceux qui collaborent avec l'armée française, participent à la vie administrative de la colonie ou enfreignent les principes de l'islam. Le même sort frappe les soldats qui, dans les rangs de l'ALN, révèlent des secrets militaires aux Français, désobéissent aux ordres de la hiérarchie ou se révèlent coupables de « mauvaises mœurs »[2]. Ainsi ces purges permettent-elles au FLN/ANL de s'afficher, en 1962, comme le seul vainqueur de la guerre[3].

Avoisinant les 15 000 victimes, leur bilan est impossible à chiffrer. Tout comme l'est celui du massacre des harkis, qui débute au mois de mars 1962. Depuis la conquête de 1830, la France s'appuie sur de nombreux auxiliaires pour imposer son autorité. À côté d'environ 50 000 autres soldats algériens, en 1960 on trouve environ 60 000 harkis. Supplétifs regroupés à l'origine dans des unités appelées « harkas », où ils étaient employés

1. Malika Rahal, « Du PPA-MTLD au FLN ? », *in* Abderrahmane Bouchène *et al.*, *Histoire de l'Algérie à la période coloniale*, *op. cit.*, p. 547-553.

2. Charles-Robert Ageron, « Complots et purges dans l'Armée de libération algérienne (1958-1961) », in *id.*, *Genèse de l'Algérie algérienne*, Paris, Bouchène, 2005, p. 625-640.

3. Gilbert Meynier, « Le FLN/ALN dans la guerre d'indépendance : un monopole de la violence ? », *in* Abderrahmane Bouchène *et al.*, *Histoire de l'Algérie à la période coloniale*, *op. cit.*, p. 533-559.

pour une durée journalière ou déterminée, les harkis sont généralement motivés par la maigre solde qui leur permettra de faire face à la pauvreté. Certains sont aussi animés par une soif de revanche contre le FLN, qui a pu assassiner leurs proches, et parfois, par un patriotisme français. Contre les bilans idéologiques allant de 10 000 jusqu'à 150 000 morts, le seul chiffre que l'on peut avancer est que, au final, « plusieurs milliers » de harkis sont massacrés en 1962 : d'abord durant l'été par des populations civiles en quête de vengeance, ensuite durant l'automne par la nouvelle Armée nationale populaire du FLN[1].

Au gré de ces violences qui transforment la guerre d'indépendance en une guerre civile, les dirigeants du Front en viennent enfin à s'entretuer. Depuis 1954, les conflits au sein même du parti sont légion. Ils opposent essentiellement ceux qui combattent à l'intérieur du pays et ceux qui entendent diriger la résistance depuis l'extérieur. Mais la crise date ici de la signature des accords d'Évian. Le 18 mars 1962, cinq des chefs historiques du FLN sont libérés : Hocine Aït-Ahmed, Ahmed Ben Bella, Rabah Bitat, Mohamed Boudiaf et Mohamed Khider. Ces hommes partagent le même projet, adopté par le FLN à Tripoli en juin 1962 : une révolution démocratique et populaire doit être conduite dans l'Algérie indépendante. Ils s'affrontent cependant sur la primauté à donner aux politiques ou aux militaires, à l'État ou au parti. Alors, fin août, à Alger, malgré l'appel d'une population qui scande « Sept ans, ça suffit ! », les libérateurs s'engagent dans un face-à-face armé. Contre le Gouvernement provisoire mais avec

1. François-Xavier Hautreux, *La Guerre d'Algérie des Harkis, 1954-1962*, Paris, Perrin, 2013, p. 332-384.

l'État-major de Boumediene auquel s'est rallié Ferhat Abbas, le groupe formé autour de Ben Bella l'emporte en septembre 1962. La libération nationale a démarré dans la lutte et la construction de l'Algérie postcoloniale débute, elle aussi, dans la violence[1].

Des divisions françaises

À cette désunion algérienne répondent au moins autant de divisions françaises. En métropole, elles sont d'abord alimentées par les médias qui défendent désormais la cause anticolonialiste. En 1956, rassemblant des personnalités comme François Mauriac ou Jean-Paul Sartre, un groupe de quelque trois cents intellectuels dénonce la répression qui s'abat, en Algérie, sur les indépendantistes revendiquant le droit à la liberté : « On pourchasse, emprisonne, torture et fusille en notre nom des hommes dont le crime est de reprendre à leur compte nos propres principes[2]. » L'année suivante, c'est autour du quotidien *L'Humanité* de relayer le témoignage de Jean Muller, un chef scout tombé en Algérie, où il désespérait « de voir des Français employer des procédés qui relèvent de la barbarie nazie[3] ». Puis, en 1958, les Éditions de Minuit publient le récit livré par Henri Alleg, *La Question*. Membre du PCA, arrêté et torturé par l'armée française avant d'être interné au camp de Lodi, Alleg est détenu à la prison de Barberousse, à Alger.

1. Amar Mohand-Amer, « Les déchirements du Front de libération nationale à l'été 1962 », *in* Abderrahmane Bouchène *et al.*, *Histoire de l'Algérie à la période coloniale*, *op. cit.*, p. 558-564.

2. Communiqués de Présence africaine, « Comité d'action contre la poursuite de la guerre en Afrique du Nord », *Présence africaine*, n° 5, 1956, p. 125-128.

3. Michel Winock, « 1957 : la campagne des intellectuels », *Les Collections de L'Histoire*, n° 15, 2002, p. 62-63.

Il parvient toutefois à rédiger un manuscrit dans lequel il raconte son séjour au CTT d'El-Biar. Le militant communiste réussit à le faire passer à ses avocats, et les Français découvrent les pratiques de leurs soldats : « Des nuits entières, durant un mois, j'ai entendu hurler des hommes que l'on torturait, et leurs cris résonnent pour toujours dans ma mémoire. J'ai vu des prisonniers jetés à coup de matraque d'un étage à l'autre et qui, hébétés par la torture et les coups, ne savaient plus que murmurer en arabe les premières paroles d'une ancienne prière[1]. » Chacun leur tour, les dirigeants communistes, socialistes puis gaullistes font saisir ces écrits. Ils sont à leurs yeux calomnieux et surtout, démoralisants pour les troupes de la nation.

Après la censure des intellectuels, la raison d'État va justifier la répression des Algériens de métropole. Dès 1957, à Paris, la préfecture de police met sur pied un système coercitif visant à arrêter les militants qui collectent des fonds pour financer la guerre en Algérie. L'objectif est de punir les Algériens proches du FLN, tout en dissuadant ceux qui seraient tentés de les rejoindre. Deux hommes viennent renforcer ce système, en 1958 : de Gaulle en revenant au sommet de l'État et Maurice Papon, ancien préfet de Constantine, en prenant la tête de la police parisienne. Sur le terrain, la répression est facilitée par l'emploi de harkis envoyés patrouiller les banlieues. Elle se traduit systématiquement par la fouille, l'arrestation et la détention arbitraires, et souvent par une violence punitive qui s'avère, parfois, mortelle. C'est le cas le 17 octobre 1961. En lien avec la Fédération de France du FLN, trente mille Algériens défilent

1. Henri Alleg, *La Question*, Paris, Les Éditions de Minuit, 2008 (1re éd. 1958), p. 12.

dans la capitale. Ils manifestent pour l'indépendance de l'Algérie et contre le couvre-feu qui vient de leur être imposé en France. La police frappe les manifestants, tire sur la foule et jette les corps dans la Seine. Bilan : au moins dix morts, un millier de blessés et plus de onze mille arrestations. Hommes comme femmes, ces manifestants sont envoyés en détention dans des stades puis, pour beaucoup, internés ou transférés dans des camps en Algérie. Le gouvernement plaide la légitime défense et associe les violences du 17 octobre aux conflits qui opposent alors le FLN et le MNA[1].

Les violences qui agitent la métropole sont indissociables de celles déployées en colonie. Prenons deux exemples, situés aux deux antipodes de la diversité des opinions qui animent la société des « Français d'Algérie ».

En 1946, le Parti communiste algérien rallie la cause indépendantiste. Il rassemble environ douze mille membres. Une moitié sont des *Français musulmans d'Algérie*, l'autre, des *citoyens* pour la plupart nés en Algérie. Leur origine européenne ne les protège toutefois ni de l'internement ni de la torture. Aussi, lorsque la France interdit le PCA en 1955, beaucoup s'engagent dans la lutte armée au sein des comités de Combattants de la libération. Puis, en 1956, si les CDL doivent intégrer le FLN, le PCA peut, lui, continuer d'exister dans la clandestinité. Exception à la règle du Front, cette alliance doit beaucoup au coup de force qu'organise la direction du Parti communiste au mois d'avril. Henri Maillot en est l'un des principaux protagonistes.

1. Jim House, « La sanglante répression de la manifestation algérienne du 17 octobre 1961 à Paris », *in* Abderrahmane Bouchène *et al.*, *Histoire de l'Algérie à la période coloniale*, *op. cit.*, p. 602-605.

Fils d'immigrés européens, ce militant du PCA est un Français d'Algérie et, à ce titre, il fait partie des appelés du contingent censés restaurer l'ordre dans la colonie. Maillot est affecté au 57e bataillon des tirailleurs algériens. Mais, le 4 avril 1956, il détourne un camion d'armes et de munitions. Il livre le convoi aux CDL et ces derniers partagent leur prise avec les réseaux algérois du FLN. L'affaire fait d'autant plus de bruit qu'en métropole, le 18 avril, *L'Humanité* publie la lettre que Maillot lui a fait parvenir : « Je ne suis pas musulman, mais je suis Algérien d'origine européenne. Je considère l'Algérie comme ma patrie […], ma place est aux côtés de ceux qui ont engagé le combat libérateur. […] En accomplissant mon geste, en livrant aux combattants algériens des armes dont ils ont besoin pour leur combat libérateur, des armes qui serviront exclusivement contre les forces militaires et policières et les collaborateurs, j'ai conscience d'avoir servi les intérêts de mon pays et de mon peuple, y compris ceux des travailleurs européens momentanément trompés[1]. » Comme beaucoup des communistes qui ont rejoint le camp indépendantiste, Maillot meurt au combat deux mois plus tard. Et, comme tant d'autres Français d'Algérie, il considérait que l'Algérie était sa patrie[2].

Nés dans la colonie pour la majorité d'entre eux, les quelque mille membres de l'OAS considèrent également l'Algérie comme leur patrie. Seulement, à leurs yeux,

1. Henri Maillot, « Lettre d'Henri Maillot à la presse, 4 avril 1956 », *in* Sortir du colonialisme (dir.), *Résister à la guerre d'Algérie. Par les textes de l'époque*, Paris, Les Petits Matins, 2012, p. 43-45.

2. Sur l'histoire des communistes en Algérie, on lira avec intérêt les travaux de Pierre-Jean Le Foll-Luciani (avec William Sportisse, *Le Camp des Oliviers. Parcours d'un communiste algérien*, Rennes, PUR, 2012) et, plus récemment : Alain Ruscio, *Les Communistes et l'Algérie. Des origines à la guerre d'indépendance, 1920-1962*, Paris, La Découverte, 2019.

celle-ci est française et elle doit le rester. C'est l'objectif que poursuit l'Organisation de l'armée secrète depuis sa fondation, en février 1961. Clamant que « OAS frappe où elle veut, quand elle veut, qui elle veut », ses membres plastiquent les postes de gendarmerie, abattent des soldats et des personnalités incarnant la politique française, c'est-à-dire la trahison du général de Gaulle, et ils assassinent des civils, surtout algériens, défenseurs supposés ou avérés de l'indépendance[1]. Ces activistes sont minoritaires. Ils bénéficient cependant de la complicité ou au moins du soutien tacite d'un bon nombre de Français d'Algérie. Avec les encouragements de l'OAS, ces derniers organisent à l'automne 1961 plusieurs « journées des casseroles ». L'instituteur et écrivain Mouloud Feraoun décrit l'une d'entre elles dans son *Journal*. La scène se passe le 26 septembre : « Ces casseroles, ces sifflets, ces klaxons Al-gé-rie française, ont quelque chose d'émouvant. Cela a duré deux heures sans une seconde d'interruption. Ce n'est plus de l'hystérie, mais un cri désespéré, interminable qui remue les plus endurcis. Voilà comment on est balancé continuellement entre deux mondes qui s'entre-tuent, pleurent, souffrent, appellent en vain au secours : cri dérisoire des casseroles, quête pathétique d'un impossible miracle. » Ces manifestations nous ouvrent une fenêtre sur la psychologie de celles et ceux qui refusent à tout prix l'indépendance : un même attachement sentimental à l'Algérie française, et une même peur mêlée de ressentiment à l'égard du « musulman » qui va la lui voler[2]. Ils se sentent abandonnés par la métropole

1. Olivier Dard, *Voyage au cœur de l'OAS*, Paris, Perrin, 2005.
2. Sylvie Thénault, « L'OAS à Alger en 1962. Histoire d'une violence terroriste et de ses agents », *Annales. Histoire, sciences sociales*, n° 63, 2008, p. 977-1001.

et pris au piège, car la guerre semble avoir compromis toute possibilité de cohabitation entre les deux mondes. Feraoun nous met sur la voie lorsqu'il poursuit sa description de la journée des casseroles : « Cela ne me fait pas oublier les autres, les miens qui n'en finissent pas de tomber, de se faire haïr et ne parviendront sans doute jamais à émouvoir leur vis-à-vis car il y a longtemps qu'on se refuse à les prendre pour des hommes[1]. »

Des divisions algéro-françaises

Ces quelques lignes révèlent enfin que, au-delà des divisions algéro-algériennes et franco-françaises, la guerre alimente et renforce une fracture algéro-française.

Il y a d'abord des amis, contraints de choisir leur camp. La relation que nouent Albert Camus et Mouloud Feraoun en témoigne. Favorable en 1954 à une association entre la France et l'Algérie, Feraoun penche année après année en faveur d'une indépendance totale. Il n'est pas adepte du FLN mais du droit à la liberté. Or, l'État colonial le lui refuse. Voilà pourquoi Feraoun reproche à Camus son entêtement à définir les Français comme l'un des peuples constitutifs de l'Algérie, au même titre que les Arabes ou les Kabyles : « Camus se refuse à admettre que l'Algérie soit indépendante et qu'il soit obligé d'y rentrer chaque fois avec un passeport d'étranger, lui qui est Algérien et rien d'autre. [...] J'aimerais dire à Camus qu'il est aussi Algérien que moi et que tous les Algériens sont fiers de lui, mais aussi qu'il fut un temps, pas très lointain, où l'Algérien musulman, pour aller en France, avait besoin d'un passeport. C'est vrai que l'Algérien musulman, lui, ne s'est jamais considéré

1. Mouloud Feraoun, *Journal, 1955-1962*, Seuil, 2011 (1re éd. 1962), p. 337.

comme Français. Il n'avait pas d'illusion. » Le premier se pensait Algéro-français : la guerre fait comprendre à Feraoun qu'il est avant tout Algérien. Le second se pensait Franco-algérien et, même s'il refuse ce constat, la guerre montre à Camus qu'une partie tout entière de son identité repose sur une injustice. Il est « un homme moral dans un contexte immoral », ainsi que le définit Edward Saïd, quarante ans après la mort de l'écrivain.

30. Edward Saïd, Albert Camus et l'inconscient colonial

« Camus joue un rôle particulièrement important dans les sinistres sursauts colonialistes qui accompagnent l'enfantement douloureux de la décolonisation française du XXe siècle. C'est une figure impérialiste très tardive : non seulement il a survécu à l'apogée de l'empire, mais il survit comme auteur "universaliste", qui plonge ses racines dans un colonialisme à présent oublié. […]
Lorsque son œuvre évoque en clair l'Algérie contemporaine, Camus s'intéresse en général aux relations franco-algériennes telles qu'elles sont, et non aux vicissitudes historiques spectaculaires qui constituent leur destin dans la durée. Sauf exception, il ignore ou néglige l'histoire, ce qu'un Algérien, ressentant la présence française comme un abus de pouvoir quotidien, n'aurait pas fait. Pour un Algérien, 1962 représentera probablement la fin d'une longue et malheureuse époque inaugurée par l'arrivée des Français en 1830, et l'ouverture triomphale d'une ère nouvelle. Interpréter du même point de vue les romans de Camus, ce serait voir en eux, non des textes qui nous informent sur les états d'âme de l'auteur, mais des éléments de l'histoire de l'effort français pour rendre et garder l'Algérie française. […]
Le paradoxe est que partout où, dans ses romans et descriptions, Camus en parle, la présence française en Algérie est rendue soit comme un thème narratif extérieur, une essence échappant au temps et à l'interprétation, soit comme la seule histoire qui mérite d'être racontée en tant qu'histoire. […]
Plus de choix ici, plus d'alternative. La voie de la compassion

est barrée. Le colon incarne à la fois l'effort humain très réel auquel sa communauté a contribué et le refus paralysant de renoncer à un système structurellement injuste [...]. Le style dépouillé de Camus et sa sobre description des situations sociales dissimulent des contradictions d'une complexité redoutable, et qui deviennent insolubles si, comme tant de ses critiques, on fait de sa fidélité à l'Algérie française une parabole de la condition humaine. Tel est encore le fondement de sa renommée sociale et littéraire.

Pourtant, il n'a cessé d'exister une autre voie, plus difficile et stimulante : juger, puis refuser la mainmise territoriale et la souveraineté politique de la France, qui interdisaient de porter sur le nationalisme algérien un regard compréhensif. Dans ces conditions, il est clair que les limites de Camus étaient paralysantes, inacceptables. Comparés à la littérature de décolonisation de l'époque, française ou arabe – Germaine Tillion, Kateb Yacine, Frantz Fanon, Jean Genet –, ses récits ont une vitalité négative, où la tragique densité humaine de l'entreprise coloniale accomplit sa dernière grande clarification avant de sombrer. En émane un sentiment de gâchis et de tristesse que nous n'avons pas encore entièrement compris. Et dont nous ne sommes pas tout à fait remis. »

Edward Saïd, « Albert Camus, ou l'inconscient colonial », *Le Monde diplomatique*, novembre 2000, p. 8-9.

Il y a des amis mais aussi, nous l'avons dit, des voisins qui s'entretuent. Si une infinie quantité d'exactions sont commises tout au long de la guerre, les plus documentées sont celles qui datent des dernières années. Les victimes de l'OAS sont plutôt bien connues. En métropole, l'Organisation fait environ 70 morts et 400 blessés, dont la jeune Delphine Renard qui sera mutilée à l'âge de quatre ans par une bombe destinée à l'un des locataires de son immeuble, André Malraux. L'OAS agit aussi, surtout, en colonie. Ses membres y tuent environ 2 200 personnes dont 1 700 Algériens, parmi lesquels figure Mouloud Feraoun, et ils blessent quelques 5 000 autres individus, dont 4 000 Algériens victimes d'une véritable « chasse aux Arabes[1] ». Puis la « chasse » concerna, le 5 juillet 1962 à Oran, les colons. Dans un contexte où se mêlent les provocations de l'ALN face au FLN et celles des activistes français face à la métropole, les célébrations de l'indépendance tournent au massacre, par la foule, des Français d'Algérie. D'origine espagnole pour la plupart, 200 à 300 d'entre eux meurent le 5 juillet et dans les jours qui suivent[2].

Certains sont morts mais beaucoup sont partis. Si les départs vers la métropole débutent dès la fin 1954, ils revêtent un aspect massif entre mars et juillet 1962. Les habitants réagissent aux violences du FLN et de l'OAS, ainsi qu'à la peur que suscite l'ouverture des frontières tunisienne et marocaine aux 30 000 soldats de l'armée de Boumediene. Près de 650 000 « Français d'Algérie » émigrent en métropole, persuadés de devoir choisir entre « le cercueil ou la valise ». Et s'ajoutent environ 80 000 « Français de souche nord-africaine », dont la moitié au moins sont des supplétifs, harkis ou non, de l'armée française[3].

Il y a enfin ceux qui restent, que l'on peut diviser en deux groupes. D'abord la minorité, celle des « Français d'Algérie » d'« origine » juive, espagnole, italienne ou encore française : 200 000 à 300 000 d'entre eux préfèrent échapper au traumatisme de l'exode et faire

1. Raphaëlle Branche et Sylvie Thénault, « Terrorisme : n'oublions pas les victimes de l'OAS ! », *Histoire coloniale et postcoloniale*, 2011 (http://histoirecoloniale.net/terrorisme-n-oublions-pas-les.html, consulté le 30 avril 2020).

2. Mohammed Harbi et Gilbert Meynier, « La dernière frappe du révisionnisme médiatique », *Confluences Méditerranée*, n° 48, 2004, p. 221-232.

3. Abderahmen Moumen, « De l'Algérie à la France. Les conditions de départ et d'accueil des rapatriés, pieds-noirs et harkis en 1962 », *Matériaux pour l'histoire de notre temps*, n° 99, 2010, p. 60-68.

face, au début, à la méfiance de leurs voisins algériens[1]. Demeure alors la majorité, celle des décolonisés qui, comme partout ailleurs, héritent de sociétés divisées, sur lesquelles ils vont bien souvent construire, nous dit Albert Memmi depuis la Tunisie, des « sociétés malades » : « Ce sera l'une des déceptions les plus dramatiques du décolonisé : il croyait en avoir fini avec la violence, or elle est partout, explosive ou latente, chaude ou institutionnelle[2]. »

Une société algérienne postcoloniale

Beaucoup a été écrit sur la façon dont l'indépendance algérienne a transformé la France pendant et depuis la guerre. De très nombreuses recherches examinent la responsabilité de l'État français dans les tortures exercées en colonie, son rôle dans les tueries perpétrées à Paris la nuit du 17 octobre 1961, son attitude vis-à-vis des harkis durant l'été 1962 ou, plus largement, l'impensé colonial de la société française. Moins nombreux, d'autres travaux s'intéressent aux conséquences algériennes de la « guerre de libération nationale », appellation très officielle formulée par le FLN. À cet égard, lui qui fut un ancien membre du Front, l'historien Mohammed Harbi note que le contre-État bâti pour vaincre la France fut le produit d'une « entreprise guerrière » que seule la violence rendait possible[3]. Or, écrit Harbi, « cette idée que la violence avait un effet "miraculeux" et l'absence

1. Henri Alleg, *Mémoire algérienne*, Paris, Stock, 2005, p. 370-371.
2. Albert Memmi, *Portrait du décolonisé arabo-musulman et de quelques autres*, Paris, Gallimard, 2004, p. 84 et p. 200.
3. Mohammed Harbi, « Culture et démocratie en Algérie : retour sur une histoire », *Le Mouvement social*, n° 219-220, 2007, p. 32.

de réflexion sur les formes et modalités légitimes de la violence est directement à l'origine de ce que l'Algérie a vécu depuis[1] ».

Ce que vit l'Algérie depuis l'indépendance aboutit concrètement aux émeutes d'octobre 1988, première véritable menace nationale au pouvoir du FLN. Le contrôle autoritaire de la société par un État-parti-armée est débattu sous Ben Bella, puis concrétisé par Boumediene de 1965 à 1978. L'arabisation du pays favorise ensuite, au début des années 1980, l'émergence de mouvements linguistiques puis régionalistes. Des maquis islamistes s'opposent enfin, à la même époque, à l'étatisation de l'islam. Quoique trop schématiques, ces trois temps nous permettent d'envisager une situation postcoloniale qui, comme tant d'autres, se construit autour d'une singulière association entre la nation, la langue et la religion. En Algérie, celle-ci nous ramène directement à l'identité culturelle que définissait notamment le cheikh Ben Badis dans les années 1920 : « l'arabe est ma langue, l'Algérie est mon pays, l'islam est ma religion ».

Le nationalisme d'un État autoritaire[2]

Commençons par le « pays ». Depuis 1962, l'Algérie évolue au gré d'un système où régime autoritaire et corruption politique constituent bien souvent les deux faces d'un seul visage, celui de l'État menant une révolution « socialiste » et « populaire »[3]. Voilà pour l'État,

1. *Id.*, « Les violences de la guerre d'indépendance algérienne », *Histoire coloniale et postcoloniale*, 2008 (https://histoirecoloniale.net/Mohammed-Harbi-les-violences-de-la.html, consulté le 30 avril 2020).

2. Gilbert Meynier, « Problématique historique de la nation algérienne », *NAQD*, n° 14-15, 2001, p. 25-54.

3. Mohammed Hachemaoui, « La corruption politique en Algérie : l'envers de l'autoritarisme », *Esprit*, juin 2011, p. 111-135.

mais qu'en est-il de la nation ? Gilbert Meynier a tenté d'éclaircir cette question en 2001, alors que le pays était encore en pleine guerre civile.

L'historien insiste d'abord sur la nature du nationalisme algérien, qui émerge avant tout comme un « étatisme ». Si un État protonational existait avant la conquête française de 1830, il était surtout celui du *dey* (sultan) d'Alger. Et cet État ne représentait qu'une échelle du pouvoir parmi d'autres. En « haut », l'empire ottoman demeurait souverain et, en « bas », la cité restait le premier référentiel des populations. Celle-ci était composée de groupes sociaux variés. Les individus y tissaient des relations de solidarité autant que des liens de compétition mais, généralement, tous s'opposaient aux pouvoirs venus de l'extérieur, menaçant de renverser les rapports de forces entre groupes, voire entre cités. Dans un tel contexte, le colonialisme français ne pouvait qu'être mal vécu. Là où l'empire ottoman laissait une certaine autonomie à la communauté, la présence française signait sa totale soumission à l'État et, forcément, explique Meynier, « le refus d'État l'emporta ».

Des années plus tard, les indépendantistes sont dès lors confrontés à un problème de taille. Pour renverser l'ordre colonial, ils doivent lutter sur le terrain de l'ennemi et proposer un projet étatique concurrent. C'est ici que se joue l'avenir du nationalisme algérien. Certains dirigeants du FLN considèrent que ce projet doit reposer sur un contrat à élaborer avec la société : il est une projection vers l'avenir. D'autres considèrent au contraire que la priorité est d'instaurer un contre-État : leur projet est une réaction. Et ce sont eux qui l'emportent en septembre 1962, ceux pour qui nationalisme veut d'abord dire « résistentialisme ».

Avant la guerre, le pouvoir c'est l'État, et l'objectif du FLN est de le conquérir. Après la guerre, le pouvoir c'est toujours l'État mais, désormais, le but est de le conserver. À cette fin, le Front va continuer de s'appuyer sur l'idéologie qui lui a permis de mobiliser le peuple durant la lutte : le dogme résistentialiste d'un État-parti-armée, fer de lance de l'arabo-islamisme algérien. Le phénomène renvoie autant à la politique coloniale qu'à la stratégie des indépendantistes. Pour dominer les Algériens, la France les a essentialisés : les colonisés sont « arabes » et « musulmans ». Ce faisant, les autorités françaises ont enfermé l'identité des individus dans une langue et une religion parlée et pratiquée par la majorité, et non par l'ensemble des habitants de la colonie, loin s'en faut. Puis, pour mobiliser les Algériens, le FLN s'est précisément appuyé sur ces deux éléments fondateurs d'une identité commune : l'arabité et l'islamité au nom desquelles tous les colonisés étaient dominés. Alors, depuis 1962, l'État-parti-armée algérien a continué à faire de l'arabo-islamisme le pilier de la nation algérienne, « sans autre idéologie que le souci de sa (propre) préservation », conclut Meynier, « sans autre souci national que celui, instrumental, de sa légitimation résistante ».

La langue unique d'une société hétérogène

En usant de l'arabo-islamisme pour gouverner, la France a fourni les armes de sa lutte au FLN et, après 1962, le scénario se répète. À trop vouloir les instrumentaliser, l'arabité et l'islamité du FLN vont se retourner contre lui. Prenons d'abord le cas de la langue et, plus particulièrement, de la Kabylie.

Peuplée de Berbères qui parlent majoritairement l'arabe sans avoir forcément oublié le kabyle, la région fut un haut lieu de la résistance à la colonisation. Au point que peu de colons s'installèrent dans les montagnes de Kabylie, dont la singularité était d'ailleurs renforcée par le très faible nombre de mosquées ou d'écoles coraniques. Conscient de cette situation régionale, Jules Ferry en profita pour faire appliquer en Kabylie les lois que les colons refusaient d'appliquer dans le reste de l'Algérie : l'instruction publique et l'enseignement du français pour tous. Il fit envoyer de nombreux enseignants dans la région afin d'y créer les « écoles ministérielles » qui convaincraient les colons, espérait-il, de la nécessité de civiliser les « indigènes » en leur apprenant le français. Le projet de Ferry connut une réussite toute relative mais la Kabylie en fut, tout de même, transformée. Si bien que, à la veille de la guerre d'indépendance, elle est l'un des principaux foyers de francisation de l'Algérie. Et comme dans n'importe quel autre empire, l'apprentissage des valeurs républicaines n'a fait qu'accentuer le mécontentement des colonisés.

Les Kabyles sont en effet d'autant plus conscients de l'injustice coloniale qu'ils connaissent l'idéal d'égalité que défendent, chez eux, les métropolitains. Mais un autre facteur explique le rôle crucial de la Kabylie dans la lutte d'indépendance. Tout au long de la guerre, l'EMG de Boumediene est bloqué de l'autre côté des frontières tunisienne et marocaine, fermées par la France qui y installe plusieurs barrages électrifiés. L'armée des frontières n'est donc pas en première ligne. Organisés en régions (*wilayas*) ce sont les maquisards qui combattent quotidiennement l'armée française. Et certains se distinguent plus que d'autres. C'est le cas des montagnards de la *wilaya* III, la Kabylie, qui sont les soldats les plus proches d'Alger. Au moment de l'indépendance, ils descendent de leurs maquis pour s'emparer de la capitale de la révolution, et la France décide d'avancer la date d'ouverture des frontières afin que l'armée de Boumediene vienne mettre fin aux désordres.

Ce sera chose faite en septembre 1962. Seuls détenteurs de la violence légitime d'État, les dirigeants de l'ALN contraignent les maquisards à retourner dans leurs montagnes de la *wilaya* III. Puis le FLN exclut les dirigeants kabyles des instances directrices du parti : ces derniers basculent alors dans l'opposition. Membre fondateur du FLN, Hocine Aït-Ahmed fonde le Front des forces socialistes. Il réclame l'égalité entre tous les combattants de la guerre de libération, avant de fomenter un soulèvement national en 1963. Originaire de Kabylie, Aït-Ahmed prend la tête de la rébellion dans sa région. La « révolte kabyle » est violemment réprimée par l'Armée nationale populaire et, inévitablement, les mécontentements se multiplient. Après avoir tant donné, les Kabyles se sentent injustement rejetés tandis que beaucoup d'Algériens, peu au fait des rivalités entre les deux armées, reprochent à la Grande Kabylie de vouloir diviser le pays tout juste libéré[1].

La gronde kabyle s'intensifie encore en 1974, lorsque l'État-parti décide de l'arabisation totale de l'enseignement. Boumediene fait venir des professeurs arabes du Moyen-Orient mais les Kabyles leur opposent une franche réticence. Habituées à l'enseignement en français, les populations berbérophones refusent l'apprentissage de l'arabe littéraire. Quant aux intellectuels s'exprimant généralement en français, ils revendiquent désormais la reconnaissance de la culture et de

1. Yves Lacoste, « Enjeux politiques et géopolitiques de la langue française en Algérie : contradictions coloniales et postcoloniales », *Hérodote*, n° 126, 2007, p. 17-34.

la langue berbères (le tamazight). La situation dégénère quand, au mois de mars 1980, les autorités nationales interdisent à Tizi-Ouzou la conférence d'un anthropologue kabyle. La population organise des protestations publiques, les grèves se transforment en émeutes, l'armée riposte encore une fois avec force puis le président Chadli Bendjedid enfonce le clou. Au mois d'avril, il déclare à la radio : « l'Algérie est un pays arabe, musulman, algérien, la question d'être arabe ne se pose pas ». Les habitants de Tizi-Ouzou investissent à nouveau la ville et, cette fois-ci, ils arrachent les enseignes, les plaques de rue et chacune des inscriptions publiques écrites en arabe[1].

Le « printemps berbère » officialise la rupture née du régime colonial et de la victoire indépendantiste. Durant les dix années de la guerre civile qui débute en 1992, la Kabylie représente une menace permanente de dislocation pour l'*État-nation* algérien, au point qu'en 2002 celui-ci reconnaîtra légalement le caractère national du tamazight. Mais, en Algérie comme ailleurs, l'*État* peut bien reconnaître la diversité du peuple, le passé pèse trop sur le présent pour que celui-ci adopte immédiatement un « vivre-ensemble » *national*[2].

L'intégrisme religieux des exclus[3]

Les manifestants berbères ne sont pas les seuls à agiter les années 1980 algériennes. D'autres mécontentements

1. Salem Chaker et Dahbia Abrous, « De l'antiquité au Musée : berbérité ou… la dimension in-nommable », *Revue des mondes musulmans et de la Méditerranée*, n° 48-49, 1988, p. 173-197.

2. Khaoula Taleb Ibrahimi, « L'Algérie : coexistence et concurrence des langues », *L'Année du Maghreb*, n° 1, 2004, p. 207-218.

3. Mustafa al-Ahnaf, Bernard Botiveau et Franck Fregosi, *L'Algérie par ses islamistes*, Paris, Karthala, 1991, p. 21-76.

sont portés par les partisans d'un islam politisé et intégriste dont les origines remontent, elles aussi, aux modalités de la sortie coloniale.

Au tournant des années 1920 et 1930, les oulémas furent les premiers à affirmer que l'islam constituait le pilier de l'« individualité » du peuple algérien. Le PPA, le MTLD puis le FLN reprendront cette idée à leur compte. Ajouté à une arabité déjà fédératrice, l'islam confère une dimension sacrée à la lutte contre le colon français. Aussi, une fois au pouvoir, le FLN continue d'user de la référence religieuse pour consolider la force mobilisatrice du nouvel État-nation.

Seulement, le socialisme change la donne. Jusqu'en 1965, Ben Bella prône un « socialisme islamique ». Il cherche à concilier les attentes des marxistes et des arabo-musulmans, mais Boumediene et le groupe d'Oujda le renversent précisément au nom d'un socialisme trop anarchique à leur goût et d'un islam qu'ils jugent trop démagogue. À la tête de l'État-parti, ils décident de plutôt renforcer le conservatisme arabo-musulman en confiant aux oulémas la gestion des secteurs éducatifs et culturels. Cependant, leur politique socialiste ne peut que mener à la rupture. Condamnant les atteintes gouvernementales à la propriété, les oulémas s'allient aux propriétaires terriens. Et, en assimilant le triomphe de la guerre de libération à celui de l'islam, ils accusent les dirigeants du FLN d'avoir détourné la révolution à leur profit.

Les islamistes vont alors émerger comme une force politique à part entière. Encouragés par le printemps berbère, plusieurs mouvements islamistes manifestent dans les rues et, à leur tour, ils sont matés par l'armée. Alors, ils se radicalisent. En 1983, le Mouvement algérien islamique armé de Mustapha Bouyali prend le maquis. Désormais, les oulémas critiquent ouvertement le régime. Puis la jeunesse s'enrôle auprès des religieux. Les jeunes Algériens ont été islamisés par le pouvoir, mais aussi appauvris et opprimés par celui-ci. Galvanisés par l'arrivée au pouvoir de Khomeiny en Iran, ils voient dans l'islam une solution à leurs problèmes et ce sont eux, et non les islamistes, qui déclenchent les émeutes d'octobre 1988. Seulement, grâce à l'influence que le FLN leur a laissé acquérir dans les villes et les campagnes, les islamistes bénéficient d'un poids politique et de réseaux tels qu'ils sont les seuls capables de mobiliser le peuple. Aussi, comme l'État colonial avant lui, après avoir fait de l'identité musulmane la seule « patrie » cohérente pour les Algériens, l'État national devient l'ennemi de la religion. L'arabité et l'islam attirent à nouveau les exclus du régime dans la guerre civile. Les structures coloniales ont été balayées, mais la situation postcoloniale ne peut évoluer qu'au rythme des idéologies qui animent le peuple depuis plusieurs décennies.

Chapitre 8

Du temps des colonies au temps de l'Autre

« L'idée qu'il existe des espaces géographiques avec des habitants autochtones foncièrement différents qu'on peut définir à partir de quelque religion, de quelque culture ou de quelque essence raciale qui leur soit propre est extrêmement discutable. » Citant cet extrait de l'œuvre majeure d'Edward Saïd, *L'Orientalisme*, Jean-Pierre Raison insiste sur le fait que, « littéralement, l'orientalisme n'a pas de fondement géographique » : l'« Asie » comme l'« Afrique » naissent d'abord du regard étranger. Le géographe livrait cette réflexion en 2007. La colonisation est définitivement derrière nous, écrit-il, et pourtant l'industrie cinématographique, la presse et la littérature occidentales continuent d'appréhender les continents africain et asiatique comme deux grands ensembles homogènes[1]. Les sciences humaines n'échappent pas toujours à cet habitus ancré dans l'aventure coloniale et c'est pourquoi, aujourd'hui encore, l'histoire des pays nés des décolonisations nous échappe bien souvent. Le temps des colonies a cédé sa place au temps de l'Autre.

1. Edward Saïd, *L'Orientalisme*, *op. cit.*, p. 347, cité par Jean-Pierre Raison, « Nommer, c'est créer un peu. De "Tiers-Monde" à "Tropicalisme" : les avatars d'un vocabulaire », *Autrepart*, n° 41, 2007, p. 65 et p. 68.

Cette altérité désigne d'abord des histoires qui seraient trop « lointaines » pour être enseignées à tous, dès le secondaire par exemple, au même titre que l'histoire britannique ou états-unienne.

Prenons l'exemple de l'Indonésie et de la Malaisie, qui rassemblent aujourd'hui près de trois cents millions d'habitants, soit autant que la vieille Europe. Après 1945, les projets pan-malais qui s'appuient sur le principe de l'archipel échouent. Ils cèdent leur place aux stratégies des Britanniques et des Néerlandais qui cherchent, eux, à concilier leurs velléités impérialistes avec les aspirations des nationalistes. Tandis qu'en Malaisie une Fédération consacre en 1948 la fracture entre Malais, Chinois et non-Malais, en Indonésie une République sanctionne en 1950 la défaite d'un archipel pan-islamique. Ces sorties *nationales* de la colonisation inaugurent alors le temps postcolonial de la *région* tout entière. D'une part, la formation de l'État y sera moins fonction des identités territoriales des seize mille îles de l'archipel que des découpages coloniaux. Songeons à l'ancienne possession anglo-néerlandaise de Bornéo : l'île est toujours partagée, aujourd'hui, entre deux pays, à savoir la Malaisie au nord et l'Indonésie au sud. D'autre part, au début des années 1950, derrière la victoire des nationalistes d'autres idéologies perdurent, certains militants anticolonialistes espérant encore faire valoir un islamisme pan-malais. Gardons à l'esprit que, actuellement, si le « malais » désigne un seul groupe de langues, ses locuteurs continuent de vivre au sein de quatre nations différentes : la Malaisie, Singapour, Brunei et l'Indonésie. Enfin, dans le nouveau contexte de la guerre froide, pour obtenir l'indépendance, les leaders nationalistes ont partout réprimé les mouvements communistes et les maquis révolutionnaires qui, eux aussi, avaient durement combattu le colonialisme. N'oublions pas non plus que, en Malaisie ou en Indonésie, les « tentatives de putsch » ou les « attentats islamiques » qui sont aujourd'hui décrits comme le signe d'une instabilité chronique s'inscrivent, en fait, dans le prolongement des conflits nés de la sortie coloniale. Cette histoire n'est pas trop lointaine pour être comprise : elle est épaisse, comme partout ailleurs.

Cela dit, l'avènement du temps de l'Autre ne se limite pas à la négation des territoires dans lesquels il se déroule. Ce temps désigne aussi celui de populations enfermées dans des conflits « ataviques », prétendument ancrés dans des temps immémoriaux. Ainsi les guerres du Mozambique ou de l'Angola sont bien souvent associées à un vivre-ensemble africain qui serait radicalement différent du « nôtre », c'est-à-dire du fait social occidental. Prenons, par exemple, la bataille de Cuito-Cuanavale. Elle oppose en Angola, en janvier 1988, le MPLA (Mouvement populaire de libération de l'Angola) soutenu par Cuba, et l'UNITA (Union nationale pour l'indépendance totale de l'Angola) soutenue par l'Afrique du Sud. Cet affrontement constitue le point d'orgue de la guerre civile qui oppose ces deux partis depuis 1975, une fois achevée la lutte d'indépendance qui les opposait aux Portugais depuis 1961. Après celle de Stalingrad en 1942, Cuito-Cuanavale est la bataille de blindés la plus importante au monde. Son histoire est méconnue et, pourtant, elle est partagée par des dizaines de millions de personnes. En effet, depuis 2012, les adeptes du jeu vidéo *Call of Duty. Black Ops II* peuvent découvrir l'Angola, où ils se mettent dans la peau d'un agent secret états-unien à l'identité fictive, Alex Mason, et dans celle du rebelle bien réel que ce dernier soutient, Jonas Savimbi, le leader de l'UNITA. D'ailleurs, en 2016, les trois enfants de

Savimbi ont déposé une plainte auprès du tribunal français de Nanterre, accusant les producteurs du jeu vidéo de présenter leur père comme une « brute barbare[1] ». L'anecdote révèle la permanence de l'essentialisation des sociétés africaines, enfermant leur histoire dans le carcan de l'ethnie, de la tribu ou de la violence.

Elle signale aussi le déni dans lequel nous nous trouvons généralement face aux sociétés postcoloniales. L'Afrique et l'Asie évolueraient selon d'autres temps et d'autres logiques, dans les mondes lointains de l'Autre. Rien ne saurait être plus trompeur. En dépassant ces notions d'altérité, voire d'étrangeté, il est possible d'appréhender l'historicité postcoloniale des sociétés africaines et asiatiques.

Des territoires lointains ?
16 000 îles pour un archipel malais-indonésien

Comprendre l'Indonésie et la Malaisie contemporaines nécessite de penser une géographie d'archipel et une histoire rythmée, dans les deux pays, par l'essor du communisme et de l'islamisme, auxquels s'ajoutent l'ethnisme en Malaisie, le militarisme en Indonésie.

Un archipel, deux grands États

Commençons par l'ouest de l'archipel où, dans un premier temps, une Alliance sino-malaise va donner forme à une Malaisie plus malaisienne (*Malaysia*) que malaise (*Malaya*).

1. Jean-Pierre Bat, « "Call of Duty" : l'ombre de Savimbi », *Africa4*, 10 février 2016 (https://www.liberation.fr/debats/2016/02/10/call-of-duty-l-ombre-de-savimbi_1816948/, consulté le 1er mai 2020).

Après la guerre, les Britanniques font face à la question communiste qui est aussi, dans leur colonie de Malaya, une question chinoise. La Grande-Bretagne demande en 1945 la dissolution de la Malayan People's Anti-Japanese Army et, en échange, elle promet à ses soldats de leur octroyer un statut privilégié dans la fédération à venir. La plupart sont des communistes chinois, aussi acceptent-ils la proposition. La *Malayan Union* leur offre les garanties d'égalité promises en 1946 mais, immédiatement, les Malais protestent. Après s'être regroupés dans la nouvelle UMNO, la United Malays National Organisation, ces derniers obtiennent en 1948 une *Malayan Federation* pro-malaise, laquelle rassemble deux colonies britanniques et neuf sultanats malais. Lésés par ce nouvel accord, les dirigeants du Parti communiste malaisien organisent une grève générale, à laquelle les Britanniques répondent en interdisant leur parti et en instaurant l'état d'urgence. Trois cent cinquante mille soldats majoritairement malais viendront à bout de dix mille communistes, pour la plupart d'origine chinoise, en 1952. Il faut cependant attendre l'indépendance officielle de la Malaisie en 1957 puis la levée de l'état d'urgence en 1960 pour que les insurgés acceptent enfin, au nord du pays, de rendre les armes[1].

Il faut dire que, dans cette partie septentrionale de la *Malayan Federation*, la question religieuse rend la situation explosive. En 1956, Burhanuddin al-Helmy rompt avec l'UMNO pour prendre la tête du Parti islamique de Malaisie (PAS). Ce dernier substitue à la lutte ethnique pro-malaise celle de la justice sociale et de l'unité musulmane. Et, de cette façon, il acquiert une influence

1. Bernard Droz, *Histoire de la décolonisation au* XX*e siècle*, *op. cit.*, p. 139-140.

politique particulièrement importante au nord du pays. Le gouvernement fédéral en vient alors à considérer le PAS comme une menace de plus à sa stabilité. La religion n'est pas véritablement en cause, l'islam ayant déjà acquis le statut de religion d'État. Mais, aux yeux des autorités, le programme social des islamiques a bien trop d'affinités avec les revendications communistes des guérilleros d'origine chinoise.

Voici le vrai problème. Au-delà du communisme et de l'islamisme, la question des relations entre Malaisiens chinois et Malaisiens malais constitue le talon d'Achille de la *Malayan Federation*, dont la population se répartit, très schématiquement, entre populations d'origine malaise (environ 50 %), chinoise (39 %), indienne (10 %) et, disons, non malaise (1 %). Les Britanniques obligent d'abord toutes les communautés à s'entendre : c'est leur exigence pour envisager tout octroi de souveraineté. Aussi, en 1953, les trois principaux mouvements indépendantistes de la Fédération fondent le parti de l'Alliance. Celle-ci regroupe l'UMNO d'Abdul Rahman, qui porte le titre nobiliaire malais de *tungku*, le MCA (Malayan Chinese Association) et le MIC (Malayan Indian Congress). L'Alliance remporte les élections en 1955, elle obtient en 1956 l'autonomie de la Fédération au sein du Commonwealth et, en 1957, son indépendance. Puis, trois ans plus tard, un consensus émerge autour du *statu quo* hérité de l'époque coloniale. Les Malais monopoliseront encore la vie politique : avec le *tungku* comme Premier ministre, l'UMNO impose l'enseignement de l'anglais et du malais dans les écoles chinoises. Quant aux Chinois, ils pourront continuer de dominer la vie économique : ils acceptent les lois linguistiques pro-malaises mais, en échange, ils bénéficient maintenant de la citoyenneté et du droit du sol[1].

Reste la question des dernières possessions britanniques de la région, à savoir, sur l'île voisine de Bornéo, les colonies de Brunei, Sabah et Sarawak, et, juste au sud de la péninsule malaise, celle de Singapour, peuplée d'un million et demi d'habitants dont trois quarts sont d'origine chinoise. La petite île n'a pas intégré la *Malayan Federation* en 1948. C'est seulement en 1959 qu'elle rejoint le Commonwealth et accède au *self-government*, sous la direction du PAP, le People's Action Party de Lee Kuan Yew. Celui-ci poursuit un objectif : intégrer la Fédération et y ravir sa place, dans le parti de l'Alliance, à la MCA chinoise. Bien entendu, les Malais de la péninsule s'y opposent. Ils craignent toujours autant la domination chinoise et à leurs yeux, le ralliement de Singapour à la Fédération ne ferait que la renforcer. Mais leurs dirigeants sont d'un autre avis. Tandis que l'UMNO d'Abdul Rahman voit l'élargissement de la Fédération comme une opportunité économique à saisir, le Royaume-Uni entend désormais se défaire des colonies de l'empire (sauf de Brunei et de son pétrole). Sarawak, Sabah et Singapour rejoignent alors la *Malayan Federation* pour donner forme à la « Grande Malaisie » : la *Malaysia* naît en 1963[2]. Elle aura disparu deux ans plus tard.

Ce renversement de situation est incompréhensible si l'on n'évoque pas, auparavant, la situation politique de l'Indonésie voisine. Durant la guerre d'indépendance, Sukarno est de ceux qui ont su fédérer les mouvements

1. Pierre Fistié, « La rupture entre Singapour et la Malaysia », *Revue française de science politique*, n° 17, 1967, p. 237-262.

2. Philippe Richer, *L'Asie du Sud-Est. Indépendances et communismes*, Paris, Imprimerie nationale, 1981, p. 188-190.

anticolonialistes de l'archipel autour d'un même sentiment d'appartenance indonésienne. Et, depuis, il prône la coopération de toutes les forces du pays sous la direction unique de leur président. Ce système dit de la « démocratie guidée » se construit par le biais de deux processus concomitants. D'un côté, Sukarno et son clan confisquent le pouvoir. À force de museler toute forme d'opposition, le père de l'indépendance précipite la montée des contestations et la formation de foyers séparatistes dans l'archipel. Il fait donc valoir l'autorité présidentielle. En 1957 Sukarno décrète la loi martiale, en 1960 il remplace le Parlement par une Assemblée aux membres non plus élus mais nommés, puis en 1963 il instaure un Congrès qui l'élit président à vie. Et, d'un autre côté, Sukarno initie une politique d'« indonéisation » du pays, soutenue par un socialisme d'État. Banques, exploitations pétrolières, plantations, tous les secteurs économiques sont nationalisés. Quant aux territoires qui réclament leur autonomie, des Moluques en 1950 jusqu'à la Nouvelle-Guinée néerlandaise en 1963, ils sont annexés puis contrôlés par l'État central. La démocratie guidée est donc un processus à la fois autoritaire et nationaliste[1].

Mais elle renvoie aussi, plus profondément, à la rencontre de trois forces centripètes : les islamistes, les communistes et les militaires qui ne cessent de s'unir, et de s'opposer. Dès 1948, depuis leurs maquis antinéerlandais, certains membres du Masjumi et du Parti des oulémas rejettent le gouvernement non confessionnel que les républicains sont en train d'instaurer. Réclamant un État islamique, les plus radicaux des deux partis

1. Thê Anh Nguyên, « L'Asie du Sud-Est et le nouvel ordre mondial », *op. cit.*

s'unissent sous la bannière du Darul Islam, le « territoire de l'islam », au nom duquel ils combattent l'État de Sukarno jusqu'en 1957. Les troupes républicaines l'emportent et l'État central en profite pour soumettre le Masjumi. Avec Mohammad Natsir pour meneur, le parti défend le pluralisme politique et, partout où il est majoritaire, il instaure des réformes toujours plus sociales. Seulement, le Masjumi ne condamne jamais explicitement le projet du Darul Islam. Cela permet à Sukarno d'interdire officiellement le parti en 1960, après que des révolutionnaires musulmans ont proclamé un gouvernement autonome au nord de Sumatra. Puis, en 1962, l'armée défait les troupes du Darul Islam présentes à Java et aux Célèbes. Et, encore une fois, Sukarno en profite pour lancer l'armée contre les membres du Masjumi. Alors, à force d'être associés aux séparatistes et aux révolutionnaires, l'ensemble des groupes islamiques indonésiens basculent dans la clandestinité[1].

Sukarno n'a pas pour autant gagné la partie. Pour réprimer les islamistes, il doit s'appuyer sur ses deux autres ennemis : le Parti communiste indonésien et l'armée. Le PKI est le premier à tirer son épingle du jeu. Décapité en 1948 par les républicains qui entendaient prouver leur anticommunisme aux Alliés, le parti communiste est refondé en 1951. À présent, il se montre suffisamment habile pour soutenir le Parti national indonésien de Sukarno. Le président entend affaiblir le Masjumi en utilisant le PKI, et celui-ci redevient donc l'une des principales forces politiques du pays. Pour autant, Sukarno ne peut pas non plus partager son pouvoir avec les communistes. Parce qu'il a besoin

1. Romain Bertrand, « Les relations entre l'Indonésie et la Malaisie », art. cit.

de l'armée pour indonéiser l'archipel et y réprimer les bastions islamiques et sécessionnistes, il doit aussi s'appuyer sur les officiers militaires, au point qu'un tiers de ses ministres seront issus des rangs de l'armée. Et ces derniers sont profondément anticommunistes.

Ainsi s'organise la vie politique indonésienne. Arbitre, Sukarno défend officiellement le *nasakom*, c'est-à-dire l'alliance républicaine entre les forces nationalistes, religieuses et communistes. Mais l'union semble chimérique. Anticommunistes pour la plupart, les militaires ont massacré les membres du PKI durant la guerre d'indépendance et, depuis, ils continuent d'interdire le parti dans plusieurs provinces. Les dirigeants communistes savent eux aussi manœuvrer. Parce qu'ils offrent au pouvoir central l'occasion de contrer les musulmans du Masjumi, l'autre héros de la guerre, le PKI parvient à faire destituer les généraux qui s'opposent trop ouvertement à lui[1]. Produit de la sortie coloniale et clef de voûte de la démocratie guidée, cet équilibre républicain entre militaires, communistes et islamiques va s'effondrer avec la création de la *Malaysia* en 1963.

Confrontations et structurations étatiques de l'archipel

La Grande Malaisie est un compromis. Les Britanniques y voient une solution pour solder leurs colonies, et les Malais pour construire une fédération si élargie que les Chinois n'y seront pas majoritaires. Seulement, dès 1962, un an même avant sa création officielle, la *Malaysia* est déjà source de conflits. Dans l'île de Bornéo, les Philippines voisines revendiquent leur souveraineté sur

1. Philippe Richer, *L'Asie du Sud-Est*, *op. cit.*, p. 221-223.

la colonie de Sabah tandis que dans celle de Brunei, un Parti du peuple se soulève contre les Britanniques. Avec Ahmad Azahari, le parti réclame la création de l'État du Kalimantan. Les insurgés prévoient un plan en deux temps : d'abord, unifier la moitié nord de l'île en réunissant les trois États de Sabah, Sarawak et Brunei ; ensuite, s'allier avec l'Indonésie qui possède déjà la moitié sud de l'île et avec qui ils pourraient donc mettre un terme à l'expansion malaise. La rébellion est matée par l'armée de la *Malayan Federation* soutenue par les Britanniques, et Sukarno en appelle alors à la création du Maphilindo, un gigantesque ensemble panindonésien qui rassemblerait la Ma-laisie, les Phil-ippines et l'Indo-nésie. Puis, lorsque la *Malaysia* est créée en 1963, il déclare la *Konfrontasi*, la « Confrontation ». Des commandos indonésiens débarquent au nord de Bornéo et d'autres sont parachutés dans le détroit de Johor, qui sépare Singapour de la péninsule malaisienne. Conjuguée à la pression diplomatique des États-Unis et des Nations unies, l'action des troupes britanniques et australiennes permet à la Malaisie de remporter la victoire en 1966. Mais, à cette date, le conflit ayant exacerbé les tensions existantes, les deux grandes nations de l'archipel sont déjà profondément transformées.

En Malaisie, le parti de l'Alliance soumet les opposants à la nouvelle *Malaysia*. L'armée fédérale défait les islamistes pan-malais qui avaient proclamé, sur une île au large de Singapour, une République autonome avec leurs homologues indonésiens. Et à Bornéo, la même armée écrase les communistes chinois de Sarawak, à l'aide des quinze mille soldats britanniques et australiens mobilisés grâce à un traité de défense anglo-malais. La victoire est sur le point d'être totale. Mais, en 1965, Singapour proclame son indépendance. Depuis la petite île, le PAP de Lee Kuan Yew pensait pouvoir s'imposer comme le nouveau porte-parole des communautés chinoises de la Grande Malaisie. Seulement, la rivalité avec l'Alliance suscite tant d'affrontements entre populations malaises et chinoises que le PAP finit par prendre la tête d'un front d'opposition antimalais. Le parti réclame désormais une Malaisie réduite, excluant les Malais de la péninsule et rassemblant uniquement Malacca, Penang, Singapour, Sabah et Sarawak. Alors, toujours à la tête de l'Alliance, le *tungku* Abdul Rahman consent à la rupture avec Singapour : mieux vaut perdre un seul État plutôt que cinq. Deux ans seulement après sa création, la Grande Malaisie est donc enterrée. Si les autorités de Kuala Lumpur continuent depuis d'utiliser l'appellation *Malaysia*, en pratique, la *Malaysia Federation* est divisée entre la *Peninsular Malaysia* à l'ouest et la *Malaysia Borneo* à l'est. Un État, deux nations.

Quant à l'Indonésie, l'échec de la Confrontation y signe celui de Sukarno. La *Konfrontasi* a pour lui au moins deux conséquences. À l'extérieur du pays, la Grande-Bretagne et les États-Unis critiquent si sévèrement sa politique expansionniste qu'il n'a d'autres choix que de se tourner vers la Chine. Et, à l'intérieur du pays, Sukarno a donné tant de pouvoir à l'armée pour attaquer la Malaisie qu'il doit maintenant se tourner vers les communistes pour rééquilibrer l'échiquier politique. Le PKI fait donc son entrée au gouvernement aux côtés des militaires et, très vite, le parti fait interdire les organisations anticommunistes, tout en procédant à des redistributions de terres dans les territoires qui lui sont acquis. Puis ses dirigeants obtiennent la dissolution du Mouvement pour la promotion du sukarnisme, défendu par l'armée. C'en est trop pour les militaires. Les communistes pensaient avoir retrouvé le pouvoir qu'ils avaient perdu à la veille de l'indépendance : la *Tragedi 65* va porter un coup d'arrêt brutal à leur ascension. Une année durant, dans tout le pays, les populations se joignent à l'armée pour massacrer les communistes.

31. La *Tragedi 65* de l'Indonésie

L'épisode se déroule en deux temps. D'abord, le « Coup du 30 septembre » 1965. Sous l'influence du PKI, après avoir assassiné plusieurs généraux, les officiers progressistes du colonel Untung organisent un putsch. Puis l'armée prépare sa riposte. Le général Suharto défait les putschistes au mois d'octobre, puis il contraint Sukarno à lui confier, en 1966, les pleins pouvoirs et, en 1967, la présidence du pays. Et entre-temps, les haines régionales accumulées depuis plus de vingt ans explosent. Entre octobre 1965 et octobre 1966, 500 000 communistes supposés ou réels sont tués. À Java-Centre, l'un des hauts lieux de la décapitation du PKI pendant la guerre d'indépendance, l'armée et les milices locales enterrent près de 100 000 personnes dans la forêt. À Java-Est, les milices islamiques du Nahdlatul Ulama, qui avaient été victimes du PKI en 1948 et qui contestent depuis 1951 ses réformes agraires, débordent les militaires et font 200 000 morts. Encore plus à l'est, à Bali, soutenus par l'armée, les propriétaires terriens du Parti national indonésien se joignent à des brahmanes hindous pour tuer 80 000 personnes. À Aceh, sur l'île de Sumatra, des milliers de Chinois, systématiquement associés aux communistes, sont pris pour cible. Des Indonésiens massacrent des Indonésiens pendant douze mois.

Voir Jean-Louis Margolin, « Indonésie 1965 : autopsie d'un coup d'État anticommuniste », *L'Histoire*, n° 225, 1998, p. 28-29.

Comme dans beaucoup d'anciennes colonies, la guerre de libération a trouvé son prolongement dans une guerre civile. Cependant, en Indonésie, le refoulement des frustrations nées de l'indépendance aura duré près de deux décennies. À l'échelle internationale, l'anticommunisme britannique et états-unien a progressivement légitimé la répression du PKI. À l'échelle nationale, les officiers militaires qui avaient été l'élément clef de la décolonisation n'ont jamais cessé de considérer le communisme comme un danger. Et, à l'échelle locale, dans chaque île de l'archipel, la guerre de libération monopolisée et remportée par l'armée républicaine a laissé derrière elle une haine des communistes difficile à oublier. Ce triple contexte mène à leur massacre, à l'avènement de Suharto puis à l'instauration d'un « Ordre nouveau[1] ».

Contre le communisme : l'autoritarisme, le nationalisme et l'intégrisme

Après 1966, l'Indonésie et la Malaisie font leur entrée définitive dans l'ère postcoloniale. Leur histoire est mue par des dynamiques désormais plus asiatiques qu'euro-asiatiques, mais elle n'en demeure pas moins influencée par le legs colonial.

La *Malaysia* reste divisée. Le malais y est la seule langue officielle, le roi est élu par les sultans malais et le système électoral favorise les masses paysannes malaises. Les Malais dominent toujours la vie politique et ils continuent aussi de percevoir les Chinois comme des étrangers et, surtout, des communistes. Cette hantise de leurs voisins dégénère après les élections fédérales de mai 1969, lorsque deux partis s'affirment par les urnes : le PAS, Parti islamique de Malaisie, et le DAP, Democratic Action Party, héritier du People's Action Party

1. Rémy Madinier, « La tragédie de 1965 en Indonésie : une historiographie renouvelée, une mémoire toujours tronquée », *Archipel*, n° 88, 2014, p. 189-212.

singapourien. Pour la première fois, l'Alliance perd sa majorité absolue et des émeutes antichinoises éclatent à Kuala Lumpur. Elles font deux cents morts et trois cents blessés. Comme l'avaient fait les Britanniques pour combattre les communistes entre 1948 et 1960, l'Alliance décrète alors l'état d'urgence. Celui-ci ne sera levé qu'en 1980. À cette date, le parti de l'Alliance a été remplacé par le Front national, mais celui-ci reste dirigé par l'UMNO. Le parti demeurera à la tête du pays jusqu'en 2018, affirmant toujours plus explicitement son nationalisme. Il instaure, entre autres, une discrimination positive en faveur des Malais : accès prioritaire à la fonction publique, obligation pour tout investisseur de s'associer avec des entrepreneurs malais, etc. Abdul Razak est à l'origine de cette Nouvelle Économie politique, initiée en 1971[1]. Celle-ci est ensuite renforcée par Mohamad Mahathir, qui prend la direction de l'UMNO en 1981. Au pouvoir jusqu'en 2003, Mahathir mène une politique similaire à celle qu'avait initiée le *tungku* après l'indépendance : la fédération doit être multi-ethnique, mais la « race malaise » doit toujours être défendue[2].

Du côté de l'Indonésie, la force de l'armée ne sera plus démentie après la *Tragedi 65*. Le parti gouvernemental du Golkar se tourne vers le développement et déclare officiellement abandonner la révolution : « Développement, oui ! Politique, non ! » Cependant, au quotidien, Suharto impose un « Ordre nouveau » jusqu'à sa chute, en 1998. Cette philosophie s'appuie sur trois « piliers ».

1. Elsa Lafaye de Micheaux, *La Malaisie, un modèle de développement souverain ?*, Lyon, ENS Éditions, 2012.

2. Nathalie Hoffmann, « Malaisie : vingt-deux ans de régime Mahathir. Esquisse de bilan d'un dirigeant hors du commun », *Revue internationale et stratégique*, n° 49, 2003, p. 58-68.

Le pilier politique vise à assurer la « stabilité » du pays, c'est-à-dire la dépolitisation des partis : ces derniers sont désormais contraints d'adhérer soit au parti nationaliste héritier du Parti national indonésien, soit au parti musulman héritier du Masjumi et du Nahdlatul Ulama. Un pilier idéologique garantit ensuite l'« unité » indonésienne, c'est-à-dire la poursuite du Pancasila : née dans la lutte indépendantiste, la démocratie Pancasila est censée promouvoir la justice sociale et la laïcité de l'État. Le pilier stratégique sert enfin au maintien de l'« ordre », c'est-à-dire au monopole du pouvoir par les militaires[1]. Des dissensions peuvent émerger entre le clan Suharto et les généraux placés au gouvernement mais, pendant trente ans, l'armée assure sa « double fonction » militaire et politique. Et celle-ci est sans cesse légitimée par le rôle historique des officiers dans la construction de la nation. Car, après tout, ils ont été les premiers à mener la lutte pour obtenir l'indépendance, puis pour contrer les extrémistes venus de la gauche et de l'islam (c'est-à-dire leurs opposants du PKI, du Darul Islam et du Masjumi).

Ces histoires malaisienne et indonésienne s'inscrivent dans le prolongement de la sortie coloniale. S'appuyant sur l'entente et la division simultanées des communautés, en Malaisie les nationalistes malais se sont appropriés la stratégie du parlementarisme britannique. Et, en Indonésie, les militaires ont su instrumentaliser le nationalisme résistentialiste qu'avait généré les Néerlandais après la guerre. Puis, chez les deux voisins, la lutte anticommuniste qui leur avait permis de gagner les faveurs du bloc de l'Ouest sert désormais à réprimer les oppositions. Le problème est que, en éliminant les partis et les syndicats

1. Françoise Cayrac-Blanchard, « De l'Ordre nouveau au régime Soeharto », *Archipel*, n° 46, 1993, p. 3-24.

socialistes et communistes, le pouvoir a ouvert la voie à l'intégrisme islamique. Après l'interdiction du Masjumi en Indonésie et l'arrestation du leader du Parti islamique de Malaisie, dans les deux pays, l'islamisme légaliste, social et démocrate disparaît. Les Malais de l'UMNO et les généraux de Suharto finiront bien par se rapprocher des mouvements islamiques au début des années 1990. Seulement, à cette date, cela fait déjà plus de vingt ans qu'une majorité de démocrates musulmans ont basculé dans la clandestinité, l'intégrisme et la violence[1].

Des conflits ataviques ?
La fin de l'empire portugais en Afrique

Loin d'être naturellement enclines à la violence, les sociétés malaisienne et indonésienne se sont construites sur un passé débordant de conflits. Il en va de même de nombreuses sociétés africaines. Parmi les anciennes colonies européennes du continent, celles du Portugal sont l'objet de clichés d'autant plus nombreux qu'elles sont très peu enseignées. Leur histoire donne pourtant à voir encore plus clairement qu'ailleurs l'entremêlement des durées coloniale et postcoloniale. Au début des années 1960, les puissances européennes abandonnent la plupart de leurs possessions outre-mer. Mais pas António de Oliveira Salazar. À la tête du Portugal depuis 1932, il continue de lutter « orgueilleusement seul » pour perpétuer l'œuvre civilisatrice de la colonisation : en

1. Romain Bertrand, « Islam, pouvoir et modernité en Asie du Sud-Est : de la "première modernité islamique" aux radicalismes contemporains », *Mouvements*, n° 36, 2004, p. 32-41. Voir également : Rémy Madinier, « Asie du Sud-Est : les chimères de l'islam radical », *Outre-Terre*, n° 6, 2004, p. 109-114.

Asie, à Macao, au Timor oriental et à Goa ; en Afrique de l'Ouest, dans les îles du Cap-Vert, de Sao Tomé, de Principe et de Guinée-Bissau ; en Afrique australe, au Mozambique à l'est et en Angola à l'ouest. Ces deux derniers États vont suivre la même trajectoire que leurs voisins africains : une colonisation socialement structurante, une sortie coloniale déterminante puis une ère postcoloniale où se superposent le passé, le présent et les projections d'avenir. Mais la fin de l'empire portugais a ceci de singulier qu'elle passe presque partout par des guerres d'usure, pour mettre un terme à l'ordre colonial puis pour construire l'État postcolonial.

Révolution pacifique au Nord, guerres d'indépendance au Sud

Le 24 avril 1974, à 22 h 55, les paroles d'*E depois do adeus* (« Après notre adieu ») résonnent sur les ondes radiophoniques de Lisbonne. Le régime est loin de se douter que cette chanson d'amour est le signal que s'envoient les opposants pour lancer la révolution. Quant aux auditeurs lisboètes, ils ne le comprendront qu'une heure et demie plus tard. À 00 h 20, c'est maintenant *Grândola Vila Morena* (« Grândola Ville Brune ») qui est diffusée. Écrite par Zeca Afonso et interdite par le pouvoir, la chanson affirme que « le peuple est celui qui commande le plus ». C'est le second message de la soirée. L'attaque a débuté et doit se poursuivre comme prévu : voici l'information que fait passer le Mouvement des forces armées (MFA). Créé par de jeunes capitaines de l'armée de terre, le MFA balaie le régime salazariste tenu depuis 1968 par Marcelo Caetano. Et dans les rues, le 25 avril en début de soirée, alors que seuls une dizaine d'insurgés sont morts, la foule fraternise avec les militaires qui ont accroché des œillets à leur fusil pour rassurer la population.

Leur programme concerne directement les colonies dans lesquelles la plupart d'entre eux ont servi : démocratiser et développer le Portugal mais, d'abord, mettre fin au nationalisme d'empire qui a tant coûté au pays depuis 1961. Presque la moitié des fonds publics ont été engloutis dans la répression coloniale, plus de huit mille soldats sont morts et trente mille autres sont revenus mutilés des colonies. Tout cela est maintenant terminé pour les Portugais. Ils retrouvent leur liberté le jour où ils abandonnent enfin l'Afrique[1].

Spectaculaire, la révolution des Œillets est cependant moins soudaine qu'il n'y paraît. Dès 1961, lorsque l'Inde libère (ou envahit) la petite colonie portugaise de Goa, c'est bien la fin de l'empire qui se joue. À l'heure de la guerre froide, la politique coloniale de Salazar représente désormais une menace pour les positions occidentales en Asie et en Afrique. C'est pourquoi le 19 décembre 1961 les Nations unies condamnent le refus qu'oppose le Portugal aux indépendances africaines.

32. À Goa, le début de la fin de l'empire portugais

Après la Seconde Guerre mondiale, Salazar voit dans l'anticolonialisme ambiant le signe d'une crise des valeurs morales européennes. De plus, écarté à la fois du plan Marshall et de la construction de l'Europe, il a désespérément besoin des ressources de l'empire pour maintenir le pays à flot. Salazar décide donc de tenir tête à l'Inde de Nehru qui lui réclame, depuis 1950, la colonie de Goa. Le conflit s'envenime en 1955 lorsque des nationalistes indiens et goanais tentent de s'emparer des deux comptoirs portugais de Daman et Diu, au

1. Yves Léonard, « 25 avril 1974 : les œillets font la démocratie », *Les Collections de L'Histoire*, n° 63, 2014, p. 70.

nord de la ville de Goa. Nehru envoie l'armée pour rétablir l'ordre. Il entend poursuivre l'entreprise d'unification territoriale qu'il mène contre le Pakistan mais Salazar en profite, lui, pour se tourner vers l'ONU. En misant sur le soutien des États-Unis qui n'apprécient guère le rapprochement de l'Inde avec l'URSS, l'autocrate portugais parvient à placer Nehru dans la position de l'agresseur impérialiste, attaquant les citoyens d'une « province d'outre-mer » portugaise.

Six années durant, Goa vit au rythme des négociations diplomatiques de la guerre froide. Du côté américain, les États-Unis alliés avec le Pakistan pro-occidental soutiennent d'abord le Portugal, au nom de la défense du bloc de l'Ouest avec lequel l'Inde refuse de s'aligner. Côté asiatique, la Chine revendique des territoires au nord de l'Inde et elle encourage donc Nehru à rejoindre le bloc de l'Est, ou à l'affronter. Aux Nations unies, le groupe afro-asiatique exige pour sa part une réaction vigoureuse : en tant que leader moral du tiers-monde, l'Inde a l'obligation de s'opposer à un État portugais colonialiste et fascisant. Quant à la population indienne, qui doit bientôt renouveler ou retirer son soutien électoral à Nehru, elle commence à voir dans sa politique de non-alignement un signe de faiblesse.

L'épilogue sera inattendu. Dans la nuit du 17 au 18 décembre 1961, l'Inde lance l'opération *Vijay*, « Victoire ». Soutenues au sol par 45 000 soldats et 26 000 réservistes, l'aviation et la marine indiennes donnent l'assaut sur Goa, et ni les 4 500 soldats portugais ni les populations goanaises ne résistent, terrifiés par l'arrivée des combattants sikhs. En quelques heures, Nehru a montré à la Chine et aux deux blocs que non-alignement ne veut pas dire inaction. L'URSS applaudit l'opération indienne et le bloc de l'Ouest la condamne unanimement, au nom de la Charte des Nations unies et du manquement de l'Inde à son serment pacifique. Mais la réprobation occidentale est aussi une vaine tentative de désamorcer les conflits qui débutent, sur fond de guerre froide, dans des territoires d'une bien plus grande importance que Goa : dans la Nouvelle-Guinée néerlandaise, au Timor portugais, au Mozambique, au Congo belge et en Angola.

Voir Sandrine Bègue, « La réaction internationale face à la chute de Goa (fin décembre 1961) », *Relations internationales*, n° 133, 2008, p. 53-70.

Après avoir perdu Goa, Salazar et son successeur se montrent si déterminés à rester en Afrique que les guerres d'indépendance vont y durer près de quinze ans. Elles se déroulent sur trois fronts. Le conflit débute en Angola. Des révoltes urbaines éclatent dans la capitale en février 1961 avant de s'étendre, au mois de mars, aux plantations de café du nord puis aux mines de cuivre du sud. Trois grands partis vont ensuite encourager et encadrer les mécontentements populaires : le Mouvement populaire de libération de l'Angola (MPLA) qui agite Luanda depuis 1956, avec Agostinho Neto et Mario de Andrade ; le Front national de libération de l'Angola (FNLA) qui se construit au nord du pays à partir de 1961, sous l'influence de Holden Roberto ; et l'Union nationale pour l'indépendance totale de l'Angola (UNITA) que créent au sud-est, en 1966, les partisans de Jonas Savimbi. Le pouvoir portugais est également mis à rude épreuve en Guinée-Bissau. À partir de 1963, les frères Luíz de Almeida et Amílcar Cabral y coordonnent les attaques militaires du PAIGC, le Parti africain pour l'indépendance de la Guinée et des îles du Cap-Vert. Le Portugal n'est pas non plus en reste au Mozambique. En 1962, Marcelino dos Santos et Eduardo Mondlane ont pris la tête du Front de libération du Mozambique (FRELIMO) et, à partir de 1964, ce dernier est derrière chacune des émeutes populaires qui menacent les autorités coloniales. Le parti est d'inspiration marxiste, comme le MPLA, l'UNITA et le PAIGC. Leurs dirigeants ont été formés dans les capitales européennes et, chez eux, ils combattent autant pour l'indépendance que pour la révolution.

Plaçons-nous d'abord du côté portugais. Pour mener une guerre totale, le régime salazariste étend le service militaire à quatre ans. Cent cinquante mille soldats sont envoyés sur les trois fronts, où le napalm et d'autres herbicides ravagent les populations et leurs récoltes. Les autorités s'appuient aussi sur les civils de métropole. En encourageant constamment l'émigration, elles font doubler la population portugaise du Mozambique et de l'Angola, qui compteront respectivement jusqu'à deux cent mille et trois cent mille citoyens venus d'Europe. Enfin, en mobilisant les populations colonisées, le régime portugais africanise les conflits. Au Mozambique, par exemple, les « indigènes » représentent la moitié des effectifs de l'armée coloniale et le gros des troupes paramilitaires qui protègent les Portugais regroupés, eux, dans des villages fortifiés. Cette politique expose le pays à l'opprobre internationale. Après avoir été soutenu par les États-Unis et la France qui saluaient son anticommunisme, le Portugal est désavoué par l'Organisation de l'unité africaine, par les Nations unies puis par le Vatican, qui va jusqu'à recevoir en 1970 les dirigeants du MPLA, du PAIGC et du FRELIMO. Guerre à outrance, enrôlement des civils et mise au ban du monde : ces trois facettes du nationalisme impérial expliquent que le régime soit renversé par des officiers militaires ayant fait leurs armes en Afrique. Ils prennent le pouvoir le 25 avril 1974 et reconnaissent, cette année-là, l'indépendance de la Guinée-Bissau puis, l'année suivante, celle du Cap-Vert, de Sao Tomé-et-Principe, du Mozambique et de l'Angola[1].

Plaçons-nous maintenant du côté des colonies, où les populations sont soumises à une économie basée sur le travail forcé et à un code civil qui oppose les « civilisés » (surtout des individus blancs), les « assimilés »

1. *Id.*, « La fin de l'Afrique portugaise », *Les Collections de L'Histoire*, n° 49, 2010, p. 86-87.

(surtout des métis) et les « indigènes » (surtout des personnes noires). Le racisme est institutionnalisé partout, mais chaque colonie se révèle singulière. En Guinée-Bissau, avec seulement deux mille cinq cents officiers pour administrer environ cinq cent mille colonisés, les autorités coloniales divisent pour mieux régner. Elles soutiennent tantôt les revendications musulmanes des Peul tantôt les mouvements animistes des Balanta, et, constamment, ces derniers s'affrontent en instrumentalisant ou en subissant le pouvoir portugais. Cette tradition de violence communautaire exercée par des guerriers « locaux » sera au cœur, d'abord, de la lutte d'indépendance, ensuite, de l'instabilité de l'État postcolonial de Guinée-Bissau[1]. Plus au sud, l'Angola évolue, lui, au gré de ce que Christine Messiant a défini comme une « ethnicisation-régionalisation ». En défendant la cause des populations bakongo du nord, le FNLA ethno-nationaliste reçoit le soutien de Mobutu, à la tête du Congo qu'il a renommé Zaïre. Puis, parce qu'il est emmené par les métis lusophones de Luanda, qu'il est soutenu par les révolutionnaires lusophones de Cuba et qu'il s'appuie sur un arrière-pays peuplé de créoles kimbundu, le MPLA a beau être marxiste et internationaliste, il va être étiqueté comme un parti ethnique par ses rivaux du sud-est, rassemblés dans l'UNITA. Et en retour, parce qu'elle a sa base-arrière dans la région de l'Ovimbundu, à cheval entre l'Angola et la Zambie mitoyenne, l'UNITA peut bien se dire maoïste, elle va elle aussi passer pour un parti identitaire. Cette ethnicisation-régionalisation se prolongera après l'indépendance durant vingt-sept longues années

1. René Pélissier, « Portugal : trois empires perdus », *Matériaux pour l'histoire de notre temps*, n° 107, 2012, p. 45-46.

de guerre civile[1]. Le Mozambique représente enfin un troisième cas de figure. Les dirigeants urbains et métis du FRELIMO parviennent à mobiliser les populations autour d'un nationalisme de classe. Seulement, dès 1977, leur incapacité à comprendre l'organisation et les revendications des sociétés rurales poussera les campagnes à se révolter avec l'appui de la RENAMO, la Résistance nationale mozambicaine[2].

Une guerre de plus dans « les trous pourris » d'Afrique : l'Angola[3]

Médecin et écrivain portugais, António Lobo Antunes effectue son service militaire en colonie. Pour lui comme pour la majorité des conscrits envoyés dans « les trous pourris [...] que sont les points de couleur sur la carte d'Angola », le printemps 1974 signe le retour à la vie. En revanche, pour les populations qu'il décrivait comme « humiliées » et « transies de faim sur les barbelés[4] », les combats sont loin d'être terminés. L'indépendance angolaise est officiellement acquise en novembre 1975 et, presque immédiatement, le MPLA met fin à son alliance avec le FNLA et l'UNITA. Après s'être attaqué aux deux partis, Agostinho Neto prend la tête de la nouvelle République populaire d'Angola et la guerre civile débute. En 2002, elle aura tué plus d'un million et demi de personnes. Cette histoire est aujourd'hui bien connue,

1. Christine Messiant, *L'Angola postcolonial*, t. II, *Sociologie politique d'une oléocratie*, Paris, Karthala, 2009, p. 16-103.

2. Michel Cahen, « La crise du nationalisme », *Politique africaine*, n° 29, 1988, p. 2-14.

3. David Birmingham, *Histoire de l'Angola de 1820 à nos jours* (2015), traduit de l'anglais par Gérard Siary, Paris, Chandeigne, 2019.

4. Cité par Yves Léonard, « L'empire, dernier acte », *Les Collections de L'Histoire*, n° 63, 2014, p. 82-85.

notamment grâce à la synthèse produite par David Birmingham en 2015 et traduite, depuis, en français.

Dès le mitan des années 1970, explique l'historien, les populations angolaises sont plongées dans une « guerre d'intervention étrangère ». Soutenu par le Zaïre solidaire des Bakongo, le FNLA se focalise sur la lutte communautaire et rapidement, il décline. Ce n'est pas le cas de l'UNITA de Jonas Savimbi. Le parti se renforce jour après jour grâce aux soutiens, d'abord, de la Zambie, ensuite, de l'Afrique du Sud soucieuse d'affaiblir l'Angola pour mieux contrôler le Sud-Ouest africain (la future Namibie), et, enfin, à partir de 1986, des États-Unis satisfaits de la conversion de Savimbi au reaganisme. Quant au MPLA qui a pris le pouvoir à Luanda, il est aidé par Cuba et, indirectement, par l'URSS. Cette aide internationale n'est cependant pas suffisante pour compenser le vide laissé par la métropole. Après le départ précipité des administrateurs, entrepreneurs et soldats portugais, peu d'institutions sont en état de fonctionner. Aussi, dès 1977, Agostinho Neto manque de se faire renverser par les radicaux que rassemble le jeune Nito Alves. L'échec du coup d'État aboutit à une répression sanglante. Le MPLA réactive la police secrète mise sur pied par les Portugais et, partout dans le pays, la peur s'installe. Il faut dire que les ennemis du MPLA ont de quoi lutter. En exploitant les mines de l'est du pays, l'UNITA organise un vaste trafic de diamants vers le Zaïre et la Zambie. L'entreprise permet aux troupes de Savimbi de renforcer leur base populaire dans l'Ovimbundu puis d'enrôler un nombre toujours plus important de combattants, lesquels contraignent les populations à rejoindre la guérilla, les hommes comme les enfants. L'UNITA s'appuie sur le diamant, et le MPLA, sur le pétrole. Après avoir succédé à Neto en 1979, José

Eduardo dos Santos peut compter en effet sur les revenus des compagnies pétrolières états-uniennes et françaises. Il s'en sert pour recruter les soldats qu'il lance contre l'UNITA et pour consolider ses réseaux clientélistes de plus en plus régionalisés, ou ethnicisés. Loin de la « malédiction des ressources » brandie par les médias et les consultants des pays du Nord, le conflit angolais s'éternise donc au fur et à mesure que l'UNITA et le MPLA érigent leur propre État garde-barrière, chacun contrôlant l'interface entre leur économie nationale et le marché mondial[1].

33. *Blood Diamond*, ou le mythe d'une malédiction africaine

En 2006, le film *Blood Diamond* met en scène la rencontre entre Leonardo di Caprio et Djimon Hounsou. Plongés dans la guerre civile qui ravage la Sierra Leone, le premier incarne un ancien militaire de Rhodésie reconverti en trafiquant de diamants, le second un pêcheur arraché à sa famille par des guérilleros qui l'ont envoyé travailler dans les mines de diamant grâce auxquelles financer la rébellion. Le lien de cause à effet est établi : l'Afrique est maudite par ses propres richesses, qui la condamnent à vivre dans le conflit. Frappé depuis 1999 par l'embargo des Nations unies sur ces « diamants de sang », l'Angola évolue au rythme d'une histoire qui s'avère, bien sûr, nettement plus complexe. Jean-François Orru, Rémi Pelon et Philippe Gentilhomme l'ont montré.
Dans la géopolitique d'abord *idéologique* de la guerre froide, l'UNITA bénéficie du soutien conjugué de l'Afrique du Sud et des États-Unis : ici, « le diamant était toujours bon à prendre, mais il n'était pas une question de survie ». Puis débute, en 1992, une géopolitique *opportuniste*. Privée du soutien de l'ancien bloc de l'Ouest, l'UNITA se lance à l'assaut de toutes les mines de diamant du pays. Sous le contrôle de Savimbi

1. Frederick Cooper, *L'Afrique depuis 1940*, *op. cit.*, p. 262-266.

qui se déplace parfois en personne, le parti échange le minerai contre les armes que lui livrent des trafiquants généralement accompagnés d'un expert international en diamant. La guerre peut ainsi se poursuivre : rapportant jusqu'à un million de dollars par jour aux rebelles, « le diamant, "mobile" naturel du conflit, tendit dès ce moment à occulter les mobiles politiques ». Savimbi ne perd d'ailleurs la guerre qu'au moment où il tente de s'emparer des enclaves pétrolières que contrôle le MPLA. Grâce à l'aide logistique que lui fournissent les États-Unis, l'armée angolaise l'abat, arme à la main, en février 2002. Depuis, une géopolitique *moralisatrice* est à l'œuvre. Elle est conduite par les ONG et les multinationales qui se réunissent autour d'un consensus : « assainir » la filière d'approvisionnement des diamants et parfaire la gouvernance des États africains dits « faillis ». Mais, pour cela, ces acteurs devraient d'abord comprendre que le diamant n'est pas la cause des luttes. Il représente le moyen de lutter au nom d'aspirations plus profondes qui nous renvoient, elles, au passé colonial, aux luttes d'indépendance et aux projets politiques qui leur ont succédé.

Voir Jean-François Orru, Rémi Pelon et Philippe Gentilhomme, « Le diamant dans la géopolitique africaine », *Afrique contemporaine*, n° 221, 2007, p. 173-203.

La chute des régimes soviétique et sud-africain favorise un court arrêt des combats en 1991. Mais les élections angolaises de septembre 1992 sont à l'image de la guerre qui les a précédées. Là où les populations ont le mieux survécu, c'est-à-dire en ville, elles votent pour le MPLA qui subventionne l'achat des denrées alimentaires et apporte la sécurité. Et là où les Angolais ont le plus souffert, c'est-à-dire dans les campagnes, ils votent pour l'UNITA et le changement promis par Savimbi. Ce dernier perd les élections, puis reprend les armes. Pendant presque dix ans, le pays est alors ravagé par « un conflit pervers entre un gouvernement corrompu et hypnotisé par la richesse et une opposition inhumaine et obsédée par le pouvoir », écrit Birmingham, qui relève également « l'ironie [qui] veut que les partis étrangers, dont certains corrompent les politiciens de la ville, soient aussi ceux qui arment les provinces rebelles et attisent la guerre de déstabilisation ». Ainsi va la vie sociale dans l'Angola postcolonial. En ville, la guerre civile donne forme à deux économies. Celle du parti et des élites, qui contrôlent le marché pétrolier, et celle des autres, qui vivent du troc, avec le pack de vingt-quatre bières blondes en boîte d'aluminium comme étalon d'échange tout à fait officiel. Les campagnes s'enlisent, elles, dans la misère. Puisque les hommes sont régulièrement kidnappés et enrôlés dans la guérilla, les femmes ouvrières assument le fardeau d'une survie alourdie par les techniques de guerre : viol, travail forcé et mines antipersonnel déposées autour des champs et des puits en région ennemie, c'est-à-dire partout. Quant à la « nation » angolaise, elle reste divisée par le problème racial hérité de l'époque portugaise. Les partisans de l'UNITA associent les défenseurs du MPLA à des lusophones créoles, assimilés ou immigrés blancs et, inversement, ces derniers dénigrent la République « noire » et discriminante que l'UNITA ne manquerait pas de leur imposer si elle venait à prendre le pouvoir.

Savimbi tué en 2002, la guerre prend fin mais le legs colonial et le conflit postcolonial qui lui a succédé impriment encore leurs marques au pays. Le portugais reste la langue du pouvoir. Les nouveaux entrepreneurs de l'État et du monde entier ont remplacé les fonctionnaires portugais dans les faubourgs de la capitale où, depuis un siècle et demi, les pauvres sont relégués dans l'insalubrité. Les mines antipersonnel jonchent encore la majorité des exploitations rurales du pays. Et, avec José Eduardo dos Santos comme président jusqu'en 2017, l'Angola n'a jamais connu ni la démocratie ni le gouvernement d'un autre parti que le MPLA.

Des hordes de guérilleros « sanguinaires » : le Mozambique

Là où les diamants seraient la malédiction des Angolais, l'avenir du Mozambique serait hypothéqué par la brutalité de guérilleros « sanguinaires ». C'est en ces termes que *Le Monde* décrivait encore les soldats de la Résistance nationale mozambicaine en 2018 : les hommes de la RENAMO « gardent un fusil au fond de leur case, juste au cas où », et sont toujours prêts à reprendre le maquis ou plutôt, écrit le quotidien, à faire leur « retour en brousse »[1]. Encore une fois, les clichés masquent la profondeur historique des sociétés africaines. Pour comprendre le présent mozambicain, il faut au moins revenir à l'année 1975, lorsque le pays obtient son indépendance.

Le Front de libération du Mozambique s'impose au sommet de l'État en tant que parti unique et, dès 1977, le pays bascule dans la guerre civile. Quinze ans plus tard, un million de personnes seront mortes. Les combats opposent le FRELIMO à la Résistance nationale mozambicaine (RENAMO), un mouvement rebelle financé par la Rhodésie du Sud (futur Zimbabwe) et l'Afrique du Sud, toutes deux apeurées de voir des dirigeants africains et marxistes prendre le pouvoir de l'autre côté de leurs frontières. Indépendante de la Fédération d'Afrique du Sud depuis 1965, la Rhodésie du Sud fait face, chez elle,

1. Adrien Barbier, « Au Mozambique, mort du chef historique de la guérilla anticommuniste », *Le Monde*, 4 mai 2018 (https://www.lemonde.fr/afrique/article/2018/05/04/afonso-dhlakama-dernier-rebelle-d-afrique_5294088_3212.html, consulté le 4 mai 2020).

au parti indépendantiste de Robert Mugabe, la Zimbabwe African National Union (ZANU). Jusqu'à ce que cette dernière arrive au pouvoir en 1980, le régime rhodésien de Ian Smith offre à la RENAMO d'André Matsangaisse une base arrière depuis laquelle harceler ses ennemis du FRELIMO. De son côté, l'Afrique du Sud tente d'enrayer la conversion de l'économie mozambicaine au socialisme. Car, depuis que la communauté internationale l'a placée sous embargo, elle dépend directement de l'électricité et de la façade maritime de son voisin. Il faut donc attendre la fin de l'apartheid pour que la RENAMO perde les fonds qui lui permettaient de combattre le FRELIMO, lequel perd d'ailleurs ses moyens au même moment, lorsque l'URSS disparaît. Le contexte pousse les deux partis à organiser des élections relativement démocratiques en 1992 et, depuis, la RENAMO dirige l'opposition, et le FRELIMO, le pays. Mais le conflit perdure de façon toujours larvée et parfois explosive, comme lors des élections de 2019. La première menace de reprendre les armes et d'encourager les soulèvements populaires que les soldats du second ne manquent jamais, eux, de réprimer.

Ces mécanismes de violence à répétition ne peuvent toutefois être réduits à un contexte de guerre froide qui se serait prolongé par une simple lutte entre deux factions. L'historien Michel Cahen explique clairement que, au Mozambique comme dans d'autres colonies africaines, le socialisme fut d'abord un nationalisme. Émergeant comme groupe d'opposition à la fin de l'époque coloniale, les élites urbaines du FRELIMO sont issues des populations « métisses » ou « assimilées » qui se concentrent au sud du pays, autour de la capitale de Lourenço Marques, future Maputo. Comme les populations plus nombreuses du centre et du nord du pays, elles souffrent de l'oppression portugaise. Seulement, les élites de la capitale ne disposent pas, elles, d'un modèle précolonial sur lequel bâtir leur projet révolutionnaire. Elles s'appuient alors sur le marxisme pour formuler leur programme d'émancipation. Le paradigme socialiste est donc d'abord un paradigme national. Et c'est pourquoi dès 1975, explique Cahen, pour bâtir l'État-nation, les élites du FRELIMO entendent nationaliser les populations : « toute la politique des premières années de l'indépendance visera non point tant à "socialiser" qu'à encadrer la population pour la moderniser autoritairement, pour la *nationaliser* ». Or, la majorité des habitants du Mozambique désapprouvent ce projet, les Maconde au nord comme les Macua qui forment la communauté la plus importante du pays. Certes, pendant plus de dix ans, ces derniers se sont battus aux côtés du FRELIMO pour chasser les Portugais. Mais leur objectif était la décolonisation, non pas la création d'une nation « mozambicaine » à laquelle seuls les nouveaux dirigeants lusophones se sentent appartenir[1].

Dans un tel contexte, dès ses débuts, la socialisation-nationalisation du Mozambique se fait autoritaire. L'entreprise débute en 1976 avec le regroupement des populations rurales dans des « villages communautaires ». Le Mozambique compte une dizaine de millions d'habitants et 80 % d'entre eux sont sommés d'abandonner leurs prérogatives communautaires, familiales et individuelles. Pour inventer l'« homme nouveau », le FRELIMO interdit les autorités sociales et lignagères qui régissaient la vie au village. Aux yeux du parti, celles-ci ne sont qu'un résidu de l'« obscurantisme »

1. Michel Cahen, « Lutte d'émancipation anticoloniale ou mouvement de libération nationale ? Processus historique et discours idéologique. Le cas des colonies portugaises, et du Mozambique en particulier », *Revue historique*, n° 637, 2006, p. 113-138.

précolonial et du « féodalisme » local sur lequel les Portugais s'appuyaient pour gouverner. Le fossé qui sépare le gouvernement de ceux qu'il entend gouverner est tel qu'à la fin des années 1970 il est déjà clair que le projet social-national est un échec. Construits mais inexploités, les villages ne servent plus qu'au contrôle social des populations. Et ces dernières éprouvent depuis, écrit Christian Geffray, « le sentiment paradoxal d'être contraintes, à cause de ceux-là mêmes qui venaient de lever en leur nom l'oppression coloniale, d'entrer dans la clandestinité ». Ce sentiment pousse alors des dizaines de milliers de paysans dans les bras de la RENAMO qui combat encore, en 2019, l'idéologie du parti et de ses dirigeants qui tentent de l'imposer partout dans le pays.

La propagande du FRELIMO et l'ignorance des médias occidentaux favorisent la diffusion de l'idée selon laquelle la paix et la stabilité seraient compromises, au Mozambique, par des hordes de guérilleros « sanguinaires ». En réalité, comme dans bien d'autres sociétés africaines, les rebelles tirent leur force d'un double mécontentement populaire. Non seulement les populations rurales rejettent l'État-parti qui s'en prend à leurs institutions communautaires, mais elles refusent aussi l'État-nation qui leur est imposé, celui-ci leur proposant un territoire postcolonial auquel elles ne se sentent pas appartenir[1].

Les mondes de l'Autre

Colonisatrice ou colonisée, aucune société n'évolue au rythme de forces profondes paralysantes et venues

1. Christian Geffray, *La Cause des armes au Mozambique. Anthropologie d'une guerre civile*, Paris, Karthala, 1990, p. 18-41.

strictement d'en haut. Partout dans le monde, l'histoire d'une société est fonction de rapports de pouvoirs situés, de logiques marchandes singulières et de certaines représentations collectives. Or, à l'égard de l'Afrique et de l'Asie, la compréhension de ces phénomènes sociaux est généralement brouillée par des images d'Épinal. Ces clichés ne sont plus ceux de l'esprit colonial mais de l'éthos orientaliste, qui perpétue une certaine représentation des temps, des logiques et des mondes de l'Autre. Trois territoires peuvent nous permettre de mieux s'écarter de ces savoirs préconçus.

D'autres temps ? Les Papous de la préhistoire

Avec aujourd'hui quelque dix millions d'habitants, l'île de la Nouvelle-Guinée est officiellement séparée depuis le début du XXe siècle par la frontière montagnarde qui la coupe en deux, du nord au sud.

L'histoire de cette frontière engage autant l'Asie que l'Europe. À l'ouest, la Papouasie occidentale fut sous administration néerlandaise jusqu'en 1962. Puis, en 1963, afin d'unifier encore davantage l'archipel, Sukarno la rattache à l'Indonésie sans consulter les populations. Enfin, en 1969, après un référendum destiné à consulter mille chefs papous favorables au pouvoir de Suharto, la province de l'Irian Jaya (« Ouest victorieux ») intègre officiellement le giron indonésien. Les tensions avec le pouvoir central sont, depuis, permanentes. Jakarta favorise l'immigration javanaise et musulmane dans la province papouasienne, et seule la présence de l'armée indonésienne permet de maintenir l'unité « nationale », en réprimant les révoltes que fomente l'Organisation pour une Papouasie libre. Cette violence contraste, de prime abord, avec l'histoire plus pacifique qui rythme la partie orientale de l'île. Sous administration allemande, britannique puis australienne, la Papouasie-Nouvelle-Guinée accède à l'indépendance en 1975[1]. Mais, ici comme à l'ouest, les populations vivent dans un état de pauvreté généralisé. Tandis que les populations urbaines connaissent autant le développement que le chômage et la délinquance, résultats de la perte d'un cadre culturel coutumier, les populations rurales, majoritaires sur l'île, peinent à vivre d'une agriculture vivrière. Et leur organisation continue d'être celle de « sociétés sans État », reposant d'un côté sur des cellules locales claniques, villageoises et familiales, et de l'autre sur des réseaux d'échanges intra et interinsulaires[2].

Cette histoire est cependant cachée par une autre. Celle-ci est tout à fait fantasmée et, pourtant, tout le monde ou presque la connaît et la considère comme vraie. Cette histoire serait celle de populations qui vivaient à l'âge de pierre en 1950 (ce qui était parfois vrai) et qui évoluent aujourd'hui encore dans la plus parfaite authenticité (ce qui est un non-sens). Cette représentation s'appuie sur des films documentaires réalisés durant les années 1960, comme *Le Ciel et la Boue*, et, depuis, elle est relayée par la presse et la télévision, via des émissions comme *Rendez-vous en terre inconnue* pour le public français. Systématiquement, le récit médiatique met en scène la rencontre entre « notre » monde et celui des « tribus perdues » de Nouvelle-Guinée, rarement cannibales mais toujours menaçantes, particulièrement isolées, parlant une langue inconnue et s'extasiant devant le miroir ou

1. François Raillon, « Comment peut-on être Indonésien ? De la mondialisation d'un archipel », *Hérodote*, n° 120, 2006, p. 237-260.

2. Benoît Antheaume, Joël Bonnemaison, Michel Bruneau et Christian Taillard, *Géographie universelle. Asie du Sud-Est, Océanie*, Paris, Belin, 1995, p. 348-356.

le canif que leur montre le voyageur occidental. Plusieurs anthropologues ont étudié ces clichés, à propos desquels Pierre Lemonnier relève deux grandes erreurs. La première est celle que commettent les explorateurs modernes et les médias soucieux d'encenser des populations qui auraient su conserver simplicité des mœurs et entente avec la nature de leurs ancêtres. Le récit masque alors la réalité des contacts historiques avec le monde extérieur. Ces contacts pouvaient être restreints ou épisodiques. Ils ont pu ne pas laisser de traces ou n'être pas renouvelés. Mais ils sont bien réels : songeons que l'île fut survolée par des millions d'avions japonais, chinois, britanniques et états-uniens durant toute la Seconde Guerre mondiale. La seconde erreur est le fait de certains ethnologues qui eux aussi, à leur façon, traquent l'authentique. En étudiant ces sociétés « isolées », ils croient pouvoir reconstituer un mode de vie précolonial ou, au moins, saisir la façon dont celles-ci parvenaient et parviennent encore à instrumentaliser le monde colonial et celui « néocolonial », au bénéfice de leurs propres dynamiques de pouvoir. Seulement, écrit Lemonnier à propos des Ankave de Papouasie-Nouvelle-Guinée, ces sociétés n'ont rien de si extraordinaire : « Ni dangereux sauvages en harmonie avec la nature, ni manipulateurs chevronnés, les Ankave ne sont que des exclus oubliés et méprisés par l'État, et floués par leurs voisins immédiats mieux lotis[1]. »

L'analyse est nettement moins vendeuse que celle proposée par les médias, à l'instar de TF1 qui diffuse en France, en 1996, un documentaire intitulé *Sur la piste des papous*. Montrant des individus vêtus d'un pagne s'approcher d'un homme blanc, le dévisager puis essayer

1. Pierre Lemonnier, « La chasse à l'authentique. Histoires d'un âge de pierre hors contexte », *Terrain*, n° 33, 1999, p. 93-110.

de surmonter leur peur de le toucher, cette production fut dénoncée par dix anthropologues. Ces derniers déplorent le fait qu'à la fin du XXe siècle des populations puissent encore être l'objet de récits s'appuyant sur de « faux événements ». N'en déplaise aux férus d'un temps authentique qui survivrait dans certains territoires postcoloniaux, force est de constater, concluent les anthropologues, que nombre de produits culturels donnent de ces sociétés « une image artificielle, aussi absurde que scandaleusement méprisante et raciste »[1].

D'autres logiques ? Le miracle de Singapour

Tout à l'autre bout de l'archipel indonésien, Singapour fait elle aussi l'objet de perceptions réductrices, mais peut-être plus flatteuses. La cité-État est en effet généralement perçue comme le lieu d'un miracle asiatique. Pourtant, l'histoire débutait assez mal. Fondateur du People's Action Party et Premier ministre d'une Singapour autonome depuis 1959, Lee Kuan Yew obtient en 1963 le rattachement de l'île à la Grande Malaisie. Puis des violences sino-malaises éclatent, l'avenir de la nouvelle fédération est compromis et, en 1965, Singapour en est exclue. Elle accède à l'indépendance en étant rejetée par les autres colonisés.

Sous la férule d'un PAP résilient et dynamique, la cité-État va alors s'engager dans trois directions. Contre la menace malaise à l'extérieur et le danger communiste à l'intérieur, un État fort assurera la sécurité des Singapouriens. Face aux divisions communautaires entre

1. Sylvestre Huet, « Coup de bambou sur les Papous. Dix anthropologues critiquent un reportage diffusé sur TF1 », *Libération*, 13 janvier 1996 (https://www.liberation.fr/medias/1996/01/13/coup-de-bambou-sur-les-papous-dix-anthropologues-critiquent-un-reportage-diffuse-sur-tf1_160193, consulté le 5 mai 2020).

Chinois, Indiens et travailleurs immigrés, le PAP définit une culture de la réussite qui cimentera leur société multiraciale. Et, parce que ni la sécurité ni l'unité ne sont envisageables sans prospérité, le parti s'engage à construire une économie dynamique. Les bases de la « démocratie contrôlée » posées, les dirigeants du pays érigent ensuite ce qu'ils nomment « une société de justice mais non d'assistance » (« *a fair not welfare society* »). Année après année, la cité-État postcoloniale bâtit son succès autour, d'une part, d'un capitalisme étatique et privé, d'autre part, d'une idéologie associant l'éthique confucéenne du travail à celle occidentale du progrès, et, enfin, d'une organisation sociale basée sur l'individu et la solidarité familiale. De cette façon, à Singapour, la croissance est toujours supérieure à 5 %, le chômage ne dépasse jamais les 4 %, les populations ont accès à l'éducation, à la santé et au logement, et l'armée est dotée d'une technologie qui rivalise avec celle des grandes puissances mondiales. Voici pour le miracle.

Celui-ci connaît toutefois de nombreuses limites. Aujourd'hui encore, au-delà du discours démocratique formulé par ses dirigeants, la société est contrôlée par un régime résolument autocratique. Lee Kuan Yew reste au pouvoir jusqu'en 1990, il est remplacé par Goh Chok Tong puis, en 2004, son fils Lee Hsien Loong reprend les rênes du pays. Encore à la tête de la cité-État en 2020, l'héritier du père de l'indépendance singapourienne poursuit la politique autoritaire de ses prédécesseurs. Les médias sont contrôlés, les grèves interdites, les châtiments corporels légalisés et l'opposition est muselée[1].

1. François-Charles Mougel, « Singapour, 2015. 50 ans d'indépendance », *L'Histoire*, n° 412, 2015, p. 80-87.

L'histoire de Singapour est donc celle d'un paradoxe plutôt que d'un miracle, ainsi que l'explique Jean-Louis Margolin. À cet égard, l'attitude du prolétariat est particulièrement significative, puisque les autorités ont réussi à rendre les ouvriers « atones » sans véritablement les réprimer. Cette évolution doit beaucoup à l'idéologie d'un pouvoir déterminé à saper toute conscience de classe. Mais elle renvoie surtout à la fracture sociale qui s'est opérée entre les six millions d'habitants de l'île : les « citoyens » de Singapour occupent les postes de travailleurs qualifiés tandis que les emplois non qualifiés sont réservés aux « non-résidents », qui rassemblent la majorité de la population. Multiraciale dans le discours, la société est en fait multisociale[1].

À cela s'ajoute l'omniprésence de l'État. Depuis les années 1960, celui-ci s'impose dans l'intimité des individus en remodelant quotidiennement leur espace de vie. Les autorités singapouriennes aménagent les terres immergées, faisant passer la superficie du pays d'environ 580 km^2 en 1960 à 710 km^2 en 2010. Elles encadrent la construction et la gestion des réservoirs d'eau douce, dont la surface a été multipliée par huit en cinquante ans, atteignant désormais les 30 km^2. Le gouvernement fait construire toujours plus d'infrastructures industrielles, routières, portuaires et aériennes, au détriment des terres agricoles qui ont chuté de 140 à 12 km^2. Et pour cela, l'administration exproprie des habitants, puis les reloge dans des habitations publiques et privées exclusivement gérées par l'État. En d'autres termes, loin d'être animés par un esprit asiatique naturellement tourné vers

1. Jean-Louis Margolin, « Prolétariat combatif, ouvriers atones : le paradoxe singapourien (1936-1995) », *Le Mouvement social*, n° 173, 1995, p. 113-148.

le progrès et le travail, les Singapouriens sont les sujets d'un régime qui a réussi à faire du territoire postcolonial un outil de contrôle social. Les repères individuels étant sans cesse déplacés ou éliminés, nous dit le géographe Rodolphe de Koninck, « les ancrages dans un quartier ou une localité deviennent impossibles, la seule allégeance à la fois possible et permise étant à la république même de Singapour, unique et indivise[1] ».

D'autres mondes ? Le Timor-Leste

Prenons un dernier cas d'étude pour illustrer combien la complexité des histoires postcoloniales paraît proportionnelle à la simplification dont elles sont l'objet. En 2019, encore une fois dans le journal *Le Monde*, à l'occasion du vingtième anniversaire du référendum qui a ouvert la voie de l'indépendance au Timor-Leste, le quotidien revient sur l'histoire de cette ancienne colonie portugaise. L'article est fourni et solide, mais le récit reste naturalisant, déshistorisant et essentialisant : « Au Timor oriental, vie et mort dans la montagne aux esprits », « les Timorais pensent depuis des temps immémoriaux que… », « l'armée du tyran indonésien, le général-président Suharto… », autant de figures qu'aucun journaliste n'emploie, bien entendu, lorsqu'il évoque la France, l'Allemagne ou les États-Unis. Pourtant, au Timor aussi, l'histoire est fonction de territoires qui ne sont pas des montagnes magiques, d'idéologies changeantes et non pas figées dans un temps éternel, de dirigeants expansionnistes plutôt que de généraux assoiffés de conquêtes…

La première chose qu'il convient de dirc sur le Timor-Leste est qu'il est l'un des derniers pays au monde à avoir

1. Rodolphe de Koninck, « Singapour : le modelage d'une cité-État », *Monde chinois*, n° 30, 2012, p. 47-58.

revendiqué et obtenu son « indépendance ». C'est en effet le 20 mai 2002 que la partie orientale de l'île de Timor accède à la souveraineté sous le nom portugais, d'abord, de Timor Lorosa'e puis, une fois son adhésion à l'ONU entérinée, de République démocratique du Timor-Leste. Cette indépendance met fin à quatre siècles de colonisation portugaise et à une lutte de vingt-sept ans contre l'occupation indonésienne. Le géographe Olivier Sevin la résume en un paragraphe bien trop clair pour ne pas être reproduit tel quel : « Le pays est né dans la douleur : envahi par les troupes de son puissant voisin le 7 décembre 1975, puis devenu la 27e province de la République d'Indonésie en juillet de l'année suivante, le Timor-Oriental s'est libéré dans un bain de sang. Une guérilla meurtrière a opposé durant près d'un quart de siècle le FRETILIN ([…] Front révolutionnaire pour l'indépendance de Timor-Oriental), mouvement de libération d'inspiration marxiste, à l'armée indonésienne, et a fait plusieurs centaines de milliers de morts. Puis, à la suite du référendum d'autodétermination du 30 août 1999 qui a marqué la victoire des indépendantistes, des massacres orchestrés par les milices intégrationnistes soutenues en sous-main par l'armée indonésienne se sont multipliés. Seuls l'envoi par l'ONU d'une force multinationale chargée du maintien de la paix ainsi que l'instauration d'une administration transitoire (UNTAET : United Nations Transitory Administration for East Timor) ont permis de rétablir le calme ; fin août 2001, des élections générales ont permis de désigner les membres d'une Assemblée constituante et le 14 avril 2002, le leader indépendantiste Xanana Gusmao a été élu président de la République au suffrage universel[1]. »

1. Olivier Sevin, « Timor Lorosa'e : naissance d'un nouvel État », *Les Cahiers d'Outre-Mer*, n° 228, 2004, p. 387.

Comprendre cette histoire très contemporaine nécessite de remonter au moins à 1914, lorsque l'île de Timor est officiellement partagée entre les Néerlandais à l'ouest et les Portugais à l'est. On peut ensuite distinguer, grâce à une autre géographe, Marie Redon[1], trois grandes étapes.

Insistons d'abord sur la lente émergence d'un nationalisme timorais. Après 1949, un *statu quo* émerge. Les Portugais conservent leur colonie à l'est et l'armée indonésienne prend le contrôle de la partie occidentale de l'île, acceptant le voisinage avec des colonisateurs qui ont le mérite d'être aussi anticommunistes que ses propres généraux. Puis vient la révolution des Œillets. Les autorités portugaises prévoient d'organiser des élections au Timor en mars 1975 mais, très vite, plusieurs mouvements politiques s'affrontent autour du statut à lui conférer : la partie orientale de l'île doit-elle être indépendante et marxiste ou indonésienne et conservatrice ? La première option l'emporte par les urnes au mois de novembre et le FRETILIN, victorieux, proclame la République démocratique du Timor oriental. Le nationalisme timorais vient de naître. Seule l'Indonésie viendra toutefois lui donner sa cohérence. Elle se sait soutenue par les Australiens et les États-Unis qui veulent à tout prix éviter qu'un État communiste menace l'accès à « leurs » ressources pétrolières. Entendant lui aussi abattre les communistes et accroître ses revenus en pétrole, Suharto envahit le Timor oriental en 1975. Cependant, pour faire face aux militants du FRETILIN qui prennent le maquis et les armes, les autorités

1. Marie Redon, « D'un nationalisme à l'autre : la naissance de la République démocratique de Timor Leste face à l'émergence de l'Indonésie », *Matériaux pour l'histoire de notre temps*, n° 88, 2007, p. 60-68.

indonésiennes détruisent les villages censés les soutenir. Elles soutiennent des milices anti-indépendantistes et tirent sur la foule de manifestants pacifistes : « À trop vouloir soumettre la province indonésienne au centralisme javanais », écrit Redon, « les occupants ont induit une réaction de rejet qui a largement contribué à forger une identité timoraise ». Et, en effet, lorsqu'au milieu des années 1990 les dirigeants du FRETILIN appellent l'Indonésie à négocier, ils peuvent désormais compter sur ce sentiment d'appartenance nationale.

Cette identité demeure néanmoins très hétérogène. Durant la guerre civile, la majorité des Timorais adoptent le catholicisme hérité des Portugais. C'est pour eux un moyen de se démarquer du Pancasila javanais et musulman que leur impose le pouvoir indonésien. Mais d'autres sont réceptifs à l'idéologie indonésienne développementaliste et nationaliste : ce sont eux qui massacrent les Timorais pro-indépendantistes lorsque est organisé, en 1999, le référendum d'autodétermination.

Ces fractures socio-identitaires sont nées des colonisations portugaise et néerlandaise, elles furent renforcées par les nationalismes indonésien et timorais et, aujourd'hui encore, elles pèsent sur l'avenir du jeune Timor-Leste qui essaie de se tailler une place entre les géants indonésien et australien. Plus largement encore, ces divisions sont le produit d'une histoire postcoloniale qui doit être dépouillée, pour être comprise, du préjugé orientaliste qui continue de faire croire aux mondes de l'Autre, à des mondes dont les temps et les logiques seraient incompréhensibles car, somme toute, trop étranges ou étrangers pour être saisis.

Chapitre 9

Les voies asiatiques d'un monde postcolonial

En 1988, Bérurier Noir chante *Viêt-Nam Laos Cambodge* : « Des milliers de réfugiés ; dans les camps il y a urgence ; toutes ces familles à sauver ; c'est pour eux leur dernière chance ; oh jeunesse indochinoise ; lève le drapeau de l'espoir ; du Laos et du Cambodge ; du Viêt-Nam des droits de l'homme. » Avec cette chanson, le groupe punk rock espère sensibiliser les Français au drame qui se déroule encore en Asie du Sud-Est, où des milliers d'hommes et de femmes sont parqués dans des camps ou embarqués sur des bateaux de fortune à destination de l'Europe – depuis 1975, la presse les désigne comme des « *boat-people* ». François Guillemot, le fondateur de Bérurier Noir, avait d'abord proposé un texte qui rendait hommage à la résistance anticommuniste et démocratique alors réprimée dans l'ancienne Indochine. Cette première version est censurée au sein même du groupe, puis Guillemot en réécrit une seconde, centrée sur les droits de l'homme. C'est celle que le public français peut découvrir. Mais le chanteur parvient tout de même à faire passer son message, une « attente forte de [sa] part », explique-t-il trente ans plus tard, une fois devenu chercheur en histoire : « Démontrer que les révolutions violentes n'étaient qu'illusion, menant les totalitarismes défaits à de nouveaux totalitarismes[1]. » Fataliste, l'analyse n'en est pas moins objective. Et, pour la comprendre, il faut commencer par le commencement, celui des « totalitarismes défaits » le 21 juillet 1954. La guerre coloniale s'achève ce jour-là, à Genève, lors de la signature d'accords de paix entre les dirigeants de métropole et les indépendantistes de la péninsule. Ils conviennent d'une déclaration finale qui réaffirme l'existence de trois États et les reconnaît comme pleinement souverains et indépendants : Viêt-Nam, Laos, Cambodge.

Pour le Viêt-Nam, la déclaration prévoit une décolonisation en deux étapes. Dans un an, les forces rivales devront se regrouper de part et d'autre du 17e parallèle : au sud, l'armée de Bao Dai et, au nord, les combattants du Viêt Minh. Puis, dans deux ans, des élections libres devront être organisées dans chacun des deux territoires. Elles n'auront jamais lieu. Car, dès le lendemain de la guerre, deux États s'opposent pour incarner et contrôler la nation vietnamienne. Depuis le Nord, Hô Chi Minh est décidé à bâtir une nation communiste, unie sous l'égide du Parti des travailleurs : la République démocratique du Viêt-Nam (RDV) devient le « Nord-Viêt-Nam ». Mais, depuis le Sud, le catholique et très anticommuniste Ngo Dinh Diem refuse de reconnaître la légitimité de l'empereur Bao Dai, la « créature coloniale » placée par les Français à la tête de l'État associé du Viêt-Nam pour rallier les forces nationalistes derrière une royauté fantoche. Premier ministre, Ngo Dinh Diem dépose l'empereur en 1955 et proclame la République du Viêt-Nam, dont

1. François Guillemot, « Bérurier Noir. Sociogenèse culturelle et itinéraire personnel », *Volume !*, n° 13-1, 2016, p. 78.

il assure la présidence : celle-ci devient le « Sud-Viêt-Nam »[1].

Dans le Cambodge voisin, le jeune roi Norodom Sihanouk est lui aussi une créature coloniale. Il parvient cependant à instrumentaliser la rénovation monarchique sur laquelle misaient les Français. Au printemps 1953, le roi appelle ses sujets à former des unités de « forces populaires » afin de défendre le royaume contre les colonisateurs, les communistes et les autres troupes nationalistes. L'opération est un succès. Au mois de novembre, après que la France a dû reconnaître l'existence d'un Cambodge autonome, Sihanouk prend le contrôle de Phnom Penh, puis du pays. « Messieurs, le roi est fou », s'exclame le commandant des forces françaises au Cambodge, avant d'ajouter : « Mais c'est un fou génial[2]. »

Enfin, au Laos, depuis 1939 la France s'appuie sur le roi Sisavang Vong. Celui-ci prend officiellement la tête de la nation à la fin 1953. Il est toutefois concurrencé par deux mouvements rivaux. Alliés au Viêt Minh, les nationalistes communistes se regroupent autour du prince Souphanouvong dans le Pathet Lao, l'« État lao au pouvoir ». Les neutralistes choisissent, eux, le prince Souvanna Phouma. Et après l'indépendance octroyée en 1954, ce dernier réussit à rassembler les différentes forces politiques du pays au sein d'un seul gouvernement. Fragile dès sa naissance, leur union ne résistera pas à la guerre du Viêt-Nam[3].

1. Christopher Goscha, « Bao Dai et Sihanouk : la fabrique indochinoise des rois coloniaux », *in* François Guillemot et Agathe Larcher-Goscha (dir.), *La Colonisation des corps*, Paris, Vendémiaire, 2014, p. 127-175.

2. *Id.*, « Bao Dai, monarque colonial », *Les Collections de L'Histoire*, n° 62, 2014, p. 36-39.

3. Michel Bodin, « Les Laotiens dans la guerre d'Indochine, 1945-1954 », *Guerres mondiales et conflits contemporains*, n° 230, 2008, p. 5-21.

Ainsi, sur toute la péninsule, avec des nationalistes qui s'opposent aux colonisateurs tout en s'affrontant eux-mêmes entre royalistes, communistes et neutralistes, la sortie coloniale porte en elle les germes des conflits à venir. Encore une fois, on constate combien il serait incohérent d'envisager l'histoire des décolonisations par le prisme d'une chronologie européo-centrée. La date d'indépendance signe la fin de la guerre pour ceux qui partent, pas pour ceux qui restent.

Des guerres totales : le cas vietnamien

Selon un calendrier très occidental, la « guerre d'Indochine » dure de 1946 à 1954 et la « guerre du Viêt-Nam » de 1965 à 1973, jusqu'à ce que les accords de Paris mettent fin aux hostilités. Mais les Vietnamiens évoquent, eux, la « guerre des dix mille jours ». Une guerre qui débute le 2 septembre 1945, lorsque la République démocratique du Viêt-Nam est proclamée à Hanoi, et qui prend fin le 30 avril 1975, quand les troupes victorieuses de la RDV pénètrent dans Saigon. Guerre d'indépendance, guerre froide et guerre civile, cette guerre est « totale »[1].

La deuxième guerre d'Indochine

Grâce à la très complète *Histoire du Viêt Nam contemporain* de Pierre Brocheux, il est possible d'identifier clairement les principales étapes du conflit qui suit le

1. Pierre Grosser, « La guerre de trente ans », *Les Collections de L'Histoire*, n° 62, 2014, p. 48-60.

départ des Français en 1954 et qui aboutit, vingt ans plus tard, à la réunification du Viêt-Nam.

Commençons par le Nord où, dès ses débuts, la RDV se construit *dans* et *sur* un pays exsangue. Pour donner une terre à ceux qui n'en ont pas, les communistes classent les habitants des campagnes en plusieurs catégories : 5 % sont définis comme « propriétaires fonciers » ou « riches agriculteurs » et, à ce titre, ils sont expropriés au bénéfice des paysans « moyens » et « pauvres ». La réforme est radicale, irrationnelle et violente. Non seulement les familles moyennes et pauvres sont surclassées pour faciliter la répartition des terres, mais le Parti des travailleurs profite aussi de son entrée dans tous les villages du Nord pour y éliminer les organisations politiques qui lui font concurrence. Puis vient la collectivisation de l'économie. Des coopératives agricoles sont partout mises en place avec, toutefois, sur 5 % du terroir villageois, le droit pour les paysans de cultiver leur propre terre et de disposer librement de leur récolte. Or, les Vietnamiens sont si attachés au modèle de l'exploitation familiale qu'ils délaissent très vite les coopératives, préférant concentrer leurs efforts sur ce lopin privé autorisé par l'État. Enfin, une vaste campagne de « rectification » des esprits accompagne ces deux réformes. La critique et l'autocritique doivent désormais parfaire l'unité de la paysannerie et des populations urbaines libérées de l'exploitation. Mais l'entreprise se traduit par l'exercice d'une violence psychologique quotidienne. Et pour tous les opposants, elle signifie également la soumission à une violence concrète arbitraire, et expéditive. Celui qui reproche au parti de recourir à la coercition pour mener ses réformes est dénoncé comme « espion » étranger, puis il est « rééduqué » et mis au travail manuel, lorsqu'il n'est pas « assigné à résidence », c'est-à-dire emprisonné.

Les populations du Sud-Viêt-Nam ne sont pas assujetties aux mêmes politiques. La République bénéficie de l'aide financière états-unienne, des réseaux du clan familial de Ngo Dinh Diem et du savoir-faire des anciens auxiliaires vietnamiens du régime colonial. Cela lui permet d'ériger un État centralisé et d'imposer un régime autoritaire à ses citoyens. L'administration et les forces de l'ordre s'en prennent aux communistes, aux sectes religieuses, aux mouvements régionalistes et à tous les ennemis de la République. Puis, comme au Nord, l'État procède à une redistribution des terres. Il restitue leurs domaines aux grands propriétaires terriens, octroie d'autres terres aux catholiques venus du Tonkin et réorganise les campagnes en les parsemant de « hameaux stratégiques » fortifiés. Dès lors, les oppositions grandissent et se structurent. Nouvelle appellation officielle des « communistes vietnamiens », les Viêt Công fondent en 1960 le Front national pour la libération du Sud-Viêt-Nam, le FNL. Soutenu depuis le Nord par le Parti des travailleurs qui a décidé de relancer la guerre au Sud, le FNL est rejoint par un nombre croissant de paysans, frustrés par le pouvoir centralisé auquel les soumettent, comme les Français avant eux, les fonctionnaires de la République de Ngo Dinh Diem. Les moines bouddhistes sont tout aussi mécontents du régime. Après avoir manifesté contre les mesures discriminatoires qu'ils subissent, en faveur des minorités catholiques, les bonzes proclament le bouddhisme « âme de la nation vietnamienne ». Enfin, les généraux de l'armée basculent dans l'opposition après que Ngo Dinh Diem a été réélu à la présidence de la République, en 1961. Une fois l'accord de leur allié états-unien obtenu, ils l'exécutent en novembre 1963, avec plusieurs membres de son clan.

Ce putsch est le premier pas vers la « guerre du Viêt-Nam ». Les États-Unis font face à un dilemme difficile à assumer dans les arènes internationales : soutenir la dictature militaire du Sud pour défendre la démocratie que menacerait la dictature communiste du Nord. Ils parviennent à résoudre ce problème diplomatique en 1965. Profitant d'un incident (très probablement inventé) entre leur armée et les troupes du Nord-Viêt-Nam stationnées dans le golfe du Tonkin, les États-Unis s'engagent massivement dans tout le Viêt-Nam, mais aussi au Laos et au Cambodge – traversé par la piste Hô Chi Minh que les communistes empruntent pour ravitailler et accroître leurs troupes au Sud, le Cambodge sera le pays le plus bombardé pendant la guerre. Environ 80 000 en 1965, en 1968 ce sont plus de 500 000 soldats états-uniens qui soutiennent ceux de l'Armée républicaine du Sud-Viêt-Nam. Ils combattent les Viêt Công, que les Américains continuent d'appeler Viêt Minh. Eux aussi 80 000 en 1965, ils seront 180 000 l'année suivante et, dès lors, leur nombre de cessera de croître. Contre toute attente, ils sortiront vainqueurs de la guerre en avril 1975, après dix années d'une lutte au cours de laquelle 58 000 soldats états-uniens sont tués, contre 2 à 3 millions de Vietnamiens, dont au moins la moitié étaient des civils.

Il importe ici de se demander comment les communistes ont pu remporter la guerre. La RDV peut compter sur le soutien financier et matériel de la Chine puis de l'URSS, les deux grandes puissances se servant du Viêt-Nam pour combattre les États-Unis, puis pour s'affronter entre elles. Mais cette aide extérieure ne rivalisera jamais complètement avec l'effort de guerre fourni par le géant américain. Les États-Unis déploient au Viêt-Nam une puissance de feu supérieure à celle employée durant la Seconde Guerre mondiale et, partout, contre les soldats et les civils, ils recourent au napalm, aux bombes à laser et à l'agent orange. Paradoxalement, cet excès de violence leur coûtera la victoire.

Les États-Unis combattent les communistes réels ou supposés avec une telle brutalité qu'au Sud-Viêt-Nam, jour après jour, les populations s'enfoncent dans un véritable désarroi psychologique. Certains ont de la famille au Nord. D'autres craignent d'être mobilisés dans une guerre à laquelle ils se sentent toujours plus étrangers. Civils comme soldats, les Sud-Vietnamiens nourrissent alors un sentiment antiaméricain relatif mais grandissant. D'autant qu'il apparaît évident que leur République est sous tutelle. À sa tête depuis 1967, le général Nguyen Van Thieu a besoin pour se maintenir au pouvoir des fonds américains grâce auxquels réprimer les Viêt Công, les bouddhistes nationalistes, les peuples montagnards séparatistes et les syndicalistes réformateurs. Aussi, à terme, les États-Unis financent presque entièrement la République. Et ils peuvent bien tenter de « vietnamiser » la guerre après 1969, plus l'américanisation des modes de vie progresse et plus la société sud-vietnamienne se déstructure. Face aux Viêt Công qui se présentent en défenseurs de la nation, la République n'a pour elle que son anticommunisme : son absence d'idéal patriotique conduit à la démoralisation des combattants et des populations sudistes[1].

L'offensive du Têt signale la profondeur psychologique des conflits. Elle est élaborée depuis l'été 1967 par les dirigeants du Parti des travailleurs, qui se sont d'abord divisés sur l'intérêt stratégique de l'opération, baptisée du nom du nouvel an lunaire vietnamien.

1. Pierre Brocheux, *Histoire du Viêt-Nam contemporain*, *op. cit.*, p. 155-205.

L'opération débute au petit matin du 31 janvier 1968, lorsque 80 000 soldats viêt công lancent une attaque générale contre les armées de la République sudiste. Les communistes envahissent 36 de ses 44 capitales régionales et, à Saigon, ils prennent d'assaut l'ambassade des États-Unis. Leurs offensives sont brisées en quelques heures dans la capitale et dans le reste du pays, en quelques jours la plupart du temps, parfois en plusieurs semaines. Tandis que 37 000 Viêt Công sont tués et 5 000 faits prisonniers, les États-Unis et l'Armée républicaine ne perdent que quelques milliers d'hommes. Puis ils ripostent par les airs en envoyant leurs B-52 déverser près de 100 000 tonnes de bombes sur les combattants communistes. L'échec militaire est cuisant et pourtant, ces derniers viennent de remporter une incroyable victoire psychologique. En poussant les États-Unis à contre-attaquer, ils ont obligé Lyndon Johnson à admettre devant ses concitoyens que la guerre était loin d'être terminée, contrairement à ce qu'il ne cessait de leur annoncer. Non seulement le président américain doit renoncer à se représenter aux élections, mais il est aussi contraint d'engager des pourparlers avec l'ennemi. Quant aux populations du Sud-Viêt-Nam, elles ont réalisé la faiblesse de leur armée et pris la mesure de la détermination des communistes, animés par un idéal qui justifie tous les sacrifices. Le reste de la guerre sera à l'image de l'offensive du Têt. Si les Viêt Công perdent davantage de batailles que l'ennemi, ils réussissent, eux, à monopoliser la ferveur patriotique des populations. Et, malgré leurs dissensions internes, ils la conserveront jusqu'à la fin[1].

1. Pierre Journoud, « Viêtnam : le choc du Têt », *L'Histoire*, n° 330, 2008, p. 14-15 ; Stéphane Mantoux, « L'offensive du Têt : la surprise au service d'un choc stratégique », *Stratégique*, n° 106, 2014, p. 95-110.

Une guerre civile de réunification

L'intensité psychologique de la lutte nous amène à envisager un conflit postcolonial qui est aussi devenu, comme dans la plupart des anciennes colonies européennes, une guerre civile.

Avec Ngo Dinh Diem, grâce à l'aide des États-Unis le Sud-Viêt-Nam s'investit d'abord dans une « contre-insurrection » qui se concrétise, sur le terrain, par la création de « hameaux stratégiques ». Ce programme s'inspire de la villagisation des campagnes qu'avaient instaurée les Britanniques en Malaya, pendant l'état d'urgence, afin de couper les masses paysannes des révolutionnaires communistes. Le regroupement des populations rurales s'opère entre 1961 et 1963 au nord et au sud de Saigon, c'est-à-dire dans le delta du Mékong, le premier territoire insurrectionnel des Viêt Công. En théorie, l'entreprise vise à « protéger » les campagnes sudistes de la guérilla, à y « moderniser » la riziculture et, ce faisant, à « associer » la paysannerie au gouvernement. Mais, en pratique, comme dans la Malaya britannique, l'Algérie française, l'Angola portugaise ou le Mozambique indépendant, la fondation de plus de dix mille hameaux stratégiques se traduit par le déplacement forcé de milliers de civils. Contraintes d'abandonner les structures organisationnelles du village, les populations font face à une désorganisation sociale que vient aggraver une politique de contrôle aux allures concentrationnaires. Alors, bouleversées et appauvries, elles se tournent vers le Front national de libération qui se nourrit, lui, du mécontentement populaire contre la République du Sud-Viêt-Nam et les États-Unis qui la soutiennent. Les « hameaux stratégiques » disparaissent avec Ngo Dinh Diem en novembre 1963, mais pas la rancœur paysanne[1].

La République de Nguyen Van Thieu s'engage ensuite dans une politique visant plus directement l'ennemi communiste. Elle baptise son programme « *chiêu hôi* », littéralement « inviter au retour » ou, dans ce contexte, « rassembler les résistants qui se sont trompés de voie ». Encadrée et financée par les États-Unis, mise en œuvre par les républicains, l'opération se traduit par une colossale activité de propagande auprès et autour des partisans du FNL. Des centaines de millions de tracts et de journaux sont largués par avion ou distribués à la main. Des centaines de milliers d'heures de discours sont diffusées sur les ondes radio. Et des dizaines de milliers de meetings sont organisés, toujours dans un seul but : démoraliser celles et ceux qui ont rejoint les Viêt Công ou qui envisagent de le faire. La propagande insiste sur l'incohérence des réformes communistes, sur la violence des combats, sur l'impossibilité de la victoire et, pas à pas, le *chiêu hôi* atteint ses objectifs. Avec une récompense financière à la clef, en 1973 cette « saturation des esprits » aura favorisé l'obtention de renseignements militaires stratégiques et, surtout, la désertion de près de deux cent mille soldats viêt công. Le Sud a en fait compris que, pour combattre le Nord, il fallait jouer sur son terrain : celui de la désorganisation politique. Seulement, nous dit le politiste Ami-Jacques Rapin en soulignant l'ironie de cette pacification postcoloniale, le Sud-Viêt-Nam et ses mentors états-uniens démontrent « de meilleures aptitudes à démobiliser une partie significative

1. Élie Tenenbaum, « Les déplacements de populations comme outil de contre-insurrection : l'exemple du programme des hameaux stratégiques au Sud-Viêtnam », *Guerres mondiales et conflits contemporains*, n° 239, 2010, p. 119-141.

de leurs ennemis qu'à mobiliser les soutiens populaires nécessaires à la survie de la République du Viêt-Nam[1] ».

En revanche, les communistes réussissent à engager les civils dans le quotidien de la guerre. Les Nord-Vietnamiens s'investissent aussi bien dans les assassinats politiques et les actes de terrorisme que dans les opérations de guérilla et les grandes batailles. Pour François Guillemot, c'est précisément cette lutte entre le « communisme de guerre » et la « contre-insurrection » qui plonge le Nord et le Sud-Viêt-Nam dans une « guerre civile de réunification ». Les combats opposant des Vietnamiens à d'autres Vietnamiens avaient débuté fin 1945, lorsque le Viêt Minh s'était décidé à soumettre toutes les organisations concurrentes. Puis, dès 1954, le conflit s'est prolongé dans une seconde guerre d'Indochine, mettant dos à dos deux États rivaux[2].

La marche vers une troisième guerre

Bien des ouvrages racontent la guerre du Viêt-Nam. Ils nous apprennent à l'envisager depuis la proclamation de la RDV en 1945[3], voire depuis l'instauration du régime vichyste en 1940[4], ou même depuis les débuts du régime colonial français en 1858[5]. À travers trois témoignages, nous nous contenterons ici d'insister une dernière fois sur les rouages psychologiques de la deuxième guerre d'Indochine.

1. Ami-Jacques Rapin, « Chiêu hôi, un programme de pacification de la guerre du Viêtnam (1963-1973) », *Vingtième Siècle*, n° 110, 2011, p. 33-46.

2. François Guillemot, *Viêt-Nam, fractures d'une nation. Une histoire contemporaine de 1858 à nos jours*, Paris, La Découverte, 2018, p. 209.

3. John Prados, *La Guerre du Viêt-Nam, 1945-1975* (2009), traduit de l'anglais par Johan-Frederik Hel-Guedj, Paris, Perrin, 2011.

4. Raymond Toinet, *Une guerre de trente-cinq ans. Indochine-Viêtnam, 1940-1975*, Limoges, Lavauzelle, 1998.

5. Voir notamment les deux ouvrages cités précédemment de Pierre Brocheux et François Guillemot.

34. Dang Thuy Trâm : une Nord-Vietnamienne en guerre

« Voilà déjà plus de vingt ans que le feu de la guerre et le malheur règnent sur notre doux pays. Tant de larmes et tant de sang ont été versés. Nous sommes prêts à payer n'importe quel prix pour l'indépendance et la liberté. […]
14 juin 1968. […] Ce rêve de paix et d'indépendance est vivace dans le cœur de trente millions de personnes depuis longtemps. Pour la paix et l'indépendance, nous avons tout sacrifié. Tant de gens ont donné leur vie pour ces deux mots : Indépendance et liberté. Et moi aussi, j'ai sacrifié ma vie pour ce projet grandiose. […]
29 juillet 1969. La guerre est vraiment d'une extrême cruauté. Ce matin, on m'a amené un soldat blessé dont tout le corps avait été brûlé par une bombe au phosphore. Une heure après avoir été frappé, il brûlait toujours. La fumée continuait à s'échapper de son corps en volutes denses. C'était un beau garçon de vingt ans, le fils d'une femme cadre du hameau où je résidais. La bombe a explosé et l'a grièvement brûlé, un accident malheureux. Personne ne reconnaîtrait le joyeux et séduisant garçon qu'il était : aujourd'hui, ses yeux noirs et rieurs se réduisent à deux petites cavités, les paupières jaunes et parcheminées sont mortes, une odeur persistante de phosphore continue de s'échapper du corps, ce corps qui semble avoir été rôti dans un four. Je reste figée devant ce spectacle hallucinant. […] Une jeune fille est assise, pétrifiée, à ses côtés, son doux regard figé d'angoisse. […] Cette jeune fille est la promise de Khanh. C'est elle qui vient de l'amener ici. […] L'eau de la rivière avait monté et elle ne savait pas nager, mais elle n'a pas hésité. […] La souffrance s'inscrit sur le front pur de cette jeune fille. En la regardant, j'ai envie d'écrire un poème sur les crimes de la guerre, des crimes qui ont réduit à néant de claires et lumineuses histoires d'amour, anéanti le bonheur de millions de personnes… »

Dang Thuy Trâm, *Les Carnets retrouvés (1968-1970)*, traduit du vietnamien par Jean-Claude Garcias, Arles, Éditions Philippe Picquier, 2012, p. 56-57, p. 66 et p. 200-201.

Il faut d'abord à nouveau signaler la convergence d'un nationalisme et d'un communisme de lutte. Pour beaucoup de Viêt Công, la guerre vise autant à socialiser le pays qu'à parachever une indépendance minée par la division Nord-Sud. C'est le cas de Dang Thuy Trâm, une jeune docteure qui s'engage dans les forces communistes en 1966, à l'âge de vingt-trois ans. Cette jeune médecin tombe sous les balles d'une patrouille états-unienne quatre ans plus tard, en 1970. Grâce à son assistant et traducteur vietnamien, un officier de renseignement américain a conservé le journal de cette combattante-médecin, qu'il était sur le point de brûler avec d'autres documents collectés sur les champs de bataille. Les carnets retrouvés de Dang Thuy Trâm révèlent que la séparation de 1954 ne faisait que prolonger les divisions de l'Indochine française. Car, pour beaucoup de Vietnamiens, l'indépendance ne sera vraiment acquise que lorsque le territoire national sera uni (par les communistes).

Dang Thuy Trâm évoque un anéantissement généralisé du bonheur. Ce processus mérite également une attention particulière. Depuis 1945, des deux côtés du 17e parallèle, plusieurs millions de personnes souffrent de la même guerre. Mais, lorsque les États-Unis quittent le Viêt-Nam en 1973, les perdants du Sud qui avaient consenti à la République sont privés, eux, du sentiment de consolation que la lutte sacrificielle a « offert » aux communistes du Nord. Ancien coopérant français devenu journaliste, Joël Luguern se trouve à Saigon lorsque le président Nguyen Van Thieu annonce à la population l'imminence du cessez-le-feu, qui sera signé à Paris le 27 janvier 1973. Le témoignage de Luguern donne à voir le gouffre qui sépare, d'un côté, ceux qui ont l'impression d'avoir *mené* une lutte pour leur pays, et, d'un autre, ceux qui ont le sentiment d'avoir *subi* avec apathie une guerre qui n'était pas la leur.

35. Après la guerre du Viêt-Nam : victoire d'une nation vaincue

« Je suis rue Nguyên-Bienh-Kiêm, une rue excentrique de Saigon, ce mercredi 24 janvier. […] Depuis octobre, la population était sur la brèche, à l'écoute de tous les signes, ne voulant pas tenir pour vaines, les joies qu'elle avait connues alors. Trois mois après, le cessez-le-feu est accueilli à Saigon dans le plus grand calme, pour ne pas dire la plus grande lassitude. Les Vietnamiens cachent-ils leur émotion ? Les journalistes qui sont immédiatement descendus du "Continental" pour enregistrer les réactions sont déçus. Les Vietnamiens vaquent à leurs occupations habituelles. Cinéastes et photographes s'attendant peut-être à quelque fête improvisée n'ont trouvé dans les rues rien de nouveau, si ce n'est la multiplication des voitures de police et des employés de bureau affairés à changer les banderoles. On ne fustige plus les Viêt-côngs. Même le mot "communisme" a disparu de toutes les banderoles depuis le 24. Il est remplacé par celui de "cessez-le-feu" : "Toute la population salue le cessez-le-feu mais doit rester vigilante" ou encore "Le cessez-le-feu est le premier pas vers la paix", etc. Ces beaux slogans vont-ils durer plus longtemps qu'un discours ? Bien que truffé de contradictions, le discours du président Thiêu, lui, est officiellement optimiste. Officiellement, car il est difficile de faire "avaler" aux citoyens que le cessez-le-feu est une victoire pour le régime, alors que, à partir du 28 janvier, il existera officiellement deux gouvernements et deux administrations au Sud Viêt Nam au lieu d'un seul gouvernement et d'une seule administration, ceux de Thiêu, jusqu'à présent. »

Joël Luguern, *Viêt-Nam. Des poussières par millions*, Les Sables-d'Olonne, Le Cercle d'or, 1975, p. 50.

Deux manières d'avoir vécu la guerre et deux façons, alors, de vivre sa conclusion : la victoire ou la défaite. Les accords signés en 1973 à Paris font écho à ceux conclus à Genève en 1954. Contrairement à ce que les belligérants annoncent autour de la table des négociations, il n'a jamais été question pour les deux États de cohabiter pacifiquement, ni en 1954 ni en 1973. Mais cette fois-ci, l'un d'entre eux va définitivement l'emporter. Lorsque les troupes de l'Armée populaire du Viêt-Nam pénètrent dans Saigon deux ans plus tard, elles mettent un terme définitif à la partition Nord-Sud. Le journaliste Olivier Todd raconte cette journée du 30 avril 1975. Son récit signale que l'arrivée des Viêt Công dans la future Hô-Chi-Minh-Ville annonce la construction du socialisme dans un Viêt-Nam politiquement unifié mais socialement divisé. Après trente années d'affrontements, les communistes du Nord sont bien décidés à expliquer aux habitants du Sud que « le bonheur se mérite et s'organise ».

36. Quand Saigon chute :
la victoire finale de l'oncle Hô

« Les Saigonnais observent les vainqueurs avec soulagement, crainte, étonnement. La plupart paraissent aussi jeunes que disciplinés. Les officiers semblent avoir plus de quarante ans. […] À 11 h 45, le sergent sud-vietnamien Thuong voit [depuis le palais présidentiel] des soldats nord-vietnamiens, armés de AK. Ils parlent haut et fort, ils ont des accents du Nord : “Qui commande ici ?” Le commandant Le Xuan Huyen s'avance : “Moi”. Les nord-vietnamiens ordonnent à tous les sud-vietnamiens de se déshabiller. Les soldats obéissent et, debout, en caleçon, attendent. On dirait que tous, vainqueurs et vaincus, ont peur. Les premiers craignent-ils un piège ? Les seconds se demandent-ils s'ils vont être exécutés ? À tous, sauf au commandant, les soldats nord-vietnamiens disent : “Rentrez chez vous”. Le sergent Thuong part avec les autres soldats. […]

Dung [général de l'Armée populaire et futur ministre de la Défense de la République socialiste du Viêt-Nam], au fil de ses *Mémoires*, retombe vite dans le mélange de lyrisme et de clichés au style sentimentalo-politique de rigueur à Hanoi : “Oui, nous avons pleuré de joie en ce jour de victoire totale… Notre première pensée, dans la seconde qui suivit l'annonce de la victoire, fut pour l'oncle Hô [Hô Chi Minh est mort en 1969]” […] L'oncle Hô a dit qu'il attendrait dix, vingt ou trente ans s'il le fallait. L'armée, c'est le Parti, et le Parti est comme le lotus, à quatre, six, vingt et mille pétales. Le lotus aux mille pétales, c'est la totalité de la révélation, et le Parti, c'est toute la vérité. Il n'y a plus qu'à la faire comprendre et admettre par ces sudistes souvent indolents, rieurs, corrompus. Dung pense que Saigon et le Sud, comme Hanoi et le Nord, méritent de connaître “enfin la paix et le bonheur”. Simplement, ils ne savent pas de quel bonheur ils ont tant besoin. Les hommes de Hanoi, eux, le savent. Le bonheur se mérite et s'organise. »

Olivier Todd, *Cruel avril. 1975 : la chute de Saigon*, Paris, Robert Laffont, 1987, p. 391 et p. 394.

« Personne n'a gagné. Ni Hanoi ni Saigon. Ni Paris ni Washington. Mais qui paie[1] ? » Lancée dix ans plus tard par Trân Van Dôn, ancien général de l'armée sud-vietnamienne exilé aux États-Unis, cette interrogation révèle qu'en 1975 la guerre n'est pas véritablement terminée. Les populations de l'ancienne Indochine vont continuer à « payer » le prix d'une guerre totale, livrée contre les ennemis de l'intérieur et ceux de l'extérieur. En aboutissant à la division de la colonie en deux États, la fin de la première guerre d'Indochine annonçait le début de la deuxième. Celle-ci s'achève sur la réunification et, désormais, plutôt que de devoir conquérir le pouvoir, les communistes vietnamiens sont en état de l'exercer. Mais ils repartent immédiatement au combat.

1. Trân Van Dôn, *Les Guerres du Viêtnam. Un quart de siècle au Viêtnam du Sud*, Paris, Vertiges Publications, 1985, p. 7-8.

Lorsqu'ils envahissent le Cambodge le 24 décembre 1978, la troisième guerre d'Indochine a déjà débuté.

Quand le nationalisme rencontre le communisme : le cas cambodgien

Pour comprendre cette dernière guerre, il faut passer d'abord de l'autre côté de la frontière, au Cambodge. Le 7 janvier 1979, en prenant Phnom Penh, les Vietnamiens mettent fin au régime khmer rouge du Kampuchéa démocratique. Celui-ci n'aura duré que trois ans et demi et pourtant, il représente la plus importante page de l'histoire postcoloniale du Cambodge.

Une nation, mais surtout une région

L'existence du Kampuchéa est intrinsèquement liée aux relations conflictuelles que le Cambodge entretient avec ses voisins. Celles-ci remontent au moins au XIIe siècle, lorsque l'empire khmer s'étendait, depuis sa capitale d'Angkor, sur toute la péninsule « indochinoise ». Puis il fut progressivement affaibli et grignoté par ses voisins, jusqu'à être pris en tenaille entre le royaume du Viêt-Nam à l'est et celui non moins puissant du Siam à l'ouest (la future Thaïlande). Telle est la situation des souverains cambodgiens lorsque la France prend le contrôle de la péninsule. En 1863, ils envisagent l'instauration du protectorat français comme un moyen de sortir de cette dépendance vis-à-vis de leurs voisins. Mais le Cambodge devient colonie. La métropole s'appuie sur une élite à qui elle refuse l'émancipation en 1918 comme en 1945, avant de concéder son indépendance au protectorat en 1954, dans le double contexte de la guerre froide et de la guerre d'Indochine. Et, depuis, cette géopolitique mondiale et régionale continue de peser sur l'histoire postcoloniale du Cambodge.

Le parcours du roi Norodom Sihanouk en témoigne. Suivant l'enseignement du Bouddha selon lequel « il n'y a rien qui soit stable dans ce bas monde », Sihanouk estime que, « quand on est chef d'État, il faut savoir naviguer ». En effet, il naviguera. Le régime de Vichy couronne le jeune prince en 1941, lorsque celui-ci se définit lui-même, à l'âge de dix-neuf ans, comme un « *playboy* ». Le roi sait se faire bien voir des Français et, en 1953, il sort victorieux de sa « croisade pour l'indépendance ». Sihanouk laisse d'abord son père administrer le pays. Il préfère fonder le parti de la Communauté socialiste populaire grâce auquel diffuser, dans le royaume, un socialisme bouddhiste inspiré de la philosophie et de la religion des Khmers, qui représentent 90 % de la population cambodgienne. Sihanouk défend également une position de neutralité dans la guerre froide. Le roi se montre hostile à la trop forte présence états-unienne et, à partir de 1960, il s'oppose aussi violemment aux communistes khmers rouges. La guerre du Viêt-Nam le contraint cependant à choisir son camp. Après s'être rapproché de la RDV et de la Chine en 1968, il laisse les Viêt Công circuler sur la portion cambodgienne de la piste Hô Chi Minh. Les conséquences seront désastreuses pour Sihanouk. Après que les B-52 américains ont frappé le Cambodge de plein fouet, des officiers militaires et des dirigeants de la droite libérale décident de prendre le pouvoir. Ils renversent le roi en 1970 et ouvrent le pays aux armées états-uniennes et sud-vietnamiennes. Réfugié à Pékin, Sihanouk consent alors à former un gouvernement d'exil avec les Khmers rouges. Ce sont eux qui parviendront à s'emparer de Phnom Penh en avril 1975, une dizaine de jours avant que les Viêt Công ne prennent Saigon. Le roi peut retourner au Cambodge mais, très vite, il devient le prisonnier du Kampuchéa démocratique et de son leader, Pol Pot. Et la chute du régime n'arrangera rien pour lui. Lorsque les communistes vietnamiens envahissent le pays, ils instaurent un gouvernement d'anciens Khmers rouges entrés en dissidence contre Pol Pot. Et Sihanouk repart en Chine. Car pour s'opposer à l'URSS qui soutient, elle, l'expansionnisme vietnamien, les Chinois accueillent les dirigeants du Kampuchéa chassés par les Viêt Công. Encore une fois, le roi s'allie donc avec des Khmers rouges. Il mettra un terme définitif à leur union lorsque les soldats vietnamiens quitteront le Cambodge, en 1989. Sihanouk y retourne en 1991. Et, deux ans plus tard, après avoir tant navigué, il reprend la tête d'une monarchie restaurée. Il abdiquera en 2004 pour céder son trône désormais symbolique à son fils Norodom Sihamoni, encore roi en 2020[1].

Chine, URSS, États-Unis, Viêt-Nam, Cambodge : on le voit, l'arrivée des Khmers rouges à Phnom Penh en avril 1975 dépend d'une géographie à plusieurs échelles. Elle s'inscrit également dans diverses temporalités.

Il y a d'abord le temps long des conflits frontaliers entre le Viêt-Nam et le Cambodge. Avant la colonisation française, une multitude de territoires régionaux existent sur la péninsule. Ils évoluent de manière relativement autonome, tout en étant soumis à la compétition qui oppose une royauté khmère affaiblie à des Vietnamiens toujours plus expansionnistes. Les

1. Pierre Brocheux, « Sihanouk, le "prince rouge" », *L'Histoire*, n° 295, 2005, p. 27-29 ; Milton Osborne, « Norodom Sihanouk, prince rouge ? », *L'Histoire*, n° 381, 2012, p. 56-57.

colonisateurs français décideront d'ignorer ces découpages préexistants mais, dès 1954, le Nord-Viêt-Nam et le Sud-Viêt-Nam cherchent à nouveau à s'implanter au Cambodge, comme l'avait fait leur empire au siècle précédent. Si l'on observe la période qui s'étend du début du XIXe jusqu'à la fin du XXe siècle, l'historien Charles Meyer l'explique, « la colonisation française de l'Indochine n'aura donc été qu'une parenthèse, un sursis pour le Cambodge, un coup d'arrêt insupportable pour le Viêt-Nam[1] ».

Il faut dire que l'opposition entre les deux États s'est complexifiée durant le temps moyen du règne de Sihanouk, qui débute au mitan des années 1940. Considérant le royaume comme sa propriété et les Cambodgiens comme ses « enfants », le roi s'oppose aux Khmers roses démocrates, aux Khmers bleus conservateurs et, surtout, aux Khmers rouges du Parti communiste du Kampuchéa (PCK). Le PCK est le nom dont se dotent les membres du Parti révolutionnaire du peuple khmer, lequel était, à l'origine, une branche régionale du Parti communiste indochinois dominé par les Vietnamiens. Le conflit de voisinage est encore une fois au cœur du problème : parce qu'ils sont soutenus par les Viêt Công, les Khmers rouges sont déclarés anticambodgiens par la famille royale. Ses membres estiment que, pour « restaurer l'Angkor », c'est-à-dire l'empire khmer, il faut nécessairement être antivietnamien et, par conséquent, anticommuniste. Rabâchée sans cesse depuis les années 1940, cette idéologie explique qu'à la fin des années 1960 une partie de l'armée et des populations cambodgiennes

1. Charles Meyer, « Le Cambodge et ses frontières », *in* Pierre Brocheux (dir.), *Du conflit d'Indochine aux conflits indochinois*, Bruxelles, Complexe, 2000, p. 157-168.

s'opposent au rapprochement de Sihanouk avec le Nord-Viêt-Nam. Elle explique également qu'en mars 1970 la royauté soit renversée par plusieurs généraux. Accompagnés du cousin de Sihanouk, Sisowath Sirik Matak, ils entendent redresser le pays et, en premier lieu, mettre un terme à la présence des Vietnamiens, qu'ils jugent bien trop envahissants[1].

Vient alors le temps court de cette éphémère République khmère. Elle est dirigée par deux anciens militaire et policier, les frères Lon Nol et Lon Non. Sous leur direction, plongées dans la guerre du Viêt-Nam, les forces de l'ordre ripostent avec fureur aux attaques des communistes cambodgiens et vietnamiens. Mais elles essuient des échecs à répétition à l'extérieur comme à l'intérieur du pays, au point que la République ne contrôle guère plus que Phnom Penh. Les capitales provinciales et le nord-ouest du pays sont maintenant tenus par les communistes et, parfois, par des sociétés montagnardes opposées à toute autorité centrale. Les accords de paix de Paris précipitent la chute du régime à la fin de l'hiver 1973 : les États-Unis et le Viêt-Nam évacuent le Cambodge, et les soldats du Parti communiste du Kampuchéa entament leur marche vers la capitale. Pendant deux ans, les troupes du PCK s'attaquent sur leur chemin à tous les civils qui ne les ont pas soutenus, y compris à leurs camarades khmers rouges qui s'étaient réfugiés au Viêt-Nam et qui rentrent au pays pour rejoindre, espéraient-ils, leurs frères communistes. Puis, le 17 avril 1975, sous la conduite de Saloth Sar, le PCK s'empare de Phnom Penh. Le Kampuchéa démocratique est instauré

1. David Chandler, *Une histoire du Cambodge* (1983), traduit de l'anglais par Christiane Lalonde, Paris, Les Indes savantes, 2011, p. 165-192.

sous la direction de l'Angkar Padevoat, l'« Organisation révolutionnaire ». L'Angkar, c'est en fait le PCK, officieusement d'abord puis officiellement à compter du mois de septembre 1977[1].

« L'homme doit renaître du grain de riz »

Le régime khmer rouge tuera 1,7 million d'individus, soit près du quart de la population cambodgienne de l'époque. Aux racines de ce drame se trouvent la mise en œuvre d'une « révolution socialiste », la construction d'une identité cambodgienne fondée sur une culture khmère communiste et antivietnamienne, et les purges menées au nom de ces deux objectifs.

Cette histoire ne peut être comprise sans d'abord dire quelques mots du parcours des combattants qui rentrent dans Phnom Penh au printemps 1975. L'immense majorité sont des communistes. À ce titre, à la fin des années 1940, ils ont dû vivre sous la tutelle d'un Parti communiste indochinois monopolisé par les Vietnamiens. Puis, durant les années 1950 et 1960, ils ont subi la répression orchestrée par Sihanouk, tout en étant formés à la doxa stalinienne du Parti communiste français puis des cercles communistes khmers au Cambodge. Ils se sont ensuite professionnalisés dans la clandestinité chez leur voisin chinois, en plein « bond en avant ». Enfin, ils se sont aguerris dans les bases viêt cộng installées dans les montagnes cambodgiennes, où ils subissaient les bombardements américains. Ces Khmers rouges sont donc à la fois des idéalistes prêts à tout pour bâtir une nouvelle société et des opprimés en quête de vengeance. Voilà leur

1. Philippe Richer, *Le Cambodge de 1945 à nos jours*, Paris, Presses de Sciences Po, 2009 (2e éd.), p. 17-38.

état d'esprit lorsqu'ils fondent le Kampuchéa démocratique[1].

Le principal architecte de la révolution socialiste est Saloth Sar. Formé au PCF en France, il retourne chez lui en 1953. Il prend le maquis pendant la première guerre d'Indochine puis devient, sous Sihanouk, un communiste clandestin. Saloth Sar combat ensuite la République de Lon Nol. Il passe plusieurs années dans les forêts cambodgiennes où, pour masquer ses origines aisées, il adopte un nom répandu dans les campagnes : Pol Pot. Puis il arrive au pouvoir après vingt-deux années de luttes. Lui qui a si longtemps vécu le quotidien des campagnes, il mise sur la paysannerie plutôt que sur le prolétariat, et sa révolution débute, alors, par l'expulsion massive des populations des villes. Quelques jours à peine après s'être emparés de Phnom Penh, les Khmers rouges jettent hors de la capitale près d'un million et demi de personnes. Avec cet exode forcé, le PCK poursuit un objectif économique : augmenter la production agricole dans les campagnes, y moderniser la riziculture et exporter suffisamment de denrées pour financer l'industrialisation socialiste du pays. Mais les Khmers rouges ont aussi un agenda social : « L'homme nouveau doit renaître du grain de riz », dit l'Angkar, qui a décidé d'en finir avec la propriété privée et les hiérarchies sociales fondées sur l'individu. Témoin contemporain du régime, le père Ponchaud décrit en 1977 la manière dont le PCK a aboli la propriété : « Non seulement l'argent n'existe plus, mais les jardinets eux-mêmes qui entouraient chaque maison ont été supprimés ; plus d'élevage de volailles ou de porcs pour

1. Henri Locard, « Les Khmers rouges : d'où venaient-ils ? », *Après-demain*, n° 36, 2015, p. 13-15.

les besoins familiaux : désormais, tout appartient à la coopérative. Préparés par une équipe de travailleurs, les repas sont pris en commun ; seuls les couverts restent propriété des individus ; en plusieurs endroits, on signale même que les marmites et les foyers ont été retirés des maisons individuelles [...], l'instinct de possession doit être radicalement extirpé au cœur de l'homme. » En interdisant la monnaie et la propriété, le Kampuchéa veut substituer le peuple aux individus. Ce peuple ne peut être que paysan et c'est pourquoi, après avoir interdit les livres, l'Angkar abolit la formation scolaire traditionnelle. Le père Ponchaud poursuit sa description du régime : « Désormais, "le stylo, c'est la houe", "c'est le peuple qui donne les vrais diplômes". Les seuls diplômes valables ne sont plus "les diplômes de papier", mais ceux qui donnent la satisfaction d'un travail bien fait. "Ce ne sont pas les intellectuels qui font pousser le riz", disent les cadres à l'adresse des anciens lettrés : "Vivants, vous êtes inutiles, morts, vous engraisserez la terre[1] !" » Il est clair que, pour mener leur révolution, les dirigeants du parti comptent n'épargner personne. Affamés par l'armée qui capte les surplus agricoles, les Cambodgiens sombrent dans la famine en 1978. Et aux morts de faim s'ajoutent les centaines de milliers d'hommes et de femmes qui meurent d'excès de travail dans les chantiers d'irrigation ou de maladies dans les zones à défricher. Leurs corps rempliront les charniers qui jonchent les campagnes[2].

Cette révolution va main dans la main avec la promotion d'une identité cambodgienne khmère, nationaliste et

1. François Ponchaud, « Sous la conduite de l'Angkar. Aperçus sur la révolution cambodgienne », *Études*, n° 346, 1977, p. 172 et p. 176.
2. David Chandler, *Une histoire du Cambodge*, *op. cit.*, p. 197-212.

communiste. Le racisme est bel et bien omniprésent : les Chinois, les Laotiens et une vingtaine d'autres groupes non khmers font l'objet d'une politique d'assimilation forcée, d'expulsions régulières et de violences quotidiennes[1]. Cela dit, ce racisme n'existe qu'au regard de trois autres antagonismes. Au nom de la lutte des classes, le « peuple nouveau » est la première cible du régime. Tous ceux qui vivaient dans les villes du royaume puis de la République sont envoyés se reconstruire, ou mourir, au contact du « peuple ancien », c'est-à-dire les pauvres des campagnes que les Khmers rouges contrôlent depuis la chute de Sihanouk. Ensuite, au nom de la lutte contre la religion qui ne peut que freiner la révolution, les bouddhistes et les chrétiens sont eux aussi réprimés, tandis que les Chams musulmans sont massacrés. Puis il y a, enfin, la lutte contre le Viêt-Nam, accusé de poursuivre sa tentative séculaire de conquête du Cambodge. Lorsqu'ils ne sont pas tués, les Vietnamiens sont opprimés et poussés à l'exil[2].

Pour mettre en œuvre aussi rapidement des objectifs si radicaux, le régime recourt alors à la violence de masse. Les purges se traduisent par l'exécution de quatre cent mille personnes : des hommes, des femmes et même des enfants, dont les crânes sont fracassés à la pioche ou à la main. Ennemis réels et surtout supposés du Kampuchéa démocratique, ces victimes viennent de tous les horizons. Issus de la classe moyenne, ce sont des « Khmers viêt minh » qui avaient adhéré au communisme lorsque le parti était sous domination vietnamienne. Ce sont aussi les

1. Ben Kiernan, *Le Génocide au Cambodge (1975-1979). Race, idéologie et pouvoir* (1996), traduit de l'anglais par Marie-France de Paloméra, Paris, Gallimard, 1998, p. 306-375.

2. Pierre Brocheux, « Pol Pot et la destruction du Cambodge », *L'Histoire*, n° 247, 2000, p. 64-67.

soldats et les fonctionnaires qui ont servi la République des frères Lon Nol et Lon Non. Et ce sont également les cadres du PCK que l'Angkar accuse de sympathie envers le Viêt-Nam ou, tout simplement, de l'échec des rendements agricoles. Tous sont « purgés ». À propos de ce système qui se fait chaque jour plus répressif, l'historien David Chandler a retracé l'histoire de Tuol Sleng, un lycée de Phnom Penh dont les salles de classe sont transformées en salles d'interrogatoire : le centre S-21. Une dizaine de milliers de personnes y sont amenées, questionnées, torturées et exécutées. Seuls une douzaine de prisonniers échappent à la mort. Car S-21 est un « endroit où l'on entre mais d'où l'on ne ressort pas », disent les ouvriers de la capitale. Dirigé par Kaing Guek Eav, dit Duch, le centre s'appuie sur une logique implacable. Il suffit que trois personnes citent le nom d'un individu dans leurs confessions pour que celui-ci soit à son tour arrêté et envoyé à S-21. Il y livre alors d'autres noms qui, cités par deux autres personnes, amènent d'autres suspects… Et Duch les condamne à mort, parfois sans même les entendre puisque les plus hauts dirigeants du parti et Pol Pot en personne lui ont donné pour consigne d'« exécuter » sans se « fatiguer » à « interroger »[1].

Le régime dure trois ans, huit mois et vingt jours, jusqu'à l'invasion vietnamienne. Souvent larvés, parfois frontaux, les conflits frontaliers débutent dès le printemps 1975, opposant le Kampuchéa soutenu par la Chine à la République socialiste du Viêt-Nam aidée par l'URSS. Puis les Vietnamiens lancent une offensive décisive le 24 décembre 1978. Ils envoient plus de cent mille soldats au Cambodge et, le 7 janvier 1979, le Kampuchéa

1. David Chandler, *S-21 ou le crime impuni des Khmers rouges* (2000), traduit de l'anglais par Alexandra Helleu, Paris, Autrement, 2002.

capitule. Pol Pot, les dirigeants du PCK, les soldats et les ouvriers de Phnom Penh désertent la capitale pour s'enfuir vers les montagnes cambodgiennes, la Thaïlande ou la Chine. En revanche, d'autres Khmers rouges reviennent. Anciens membres de l'administration du Kampuchéa pour la plupart, ils étaient partis former un gouvernement en exil chez leurs voisins vietnamiens. Ces derniers les placent maintenant au pouvoir. La guerre continue, mais l'horreur du régime communiste prend fin.

Les Khmers rouges et la banalité du mal

Concevoir la violence, ce n'est pas l'excuser mais l'expliquer, c'est comprendre « comment cela a pu arriver ». Dans le cas cambodgien, l'itinéraire de Kaing Guek Eav offre une piste pertinente pour cet exercice. Professeur de mathématiques, envoyé en prison pour son engagement communiste, il prend le maquis au début des années 1970. Avant l'invasion de Phnom Penh, Duch dirige la prison du M-13 dans une forêt cambodgienne. Dans la capitale, il prend ensuite la tête du centre S-21, sous le régime de l'Angkar. Puis il parvient à fuir la capitale en 1979. Duch reste auprès d'anciens Khmers rouges en fuite avant de redevenir enseignant, au début des années 1990. Enfin, reconnu par un photographe irlandais, il est arrêté en 1999 et condamné à la prison à vie, dix ans plus tard, par le tribunal international et national des CETC, les Chambres extraordinaires au sein des tribunaux cambodgiens[1]. Beaucoup d'écrits ont été publiés sur ce personnage et ce qu'il nous révèle du Kampuchéa démocratique. Ces récits laissent entrevoir les ressorts du système khmer rouge.

1. Jules Guillaumé, « Le droit à réparation devant la CPI : promesses et incertitudes », *Politique étrangère*, n° 4, 2015, p. 51-62.

37. Rithy Panh, Duch et la cruauté des Khmers rouges

« Kaing Guek Eav, dit Duch, fut le responsable du centre de torture et d'exécution S21, dans Phnom Penh, de 1975 à 1979. Il explique avoir choisi ce nom de guérilla en souvenir d'un livre de son enfance, où le petit Duch était un *enfant sage*.

12 380 personnes au moins furent torturées dans ce lieu. Les suppliciés qui avaient avoué étaient exécutés dans le "champ de la mort" de Chœung Ek, à quinze kilomètres au sud-est de Phnom Penh – également sous la responsabilité de Duch.

À S21, nul n'échappe à la torture. Nul n'échappe à la mort.

Dans sa prison du tribunal pénal parrainé par l'ONU (en fait CETC, soit "Chambres extraordinaires au sein des tribunaux cambodgiens"), Duch me dit de sa voix douce : "À S21, c'est la fin. Plus la peine de prier, ce sont déjà des cadavres. Sont-ils hommes ou animaux ? C'est une autre histoire." [...]

J'ai mené de longs entretiens avec des gardiens, des tortionnaires, des exécuteurs, des photographes, des infirmiers, des chauffeurs qui travaillaient sous les ordres de cet homme. Très peu ont fait l'objet de poursuites judiciaires. Tous sont libres. Assis dans une ancienne cellule, au cœur du centre S21 devenu un musée, l'un d'eux me lance : "Les prisonniers ? C'est comme un bout de bois." Il rit nerveusement.

À la même table, devant le portrait de Pol Pot, un autre m'explique : "Les prisonniers n'ont aucun droit. Ils sont moitié homme, moitié cadavre. Ce ne sont pas des hommes. Ce ne sont pas des cadavres. Ce sont comme des animaux sans âme. On n'a pas peur pour notre karma." À Duch aussi, je demande s'il cauchemarde, la nuit, d'avoir fait électrocuter, frapper avec des câbles électriques, planter des aiguilles sous les ongles, d'avoir fait manger des excréments, d'avoir consigné des aveux qui sont des mensonges, d'avoir fait égorger ces femmes et ces hommes, les yeux bandés au bord de la fosse, dans le grondement du groupe électrogène. Il réfléchit puis me répond, les yeux baissés : "Non." Plus tard, je filme son rire. »

Rithy Panh, avec Christophe Bataille,
L'Élimination, Paris, Grasset, 2012, p. 11-12.

De Duch, on peut retenir l'image d'un tortionnaire qui considérait ses victimes comme des êtres dépourvus d'identité. Rithy Panh l'a interviewé. Né en 1964 à Phnom Penh, celui-ci a survécu aux Khmers rouges qui ont tué ses parents, une partie de sa famille et ses voisins. Il s'est réfugié en Thaïlande en 1979, est arrivé en France en 1980 puis il est retourné au Cambodge, plus tard, pour comprendre. Rithy Panh a interrogé Duch durant près de trois cents heures, une expérience qu'il relate dans *L'Élimination*. En page de garde du livre, un extrait de leurs dialogues témoigne de l'inhumanité qui présidait aux violences exercées par les troupes du Kampuchéa démocratique : « "Monsieur Rithy, vous avez oublié un slogan encore plus important : la dette de sang doit être remboursé par le sang". Je suis surpris. "Pourquoi celui-ci ? Pourquoi pas un slogan plus idéologique ?" Duch me fixe : "Les Khmers rouges, c'est l'élimination. L'homme n'a droit à rien." »

Duch était un tortionnaire. Cependant, à l'image du régime qu'il servait, Duch était aussi un révolutionnaire. Anthropologue à l'École française d'Extrême-Orient de Phnom Penh, François Bizot fut son prisonnier. Le Français est capturé par les Khmers rouges en 1971 et envoyé dans le camp dit du M-13, où Duch est chargé de l'interroger pour savoir si, oui ou non, il est un espion de la CIA. Trois mois plus tard, lorsqu'il a acquis la certitude que Bizot est bien un chercheur, Duch le libère. L'anthropologue a raconté leur rencontre dans *Le Portail*, un récit dans lequel il décrit un homme paradoxal, à la fois cruel et sensible[1]. Puis Bizot participe en 2009 au procès de Duch, lorsque le Cambodge et le monde entier savent qu'il n'était pas seulement l'interrogateur

1. François Bizot, *Le Portail*, Paris, La Table ronde, 2000.

du M-13, mais aussi le dirigeant du centre S-21. Relaté par la journaliste Stéphanie Gee, le témoignage de l'anthropologue révèle que, derrière le massacre de centaines de milliers d'êtres humains, se cachent des militants sans remords et pourtant, aussi, empreints d'humanité au sens premier du terme, c'est-à-dire des êtres dont les jugements et les ressentis sont complexes et contradictoires, bref, des humains. « Les Cambodgiens n'ont pas été les premiers dans l'histoire des hommes à tuer pour des rêves », rappelle Bizot.

38. Le visage humain du Kampuchéa démocratique

« À deux occasions, le chercheur, rapporte-t-il [dans *Le Portail*], devine que des violences sont commises sur les prisonniers pour les faire parler. Il s'en ouvre à Duch en cette dernière soirée, lui demandant "qui frappe". "Duch n'a pas hésité à me répondre que cela lui arrivait de frapper les prisonniers quand ils mentaient ou que leurs dépositions étaient contradictoires, que le mensonge l'insupportait, que ce travail le faisait vomir mais c'est ce que l'Angkar [...] attendait de lui... J'ai été effrayé. Et je pense que cet événement, qui fut pour moi fondamental, est à l'origine d'un long travail qui a eu lieu en moi. Je dois dire que jusque-là, je considérais que j'étais du bon côté de l'humanité et qu'il existait des monstres auxquels, Dieu merci, je ne pourrais jamais ressembler. Qu'il y avait une différence d'histoire, de sensibilité, qu'il s'agissait d'un état de nature..." Ce soir de Noël, il se dessille. Il s'attendait à trouver un monstre en entendant une telle réponse mais découvre en face de lui un homme, "un communiste-marxiste qui était prêt à donner sa vie s'il le fallait pour son pays et pour la révolution [...] et que le but ultime de son engagement était le bien-être des habitants du Cambodge, une lutte contre l'injustice...". Il poursuit sur un ton morne, soucieux des mots qu'il choisit : "Cette fin qui justifie les moyens étant l'indépendance du Cambodge, son droit à l'autodétermination et la fin de la misère... Les Cambodgiens n'ont pas été les premiers dans l'histoire des hommes à tuer pour des rêves."

Quand Duch refait surface, retrouvé par des journalistes et arrêté par les autorités cambodgiennes peu après en 1999, François Bizot estime "bon de faire savoir qu'un tel danger n'était pas le fait d'un monstre à part mais provenait d'un homme qui ressemblait aux autres" : "Ma rencontre avec Duch a marqué mon destin, et toute ma réflexion, tout ce que je suis aujourd'hui, pour une raison simple et tragique : je dois m'arranger moi-même avec ce qui est en moi par rapport à une donnée double, celle d'un homme qui a été le vecteur, le bras d'une tuerie étatisée – et je ne peux pas m'imaginer me mettre aujourd'hui à sa place avec en soi-même autant d'horreurs perpétrées – et d'autre part, le souvenir que j'ai d'un jeune homme qui a engagé sa vie, son existence, pour une cause et vers un objectif qui s'appuyait sur l'idée que le crime n'était pas seulement légitime mais méritoire. Je ne sais pas quoi faire de cela, monsieur le juge. Mon existence m'a amené à côtoyer intimement l'un et l'autre et je ne peux pas me débarrasser de cette idée que ce qui a été perpétré par Duch aurait pu l'être par un autre et qu'en essayant de comprendre il ne s'agit pas un seul instant de minimiser la portée, la profondeur, l'abomination de son crime… Et pour en mesurer l'abomination, ce n'était certainement pas en faisant de Duch un monstre à part mais en lui reconnaissant cette humanité qui est la sienne et qui n'a manifestement pas été un obstacle aux tueries qu'il a perpétrées. Et c'est cette prise de conscience des caractéristiques de l'ambiguïté de cette humanité qui cause mon drame aujourd'hui, monsieur le juge." »

Stéphanie Gee, « Au procès du Khmer rouge Duch, le trouble de François Bizot », *L'Obs* avec Rue89, 9 avril 2009 (https://www.nouvelobs.com/rue89/rue89-monde/20090409.RUE9599/au-proces-du-khmer-rouge-duch-le-trouble-de-francois-bizot.html, consulté le 8 mai 2020).

Le récit de l'anthropologue nous conduit de Phnom Penh à Jérusalem, ville depuis laquelle Hannah Arendt a bâti l'une de ses grandes analyses du monde contemporain. Dans le rapport d'étude qu'elle livre à propos d'Adolf Eichmann, un criminel de guerre nazi jugé en Israël en 1961, la philosophe théorise le concept « de la terrible, de l'indicible, de l'impensable banalité du mal ». « L'ennui, avec Eichmann », écrit Arendt, « c'est précisément qu'il y en avait beaucoup qui lui ressemblaient et qui n'étaient ni pervers ni sadiques, qui étaient, et sont encore, terriblement et effroyablement normaux »[1]. Ce fut également le cas au Cambodge. Dans un autre de ses ouvrages, *La Machine khmère rouge*, Rithy Panh retranscrit les témoignages des rescapés et des bourreaux du Kampuchéa démocratique qui, jusqu'en 2009, restaient impunis. Le premier de ces témoignages est celui d'un homme qui porte le nom de Man. Et le récit donne la mesure de la banalité qui accompagne les atrocités commises par des soldats qui disent n'avoir « pas vu qui a tué qui » : « Nous n'avions aucun document qui nous disait que la population était exécutée. »

39. La machine khmère, ou la banalité du mal

« Sous la maison en bois construite sur pilotis [...] Man est assis sur le *kré*, ce lit traditionnel khmer. Il porte un simple teeshirt et le long sarong dans lequel se drapent les musulmans du Cambodge. [...] Il raconte avec joie, fournissant moult détails, le temps où les Chinois lui apprenaient les techniques de combat, le temps où il faisait partie des *yothea* [soldats khmers rouges]. Man n'a jamais avoué à ses supérieurs qu'il était *Cham* [habitants du Champa, musulmans pour la plupart, massacrés par le régime du Kampuchéa], sinon il serait mort. [...] Un vieil homme au visage fripé se penche sur les clichés pour voir de plus près à quoi ressemblent les techniques chinoises. Il lance : "c'est pour tuer ?" "Oui, c'est pour tuer. L'ennemi, on devait l'attraper et on le frappait jusqu'à ce qu'il meure." Le vieil homme reste un

1. Hannah Arendt, *Eichmann à Jérusalem. Rapport sur la banalité du mal* (1963), traduit de l'anglais par Anne Guérin, Paris, Gallimard, 1991 (1re éd. 1966), p. 447.

moment silencieux, puis rompt l'enthousiasme de Man déjà parti dans la description de ses exploits au karaté : "Vous aviez appris cela pour tuer nos frères et nos sœurs, nos oncles et nos tantes ?" Man répond : "À l'époque, il fallait bien séparer les classes, ennemis et amis. Il n'y avait plus de frères ou de sœurs. Il y avait des camarades ou des ennemis. S'ils étaient face à nous, nous les considérions comme des ennemis." "Même quand on cassait une cuillère, on était l'ennemi, n'est-ce pas ? *demande le vieux voisin*. Celui qui abîmait la fleur du palmier à sucre, c'était l'ennemi. Tout le Cambodge devait mourir, tout le Cambodge était l'ennemi." "Nous, les soldats, nous n'avons pas vu qui a tué qui. Nous n'avons rien vu. Si nous avions vu les exécutions de la population, nous aurions eu des doutes. Nous n'avions aucun document qui nous disait que la population était exécutée. Nous attrapions les gens qui étaient des traîtres à la nation, mais je ne savais pas l'histoire de leur trahison." Un jeune voisin jusque-là silencieux intervient : "Je voudrais te poser une question sur les techniques utilisées pour tuer les gens tous les jours. Moi, je voyais qu'on frappait la tête des gens avec des pioches et des barres de fer." "C'était la technique khmère, *précise Man*, dans un sourire. Les Chinois ne nous ont pas appris cela." "Ici, on utilisait les pioches et les tiges de fer, moi je l'ai vu, *poursuit le voisin*." Man reste un temps silencieux. "On attachait d'abord les gens, on les emmenait à la fosse et on frappait dans le dos, *raconte le vieil homme*. Quand la fosse était pleine, on mettait de la terre et on allait ouvrir une autre fosse." »

Rithy Panh, avec Christine Chaumeau,
La Machine khmère rouge. Monti Santésok S-21,
Paris, Flammarion, 2009 (2e éd.), p. 25-27.

Le témoignage de Man éclaire la banalité d'une violence qui s'exerçait entre voisins, au village. Il signale aussi que les bourreaux ont ensuite continué à vivre parmi leurs victimes : la disparition du Kampuchéa ne rend pas la violence moins omniprésente pour les Cambodgiens. D'autant que, avec l'invasion vietnamienne, la guerre continue.

Guerres régionales et sorties de guerre nationales

L'histoire de la troisième guerre d'Indochine s'inscrit toujours dans une aire régionale. Pour autant, les violences qui lui sont associées pèsent maintenant sur des États-nations résolument postcoloniaux.

Une géopolitique asiatique[1]

Christopher Goscha souligne combien il est nécessaire d'envisager l'histoire des Laotiens, des Cambodgiens et des Vietnamiens par le prisme d'une géopolitique asiatique. Celle-ci précédait l'intermède français, et elle lui succède. Durant la première guerre d'Indochine, celle de la colonisation, chaque camp ennemi pense son action en termes régionaux. Les Français imaginent une fédération d'États associés où leur pouvoir serait relayé par Bao Dai au Viêt-Nam, Sihanouk au Cambodge et Sisavang au Laos. Quant aux Vietnamiens, ils mettent en place un jeu de « gouvernements de résistance » en envoyant des révolutionnaires communistes au Cambodge et au Laos, sous la direction de la RDV présidée par Hô Chi Minh. Puis, pendant la deuxième guerre d'Indochine, celle de la guerre froide, les accords de Genève contraignent les dirigeants du Nord-Viêt-Nam à rapatrier leurs cadres politiques et militaires. Les communistes du Cambodge et du Laos adoptent alors deux attitudes radicalement différentes. Les militants du Pathet Lao profitent de l'armistice pour se regrouper dans les

1. Christopher Goscha, « La géopolitique vietnamienne vue de l'Eurasie : quelles leçons de la troisième guerre d'Indochine pour aujourd'hui ? », *Hérodote*, n° 157, 2015, p. 23-38.

provinces frontalières du Nord-Viêt-Nam, où celui-ci peut renvoyer ses conseillers les aider à construire leur armée, leur parti et leur État. En revanche, les communistes cambodgiens emmenés par Saloth Sar décident de s'affranchir de l'influence vietnamienne. Le Parti communiste du Kampuchéa sera le seul fer de lance de la révolution, de l'armée et de leur futur État. Le renversement de Sihanouk en 1970 renforce ensuite cette volonté d'émancipation. Quand la République de Lon Nol ouvre ses portes aux troupes états-uniennes et sud-vietnamiennes, le Nord-Viêt-Nam envoie ses soldats les combattre sur le sol cambodgien. Or, aux yeux des responsables du PCK, l'opération n'est qu'une tentative vietnamienne de plus pour « coloniser » leur pays. Voilà pourquoi ils tiennent tant à prendre Phnom Penh avant que leurs homologues vietnamiens ne fondent sur Saigon. Et, quelques semaines plus tard, lorsque le Viêt-Nam félicite le Kampuchéa démocratique au nom d'une « solidarité indochinoise », les communistes de l'Angkar rejettent immédiatement cette « association coloniale ».

La troisième guerre d'Indochine trouve son origine dans cette longue histoire régionale. Mais elle s'inscrit aussi dans le contexte de la confrontation sino-soviétique qui débute en 1968. Après avoir envahi la Tchécoslovaquie, l'URSS promulgue la « doctrine Brejnev ». Les Soviétiques revendiquent officiellement le contrôle de leurs États satellites et la Chine réagit à cet expansionnisme en se rapprochant des États-Unis. Jusqu'en 1975, la guerre indochinoise se déroule alors sur fond de guerre froide. Puisque la Chine resserre ses liens avec les Américains, l'URSS soutient encore davantage le Nord-Viêt-Nam. Et puisque le PCK cambodgien s'oppose à l'expansion des communistes vietnamiens sur son territoire, la Chine le soutient toujours plus. Cette configuration perdure après le départ des États-Unis. Le Kampuchéa démocratique s'attaque à la République socialiste vietnamienne en 1977, celle-ci réplique de plus belle et la tension monte. La Chine est persuadée qu'une victoire du Viêt-Nam aboutirait au contrôle soviétique de toute la péninsule indochinoise : elle accroît donc son aide militaire au Kampuchéa. Les Vietnamiens décident d'expulser les Chinois présents sur leur territoire et, en retour, les Cambodgiens expulsent les Vietnamiens du Kampuchéa. Aidée par l'URSS, la République socialiste du Viêt-Nam finit alors par envahir le Cambodge.

Depuis, la géopolitique asiatique continue d'imprimer sa marque sur la région. Les Vietnamiens installent un gouvernement communiste pro-vietnamien et pro-soviétique à la tête du Cambodge et, ce faisant, ils renouent avec leur politique expansionniste stoppée en 1954. Quant à la Chine, qui bénéficie toujours de l'aide états-unienne, elle s'efforce de déstabiliser le Viêt-Nam et le Cambodge désormais sous sa coupe. Pour cela, dès 1979, elle envoie son armée dans le Nord vietnamien. Puis, tout au long des années 1980, elle soutient les Khmers rouges qui se sont réfugiés en Chine ou de l'autre côté de la frontière dans une Thaïlande qui lorgne toujours sur les territoires cambodgiens. Enfin, en 1992, pour affaiblir économiquement ses deux ennemis indochinois, les Chinois rallient à leur cause les membres de la nouvelle Association des nations de l'Asie du Sud-Est, l'ASEAN. La configuration est totalement différente de celle qui précédait la création française de l'Union indochinoise, mais l'histoire de chaque pays reste donc liée à des dynamiques fondamentalement régionales : une péninsule où deux grands États thaïlandais et vietnamien prennent le Cambodge en tenaille.

Des mémoires à vif

Le 11 janvier 1979 à Phnom Penh, sous le contrôle du Vietnam qui l'avait aidé à former un gouvernement en exil, un comité populaire révolutionnaire proclame la nouvelle République populaire du Kampuchéa. Puis le comité devient le Parti révolutionnaire du peuple du Kampuchéa (PRPK). Sa direction est emmenée par des Cambodgiens qui s'étaient réfugiés au Viêt-Nam durant les années 1950, par des représentants de communautés minoritaires et, surtout, par des Khmers rouges qui avaient quitté le pays en 1977, avec à leur tête Heng Samrin, Chea Sim et Hun Sen. Ces derniers héritent d'un pays mal en point. Une famine éclate dans les campagnes et environ cinq cent mille Cambodgiens partent se réfugier en Thaïlande. Cependant, la majorité de la population vit la fin du régime khmer rouge comme un soulagement[1].

Jusqu'à ce que les conflits qui avaient débuté à l'approche de l'indépendance resurgissent, presque quarante ans plus tard. Soutenues par les forces vietnamiennes, les troupes de la nouvelle République du Kampuchéa font face à l'opposition conjuguée des nationalistes, des royalistes et des anciens Khmers rouges déchus, ceux du PCK. Parmi les opposants, certains estiment que la continuité entre les deux régimes communistes est trop évidente. D'autres considèrent que la présence vietnamienne est illégale, voire coloniale, et très vite, la guerre civile débute. Au prix d'au moins trente mille morts, elle engage toute la population et

1. Christian Lechervy, « Le Cambodge rendu à lui-même », *in* Jean-Luc Domenach et François Godement (dir.), *Communismes d'Asie : mort ou métamorphose ?*, Bruxelles, Complexe, 1994, p. 91-109.

chacun des États de la région. L'armée réquisitionne des jeunes hommes pour truffer de mines la frontière avec la Thaïlande et parer, ainsi, les visées expansionnistes de cette dernière. Partout dans le pays, pour se protéger des bandits et de l'avidité des soldats républicains sous-payés, les villageois se mettent à recycler les mines antipersonnel. Dans les camps de réfugiés, les héritiers de Sihanouk et de Lon Nol font régner la terreur. Quant aux Khmers rouges déchus, ils organisent une guérilla d'autant plus efficace qu'ils sont armés par la Thaïlande et soutenus par la Chine et les États-Unis, ces derniers ayant décidé de punir le Viêt-Nam en reconnaissant la légitimité du gouvernement khmer rouge en exil. Les conflits perdurent jusqu'en 1989, lorsque les Vietnamiens quittent le pays, poussés par la réduction de l'aide soviétique puis par la conversion du Kampuchéa à l'économie de marché. La guerre s'achève enfin officiellement le 23 octobre 1991. Et c'est encore à Paris que des accords de paix sont signés, cette fois-ci entre la République populaire du Kampuchéa et le Gouvernement de coalition du Kampuchéa démocratique. Ce dernier est formé par les royalistes de Sihanouk, les nationalistes de Son Sann et les anciens Khmers rouges du Kampuchéa démocratique. Parmi eux, on retrouve Ieng Sary, l'ancien numéro trois du PCK, et son chef, Pol Pot[1].

Trop disparate pour être viable, cette coalition s'effondre en 1993 après le départ des troupes des Nations unies. Des oppositions violentes éclatent, mais les Khmers de la République populaire s'allient aux royalistes pour garder les rênes du pays. Celui-ci est

1. Jean-Louis Margolin, « Le Cambodge des Khmers rouges : de la logique de guerre totale au génocide », *Vingtième Siècle*, n° 77, 2003, p. 3-18.

renommé Cambodge, une monarchie constitutionnelle est instaurée et Sihanouk revient sur le trône. Quant aux anciens tortionnaires khmers rouges, ils continuent leur guerre contre les « traîtres » qui désertent le mouvement et contre les populations vietnamiennes encore présentes. Puis ils sont progressivement lâchés par tous leurs alliés. Divisés, ils finissent par livrer eux-mêmes Pol Pot aux autorités, en 1997.

Héritée d'une sortie coloniale teintée d'anticommunisme et d'antivietnamisme, leur révolution socialiste continue toutefois de marquer la vie cambodgienne. Aujourd'hui encore, certains Khmers rouges occupent une place de choix sur l'échiquier politique – ce sont ceux qui avaient quitté le pays dès 1975. Et ceux qui l'ont dirigé entre 1975 et 1979 sont toujours recherchés par les tribunaux que parrainent les Nations unies. Une poignée d'entre eux a d'ores et déjà été condamnée et, afin que le passé cesse de trop écraser le présent, la justice continue d'être rendue. Le 16 novembre 2018, deux anciens dirigeants de l'Angkar ont été condamnés pour crimes de guerre, crimes contre l'humanité et « génocide » contre les Vietnamiens et les Chams musulmans[1].

Une interminable sortie de guerre

Les conséquences des guerres (post)coloniales pèsent tout autant sur l'histoire récente du Viêt-Nam. Après 1975, une fois le pays réunifié, la nouvelle République socialiste vietnamienne entreprend au Sud ce qu'elle met en œuvre au Nord depuis trente ans : « collectiviser » les terres, confisquer les biens « capitalistes » et

1. Marie Nicolas-Gréciano, « Justice et vérité sur le génocide cambodgien », *La Revue des droits de l'homme*, Actualités Droits-Libertés, 2019 (http://journals.openedition.org/revdh/6241, consulté le 8 mai 2020).

« rééduquer » les populations en s'inspirant du modèle soviétique. Sur le plan économique, cette politique se traduit par l'instauration d'un système agricole tourné vers la production de surplus qui permettront, ensuite, de financer l'industrie d'équipement censée parachever le modèle socialiste. Et sur le plan politique, la réunification produit un double effet. Tandis que les citoyens du Sud voient leur vie quotidienne soumise à la politique dirigiste du Parti communiste vietnamien, les populations du Nord sont touchées par les « balles enrobées de sucre » de leurs voisins. Après avoir tant entendu parler d'un territoire sudiste miséreux et ravagé par une administration capitaliste et autoritaire, les Nord-Vietnamiens découvrent un delta du Mékong façonné par une agro-industrie moderne, des infrastructures routières de qualité et des industries de transformation basées autant sur le textile que sur des produits mécaniques et électriques.

À ces premiers chocs collectifs va s'ajouter l'immersion dans l'univers soviétique. En envahissant le Cambodge, la République socialiste vietnamienne perd définitivement le soutien de la Chine. Elle réalise alors combien elle était tributaire de son immense voisin pour se procurer des médicaments, des textiles et des denrées alimentaires. S'ensuit un rapprochement démesuré avec l'URSS et, dès le début des années 1980, le Viêt-Nam s'engage dans l'édification du socialisme tel que l'envisagent les Soviétiques. Le parti organise la colonisation de nouvelles terres, il intensifie les cultures de plantation et s'endette auprès de son nouveau mentor pour importer des hydrocarbures, des engrais chimiques et de l'équipement industriel. Mais cette transformation s'avère incompatible avec l'explosion démographique qui succède à la guerre et avec l'autoritarisme qui continue de freiner le développement des coopératives agricoles. Le pays va devoir se « restructurer ».

Comme en URSS, la restructuration, le « *Doi Moi* » au Viêt-Nam, consiste à réformer le système économique, et non pas celui politique. Les dirigeants communistes s'étaient timidement investis dans cette tâche au milieu des années 1960. En introduisant la règle des « contrats » au sein des coopératives, ils avaient permis aux paysans de vendre les produits qu'ils cultivaient sur leur lopin familial. Normes communistes dans la sphère sociale et logiques de marché dans la sphère privée, la réforme constituait une première autorisation à « briser les frontières », selon l'appellation consacrée dans les campagnes. Cette politique devient quasiment officielle après 1979, lorsque l'État intensifie son effort de guerre au Cambodge. Dans chaque coopérative, tant qu'ils fournissent aux brigades de la République une quantité prédéfinie de produits agricoles, les travailleurs ruraux peuvent vendre leurs surplus soit à un prix négocié avec l'État, soit sur le marché libre. Puis le pays s'engage définitivement sur la voie du *Doi Moi*. En 1986, des individus et des familles obtiennent le droit de créer des entreprises et d'y réaliser des profits personnels. En 1987, le parti autorise la fondation de coopératives de crédit dans les provinces, libéralisant *de facto* le système bancaire. En 1988, les premières entreprises privées font leur apparition sur la scène macro-économique[1]. Et, depuis, le Viêt-Nam s'oriente vers un système mixte. Capitaliste, la société se réorganise autour de l'ancienne unité de production familiale et de son insertion sur le marché

1. Pierre Brocheux, « Viêtnam : une sortie à petits pas », *in* Jean-Luc Domenach et François Godement (dir.), *Communismes d'Asie*, *op. cit.*, p. 71-89.

mondial. Communiste, elle conserve de l'idéologie le poids omniprésent du parti et de l'Armée populaire. Ces deux piliers de l'État expliquent que la population continue de suivre le pouvoir malgré l'autoritarisme et la corruption du système. Pour reprendre l'analyse de Benoît de Tréglodé, l'incroyable pérennité de la République socialiste vietnamienne réside « dans l'emploi répété de la violence symbolique par les autorités pour gérer la cohésion sociale[1] ».

Vo Nguyen Giap prédisait que la bataille de Diên Biên Phu perpétuerait « à jamais l'esprit indomptable de notre peuple ». Elle permet en tous les cas à l'État d'encore dompter le peuple. Comme tant d'autres en Asie du Sud-Est, du fait politique né de la sortie coloniale, la société vietnamienne a conservé le nationalisme de lutte et le pouvoir de ceux qui l'ont galvanisé avant de le monopoliser : le parti et l'armée.

1. Benoît de Tréglodé, « Viêt-Nam, le Parti, l'armée et le peuple : maintenir l'emprise politique à l'heure de l'ouverture », *Hérodote*, n° 157, 2015, p. 9-22.

Chapitre 10

« Françafrique »

De Gaulle misait sur l'Afrique pendant la Seconde Guerre mondiale, il compte encore plus sur elle en temps de paix. Face à l'hégémonisme des deux grands, les États-Unis et l'URSS, il entend s'appuyer sur le continent africain pour restaurer la puissance de l'Europe et, surtout, celle de la France. Dans le sillon de la politique gaulliste, la IVe République s'engage alors dans trois directions : la mise en valeur économique des colonies, leur contrôle militaire et, pour atteindre ces deux objectifs, la sélection des élites africaines qui préserveront, sur place, les intérêts de la France[1].

L'historien Nicolas Bancel s'est particulièrement intéressé à cette nouvelle relation impériale. L'Union française est la première étape. Créée en 1946 dans le prolongement de la conférence de Brazzaville, l'Union doit pérenniser l'autorité de la métropole en déléguant une part de son pouvoir aux élites africaines de « première génération ». Celles-ci désignent des hommes qui ont intégré les rouages de l'administration coloniale dans les années 1930 et qui sont, maintenant, à la tête des

1. Papa Dramé et Samir Saul, « Le projet d'Eurafrique en France (1946-1960) : quête de puissance ou atavisme colonial ? », *Guerres mondiales et conflits contemporains*, n° 216, 2004, p. 95-114.

nouveaux partis politiques africains. On trouve notamment le Rassemblement démocratique africain (RDA). Fondé en 1946 au congrès de Bamako que préside Félix Houphouët-Boigny, le RDA est affilié au Parti communiste français jusqu'en 1950. Mais, même dans ce contexte, les auxiliaires africains de la colonisation ne cherchent pas la rupture. Avec l'Union, leur objectif est de s'associer à la métropole : ils consentent à l'empire et en échange, la France leur octroie des postes à responsabilité dans l'administration et l'économie coloniales.

Cet équilibre s'avère toutefois fragile. Année après année, tandis que les représentants de la première génération demandent un partage des pouvoirs plus équitable avec la métropole, les jeunes élites de la « seconde génération » se radicalisent au gré de leur formation, dans les universités françaises ou les établissements publics africains de haut rang. Cette double crise condamne l'Union à la stagnation et la loi-cadre de 1956 doit la relancer. Portée par Gaston Defferre en France et Houphouët-Boigny en Côte d'Ivoire, la réforme est censée satisfaire toutes les parties. Les Français continuent d'occuper les postes décisionnaires dans l'Union. Les élus africains de la première génération sont dotés de réels pouvoirs, sur des territoires désormais autonomes les uns des autres. Et les jeunes élites de la seconde génération obtiennent le suffrage universel grâce auquel elles intègrent les assemblées et les conseils créés pour « africaniser » la fonction publique coloniale.

Mais la loi-cadre ne produira pas l'effet escompté. Plutôt que d'apaiser, explique Nicolas Bancel, elle inaugure une nouvelle période de répression. Face aux revendications des plus jeunes qui s'associent maintenant aux mouvements syndicaux, les dirigeants africains reprennent à leur compte la violence de l'ordre colonial – une violence qu'ils exercent d'ailleurs en bénéficiant du soutien des troupes métropolitaines. Le projet du général de Gaulle a finalement abouti : les élites de la première génération vont pérenniser la domination française en réprimant celles de la seconde génération[1].

Ainsi naît l'« État franco-africain » tel que l'a défini l'anthropologue Jean-Pierre Dozon[2]. Grâce à l'Union qui devient la Communauté française en 1958, la Ve République peut tout à la fois peser sur la scène internationale, disposer des matières premières qui lui manquent en métropole et trouver des débouchés sur les marchés africains, en conditionnant l'octroi de ses « aides au développement » au maintien d'un lien de subordination avec l'économie française. Quant aux nouveaux chefs d'État africains, s'ils accèdent à l'indépendance sur un mode subalterne, ils monopolisent désormais la puissance régalienne qu'ils cherchaient à obtenir depuis la fin de la guerre. Tel est le fonctionnement de la « France-Afrique » mise en œuvre, sur place, par des hommes comme Houphouët-Boigny et Léopold Sédar Senghor. Le premier, à qui l'on attribue la paternité de l'expression « Françafrique », restera à la tête de la Côte d'Ivoire jusqu'en 1993, le second dirigera le Sénégal jusqu'en 1980[3].

1. Nicolas Bancel, « La voie étroite : la sélection des dirigeants africains lors de la transition vers la décolonisation », *Mouvements*, n° 21-22, 2002, p. 28-40.

2. Jean-Pierre Dozon, « L'État franco-africain », *Les Temps modernes*, n° 620-621, 2002, p. 261-288.

3. *Id.*, « Une décolonisation en trompe-l'œil », *in* Pascal Blanchard et Nicolas Bancel (dir.), *Culture post-coloniale, 1961-2006. Traces et mémoires coloniales en France*, Paris, Autrement, 2006, p. 195-201.

Une politique française pour l'Afrique

« Françafrique » est généralement synonyme de domination. Depuis les indépendances octroyées en 1960, l'ancienne métropole se serait imposée facilement – et sournoisement – sur son « pré carré » africain, composé à l'origine de ses quatorze anciennes colonies. Mais, grâce à des historiens comme Jean-Pierre Bat, on sait aujourd'hui que la France n'a jamais eu « un programme continu » pour l'Afrique. Elle a plutôt « une politique », qui vise à pérenniser ses intérêts sur le continent en engageant des réseaux personnels de chefs d'État et d'entreprise, des soldats réguliers ou irréguliers et des agents de renseignement, les fameuses « barbouzes[1] ». Or, inévitablement, cette politique évolue au gré de la contingence, c'est-à-dire de contextes situés et évolutifs. Largement étudiée, la décolonisation française de l'Afrique centrale et occidentale implique une multitude d'acteurs européens et africains dont les objectifs et les loyautés sont aussi variés que changeants[2]. Il en va de même des relations postcoloniales franco-africaines. Elles sont soumises aux aléas de ce qui peut arriver, ou non, dans un territoire donné et à une époque donnée. Écrire leur histoire, c'est donc essayer de dégager des tendances générales sans trop masquer des réalités toujours singulières. Jean-Pierre Bat a réussi à le faire dans un ouvrage imposant, *Le Syndrome Foccart*, une remarquable histoire du haut

1. Jean-Pierre Bat, *La Fabrique des « barbouzes ». Histoire des réseaux Foccart en Afrique*, Paris, Nouveau Monde Éditions, 2015.

2. Tony Chafer, *La Fin de l'empire colonial français en Afrique de l'Ouest. Entre utopie et désillusion* (2002), traduit de l'anglais par Jean Pasqualini, Rennes, PUR, 2019, p. 18.

par le bas[1]. Les travaux de cet historien peuvent nous permettre d'y voir clair, ici, en quelques pages.

La formation du pré carré[2]

Dans un premier temps, disons jusqu'à l'élection présidentielle de Valéry Giscard d'Estaing en 1974, la France construit et consolide son influence postcoloniale en Afrique. De Gaulle et Jacques Foccart sont aux commandes. Ancien résistant, agent des services secrets puis officier de réserve chez les parachutistes, Foccart est nommé en 1959, par le général, secrétaire général aux Affaires africaines et malgaches. Il est le premier « Monsieur Afrique » de l'Élysée.

À ses yeux, pour pérenniser ses liens avec les anciennes colonies du continent, la France doit bâtir un cadre légal. Les accords bilatéraux de coopération et de défense remplissent cette fonction. Signés par les chefs d'État « amis de la France », ils autorisent les premiers à faire appel à la seconde lorsqu'ils estiment que la sécurité nationale est menacée. Concrètement, ce cadre dit de la *pax gallica* repose sur le maillage territorial hérité de la géographie coloniale. Le pré carré est découpé en trois « Zones militaires d'outre-mer » correspondant aux anciennes possessions françaises, chaque ZOM étant dotée d'un état-major basé à Dakar (Sénégal) pour l'ancienne AOF, à Brazzaville (Congo) puis Libreville (Gabon) pour l'ancienne AEF et à Antananarivo (Madagascar) pour l'Afrique de l'Est. Ces bases militaires servent un objectif pratique : elles permettent aux chefs d'État africains de bénéficier

1. Jean-Pierre Bat, *Le Syndrome Foccart. La politique française en Afrique, de 1959 à nos jours*, Paris, Gallimard, 2012.

2. *Id.*, « Le rôle de la France après les indépendances. Jacques Foccart et la *pax gallica* », *Afrique contemporaine*, n° 235, 2010, p. 43-52.

rapidement de l'aide des soldats français en cas de crise majeure. Au Sénégal par exemple, Senghor fait appel à eux deux ans à peine après l'indépendance. Le président du Conseil Mamadou Dia lui reproche d'avoir mis l'économie nationale au service de ses proches et de la France plutôt que du peuple et, en décembre 1962, il tente un coup de force. Les opposants sont alors immédiatement arrêtés par les troupes loyalistes derrière lesquelles sont placés, en alerte, les parachutistes français. Le même scénario se répète l'année suivante au Tchad, lui aussi indépendant depuis 1960. À Fort-Lamy, la future N'Djamena, des groupes nordistes et musulmans manifestent contre le président François Tombalbaye, qui leur envoie l'armée et la gendarmerie. Celles-ci sont commandées par un capitaine et un adjudant-chef français derrière qui, encore une fois, l'armée française se tient prête. Pour chacun de ces États africains, le soutien militaire de l'ancienne métropole vient donc compenser les défaillances techniques de leurs propres troupes.

Cet interventionnisme demeure toutefois périphérique dans la stratégie élaborée par Foccart. Loin de vouloir sans cesse recourir à la force, il envisage une action continue, guidée par les services de renseignement et de sécurité. Le secrétaire de l'Élysée compte sur la Direction de la surveillance du territoire (DST) pour s'investir, en métropole et sur place, dans chaque dossier africain. Mais le cœur de la « méthode Foccart » repose sur le SDECE (Service de documentation extérieure et de contre-espionnage) et, plus précisément, sur son secteur N (Afrique), créé en 1958 et dirigé depuis par le commandant Maurice Robert[1]. Dans toutes les

1. *Id.*, « Le secteur N (Afrique) et la fin de la guerre froide », *Relations internationales*, n° 165, 2016, p. 43-56.

capitales du pré carré, Robert met sur pied un poste de liaison et de renseignement (PLR). Chacun d'eux est investi d'une double tâche : organiser le réseau français du renseignement en Afrique ; former les services de renseignement africains. Partant du principe que « ce qui est bon pour la sécurité de la France est bon pour la sécurité du gouvernement local, et vice versa », les chefs de poste font la jonction entre les services français et les présidents africains, dont ils assurent la sécurité au quotidien. En Côte d'Ivoire par exemple, le lieutenant-colonel Bichelot reste à la tête du PLR d'Abidjan jusqu'en 1968. Puis Houphouët-Boigny décide de l'employer personnellement, faisant de l'homme du SDECE son bras droit personnel, jusqu'au début des années 1980.

Beaucoup ont fantasmé le mythe d'une diplomatie militaire où les bérets rouges français feraient tomber les gouvernements africains qui leur déplaisent. Mais c'est une autre histoire qui se dessine ici. Pensée et organisée par Jacques Foccart, la politique française a un objectif et un moyen : préserver les intérêts de la France en Afrique en pérennisant le pouvoir de ses « amis africains ». Cette philosophie foccartienne se concrétise durant la crise congolaise de 1963. Les 13, 14 et 15 août, un mouvement syndicaliste et intellectuel renverse le président Fulbert Youlou. Parti à la pêche en mer pendant ce week-end de l'Assomption, Foccart n'apprend la nouvelle du coup d'État qu'une fois celui-ci réussi et, aussitôt, il reproche au général Kergaravat de n'avoir pas envoyé l'armée. En tant que chef d'état-major de la ZOM de Brazzaville, l'officier aurait pu le faire. Kergaravat a cependant estimé qu'une intervention militaire entraînerait inévitablement des tirs et des morts. Ce n'est pas l'avis de Foccart. Le secrétaire aux Affaires africaines considère que le rôle de l'armée française était de s'interposer entre les manifestants et les troupes de Youlou afin que celui-ci puisse prendre le temps de s'organiser contre les rebelles, de négocier avec eux et, ainsi, de conserver son pouvoir. Pour le Monsieur Afrique de l'Élysée, les intérêts de la France ont été compromis et cela ne doit plus jamais se reproduire.

Le Gabon paie le prix de cette erreur l'année suivante. Le 18 février 1964, après avoir enlevé le président Léon M'Ba, des officiers gabonais déclarent s'emparer du pouvoir. Immédiatement, sous les conseils de Foccart, le général de Gaulle valide la demande du vice-président gabonais Paul-Marie Yembit : les troupes françaises peuvent être réquisitionnées pour venir en aide au gouvernement. La signature de Yembit a probablement été rajoutée *a posteriori* sur l'ordre de réquisition daté du 19 février. Car, dès le petit matin, les parachutistes français donnent l'assaut sur Libreville. Les putschistes sont défaits, M'Ba est restauré et, un mois plus tard, Foccart envoie ses hommes remplir, sur place, quatre missions. Ancien de l'Indochine et de l'Algérie, le colonel Lagarde planifie le retrait des soldats français, dont la présence est de plus en plus critiquée par la communauté internationale. Lui aussi soldat de l'Algérie française, où il a combattu le FLN comme l'OAS, le commissaire Galy doit quant à lui réformer les services gabonais de renseignement. L'ancien capitaine du service Action du SDECE Bob Maloubier organise pour sa part la garde présidentielle de M'Ba. Administrateur colonial reconverti dans le pétrole chez Elf, Guy Ponsaillé est enfin chargé de « conseiller » quotidiennement le président gabonais[1]. Telle est la philosophie de Foccart :

1. Alexander Keese, « L'évolution du "leader indigène" aux yeux des administrateurs français : Léon M'Ba et le changement des modalités de

toute crise politique nécessite une réponse politique, l'armée ne doit intervenir qu'en cas d'ultime nécessité.

La crise centrafricaine illustre parfaitement ce pragmatisme. Au mitan des années 1960, tandis que le président David Dacko se rapproche de la Chine, le colonel Jean-Bédel Bokassa ne cesse, lui, de vanter son attachement à la France du général. Aussi, lorsqu'il renverse Dacko pour prendre la tête de la République centrafricaine le 1er janvier 1966, l'armée française laisse faire. Renseigné par son attaché militaire à Bangui, le colonel Mehay, Foccart estime que Bokassa servira mieux la France que son prédécesseur. Et c'est là l'essentiel. Foccart est bien le théoricien d'une France « gendarme de l'Afrique », comme elle est si souvent dépeinte par les médias. Mais, comme l'explique Jean-Pierre Bat, « il n'existe aucune approche idéologique ni systématique dans l'emploi de l'atout militaire selon Foccart ». Ce qui compte, c'est la pérennité de l'influence française en Afrique, la force militaire n'étant jamais rien d'autre qu'un outil destiné à contenir une crise avant qu'elle ne dégénère.

Beaucoup de ruptures, autant de continuités[1]

Cette stratégie perdure jusqu'à l'arrivée de Valéry Giscard d'Estaing à la présidence de la République. Dès 1974, après avoir dissous le secrétariat des Affaires africaines et malgaches, il congédie Foccart. Une nouvelle ère débute dans les relations franco-africaines et elle durera, schématiquement, jusqu'au génocide rwandais

participation au pouvoir local au Gabon, 1922-1967 », *Afrique & histoire*, n° 2, 2004, p. 141-170.

1. Jean-Pierre Bat, « Les diamants (de Bokassa) sont éternels. "Pré carré" et guerre fraîche : la fabrique de la Françafrique », *Afrique contemporaine*, n° 246, 2013, p. 127-148.

de 1994. L'héritage gaulliste et foccartien va cependant continuer d'imprimer sa marque sur l'histoire post-coloniale de l'Afrique de l'Ouest et de l'Afrique centrale.

Cet héritage se perpétue d'abord sous l'influence des « Monsieur Afrique ». Ancien magistrat colonial et bras droit de Foccart depuis 1967, René Journiac succède à son mentor en prenant la tête de la nouvelle « cellule Afrique » créée par Giscard à l'Élysée. Sillonnant le continent à bord d'un Mystère 20, Journiac vole de pays en pays à la rencontre de ses interlocuteurs, jusqu'à mourir à bord d'un autre avion, celui du président gabonais Omar Bongo, qui s'écrase au nord du Cameroun en 1980, en pleine crise franco-libyenne. Succéderont à Journiac Martin Kirsch puis, durant la présidence Mitterrand, Guy Penne, Jean-Christophe Mitterrand et Bruno Delaye. Chacun à leur manière, ces hommes travaillent au renforcement des liens entre la cellule Afrique et les divers services africains de renseignement.

La continuité est également assurée par les relations personnelles qu'entretient le locataire de l'Élysée avec ses homologues africains. Tandis que Giscard s'adonne chez eux aux plaisirs de la chasse en safari, Mitterrand s'efforce de tisser des liens amicaux avec nombre de chefs d'État africains. Ce qui justifie qu'il puisse déclarer lors de l'entretien présidentiel du 14 juillet 1990 : « Il y a trois personnes qui s'occupent de l'Afrique [à l'Élysée]. Monsieur Afrique, c'est le ministre de la Coopération, à la limite le Premier ministre et, de temps en temps, quand il s'agit de grandes décisions, moi[1]. » Ainsi se pérennise, en même temps qu'elle s'aggrave, l'image néo-coloniale de la Françafrique.

1. Antoine Glaser et Stephen Smith, *Ces messieurs Afrique*, Paris, Calmann-Lévy, 1994, p. 233.

L'héritage foccartien est enfin garanti par l'organisation régulière de « sommets » franco-africains. Président du Niger, Hamani Diori est l'instigateur de ce rituel inauguré en 1973. Depuis, chaque sommet officialise la hiérarchie du pré carré. La photographie de l'ouverture de la cérémonie en témoigne. En première ligne et au centre, le président français est le patriarche de la famille françafricaine. Les chefs d'État africains placés à sa droite sont ses meilleurs alliés, à l'instar de Houphouët-Boigny. Puis viennent ceux du deuxième rang, comme Bongo ou Mobutu, et enfin ceux du dernier rang, une place à laquelle sera notamment relégué Thomas Sankara, le très controversé président du Burkina Faso.

Des services de renseignement associés, des relations personnelles et des rencontres régulières : derrière cette continuité se dégage cependant de véritables ruptures. La première est l'avènement de la diplomatie du Jaguar, du nom de l'avion spécialisé dans l'attaque au sol et mis en service en 1973. C'est à cette date qu'au Congo-Brazzaville, au Bénin ou encore à Madagascar des régimes révolutionnaires commencent à réviser les accords de coopération et de défense que leurs prédécesseurs avaient signés avec la France. Or, cette remise en cause de la stratégie française en Afrique intervient au moment même où la guerre froide se fait « guerre fraîche », ainsi qu'en témoigne la guerre angolaise entre le MPLA et l'UNITA. Alexandre de Marenches se révèle alors l'un des principaux architectes de la diplomatie du Jaguar. Pour le directeur général du SDECE, la France doit montrer aux États-Unis qu'elle a beau être sortie de l'OTAN, elle n'en demeure pas moins le glaive de l'anticommunisme en Afrique. Giscard et le service Action du SDECE substituent aux « barbouzes » de Foccart et à leur stratégie du renseignement celle d'opérations militaires épisodiques, mais désormais systématiques. Ce revirement des relations franco-africaines s'opère principalement sur quatre terrains.

La méthode Foccart est d'abord remise en cause en Mauritanie. Les Espagnols ont quitté le Sahara occidental en 1975 et, depuis, celui-ci est soumis aux appétits de deux de ses voisins : au nord, le Maroc et, au sud, la Mauritanie. Ces derniers se disputent le contrôle du Sahara occidental où, en 1976, le Front Polisario déclare l'indépendance de la République arabe sahraouie démocratique. Soutenu par son troisième voisin, l'Algérie, le Front réussit une percée décisive contre la Mauritanie en décembre 1977. Mais les soldats du Polisario y prennent en otage des ressortissants français et Giscard en profite pour lancer l'opération Lamantin. L'armée de l'air et ses parachutistes repoussent les combattants du Front hors de Mauritanie, puis la France contraint cette dernière à céder « sa part » du Sahara occidental au Maroc de Hassan II. Le message ne pourrait être plus clair. La Mauritanie avait souhaité réviser ses accords de coopération avec Paris et mettre un terme au monopole français sur les gisements de fer du pays : elle perd le Sahara qu'elle convoitait. L'Algérie de Boumediene avait soutenu le Front Polisario contre le Maroc, un fidèle allié de l'Élysée : Giscard fait savoir au président algérien que l'équilibre du pré carré ne se définit pas sans la France et qu'au contraire, il se décide à Paris[1].

Le même signal est envoyé à la Libye en 1978. Les combats se déroulent cette fois-ci au Tchad. Entre 1969 et 1972, contre les attaques organisées au nord du pays

1. Camille Evrard, « Quelle transmission du “pouvoir militaire” en Afrique ? L'indépendance mauritanienne vue par l'armée française », *Afrique contemporaine*, n° 235, 2010, p. 27-42.

par Mouammar Kadhafi, la France a servi de force contre-insurrectionnelle au président Tombalbaye. Mais, depuis cette première guerre du Tchad, le pays menace d'imploser. Installé dans la capitale, N'Djamena, le général Félix Malloum est désormais à la tête de la nation et de son Conseil supérieur militaire, le CSM. Celui-ci doit toutefois faire face aux Forces armées du Nord (FAN) et aux Forces armées populaires (FAP) : les premières sont un mouvement musulman dirigé par Hissène Habré et soutenu par le Soudan ; les secondes rassemblent les Toubou ralliés par Goukouni Weddeye et appuyés par la Libye. Cette géopolitique régionale explique que la France pousse Malloum et Habré à s'unir pour briser les FAP et leur allié libyen. Alors, lorsqu'au printemps 1978 Kadhafi aide les troupes de Weddeye à attaquer le nord du Tchad, la France déclenche l'opération Tacaud. Elle arme le CSM et les FAN, envoie ses soldats combattre les FAP, les repousse puis favorise la formation d'un gouvernement qui réunit les deux premiers belligérants, Malloum et Habré. Encore une fois le message est clair : comme tous les autres États de la région, la Libye n'a pas à intervenir dans le pré carré franco-africain[1].

Au même moment, mais plus au sud, d'autres événements menacent le pouvoir des chefs d'État « amis » de la France. Le théâtre des hostilités se situe à la frontière entre l'Angola et le Zaïre (ex-Congo-Kinshasa), dans l'ancienne province du Katanga, le Shaba, où le Front national de libération du Congo (FNLC) a repris le flambeau du mouvement sécessionniste de Moïse Tshombé. Réfugié dans l'Angola voisine, celle du MPLA soutenu

1. Nelly Mouric, « La politique tchadienne de la France sous Valéry Giscard d'Estaing : vers la prise en compte de la rébellion », *Politique africaine*, n° 16, 1984, p. 86-101.

par l'URSS, le FNLC de Nathanaël M'Bumba prend le contrôle du Shaba en mars 1977 et la France encadre immédiatement l'envoi, sur place, d'un contingent marocain. L'intervention lui permet de repousser les troupes de M'Bumba sans intervenir trop ouvertement dans une région clef de la guerre froide. Mais, lorsque le FNLC réattaque en mai 1978, en prenant cette fois deux mille cinq cents Européens en otage, l'Élysée lance l'opération Bonite. Assistés par des soldats belges, les parachutistes français donnent l'assaut sur la ville de Kolwezi et les rebelles sont à nouveau refoulés vers l'Angola. La France poursuit ici plusieurs objectifs. Elle cherche autant à protéger le Zaïre anticommuniste de l'expansionnisme soviético-angolais qu'à soutenir un régime qui l'autorise à exploiter les minerais du Shaba. Et elle entend aussi, toujours, préserver la stabilité de son pré carré – car juste au nord de l'Angola et à l'ouest du Zaïre se trouvent ses protégés du Congo-Brazzaville, du Gabon, du Cameroun et de la République centrafricaine. C'est d'ailleurs pourquoi, au lendemain de l'opération Bonite, la France estime que la protection « humanitaire » de la région nécessite sa « pacification ». Grâce à une initiative française, une Force interafricaine (FIA) est déployée dès le mois de juin 1978 au Shaba, avec quelques milliers de soldats et de médecins marocains, sénégalais, togolais, gabonais et ivoiriens. Puis la France et la Belgique forment des unités de parachutistes et d'infanterie zaïroises capables, au besoin, de remplacer la FIA[1].

Après le Sahara et la Mauritanie, le Tchad et la Libye, puis le Zaïre, la France poursuit sa diplomatie du Jaguar

1. Nathaniel Kinsey Powell, « La France, les États-Unis et la Force interafricaine au Zaïre (1978-1979) », *Relations internationales*, n° 150, 2012, p. 71-83.

en République centrafricaine. Depuis le putsch de la Saint-Sylvestre en 1966, Jean-Bédel Bokassa déplaît autant à ses homologues africains qu'à la France. Sa ferveur gaulliste et sa politique anticommuniste poussent cependant l'Élysée à accepter la mégalomanie de ce dirigeant qui se fait sacrer président à vie en 1972, maréchal en 1974 puis empereur en 1977[1]. En revanche, lorsqu'il se rapproche de Kadhafi, le SDECE décide d'enfin mettre à exécution les deux plans que ses agents préparent depuis des mois. Officieuse, l'opération Caban (CentrAfrique-BANgui) vise à restaurer l'ancien président Dacko à condition qu'il suive le plan Barracuda, c'est-à-dire l'opération officielle selon laquelle il doit faire appel aux forces armées françaises, au nom des accords de coopération entre les deux pays. L'opération est un succès. Dans la nuit du 20 au 21 septembre 1979, sans qu'un seul coup de feu ne soit tiré, le SDECE renverse Bokassa parti en visite en Libye. Le Service remporte une bataille de plus contre Kadhafi et pour le pré carré. Avec Dacko réinvesti à la tête de la République, la France conserve ses bases centrafricaines de Bouar et de Bangui, grâce auxquelles son armée peut intervenir directement au Tchad. Et, à cette fin, les Éléments français d'assistance opérationnelle (EFAO) relèvent les hommes de Barracuda, s'installant pour vingt ans en République centrafricaine. Mais la victoire est loin d'être totale. La presse française dénonce la manœuvre néo-coloniale du SDECE et dès le mois d'octobre 1979, Bokassa décide d'entraîner Giscard dans sa chute en révélant l'appui que lui fournissaient l'Élysée et son locataire en personne. Piliers de la stratégie française en

1. Emmanuel Blanchard (réalisateur), *Bokassa Ier. Empereur de Françafrique*, Program 33-ECPAD, 2011.

Afrique, les relations interpersonnelles entre les présidents de l'ancienne métropole et des anciennes colonies sont devenues le talon d'Achille de la Françafrique.

40. Bokassa et le talon d'Achille de la Françafrique

Le régime centrafricain de Bokassa révèle autant le pouvoir de la France sur ses anciennes colonies que l'influence de ces dernières sur l'ancienne métropole.

Dans la nuit du 31 décembre 1965 au 1er janvier 1966, le colonel Jean-Bédel Bokassa renverse le président Dacko. Et, dans la foulée, à 4 h 30 du matin, il rend visite à l'attaché militaire de l'ambassade de France à Bangui, le colonel Mehay. Bokassa se jette dans ses bras et lui « confirme » qu'il vient de prendre le pouvoir. Puis, dès le lendemain, il donne quarante-huit heures à l'ambassade de Chine populaire pour quitter la République centrafricaine. Bokassa se présente ainsi comme le plus fidèle défenseur de la politique française en Afrique. Vétéran de la Seconde Guerre mondiale, ancien combattant des guerres coloniales d'Indochine et d'Algérie, l'ancien soldat se plaît à appeler de Gaulle « papa ». Le général ne voit en lui qu'un « soudard » mais, comme son ambassadeur à Bangui, l'Élysée considère cette prise de pouvoir comme un « moindre mal ». Après que Bokassa a abandonné ses promesses de révolution agraire, la France sait ses intérêts protégés en République centrafricaine.

Adoubé par Foccart qui l'invite officiellement à Paris en mars 1969, le nouveau président centrafricain entend aussitôt confisquer le pouvoir à son seul profit. Au mois d'avril, il accuse son numéro deux de tentative de coup d'État. Alexandre Banza est arrêté le 10, condamné le 11 puis exécuté le 12, et Bokassa peut alors mettre en place un régime autocratique et répressif. L'Élysée essaie d'abord de le contenir mais l'arrivée de Valéry Giscard d'Estaing change la donne. Face à l'ancien duo formé par Foccart et Houphouët-Boigny, les deux nouveaux chefs d'État ont besoin l'un de l'autre pour gagner en légitimité. Giscard donne le ton en organisant le sommet franco-africain de 1975 à Bangui. Puis Bokassa entend s'imposer sur ses homologues africains en se faisant sacrer

empereur en 1977, devant les caméras du monde entier. L'événement se révèle toutefois si grotesque qu'il se répercute sur la réputation internationale de la France. Le rapprochement de Bokassa avec la Libye de Kadhafi achève donc la fin de son règne. En mai 1979, la France l'accuse d'avoir massacré des mouvements d'opposition estudiantins et, en septembre, le SDECE le renverse.
Trahi par son « cher parent », Bokassa n'en reste pas là. Le 10 octobre 1979, *Le Canard enchaîné* révèle qu'en 1973, alors qu'il était ministre des Finances, Giscard s'est vu offrir des diamants par le dictateur centrafricain. Jean-Bédel Bokassa tient sa revanche. Depuis la Côte d'Ivoire où il s'est exilé, par l'intermédiaire du journaliste Roger Delpey, il parvient à incriminer un président français dans un scandale néo-colonial. « L'affaire des diamants » se retrouve au cœur des débats de l'élection française de 1981 et, après avoir perdu le second tour, Giscard revend les diamants. Il fait don des sommes récoltées à la Croix-Rouge et à plusieurs associations centrafricaines, mais rien n'y fait. L'État franco-africain tel que l'avait imaginé Foccart est désormais dénoncé comme l'avatar d'une Françafrique néo-coloniale.

Voir Jean-Pierre Bat,
« Bokassa, dernier empereur d'Afrique »,
L'Histoire, n° 394, 2013, p. 66-71.

Cela n'empêche pas François Mitterrand de mener une politique qui s'inscrit, bien plus que celle de son prédécesseur, dans la tradition gaulliste et foccartienne. Entre 1981 et 1995, l'armée française intervient dix-neuf fois en Afrique. Elle le fait parfois dans un cadre multilatéral, au Zaïre puis au Rwanda, mais la plupart du temps la France agit seule, en vertu d'accords bilatéraux de coopération. Elle est particulièrement présente au Tchad. Pour y soutenir les FAN de Hissène Habré arrivé au pouvoir, en 1983 elle envoie ses troupes contre les FAP de Goukouni Weddeye et, en 1985, ses soldats montent jusqu'au sud libyen où Kadhafi a décidé de soutenir Weddeye. La France intervient l'année suivante au Togo, pour aider le président Gnassingbé Éyadéma contre une tentative de coup d'État. Puis, en 1990, elle soutient les autorités gabonaises contre lesquelles la population manifeste de plus en plus radicalement. L'armée française se rend la même année au Rwanda, où elle reste au moins jusqu'en 1993 pour former les troupes du président hutu Habyarimana, menacé par les Forces patriotiques rwandaises pro-tutsi[1].

Avec une telle stratégie, selon le politiste Philippe Marchesin, « Mitterrand l'Africain » poursuit plusieurs objectifs. Le président socialiste est déterminé à maintenir la France au rang de puissance mondiale et, à cette fin, il compte sur l'Afrique. Quand il prônait l'indépendance-association du « monde africain » en 1953, il écrivait que « du Congo au Rhin, la troisième nation-continent s'équilibrera autour de notre métropole ». Sa ligne de conduite n'a pas changé depuis. Lorsqu'il accède au pouvoir, Mitterrand en appelle à la démocratisation du continent et à la « retenue » de l'interventionnisme des bérets rouges. Mais il déclare aussi qu'« il n'y a pas de hiatus dans la politique africaine de la France avant et après mai 1981. Si la méthode a changé, l'objectif est resté le même. Il consiste à préserver le rôle et les intérêts de la France en Afrique ». Le locataire de l'Élysée œuvre au maintien de la puissance internationale de la France, et plus encore. Il travaille également à la protection de la zone d'influence française en Afrique. Mitterrand entend combattre aussi bien les communistes que les puissances occidentales qui lorgnent sur les réserves pétrolières africaines, à

1. Louis Gautier, « Les guerres de François Mitterrand », *Matériaux pour l'histoire de notre temps*, n° 101-102, 2011, p. 64-70.

l'instar de la Grande-Bretagne et des États-Unis trop présents à ses yeux au Gabon et au Congo. Or, dit le président, « il est des domaines non négligeables, un pré carré dont je revendique, lorsqu'il est empiété, qu'il soit reconquis et rendu à la France ». Préserver le rang mondial de la nation et monopoliser l'influence étrangère en Afrique centrale et occidentale nécessitent alors, selon Mitterrand, d'entretenir des liens amicaux avec les chefs d'État africains. Il connaît d'ailleurs la plupart d'entre eux depuis les années 1950, une époque où il militait souvent seul pour la représentation politique des élus « noirs » et, parfois, pour leur sortie de prison. Mitterrand a soigneusement entretenu ces liens depuis et c'est pourquoi, par exemple, en avril 1994, lorsque l'avion du président Habyarimana est abattu et que le génocide tutsi débute, l'une des premières consignes que l'Élysée envoie au Quai d'Orsay est d'assurer l'évacuation de la veuve et de la famille du président.

La philosophie mitterrandienne fait écho à celle de Foccart. D'une part, la politique française en Afrique continue de revêtir un caractère présidentiel. Le ministre de la Coopération doit explicitement mettre en œuvre la stratégie définie par l'Élysée et, dès lors qu'il s'y refuse, il est congédié. C'est le cas de Jean-Pierre Cot, déchu de son ministère en novembre 1982 pour avoir appelé à privilégier la démocratie sur la sécurité dans le pré carré[1]. Les relations franco-africaines demeurent, d'autre part, interpersonnelles. Chaque Monsieur Afrique de l'Élysée garantit aux chefs d'État africains une relation permanente avec la France et, surtout, avec son président. Au point que la presse puis les chancelleries européennes et

1. Julien Meimon, « Se découvrir militant. Le cabinet Cot à l'épreuve de la Coopération (1981-1983) », *Politix*, n° 70, 2005, p. 113-134.

africaines affubleront Jean-Christophe Mitterrand, Monsieur Afrique de 1986 à 1992, du surnom de « Papa m'a dit ». Les services de renseignement continuent, enfin, d'entretenir les liens qui unissent l'ancienne métropole à son pré carré depuis les années 1960. Héritière du SDECE, la nouvelle Direction générale de la sécurité extérieure (DGSE) est représentée, sur place, par un « conseiller-présidence » chargé d'accompagner les « chefs d'État amis de la France ». En République centrafricaine par exemple, le colonel Mantion est détaché auprès de David Dacko en 1980, quelques mois après l'opération Barracuda. Et jusqu'en 1993, il joue le rôle de « proconsul de Centrafrique » auprès du président André Kolingba, arrivé au pouvoir en 1981.

Mantion sera rappelé en 1993. Kolingba a chuté et, surtout, l'Élysée doit désormais apaiser le mécontentement de l'opinion publique française. En effet, de plus en plus de médias et d'associations dénoncent les contradictions entre les annonces de démocratisation des régimes africains et les actions de soutien à ces États restés autoritaires. Le discours des autorités françaises n'est pas forcément hypocrite. Mais le système hérité de l'époque gaulliste et foccartienne semble par nature irréformable. « La France sans le Gabon, c'est comme une voiture sans essence ; le Gabon sans la France, c'est comme une voiture sans chauffeur », déclare Omar Bongo, à la tête du pays depuis son indépendance. Il en va ainsi de bien d'autres États franco-africains depuis la sortie coloniale[1].

1. Philippe Marchesin, « Mitterrand l'Africain », *Politique africaine*, n° 58, 1995, p. 5-24.

De la puissance à l'indécision[1]

Il faut attendre le génocide d'avril 1994 pour que de réels changements se produisent. Accusée d'avoir soutenu le pouvoir hutu qui a orchestré le massacre des Tutsi du Rwanda, la France oriente sa politique africaine vers de nouvelles directions.

La réforme ne se fait pas sans vagues. À l'Élysée et à Matignon, les « anciens » et les « modernes » s'affrontent : les premiers entendent préserver les liens franco-africains tel qu'ils ont été définis au lendemain des indépendances ; les seconds souhaitent normaliser les relations entre la France et son pré carré[2]. Les modernes l'emportent d'abord. Premier ministre, Édouard Balladur annonce en 1993 que la France subordonnera désormais ses aides au développement à l'application, par les États africains, des programmes d'ajustement structurel dictés par le Fonds monétaire international (FMI) – ce qui signifie pour eux, concrètement, moins de subventions françaises et davantage de contraintes internationales. La « doctrine Balladur », également appelée « doctrine d'Abidjan », se traduit ensuite par la dévaluation du franc CFA, en 1994. Supprimer la parité entre la monnaie française et celle de la Communauté financière africaine est un moyen radical d'instaurer une équité économique entre les alliés africains de la « zone franc » et les autres États de la région. Ce lâchage économique du pré carré est toutefois rapidement compensé par l'aide que la France apporte à ses « amis » au bord de

1. Politique africaine, « La fin du pacte colonial ? La politique africaine de la France sous J. Chirac et après », *Politique africaine*, n° 105, 2007, p. 7-26.

2. Yves Gounin, *La France en Afrique. Le combat des Anciens et des Modernes*, Paris, De Boeck Supérieur, 2009.

la faillite, ceux du Cameroun et de Côte d'Ivoire en particulier. Jacques Chirac y est pour beaucoup. Car son arrivée à l'Élysée en 1995 signe le retour des anciens et, en premier lieu, de Jacques Foccart. Après avoir assisté Chirac dans sa campagne électorale, Foccart devient son représentant auprès des présidents africains. Certains de ses proches accèdent d'ailleurs aux plus hautes fonctions du pouvoir. Cela dit, ils doivent désormais composer avec les modernes. Respectivement secrétaire de l'Élysée et Premier ministre, Dominique de Villepin et Alain Juppé vont jusqu'à obtenir la création de deux cellules Afrique distinctes l'une de l'autre et installées côte à côte, rue de l'Élysée[1].

Puis la cohabitation infléchit cet équilibre. Après avoir succédé à Juppé, le socialiste Lionel Jospin définit en 1997 la nouvelle politique africaine de la France : « ni ingérence ni indifférence ». En République centrafricaine par exemple, le « ni-ni » jospiniste se traduit d'un côté, par la fermeture de la base militaire de Bangui et le départ des troupes françaises, de l'autre, par la formation puis l'assistance des soldats de la Mission interafricaine qui soutient le nouveau président, Ange-Félix Patassé. Cette incohérence volontaire se traduit aussi par la suppression du ministère de la Coopération. Plusieurs services prennent le relais pour régionaliser et multilatéraliser l'aide publique au développement apportée à tous les États africains. Cependant, dans les faits, les anciennes colonies françaises restent les premières bénéficiaires des aides financières fournies à l'Afrique. Il faut enfin souligner la permanence des réseaux d'influence franco-africains. Ce sont encore

1. Daniel Bourmaud, « La nouvelle politique africaine de la France à l'épreuve », *Esprit*, août-septembre 2005, p. 17-27.

ceux des agents « publics » de la DGSE mais aussi ceux, de plus en plus « privés », des représentants de grandes entreprises françaises. Même emmenée par les défenseurs d'une approche moderne du temps postcolonial, la France a donc bien du mal à faire ses adieux à ses « ex-néo-colonies[1] ».

D'ailleurs, en 2002, la réélection de Chirac avec une majorité à l'Assemblée entraîne un regain interventionniste. Dans le monde de l'après-11 septembre, la France s'engage à « assumer » son rang international et, à ce titre, elle envoie à nouveau ses troupes en Côte d'Ivoire, au Tchad, au Congo-Kinshasa puis en République centrafricaine. Numéro deux de la cellule africaine de l'Élysée, Jacques Champagne de Labriolle l'affirme sans complexe : « Personne ne doit pouvoir se dire qu'il peut gouverner n'importe comment sans que la France ne bouge. » Et en effet, la France a beau se parer des atours du multilatéralisme onusien, européen ou africain, elle ne s'immisce dans ces organes de coopération que pour mieux les orienter. De plus, le président poursuit toujours des relations ouvertement amicales avec les chefs d'État africains décriés par ces mêmes organismes internationaux. Sous Jacques Chirac, la France continue finalement d'osciller entre deux époques, celle d'un passé néo-colonial qu'elle refuse d'abandonner complètement et celle d'un présent postcolonial qu'elle espère pouvoir trouver sans véritablement devoir le bâtir.

Cette ambivalence perdure sous d'autres formes depuis les présidences de Nicolas Sarkozy, François Hollande et Emmanuel Macron. Car, désormais, la politique française en Afrique est guidée par une génération

1. Stephen Smith, « France-Afrique : l'adieu aux "ex-néo-colonies" », *Le Débat*, n° 137, 2005, p. 74-85.

qui n'a ni participé ni même assisté aux sorties coloniales des années 1960. Les hauts fonctionnaires de l'État ne sont plus en prise avec les décolonisations, mais avec un monde apolaire où l'économique et le politique s'entremêlent toujours davantage. Il y avait les soldats des opérations Lamantin ou Barracuda et il y a maintenant, surtout, les contrats de l'Agence française de développement et les consultants d'Expertise France.

La fabrique des relations françafricaines

Plutôt que de fantasmer *la* Françafrique, il convient d'évoquer *une* politique française qui s'adapte, en Afrique, à des contextes changeants. Pour continuer à saisir la dimension contingente des relations franco-africaines, il nous faut à présent l'observer par le bas, déplacer le curseur vers les territoires et les sociétés qui donnent corps à l'histoire françafricaine. L'exemple du Tchad peut illustrer son caractère situé et celui du mercenariat peut nous permettre de cerner sa dimension réticulaire.

Les aventures (tchadiennes) situées du pré carré

Territoire-forteresse entre la bande sahélo-saharienne et le reste de l'Afrique centrale, le Tchad doit être « stable ». C'est la condition *sine qua non* de la sauvegarde du pré carré. La France s'efforcera donc sans cesse de le contrôler, quitte à soutenir tantôt un camp tantôt l'autre, au gré des circonstances. L'objectif sera toujours le même : pacifier le Tchad pour préserver le pré. Et le résultat sera celui de « guerres sans fin » finement décryptées, entre autres, par la politiste Marielle Debos et l'historien Nathaniel Powell[1].

Depuis l'octroi de l'indépendance en 1960 jusqu'à la fin de l'opération Limousin en 1972, la France cherche à consolider le pouvoir présidentiel de François Tombalbaye. La tâche n'est pas aisée. Installé à Fort-Lamy, la capitale nationale située dans le Sud-Ouest tchadien, Tombalbaye s'efforce d'éliminer les élites locales du Nord et de l'Est qui font concurrence à son parti, une ancienne branche du RDA devenue le Parti progressiste tchadien (PPT). Les populations du Centre-Est sont les premières à se rebeller. Elles s'en prennent à des collecteurs d'impôt en 1965 puis, en 1966, elles se rassemblent avec des exilés tchadiens et des élites musulmanes au sein du FROLINAT, le Front de libération nationale du Tchad. C'est ensuite au tour des habitants du Nord de manifester leur mécontentement dans la région musulmane et nomade dite du BET, Borkou-Ennedi-Tibesti. En 1967, sous la conduite de Goukouni Weddeye, le fils d'un puissant chef coutumier qui a fui vers la Libye, les populations toubou s'insurgent contre la politique de sédentarisation que leur impose Fort-Lamy. Puis leur révolte s'essouffle, sous les coups de la stratégie élaborée par Pierre Galopin et Camille Gourvennec. Détachés à la tête des services de renseignement tchadiens, les deux officiers français fomentent une division chez les rebelles et ils parviennent, assez rapidement, à rallier bon nombre d'entre eux derrière le président Tombalbaye. Mais cette politique pousse les autres insurgés à rejoindre le FROLINAT. En 1968, dirigés par Weddeye

1. Marielle Debos et Nathaniel Powell, « L'autre pays des "guerres sans fin". Une histoire de la France militaire au Tchad (1960-2016) », *Les Temps modernes*, n° 693-694, 2017, p. 221-266.

et Hissène Habré, ils forment sa « 2e armée », bientôt renommée FAN, les Forces armées du Nord.

Dans ce contexte, suivant la stratégie foccartienne selon laquelle l'intervention militaire n'est qu'un *medium* de l'ingérence politique, la France répond à l'appel à l'aide de Tombalbaye. L'Élysée peut bien le considérer comme un autocrate trop violent, le protéger, c'est éviter le morcellement du Tchad. D'autant que la France est persuadée que, si le pays venait à éclater, non seulement l'URSS ne manquerait pas de s'immiscer dans son pré carré, mais Kadhafi en profiterait aussi pour annexer le nord du pays, où il soutient désormais activement les rebelles. Cette géopolitique régionale précipite le déclenchement de la première guerre du Tchad en 1969, une guerre durant laquelle l'aide française va comporter deux volets. Le premier est la réforme politique du pays, confiée à l'ancien gouverneur colonial Pierre Lami. Celui-ci organise d'abord l'« opération-sultanats », visant à restaurer les chefferies qui garantissent un semblant d'autonomie à chaque grande région du Tchad. Puis Lami met sur pied des « groupes d'autodéfense » grâce auxquels des milices villageoises aident les forces franco-tchadiennes à mener leur contre-insurrection contre la 2e armée du FROLINAT. Ces réformes s'avèrent toutefois trop menaçantes pour le pouvoir centralisateur de Tombalbaye et celui-ci décide, alors, d'écarter Pierre Lami. Reste donc le volet militaire de l'aide française. À la tête de l'opération Limousin pendant presque trois ans, les généraux Michel Arnaud puis Édouard Cortadellas envoient leurs parachutistes combattre les insurgés tandis que six cents autres officiers forment les armées tchadiennes. Le FROLINAT est démantelé dans le Centre-Est en 1972 mais des poches de résistance subsistent au Nord, où les bombardements des semi-nomades et de leurs troupeaux ancrent chez les FAN une haine durable de la France.

L'interventionnisme du président Giscard n'arrangera pas les choses. Au contraire, entre 1974 et 1981, à trop vouloir « pacifier » le Tchad, la France va contribuer à plonger le pays dans une guerre qui ne fait que creuser le fossé entre des factions régionales nées d'une sortie coloniale déjà très mouvementée. Complexe, tragique, cette histoire franco-tchadienne se déroule en quatre actes.

Premier acte : l'affaire Claustre. Elle débute en avril 1974 avec l'enlèvement par les Forces armées du Nord de l'archéologue Françoise Claustre, d'un coopérant français et d'un médecin allemand. Weddeye et Habré réclament une rançon ainsi que la libération de leurs soldats détenus par Tombalbaye. Et le président tchadien envoie à nouveau Pierre Galopin négocier avec les rebelles. Or, cette fois-ci, les FAN décident d'en faire leur prisonnier. Puis, en avril 1975, face à l'absence de réponse satisfaisante de la part des autorités françaises, elles le pendent. Cet échec conduit la France à changer de stratégie. Lorsque des officiers tchadiens renversent Tombalbaye le 13 avril, l'armée française n'intervient pas. Il est d'ailleurs très probable que Camille Gourvennec a participé à l'organisation du coup d'État, dont le général Félix Malloum sort vainqueur. Celui-ci prend la tête du CSM, le Conseil supérieur militaire, avec lequel, appuyé par la France, il relance les négociations avec les Forces armées du Nord. Mais les plans échafaudés par le SDECE échouent. À l'insu du CSM, les services français de renseignement acceptent que Pierre Claustre parte livrer des armes aux rebelles qui retiennent son épouse en otage. Les FAN le capturent et, parce qu'elles l'ont trahi, Malloum demande aux troupes françaises de quitter le pays. Seul l'expansionnisme libyen l'empêche de mettre ses menaces à exécution. Les soldats de Kadhafi occupent la bande tchadienne d'Aouzou depuis 1972. Aussi, face au soutien militaire que la Libye apporte aux FAN en 1976, Malloum signe de nouveaux accords avec la France. Et Paris décide de pactiser avec son plus grand rival. La Libye a beau être son ennemi numéro un dans la région depuis 1969, l'Élysée doit sauver ses ressortissants. La France laisse Kadhafi soutenir les FAN et celles-ci acceptent, en échange de l'assistance militaire libyenne, de libérer les otages. C'est chose faite en janvier 1977. Les Forces armées du Nord remettent les Claustre et leurs camarades d'infortune à l'ambassade française de Tripoli.

Le second acte commence. Il durera une longue année. Du côté des rebelles, une scission s'opère entre Hissène Habré et Goukouni Weddeye. Résolument antilibyen, le premier s'enfuit vers le Soudan avec les FAN tandis que Weddeye reste au Nord. Pro-libyen, celui-ci prend la tête d'une armée rebaptisée FAP : les Forces armées populaires, qui bénéficient encore du soutien de Kadhafi. Car, côté libyen, le Guide de la révolution considère que, avec l'affaire Claustre, la France lui a reconnu un droit d'ingérence au Tchad. Dès lors, il soutient activement les FAP. Giscard et Journiac se refusent toutefois à laisser la Libye instaurer un régime socialisant au Tchad : la diplomatie du Jaguar vise précisément à contenir ce genre de menace. Côté français, il s'agit donc de réconcilier tous les belligérants : le CSM de Malloum, les FAN de Habré et les FAP de Weddeye. Les deux premiers acceptent mais le troisième refuse et, avec l'aide de Kadhafi, il s'empare d'une bonne partie du nord du pays. Alors, la tension monte. D'abord en position de force, les FAP conditionnent la déclaration d'un cessez-le-feu au retrait des soldats français. Le CSM y consent, mais Paris refuse aussitôt. Les Français font pression sur Malloum et ce dernier doit retourner sa veste : il relance les troupes franco-tchadiennes à l'assaut du Nord. Seulement, grâce à la Libye, les FAP ripostent par une attaque d'envergure. La France est au pied du mur. Pour l'Élysée, par l'intermédiaire des Forces armées populaires, la Libye vient d'envahir le Tchad, c'est-à-dire le pré carré. Puisque le politique a échoué, il lui faut passer par l'armée.

Le troisième acte est lancé en avril 1978. La France déclenche l'opération Tacaud et, deux mois plus tard, ayant repoussé les forces de Weddeye, elle considère la victoire acquise. Puis, toujours fidèle aux préceptes définis vingt ans plus tôt par Foccart, l'ancienne métropole supervise une nouvelle solution politique : Malloum conserve la présidence tchadienne et Habré devient Premier ministre. Niant l'ampleur des clivages identitaires et idéologiques qui séparent les mouvements politiques tchadiens, ce compromis va provoquer le morcellement que redoutait l'Élysée avant la première guerre du Tchad. Au Nord, les FAP se divisent. Tandis que les Toubou de Weddeye rompent avec une Libye qu'ils jugent trop envahissante, les Arabes tchadiens toujours soutenus par Kadhafi prennent leur autonomie et forment une nouvelle faction, l'« armée Volcan ». Au Sud aussi, un nouveau mouvement émerge. Les Forces armées tchadiennes (FAT) sont désormais une menace qui plane à proximité de N'Djamena, siège du pouvoir du Conseil supérieur militaire. Et les FAN de Habré en profitent. Venues du Soudan et du Centre-Est, elles marchent sur la capitale et, dès l'été 1978, Malloum doit former une coalition avec Habré. Mais les deux partis s'affrontent, inévitablement, jusqu'à ce que les FAN décident, pour l'emporter, de renouer avec leurs anciens alliés des FAP. Armes au poing, elles pénètrent à leur tour dans N'Djamena, en mars 1979. Réunies par les circonstances, les Forces armées du Nord et les Forces armées populaires contraignent Malloum à démissionner : Weddeye devient président et Habré ministre de la Défense. Quant à la France, elle préfère pour l'instant rester neutre. En fait, elle mise sur une prise du pouvoir par Hissène Habré. Le leader des FAN a participé au meurtre de Galopin lors de l'affaire Claustre mais il a le mérite de s'être toujours opposé à la Libye qui continue, elle, de s'attaquer au Nord tchadien en plus de soutenir, désormais, les nouvelles Forces armées tchadiennes du Sud.

Tout est prêt pour le quatrième acte. Les imbroglios de l'opportunisme français et l'enchevêtrement des dynamiques tchadiennes régionales vont conduire à la victoire du seul belligérant à n'avoir jamais changé de cap : la Libye. En 1979, la France utilise ses bases militaires tchadiennes pour partir renverser Bokassa en République centrafricaine. Mais, l'année suivante, elle refuse à Weddeye et Habré la création d'une autre base militaire au Nord, grâce à laquelle ils entendaient repousser définitivement la Libye. C'était encore une fois mal jauger l'authenticité des rivalités qui divisent le pays et le degré de compromission auquel ses dirigeants sont alors prêts à consentir, eux aussi, pour monopoliser le pouvoir. À Lagos, au Nigeria, onze factions tchadiennes ont fondé un Gouvernement d'union nationale de transition, le GUNT. Weddeye en prend la direction pour lancer une attaque coordonnée contre Habré et le GUNT l'emporte, en janvier 1981. La stratégie élaborée par Giscard depuis 1974 s'achève sur cet échec cinglant : Weddeye et Kadhafi déclarent la fusion du Tchad et de la Libye.

Mitterrand arrive au pouvoir quelques mois après ce revirement, qui le convainc de renouer avec la tradition gaulliste et la « méthode Foccart » qui l'accompagnait. La finalité demeure la stabilité du pré carré. L'objectif reste le maintien des régimes alliés à la France et les moyens sont toujours la protection des chefs d'État, la formation de leur armée et, seulement s'il le faut, l'intervention militaire qui protégera les « amis » de la France de leurs ennemis. Reste à choisir ses amis, ce qui revient, au Tchad, à choisir ceux qui sauront s'opposer à la Libye. Dans ce contexte, Mitterrand offre son soutien au GUNT à condition que celui-ci coupe les ponts avec Kadhafi, ce que Weddeye accepte de faire. Mais, dans le même temps, les services français aident clandestinement Habré en lui envoyant, entre autres, les mercenaires de Bob Denard. Ce soutien lui permet de lancer une offensive massive contre le GUNT et Goukouni Weddeye. N'Djamena tombe entre les mains des FAN en juin 1982 et avec Habré pour chef, elles vont instaurer un régime d'une rare violence. En 1990, près de quarante mille Tchadiens seront morts et des milliers d'autres auront été torturés dans les bâtiments de la DDS, la Direction de la documentation et de la sécurité dont l'acronyme signale de lui-même la paternité du SDECE.

Habré doit beaucoup à la France. Accompagnées par les soldats libyens, les troupes du GUNT repartent immédiatement à la charge, en particulier dans le Nord. En retour, l'alliance franco-tchadienne s'intensifie. La DDS est aidée par la DGSE et les forces gouvernementales par l'armée française. L'opération Manta parvient alors à repousser Weddeye et ses alliés libyens au nord du 15e parallèle en 1984, puis au nord du 16e parallèle en 1986, après le déclenchement de l'opération Épervier. La victoire de Habré est acquise en 1987. Des raids sont conduits jusqu'en Libye, le Tchad est stabilisé et le pré carré préservé. Habré se révèle toutefois moins docile que prévu. Toujours aussi antilibyen, profondément attaché au Nord, il cherche à s'étendre en Libye ou tout au moins à affaiblir le régime de Kadhafi. Et, à cette fin, le leader tchadien se tourne vers les États-Unis et la CIA qui mettent sur pied la « Force Haftar », une unité composée de dissidents libyens. Habré commet ici une erreur de jugement. La vision française de l'Afrique centrale ne tolère pas plus l'avènement de régimes communistes que l'ingérence d'autres puissances occidentales. Aussi, la France va le laisser chuter. Un ancien commandant des FAN se retourne contre Habré, il prend la tête du Mouvement patriotique du salut (MPS) et fomente, en 1989, une rébellion. Cet officier se nomme Idriss Déby. Basé au Darfour, il est assisté par la DGSE et le colonel Paul Fontbonne tout au long de sa marche vers le pouvoir, qui s'achève en décembre 1990. Les troupes du MPS fondent sur N'Djamena et les soldats d'Épervier laissent faire, avant de les aider à sécuriser la capitale. Cette fois-ci, la stratégie française est payante. Idriss Déby est encore au pouvoir en 2020 et, si elle est parfois tendue, l'entente franco-tchadienne ne s'est jamais démentie depuis son dernier coup de force. Déby envoie ses soldats participer aux interventions militaires que mène la France au Congo-Kinshasa en 1998, en République centrafricaine en 2003 et 2013, puis au Mali depuis 2014. Et, en échange, les soldats français assistent continuellement le président tchadien, par exemple entre 2004 et 2010 lorsque son pouvoir est menacé par des opposants intérieurs et des ennemis de l'extérieur, en particulier des groupes islamistes maliens et soudanais.

Après tant de rebondissements, non seulement le Tchad reste la clef de voûte du pré carré français, mais il est aussi devenu sa première force. Le journaliste Antoine Glaser note combien cette histoire françafricaine varie finalement selon les contextes, un État pouvant s'écrouler là où un autre sait tirer son épingle du jeu postcolonial : « Qui aurait parié, au début des années 1990, que ce Tchad improbable […] finirait par connaître la stabilité ? Il est pourtant devenu un point d'ancrage pour des pays voisins au destin tourmenté. Au nord, la Libye a implosé après la chute de Kadhafi. À l'est, la création de la République du Soudan du Sud a coupé le pays en deux. À l'ouest, le Niger est toujours sous la menace d'attentats suicide commis par des groupes liés à AQMI [Al-Qaïda au Maghreb islamique]. Au sud, la Centrafrique est un État en perdition. Idriss Déby, lui, s'est donné du temps en modifiant la Constitution, qui limitait à deux le nombre de mandats présidentiels. […] Déby est devenu l'allié incontournable de Paris en Afrique centrale. C'est ce qu'on appelle un retournement[1]… »

Les réseaux (mercenaires) de la Françafrique

Toujours ancrés au ras du sol, ces événements politico-militaires revêtent également une dimension réticulaire qui se devine sur au moins deux scènes. La première est celle de la « France à fric ». Économiste de formation et président de l'association Survie, François-Xavier Verschave en a retracé l'histoire en 1998. Dans

1. Antoine Glaser, *Africafrance. Quand les dirigeants africains deviennent les maîtres du jeu*, Paris, Pluriel, 2017, p. 121-122.

un ouvrage retentissant, il identifie les réseaux officiels et mafieux qui se sont construits, depuis les indépendances, par le truchement d'entreprises exploitant du pétrole, du cuivre ou de l'aluminium. Et celles-ci, nous dit Verschave, pèsent aussi bien sur le pré carré originel (de la Mauritanie au Tchad jusqu'à la Côte d'Ivoire et au Gabon) que sur ses marches (Liberia et Nigeria, Angola, Congo-Kinshasa et Rwanda)[1]. Mais ces réseaux ne peuvent consolider l'économie franco-africaine que si la stabilité des États est garantie. C'est pourquoi l'histoire réticulaire de la Françafrique se lit également à travers celle du mercenariat. Au lendemain des indépendances, de très nombreux soldats coloniaux s'engagent à participer à la guerre non conventionnelle qui s'impose, selon eux, pour maintenir l'ordre. Le nouveau contexte postcolonial empêche l'État franco-africain de la mener mais, aux yeux de nombreux mercenaires, cette guerre reste le seul moyen de lutter contre leur ennemi principal : la « subversion communiste ». Bob Denard en sera l'un des meneurs les plus acharnés. Encore une fois, grâce aux travaux de Jean-Pierre Bat son histoire est aujourd'hui bien connue[2].

Tout commence au Congo-Kinshasa. Fin 1960, à la tête de la province séparatiste du Katanga, Moïse Tshombé reçoit l'assistance officieuse de la France et de ses soldats. Mais ces derniers échouent à soutenir la sécession de Tshombé. Foccart et les hommes du SDECE envisagent alors de faire appel à des mercenaires similaires à ceux qu'emploie l'Afrique du Sud

1. François-Xavier Verschave, *La Françafrique. Le plus long scandale de la République*, Paris, Stock, 1998.

2. Jean-Pierre Bat, « La garde présidentielle de Bob Denard. Un mercenariat à la française (1961-1989) ? », *20 & 21. Revue d'histoire*, n° 141, 2019, p. 143-157.

pour combattre le communisme partout sur le continent. L'occasion se présente en janvier 1961 lorsque des émissaires de Tshombé se rendent à Nice pour rencontrer le colonel Roger Trinquier. Grand théoricien de la guerre contre-révolutionnaire, qu'il a pratiquée en Indochine puis en Algérie, il se voit proposer la direction d'une gendarmerie katangaise. L'officier en rend compte à ses supérieurs et Pierre Messmer, le ministre des Armées, l'enjoint d'accepter. Trinquier recrute alors des officiers français prêts à partir au Katanga où, dès leur arrivée, ils sont placés sous la double autorité de Tshombé et de Roger Faulques, un ancien parachutiste qui a lui aussi fait ses armes durant les deux dernières guerres coloniales françaises. Dans la mesure où ils agissent théoriquement sans filet, ces hommes sont des clandestins. Mais au-dessus d'eux se trouvent les décideurs très officiels de la stratégie française en Afrique. À Élisabethville, la capitale du Katanga renommée depuis Lubumbashi, on identifie à la tête des mercenaires le consul de France et correspondant du SDECE, Joseph Lambroschini. Celui-ci répond notamment aux ordres de Jean Mauricheau-Beaupré, stationné à Brazzaville, dans le Congo voisin, où le SDECE l'a détaché pour conseiller le président Youlou et coordonner l'action des mercenaires de l'autre côté de la frontière, au Congo-Kinshasa. Quant à l'homme qui les a placés à ces postes, il se trouve à Paris, où il vient de devenir le premier Monsieur Afrique de l'Élysée. C'est bien entendu Jacques Foccart.

Mauricheau-Beaupré est le premier du groupe à repérer Bob Denard. Ancien officier de la marine en Indochine et membre des forces de police françaises au Maroc, il y fut jeté en prison pour avoir tenté d'assassiner Pierre Mendès France. Denard s'est ensuite reconverti au mercenariat. À la solde de la gendarmerie katangaise, il se distingue par sa maîtrise du mortier. Puis, en 1965, après un bref passage au Yémen, Mauricheau-Beaupré le charge de rassembler une unité de mercenaires. L'équipe du « 1er Choc » est née. À la tête du secteur N au SDECE, Maurice Robert les envoie à Kinshasa intégrer l'armée du nouvel homme fort du Congo, Joseph Mobutu. Celui-ci les emploie pour se débarrasser des derniers militants lumumbistes du pays, puis d'un Tshombé désormais trop encombrant. Leur mission remplie, Mobutu congédie le 1er Choc, et, outragés, les mercenaires tentent de le renverser. Ils échouent. Sommés de quitter le Congo en 1967, plusieurs d'entre eux prennent alors la route du Gabon.

C'est ici que la reconversion d'anciens militaires français prend un tournant décisif. Après la restauration du président M'Ba en février 1964, Foccart lui assigne plusieurs de ses missionnaires, chargés de former son armée, d'orienter sa politique et d'organiser sa garde présidentielle (GP). La GP gabonaise se construit sous les ordres d'un ancien du SDECE, Bob Maloubier, puis de deux anciens « paras » d'Indochine et d'Algérie, Yves Le Braz et Louis-Pierre Martin, surnommé Loulou. En recrutant leurs anciens frères d'armes, ces hommes font de la GP un outil si efficace du pouvoir qu'en 1967 le nouveau président Omar Bongo résilie le statut de « coopérant » qui servait de couverture à Martin : Loulou passe sous contrat gabonais. Il en ira de même partout dans le pré carré. Tout au long des années 1970, le mercenariat françafricain se développe sur ce registre mi-légal mi-illégal. Détachés par l'ancienne métropole auprès de ses nouveaux alliés, les mercenaires s'emploient à protéger l'Afrique pour servir la France. Ces hommes poursuivent plus précisément deux objectifs. Opposés à la France du général de Gaulle qui a abandonné l'Algérie avant de virer soixante-huitarde, ils continuent de lutter armes à la main contre les communistes et les révolutionnaires de tout poil. Ces combattants ont des convictions mais ils restent aussi, avant tout, des soldats. Le mercenariat leur permet d'accéder à des grades et des salaires qui leur sont inaccessibles dans l'armée française. Idéologique et opportuniste, ces deux objectifs leur semblent d'ailleurs tout à fait légitimes. À leurs yeux, ils ne sont pas des soldats irréguliers : c'est la guerre antisubversive et anticommuniste qui est, à tort, devenue irrégulière.

À la faveur de ce contexte, Bob Denard devient un véritable expert en GP, et en coups de force. Après la déconfiture congolaise de 1967, grâce à l'influence de Maurice Robert il parvient à s'engager au Gabon puis au Biafra, où il sert aussi bien les intérêts du SDECE que ceux des deux présidents ivoirien et togolais, Houphouët-Boigny et Éyadéma. Tel un consultant international, plus Denard parcourt l'Afrique et plus il gagne en réputation. Des chefs d'État africains le recommandent à la France, l'Élysée le recommande à d'autres alliés africains et, avec ses mercenaires, Bob Denard intervient successivement au Maroc, aux Comores, au Bénin, en Guinée, en Angola puis en Mauritanie. Son carnet d'adresses n'en finit pas de gonfler, au point qu'il en vient à imaginer la création d'un bureau de liaison, de documentation et de sécurité, c'est-à-dire, concrètement, un dispositif sécuritaire africain croisant le renseignement, la contre-ingérence et la sécurité présidentielle. Ainsi prend forme le système Françafrique au milieu des années 1970. Avec la GP comme vitrine, le SDECE peut dépêcher ses « conseillers » auprès des dirigeants africains tout en évitant de trop se compromettre avec ces régimes autoritaires qui parviennent à se maintenir grâce à l'aide des mercenaires.

L'opération Crevette révèle cependant les faiblesses du système. Au petit matin du 16 janvier 1977, Denard et ses hommes font irruption sur le tarmac de l'aéroport de Cotonou, au Bénin. Leur mission : renverser le président marxiste Mathieu Kérékou. Mais, face à des troupes bien trop nombreuses et préparées, les mercenaires sont contraints de prendre la fuite. Et dans un repli précipité, Denard oublie sa cantine en métal sur le tarmac. Or, celle-ci contient son vrai-faux passeport fourni par Robert, les détails du coup d'État et le nom des commanditaires : Hassan II pour le Maroc, Éyadéma pour le Togo, Bongo pour le Gabon et Journiac pour l'Élysée. Les mercenaires se replient alors vers les Comores et c'est ici, paradoxalement, à des milliers de kilomètres du cœur du pré carré, que l'entreprise mercenariale franco-africaine va atteindre des sommets. Bob Denard était déjà passé par les Comores en 1975 pour destituer Ahmed Abdallah avant de le faire remplacer par Ali Soilih. Et cette fois-ci, en 1978, avec l'aval de l'Élysée et d'autres chefs d'État africains, le spécialiste en coups d'État renverse Soilih pour restaurer Abdallah. Denard trouve aux Comores l'échappatoire dont il avait besoin depuis l'échec béninois. Avec sa compagnie, il fonde la très officielle entreprise internationale « GP ». Bras armé du président réhabilité, la Garde présidentielle réduit l'opposition marxiste-léniniste au silence, prend le contrôle de la vie politique puis, progressivement, dirige la vie économique des Comores. Les mercenaires organisent aussi bien le développement agricole des campagnes que l'accueil, sur l'île, des touristes sud-africains. Quant à Bob Denard, alias Rémy Destrieux, il devient le conseiller et l'ambassadeur personnel du président

Abdallah. Et il délègue les opérations de la GP à ses hommes qui reproduisent, dans cette armée irrégulière, l'éthos d'une armée régulière où règnent l'ordre, la discipline, l'efficacité au combat et la solidarité.

Ce modèle économico-politique perdure jusqu'en 1989. Dix ans durant, la GP vit des fonds que lui fournissent, de manière pérenne, les services de sécurité sud-africains et, de façon épisodique, les gouvernements africains qui ont besoin d'armes et de bras pour combattre leurs opposants politiques. La fin de l'apartheid et de la guerre froide signe cependant celle de la GP, qui se retrouve au bord de la faillite. S'ajoute à cela la jalousie croissante des soldats de l'armée comorienne, brimés sur leur propre territoire par des étrangers. Leur opposition aboutit au meurtre du président Abdallah en décembre 1989. Denard est accusé d'être l'auteur du crime et les employés de la GP sont exfiltrés vers l'Afrique du Sud. C'en est fini de « Mister Bob », de ses mercenaires et, d'une certaine manière, du système françafricain tel qu'il s'était construit au lendemain de la sortie coloniale.

Dès 1985, la menace communiste s'effaçant toujours plus en Afrique, la DGSE avait décidé de couper les ponts avec les mercenaires de la GP. Après le meurtre du président comorien, les services français de renseignement ont d'autant plus de facilité à lâcher Bob Denard que la guerre froide est maintenant derrière eux. Le « corsaire de la République », comme il aimait lui-même à s'appeler, sera jugé à plusieurs reprises en France pour sa tentative de coup d'État au Bénin en 1977, l'assassinat présumé du président Abdallah en 1989 et une nouvelle tentative de renversement du pouvoir aux Comores en 1995. Ses procès favorisent le vote, en 2003, d'une loi interdisant le mercenariat : l'ancienne métropole signale ainsi sa volonté de mettre fin à la Françafrique. Cependant, l'entreprise aboutit uniquement à des acquittements ou des procédures au long cours, interrompues par la mort de Denard en 2007 : la France n'entend pas non plus condamner sa propre politique africaine.

41. Les mercenaires françafricains

Comment comprendre ce mercenariat et ce qu'il nous dit de la politique française postcoloniale en Afrique ? Puisque leurs morts ne peuvent s'exprimer, il faut laisser la parole aux mercenaires.

En 1998, alors que son procès débute en France, Bob Denard écrit : « La France m'a soutenu, ou du moins m'a-t-elle toujours laissé faire. Pendant plus de cinquante ans, je me suis employé à défendre une cause dont on a oublié combien elle était forte parce qu'elle n'existe plus : celle de l'Occident contre les pays de l'Est. Jamais je n'ai renié ma morale ni mes convictions. Jamais je n'ai trahi. […] Je déteste ce mot de mercenaire qui me colle à la peau, pour ce qu'il représente dans l'esprit des gens : un individu sans foi ni loi, prêt à se vendre au plus offrant, détruisant tout sur son passage, méprisant les populations qu'il est amené à côtoyer. La vérité est bien loin de ça. […] Au fil de mes campagnes, je me suis constamment efforcé de préparer la paix. Si j'ai fait sauter des ponts, j'ai aussi fait construire des routes. Et si j'ai fait emprisonner des hommes, j'en ai libérés beaucoup, pris en otage, condamnés à mort. […] Bien des hommes m'ont suivi, noirs et blancs, chrétiens et musulmans. Et je les ai aimés, mes soldats, "mes" Katangais, Kurdes, Biafrais, Comoriens. Comme j'ai la faiblesse de croire qu'ils m'ont accepté, et respecté. Peut-être certains d'entre eux, dans la nuit glacée des déserts du Yémen, évoquent-ils encore "Mister Bob". Ça me suffit*. »

Ses soldats continuent en effet d'entretenir son souvenir et, à travers lui, celui de l'Afrique dont rêvaient ceux qui refusaient l'avènement d'un temps véritablement décolonial : « 15 octobre 2017, au cimetière de Grayan-et-l'Hôpital (Gironde) : les anciens de la Garde présidentielle des Comores sont venus rendre leur hommage annuel à Bob Denard. Sur sa pierre tombale est dressée une plaque en forme d'écusson de la GP et portant l'inscription : "Au Colonel Robert Denard. Vous nous avez fait vivre nos rêves. Nous vous avons fait réaliser les vôtres. Vos Hommes." Trois symboles ornent la plaque : le portrait de Bob Denard, coiffé de son béret rouge du temps du Congo ; l'insigne composé d'un faisceau des licteurs sur un globe terrestre de l'association des anciens baptisée Orbs Patria Nostra, en écho à la Legio Patria Nostra des légionnaires ; et trois oies sauvages qui s'envolent, en référence au chant d'hommage rendu aux parachutistes morts**. »

* Bob Denard, *Corsaire de la République*, Paris, Robert Laffont, 1998, p. 10.

** Jean-Pierre Bat, « La garde présidentielle de Bob Denard », art. cit., p. 143-157.

Chapitre 11

Plus colonialiste que l'empire : l'Afrique du Sud

À l'ouest, il y a l'Angola et la Namibie. Au centre, on trouve la Zambie, le Zimbabwe, le Botswana et, plus bas, l'Afrique du Sud et ses deux enclaves du Lesotho et du Swaziland (rebaptisé Eswatini en 2018). Enfin, à l'est, le petit État du Malawi jouxte le Mozambique. Dix pays et, pourtant, on n'évoque généralement à leur égard qu'une seule et même région : l'Afrique australe. La géographie n'y est pas pour grand-chose. Seul le temps (post)colonial justifie que l'on puisse envisager la partie méridionale du continent africain comme une région à part entière. Son histoire commence au XVIIIe siècle, lorsque les Européens s'y affrontent pour contrôler les ressources et les populations. Et cette lutte entraîne une partie de billard à trois bandes qui ne s'achèvera qu'au début des années 1990, après quatre décennies d'apartheid et de guerre froide. Pour appréhender cette histoire, il faut encore une fois croiser les regards.

Il existe d'abord des rivalités afro-africaines. Au XVIIIe siècle, de l'ouest à l'est de l'Afrique australe, les chasseurs-cueilleurs et pasteurs khoekhoe et san sont confrontés à l'expansionnisme des Xhosa, des Nguni et des Sotho. Agriculteurs, pasteurs ou marchands d'esclaves, ces derniers assimilent les peuples conquis. Ils les intègrent dans les chefferies qui organisent désormais la région autour des appartenances claniques, c'est-à-dire des groupes sociaux qui se reconnaissent un ancêtre commun. L'identité est alors basée sur la parenté plutôt que sur l'espace politique. Mais, au XIXe siècle, plusieurs chefferies s'unissent au sein de territoires continus associés à plusieurs royaumes. C'est dans ce contexte qu'éclate le *Mfecane*, « guerre illimitée » en zulu, période qui, entre 1820 et 1840, correspond à la formation du royaume zulu. Le roi Chaka en tête, ses dirigeants associent leur entreprise d'expansion territoriale à une politique de centralisation administrative et de domination des sociétés conquises.

À cette compétition s'ajoutent des rivalités européo-européennes. Originaires des régions néerlandophones d'Europe, les Boers (prononcé « bour ») partent s'installer dans l'Afrique australe à partir du XVIIIe siècle, par le biais de la Compagnie néerlandaise des Indes orientales, puis de leurs colonies du Cap et du Natal. Cependant, les Boers doivent ensuite faire face aux Britanniques. Ces derniers prennent progressivement le contrôle de la vie politique et économique, au point qu'au début du XIXe siècle ils peuvent décider d'abolir l'esclavage, c'est-à-dire de mettre à bas le système colonial instauré dans les campagnes. Les Boers migrent alors massivement vers l'arrière-pays, entre 1835 et 1845. « Grande Migration », ou « Grand Trek » en afrikaans, la langue créole des Boers, cette épopée génère de profondes transformations identitaires et politiques. Le mythe d'un peuple boer élu mais menacé se développe. Ses élites fondent, au nord-est, la République du Transvaal et, un peu plus au sud, la République de l'État libre d'Orange. Puis les Britanniques leur disputent le contrôle de ces deux micro-États, jusqu'à ce qu'éclatent les guerres anglo-boers, la première entre 1880 et 1881, la seconde entre

1899 et 1902. Les Britanniques en sortent vainqueurs et, en 1910, l'Union d'Afrique du Sud voit le jour. Elle rassemble les anciennes colonies du Cap, du Transvaal, de l'État libre d'Orange et du Natal.

Les Africains s'affrontent entre eux, les Européens font de même et, forcément, des compétitions afro-européennes rythment aussi l'histoire de la région. Elles sont à l'origine du découpage territorial de toute l'Afrique australe. À l'ouest et au centre-ouest de la région, Européens et Africains contestent le pouvoir britannique : l'Allemagne en profite en 1884 pour créer la colonie du Sud-Ouest africain (Namibie depuis 1990) et, l'année suivante, le Royaume-Uni contre-attaque en créant le protectorat du Bechuanaland (Botswana depuis 1966). On retrouve une configuration similaire au nord-ouest et au nord-est mais, ici, les Britanniques s'opposent surtout aux Portugais. Ces derniers s'étendent en Angola d'un côté, au Mozambique de l'autre. Et la Grande-Bretagne s'appuie alors sur les divisions qui opposent les royaumes africains pour prendre le contrôle des territoires situés entre les deux possessions portugaises. La Couronne s'associe pour cela à la British South Africa Company (BSAC). Dirigée par le magnat du diamant Cecil Rhodes, celle-ci s'engage en 1889 à « protéger » le Nyassaland, la Zambézie du Sud et la Zambézie du Nord. Puis ces trois territoires deviennent officiellement des possessions britanniques : le Nyassaland en 1907 (Malawi depuis 1964), la Rhodésie du Sud en 1923 (Zimbabwe depuis 1980) et la Rhodésie du Nord en 1924 (Zambie depuis 1964). Enfin, plus au sud, les Britanniques sont menacés par les Boers et les Zulu. C'est pour mieux freiner leurs velléités qu'ils créent en 1881 et 1884 les protectorats du Swaziland (indépendant en 1968) et du Basutoland (Lesotho depuis 1966), lesquels se retrouvent enclavés, en 1910, dans l'Union d'Afrique du Sud. Et c'est ici, depuis, que se dessinent les grandes dynamiques historiques de l'Afrique australe[1].

L'Union sud-africaine : des Blancs unis contre les Noirs

Le traité de Vereeniging officialise la défaite des Boers en 1902[2] et huit ans plus tard, sous la tutelle théorique de la Grande-Bretagne, l'Union sud-africaine est créée. Elle évolue au rythme d'une économie minière et d'une alliance politique relativement pérenne entre les Britanniques et les Boers, qui deviennent les premiers « Afrikaners ». Cette situation est relativement similaire à celle des autres colonies européennes de peuplement : près d'un million de « Blancs » dominent environ quatre millions de « Noirs », un demi-million de « colorés » et cent mille « Indiens ». La colonie va toutefois rapidement se détacher de la métropole et exister pour elle-même, en tant qu'État à part entière : dominion de la Couronne après 1910, elle est officiellement autonome en 1931 puis, en 1961, elle devient une République indépendante du Commonwealth. Alors qu'à cette date les empires européens se disloquent sur tout le continent, l'Afrique du Sud continue de mener l'une des politiques colonialistes les plus radicales de l'ère contemporaine.

1. Philippe Gervais-Lambony, *L'Afrique du Sud et les États voisins*, Paris, Armand Colin, 2013 (2e éd.), p. 33-56.

2. Martin Bossenbroek, *L'Or, l'empire et le sang. La guerre anglo-boer, 1899-1902* (2012), traduit du néerlandais par Bertrand Abraham, Paris, Seuil, 2018.

L'organisation raciale d'une société coloniale

Avant les guerres anglo-boers, l'économie sud-africaine reposait sur l'exploitation des mines de diamant de la colonie du Cap, tenue par les Britanniques. Puis elle prend son envol à la fin du XIXe siècle lorsque les colons mettent la main sur l'or du Transvaal. Il faut dire que, à la différence des gisements diamantifères du Cap, les filons aurifères sont découverts dans une région dominée par les Boers. Leur exploitation répond alors à une organisation raciale du travail : les populations blanches refusent de partir travailler dans l'« enfer mécanisé » des mines, ainsi que le décrivent les missionnaires du Transvaal, et elles emploient donc une main-d'œuvre noire, sous-payée et maltraitée.

Le processus entraîne d'abord une prospérité relativement commune. L'économie d'extraction favorise l'essor d'une industrie et d'un marché urbain qui profitent aux agriculteurs blancs comme noirs. Seulement, les colons entendent très vite monopoliser les bénéfices de cette croissance. Une série de lois caractéristiques des colonies de peuplement est édictée, et les agriculteurs noirs sont progressivement privés de l'accès à la propriété[1]. Au début du XXe siècle, ils deviennent sinon des travailleurs agricoles sans terre, du moins des cultivateurs à bail. Puis, en 1913, sous l'Union, le *Native Land Act* interdit le transfert de terres entre races, en même temps qu'il limite le nombre d'employés noirs autorisés à résider dans des fermes possédées par des Blancs. La loi réduit également à 14 % la part nationale des terres

1. Claude Lutzelschwab, « Populations et économies des colonies d'implantation européenne en Afrique (Afrique du Sud, Algérie, Kenya et Rhodésie du Sud) », *Annales de démographie historique*, n° 113, 2007, p. 33-58.

possédées par les populations noires : sur cette portion (in)congrue du territoire de l'Union s'amassent 70 % de la population de la colonie. Radicalement inégal, ce partage des terres permet aux agriculteurs européens d'avoir accès à une main-d'œuvre africaine de moins en moins coûteuse. Il en va de même dans les mines. Financée par l'État, la mécanisation de l'agriculture boer pousse les colonisés à fuir les campagnes et à partir travailler à la mine, où ils sont contraints d'accepter les misérables salaires qui leur sont proposés. Quant aux mineurs blancs, l'afflux de cette main-d'œuvre à bas coût les pousse à revendiquer la protection de leurs emplois et à obtenir les salaires les plus élevés d'Afrique du Sud[1].

Cette ségrégation foncière est le premier outil du pouvoir des Britanniques et des Boers qui se réconcilient, finalement, sur le dos des colonisés. Non seulement l'Acte de l'Union assure l'égalité entre les langues anglaise et néerlandaise (laquelle sera officiellement nommée « afrikaans » en 1935), mais il interdit aussi aux Noirs de voter ailleurs qu'au Cap, où ce droit demeure d'ailleurs restreint. L'alliance anglo-boer se concrétise ensuite sous le premier gouvernement de l'Union, dirigé par le South African Party (SAP). Deux anciens généraux boers en sont à la tête, Louis Botha et Jan Smuts. Avec eux, au début des années 1920, le parti s'efforce de rassembler les Européens autour de la domination socio-spatiale à exercer sur les populations noires. Sociale, la ségrégation se traduit par la limitation des salaires offerts aux Noirs et par l'attribution des emplois qualifiés aux seuls Blancs. Spatiale, elle repose sur le cantonnement des habitants noirs dans certains quartiers, sur l'obligation pour eux de se munir d'un *passe*, c'est-à-dire d'un laissez-passer qui

1. John Iliffe, *Les Africains*, *op. cit.*, p. 532-541.

les autorise (ou non) à circuler en ville, ou encore sur l'interdiction pour les Noirs d'accéder aux zones résidentielles occupées par les Blancs, à moins qu'ils puissent prouver qu'ils en sont les domestiques.

Cette politique ségrégative devient le premier pilier de l'idéologie nationale afrikaner qui se développe dans l'Union. Son porte-parole est James Hertzog, lui aussi un ancien général boer. Il est l'un des fondateurs du Parti national qui s'oppose, en 1914, à ce que l'Afrique du Sud s'engage dans la Première Guerre mondiale aux côtés de la Couronne britannique. Comme beaucoup d'Afrikaners, Hertzog milite pour le ralliement de la colonie au Sud-Ouest africain dirigé par les Allemands. Les militants antibritanniques du parti sont toutefois durement réprimés par l'armée unioniste et il leur faut attendre la crise des années 1920 pour à nouveau contester le pouvoir. Dans toutes les campagnes du pays, la chute des prix des produits agricoles renforce le sentiment d'appartenance à une même communauté : celle du peuple élu et menacé des Afrikaners. Mais l'étincelle part des villes. Pour faire face à l'effondrement du cours mondial de l'or, les dirigeants des sociétés minières prévoient de licencier des mineurs blancs et de les remplacer par des ouvriers noirs sous-payés. Le projet attise le mécontentement des syndicats de miniers qui décident, en 1921, d'organiser les premières grèves générales sud-africaines. Dans la région du Transvaal, en 1922, la grève tourne à l'émeute. C'est la révolte du Rand. Des mineurs blancs s'insurgent contre la dégradation de leurs conditions de travail et, avec l'aide du parti communiste, ils s'attaquent aux mineurs noirs. Puis ils prennent le pouvoir dans plusieurs municipalités de la région. Les forces de l'ordre les répriment avec violence et le Parti national en profite. Lui qui était déjà soutenu par les colons des campagnes, il s'allie avec le parti travailliste anglophone et, en 1924, il remporte les élections organisées dans l'Union. C'est l'occasion pour Hertzog d'intensifier une politique déjà raciste et nationaliste. Il obtient en 1931 que la colonie devienne un dominion véritablement indépendant de la Couronne puis, en 1934, uni cette fois avec le South Africa Party, il fait rayer des listes électorales tous les habitants noirs de l'Union.

Certains militants du Parti national redoutent cependant que le rapprochement avec le SAP se révèle une alliance plus capitaliste que nationaliste. Cette crainte les pousse à se rallier derrière le pasteur Daniel Malan, fondateur du nouveau Parti national purifié. Malan plaide pour le renforcement du séparatisme racial et l'instauration d'une égalité totale entre les anglophones et les Afrikaners qui représentent, à ses yeux, le « peuple originel[1] ».

Une opposition légaliste et culturelle[2]

À côté des « colorés » et des « Indiens », les populations noires sont les premières cibles de la politique de l'Union. Le royaume zulu s'oppose régulièrement par les armes aux Européens mais, après 1906, une fois sa dernière révolte écrasée par les Boers, l'élite noire éduquée du Cap prend la tête de l'opposition. Avec le South African Native Congress (SANC), elle emprunte les voies de la légalité. Le parti s'inspire du Congrès indien du Natal fondé quatre ans plutôt par Gandhi, lequel s'inspirait lui-même du Congrès national indien créé il y a peu dans

1. Paul Coquerel, *L'Afrique du Sud des Afrikaners*, Bruxelles, Complexe, 1992, p. 89-127.
2. Voir tout particulièrement : Elikia M'Bokolo, *Afrique noire. Histoire et civilisations*. T. II, *op. cit.*, p. 430-437.

son pays d'origine[1]. Composé de notables, enseignants, fermiers commerçants ou pasteurs, le SANC réclame l'égalité électorale avec les Blancs. Puis, comme dans tous les empires européens, le gouvernement colonial se refuse à faire des concessions et l'opposition glisse vers le nationalisme : en 1912, le Congrès devient le South African Native National Congress. Organisant une résistance pacifique, ses dirigeants incitent les militants à se mettre en grève et à brûler leur passe. Mais leur action se révèle impuissante, l'Union les réprime et le Congrès se divise. Tandis que les modérés cantonnent leurs revendications à l'égalité électorale et à la défense des privilèges de l'élite noire, les radicaux optent pour une protestation générale et la conquête d'une égalité totale entre Blancs et Noirs.

L'opposition s'enlise dans ces conflits internes et, dès lors, la contestation s'opère ailleurs, par d'autres biais. Dans les campagnes, l'instauration du *Native Land Act* en 1913 suscite plusieurs révoltes paysannes. La Première Guerre mondiale marque le coup d'arrêt du mécontentement populaire mais celui-ci reprend dès 1918. Et, tout au long de l'entre-deux-guerres, il s'intensifie. Privés du droit à la propriété et contraints d'accepter les salaires dérisoires que leur proposent les fermiers blancs, des paysans noirs brûlent des récoltes et abattent du bétail. Certains rejoignent aussi les mouvements religieux millénaristes qui essaiment dans le pays, comme sur tout le continent. Puis la contestation gagne les villes. Afin de concrétiser leur idéal ségrégationniste, les autorités coloniales y ont construit des *townships* (en quelque sorte des municipalités, ou

1. Claude Markovits, « Ce qu'il doit à l'Afrique du Sud », *L'Histoire*, n° 393, 2013, p. 42.

communes) où parquer et contrôler les populations. Elles ne parviennent pas, toutefois, à les empêcher de s'organiser collectivement. Pour lutter contre les discriminations inhérentes à l'emploi des ouvriers noirs, les habitants se regroupent dans des syndicats dont certains comptent jusqu'à cent mille adhérents. C'est le cas de l'Union des travailleurs de l'industrie et du commerce. Seulement, comme tous les autres syndicats, il est épisodiquement divisé et systématiquement réprimé.

La violence du gouvernement colonial nourrit alors la contestation. Du côté de l'opposition légale, en 1924 le Congrès devient l'African National Congress (ANC) : il revendique désormais l'égalité sociale, et non pas seulement électorale. Mais la distinction et l'opposition entre Blancs et Noirs s'expriment encore davantage dans l'univers quotidien de la ville. À force d'être ségréguées, les populations noires commencent à partager une identité commune, celle des townships et des *shebeens*, les bars clandestins où les ouvriers se retrouvent le soir pour écouter du jazz *marabi* et consommer de l'alcool de contrebande. Ces deux formes d'opposition, légaliste et culturelle, se rapprochent l'une de l'autre à la fin des années 1930. Et entre 1942 et 1943, à Alexandra, un township de Johannesburg, les populations soutenues par l'ANC organisent un boycott général des bus publics. Chaque matin, des milliers de travailleurs parcourent des dizaines de kilomètres à pied pour se rendre au travail, s'exposant ainsi à la vue des Blancs qui rechignent à apercevoir et à regarder leurs voisins ségrégués. Puis, en 1944, afin d'intensifier et d'encadrer les contestations, l'ANC fonde la Ligue de la jeunesse. Incarnation d'un mouvement à la fois politique et populaire, celle-ci réclame l'égalité politique complète entre les populations de l'Union[1].

L'apartheid, ou le maintien coûte que coûte de l'édifice (post)colonial

La sortie de la Seconde Guerre mondiale inaugure les débuts de l'apartheid. L'idée de séparer les populations blanches et colorées n'est pas nouvelle dans l'Union. En revanche, celle d'une ségrégation totale et entièrement organisée par l'État est inédite. Cette idéologie est portée par Daniel Malan et son Parti national dit « purifié » en 1934 puis « réunifié » en 1939. Ce dernier arrive au pouvoir en 1948 avec un programme radical : l'apartheid, « ce qui est séparé » en afrikaans. Bras armé de la domination d'une minorité blanche sur une majorité noire, l'État sud-africain va mettre en œuvre une politique répressive qui sera triomphante jusqu'en 1961, contestée et intensifiée jusqu'en 1977 puis, enfin, fissurée au point de devoir être abandonnée en 1994.

La ségrégation triomphante[2]

Avec Malan, Johannes Strijdom puis Hendrik Verwoerd à leur tête, les premiers gouvernements sud-africains de l'après-guerre mettent en œuvre ce que l'historien François-Xavier Fauvelle nomme un

1. Jean Guiloineau, *Nelson Mandela*, Paris, Payot, 1994, p. 327-337 ; Raphaël Botiveau, « Les avatars de l'African National Congress Youth League. L'invention d'une organisation politique de jeunesse sud-africaine (1990-2007) », *Politique africaine*, n° 104, 2006, p. 81-102.

2. Voir tout particulièrement : François-Xavier Fauvelle-Aymar, *Histoire de l'Afrique du Sud*, Paris, Seuil, 2013 (2e éd.), p. 403-419.

« totalitarisme original », animé par une idéologie nationale-chrétienne dont le premier outil est l'apartheid.

Ce totalitarisme repose en premier lieu sur l'organisation raciale de la société. Le *Population Registration Act* définit en 1950 trois critères d'appartenance raciale. Cette loi officialise la division de la société entre « blancs », « noirs » et « colorés », ce qui permet à l'État d'interdire aussi bien les mariages que les relations sexuelles entre les membres des trois communautés. Le totalitarisme sud-africain repose, en second lieu, sur la spatialisation de l'apartheid. D'une part, à l'échelle des centres-villes, en 1953 le *Reservation of Separate Amenities Act* attribue à chaque race des accès, des services et des espaces publics différents : la ségrégation s'étend des cimetières jusqu'aux bancs et ascenseurs, des jardins publics jusqu'aux hôtels et restaurants dont les devantures sont désormais couvertes de pancartes « *Whites only* ». D'autre part, à l'échelle de la ville sud-africaine, à partir de 1950 le *Group Areas Act* réserve des zones de résidence et d'activité aux membres de telle ou telle race. L'entreprise se traduit par un remodelage de l'espace urbain. Des quartiers noirs sont détruits puis « relocalisés » dans les townships de banlieue, l'État construit des gares et des guichets séparés, il organise des moyens de transport et des trajets distincts pour chaque race, et un passe plus sophistiqué vient renforcer le contrôle des déplacements[1]. Enfin, à l'échelle du pays, en 1951 le *Bantu Authorities Act* inaugure la création des *homelands*, également appelés *bantustans*. Huit, neuf et au final dix territoires sont créés pour abriter les

1. Philippe Gervais-Lambony, Sylvy Jaglin et Alan Mabin (dir.), *La Question urbaine en Afrique australe. Perspectives de recherche*, Paris, Karthala, 1999.

« tribus indigènes » qui seront gouvernées par des élites « traditionnelles » cooptées par l'État : la (re)tribalisation des Noirs doit servir à les exclure de la vie politique et quotidienne. Tel est l'objectif du totalitarisme sud-africain. Voilà pourquoi il repose aussi, en dernier lieu, sur l'attribution d'un rôle social à chaque race. Des lois éducatives réservent l'enseignement de qualité aux enfants blancs en même temps qu'elles organisent la formation des Noirs autour du seul apprentissage de savoirs manuels et techniques. Puis d'autres lois sur le travail interdisent la création de syndicats interraciaux, privent les Noirs du droit de grève et attribuent l'ensemble des postes d'encadrement aux Blancs.

Cette organisation socio-spatiale du racisme ne saurait tenir sans répression et c'est pourquoi l'État sud-africain se veut un État policier. Contre les Noirs, des forces de l'ordre et des tribunaux spéciaux veillent au respect des règles organisant le déplacement des populations. Et, contre les opposants politiques de tous bords, ou plutôt de toutes couleurs, deux lois sont édictées pour faire régner l'ordre. La première est promulguée en 1950. Avec le *Suppression of Communism Act*, l'État interdit « toute doctrine ou programme [...] tendant à provoquer dans l'Union des changements dans les domaines politique, industriel, social ou économique par l'incitation à l'agitation ou au désordre ». Puis, en 1953, le *Public Safety Act* permet au gouvernement sud-africain de déclarer l'état d'urgence sur tout ou partie du territoire. Légalisant la répression de toute forme d'opposition, ces lois sont d'autant plus efficaces qu'elles reposent sur le principe selon lequel un individu est suspect sauf preuve du contraire : il incombe généralement aux suspects de fournir la preuve de leur innocence.

Avec un tel système, l'État a trouvé le moyen d'employer dans l'administration une majorité d'Afrikaners et, ainsi, d'égaliser les conditions de vie qui pouvaient séparer les Sud-Africains d'origine britannique de ceux d'ascendance boer. Mais l'apartheid vise avant tout à contenir et réprimer le mécontentement des populations noires. Or, inévitablement, à l'exact opposé du but poursuivi, l'entreprise provoque une montée des contestations.

D'abord, la multiplication de ces lois discriminatoires est source de cohésion. L'action légaliste de l'ANC et l'action urbaine populaire se rapprochent encore davantage, au point qu'en 1949 les membres de la Ligue de la jeunesse prennent la direction du Congrès. L'ANC attire alors toujours plus de membres, environ cent mille. Et, en 1952, sous la présidence d'Albert Luthuli, le Congrès lance une vaste campagne de désobéissance civile contre les « lois injustes » en général et le port du passe en particulier, l'instrument le plus insupportable de l'apartheid aux yeux des populations noires.

À cette date, l'ANC croit encore à la protestation pacifiste. Ce mot d'ordre lui permet de rassembler dans un front commun le Congrès des démocrates, le Congrès sud-africain des Indiens et le Parti communiste clandestin. Unis dans un Congrès de l'Alliance, en 1955 ces mouvements politiques organisent un gigantesque meeting à Kliptown, un quartier du township de Soweto, à Johannesburg. Plus de trois mille délégués assistent à l'événement. Baptisé le Congrès du peuple, il aboutit à l'adoption d'une Charte de la liberté. Celle-ci revendique l'égalité des droits pour les trois races du pays et, plus encore, elle invite les Sud-Africains à s'allier contre « un gouvernement fondé sur l'injustice et l'inégalité ». Accusés de trahir l'État en incitant au désordre, les délégués sont emprisonnés dans les mois qui suivent. Et ils ne seront acquittés que six ans plus tard, en 1961. À la fin du « procès de la trahison », les juges reconnaissent que l'ANC ne pouvait être légalement accusé d'avoir voulu renverser l'État.

Mais, à cette date, l'opposition n'est plus la même. Les autorités ont radicalisé leur politique répressive, allant jusqu'à rétablir la condamnation aux coups de fouet pour toute violation de la loi. Aussi, de nombreux militants ont décidé d'abandonner les voies de la légalité. Emmenés par Robert Sobukwe, des jeunes radicaux de l'ANC fondent en 1959 le Pan-Africanist Congress of Azania (PAC). Avec un nom qui fait référence à l'ancienne dénomination de la côte africaine orientale, le PAC en appelle à libérer l'Afrique australe de la colonisation blanche. Le parti devance l'ANC sur le terrain de la contestation populaire et, au printemps 1960, il est à la tête des marches pacifiques qui se déroulent au Cap, au Transvaal et dans la périphérie de Johannesburg. C'est ici que le 21 mars, devant le commissariat de Sharpeville, les forces de l'ordre tirent sur la foule, faisant 67 morts et 200 blessés.

Le massacre de Sharpeville constitue le premier grand basculement de la lutte anti-apartheid. Depuis Paris, Stockholm ou New York, la communauté internationale condamne le régime sud-africain. Les Nations unies jouent un rôle particulièrement actif ici, puisqu'elles accueillent maintenant les représentants des nouveaux États décolonisés. Et, face à ces récriminations, l'Union d'Afrique du Sud se replie sur elle-même. Après avoir décrété l'état d'urgence et interdit le PAC et l'ANC, en 1961 le gouvernement proclame la République d'Afrique du Sud et, *de facto*, son retrait total du Commonwealth.

42. Le massacre de Sharpeville : l'apartheid vu depuis l'étranger

La tuerie de Sharpeville n'est pas la première manifestation de violence que déploient les autorités sud-africaines pour contenir leurs opposants « noirs ». C'est en revanche le premier événement à attirer à ce point l'attention du monde extérieur. Français, Camerounais ou Sud-Africains, écrivains, journalistes ou activistes, plusieurs contributeurs de la revue *Présence africaine* dénoncent la tuerie de Sharpeville un an après les faits. Il est clair que, aux yeux de la communauté internationale, l'Afrique du Sud ne peut plus être défendue officiellement : « Le 21 mars 1960, le Congrès pan-africaniste déclencha sa propre campagne contre les lois rendant obligatoire le port du laissez-passer. Toutes les grandes régions à population africaine du pays, sauf la ville du Cap, demeurèrent fidèles au "Congrès national africain", mais à Sharpeville, près de Vereeniging, à quelque 65 kilomètres de Johannesburg, 5 000 Africains se rassemblèrent devant un poste de police, et 67 d'entre eux (chiffre officiel) furent tués lorsque la police ouvrit le feu. Le 26 mars, à Johannesburg – où il devait témoigner à son procès de haute trahison –, Luthuli brûla publiquement son laissez-passer, et appela à observer un jour de deuil national le 28, en mémoire des morts de Sharpeville. Le gouvernement annonça aussitôt l'interdiction du "Congrès national africain" et du "Congrès pan-africaniste", puis il proclama l'état d'urgence le 30 mars. Luthuli lui-même fut emprisonné sans inculpation ni jugement, et attaqué par un policier sur le chemin de la prison. Dans les premiers jours de février 1961, des députés sociaux-démocrates suédois avancèrent son nom pour le prix Nobel de la paix, et l'on annonça fin octobre que le prix lui avait été attribué pour l'année 1960. »

Voir Mbella Sonné Dipoko, Iwiyé Kala-Lobé, Henri Larcier, Salem Okonga et Ronald Segal, « Palabre », *Présence africaine*, n° 39, 1961, p. 228.

Radicalisations de l'apartheid, des contestations et des répressions[1]

Leur parti interdit, les leaders de l'opposition quittent le pays. Ils établissent des états-majors en exil et se dotent, chacun, de branches armées. Le Poqo du PAC œuvre depuis la Tanzanie mais il s'efface progressivement derrière l'Umkhonto we Sizwe, « La lance de la nation » de l'ANC. Basé en Zambie, l'ANC est reconnu par la communauté internationale en 1961 et, dès lors, le Congrès affirme explicitement vouloir renverser le gouvernement d'apartheid en organisant, pour l'instant, le sabotage des infrastructures d'État.

Le rôle de Rolihlahla (dit Nelson) Mandela s'avère déterminant. Avocat de formation et cofondateur de la Ligue de la jeunesse, il défend un nationalisme « africain » empreint de valeurs marxistes et socialistes. Mandela est sur le banc des accusés lors du procès de la trahison en 1961. Acquitté, il quitte clandestinement l'Afrique du Sud et se dirige vers Addis-Abeba, où il doit participer en 1962 à la conférence qu'y organise le Mouvement panafricain pour la liberté de l'Afrique centrale et orientale. Mais il en profite surtout pour mener une campagne internationale au nom de l'ANC. Mandela collecte des fonds et des soutiens politiques et militaires au Mali, au Nigeria, au Ghana, en Guinée, au Liberia, en Sierra Leone, au Sénégal, au Maroc, en Algérie, en Tunisie et en Égypte. Puis il se rend à Londres pour collecter la littérature consacrée aux guérillas avant de partir en Éthiopie, où il suit un entraînement militaire. Lorsqu'il rentre en Afrique du Sud,

1. Voir tout particulièrement : Amzat Boukari-Yabara, *Africa Unite !*, *op. cit.*, p. 307-316.

Mandela a ainsi renforcé l'ANC sur le plan financier, militaire et, surtout, politique. En adoptant la même stratégie que le FLN algérien face à ses concurrents, il a internationalisé la lutte et l'a emporté sur le PAC : l'ANC monopolise désormais la légitimité du combat indépendantiste. Et l'arrestation de Mandela et de plusieurs dirigeants du Congrès n'y change rien. Bien au contraire, lors du procès de Rivonia en 1964, Mandela quitte momentanément sa cellule pour prononcer une plaidoirie retentissante, qui lui permet d'imposer l'ANC comme le premier parti de la lutte anti-apartheid. Il y explique pourquoi le Congrès n'a eu guère d'autres choix que de se convertir à la lutte armée : « Un moment arrive dans la vie d'une nation où il ne reste plus qu'une alternative : se soumettre ou combattre », dit-il à ses juges et, en fait, au monde entier qui aura l'occasion de lire la retranscription de son discours.

43. Pourquoi Mandela a pris le chemin de la lutte armée

« Nous avons commencé par enfreindre la loi tout en évitant le recours à la violence. De nouvelles lois furent édictées alors contre cette forme d'action. Et c'est seulement quand le gouvernement eut recours à la force pour réprimer toute opposition que nous avons décidé de répondre à la violence par la violence. [...] Dans le Manifeste de l'Umkhonto publié le 16 décembre 1961, nous disions : "Un moment arrive dans la vie d'une nation où il ne reste plus qu'une alternative : se soumettre ou combattre. Ce moment est arrivé pour l'Afrique du Sud. Nous ne nous soumettrons pas, et nous n'avons pas d'autre possibilité que de riposter par tous les moyens en notre pouvoir, de défendre notre peuple, notre avenir et notre liberté." [...] À l'Umkhonto, c'est dans l'inquiétude que nous enregistrâmes la réaction des Blancs. Les frontières se dessinaient ; les Blancs et les Noirs se rangeaient en deux camps séparés, diminuant ainsi l'espoir d'éviter la guerre civile. Les journaux blancs annoncèrent que le simple sabotage serait puni de mort. S'il en était ainsi, comment pourrions-nous désormais écarter les Africains du terrorisme ? [...] Le non-respect de la dignité humaine dont les Africains sont victimes est le résultat direct de la suprématie des Blancs. La suprématie des Blancs implique l'infériorité des Noirs. La législation conçue pour préserver la suprématie des Blancs la renforce. Les basses besognes, en Afrique du Sud, sont invariablement effectuées par des Africains. Dès qu'il s'agit de porter ou de nettoyer quelque chose, le Blanc cherche autour de lui un Africain pour le faire, que celui-ci soit ou non à son service. En fonction de cette attitude générale, les Blancs ont tendance à considérer les Africains comme des êtres d'une autre espèce. Ils ne les voient pas comme des gens qui ont leur propre famille, ils n'imaginent pas qu'ils puissent éprouver des sentiments, qu'ils puissent tomber amoureux comme les Blancs ; qu'ils puissent vouloir se conduire à l'égard de leur femme et de leurs enfants comme les Blancs le font ; qu'ils puissent vouloir gagner assez d'argent pour élever décemment leurs enfants, les nourrir, et les envoyer à l'école. [...] Avant tout, nous voulons des droits politiques égaux, parce que sans eux nous restons impuissants. Je sais que cela sonne de façon révolutionnaire pour les Blancs de ce pays, parce que la majorité des électeurs sera constituée d'Africains. Oui, le Blanc a peur de la démocratie. Mais on ne peut permettre à cette crainte de barrer le chemin à la seule solution qui garantira la paix et la liberté pour tous. [...] J'ai adopté pour idéal une société démocratique et libre où tout le monde vivrait ensemble dans la paix et avec des chances égales. J'espère vivre pour le conquérir, mais c'est aussi un idéal pour lequel je suis prêt, s'il le faut, à mourir. »

Nelson Mandela, « Le procès de Rivonia (octobre 1963-mai 1964) », in *id.*, *L'Apartheid*, Paris, Les Éditions de Minuit, 1994 (1re éd. 1965), p. 65-79.

Dans ce contexte où les frontières séparent toujours plus nettement les Blancs des Noirs, l'ANC se radicalise, tout comme les autorités sud-africaines.

En 1964, elles renforcent le système d'apartheid en autorisant le gouvernement à expulser n'importe quel Africain d'une zone rurale ou urbaine. L'État consolide ensuite son dispositif répressif. En 1967, une nouvelle loi autorise la plupart des officiers de police à détenir et interroger une personne suspecte de « terrorisme », un terme que les autorités prennent soin de ne pas définir précisément. Enfin, en 1970, le gouvernement sud-africain décide d'attribuer à chaque individu noir la citoyenneté d'un des dix bantoustans du pays, même si celui-ci n'y a jamais vécu. Rattachés à « leur » bantoustan, les Noirs perdent la citoyenneté sud-africaine et avec elle, les quelques droits dont ils jouissaient légalement.

L'apartheid se renforce et, encore une fois, à l'opposé du résultat escompté, les oppositions s'intensifient. L'ANC organise des sabotages d'une ampleur grandissante, le gouvernement accroît la répression et de jeunes militants indépendantistes jettent les bases du mouvement de la « conscience noire ». Ces derniers ont été éduqués dans le même complexe d'infériorité que leurs parents. Ayant bénéficié d'un certain accès aux études supérieures, ils sont cependant plus déterminés à s'en libérer. À cette fin, ils rejoignent l'Union nationale des étudiants sud-africains. Or, ils le réalisent rapidement, celle-ci est dominée par des étudiants blancs dont les revendications d'autonomie politique et économique sont en profond décalage avec le nationalisme noir. Voilà ce qui pousse ces jeunes militants à fonder la South African Students Organisation (SASO). Avec Bantu Stephen (dit Steve) Biko comme meneur, elle est vite rejointe par d'autres mouvements et d'autres activistes, étudiants, éditeurs, travailleurs ou artistes. Ensemble, ils créent le Mouvement de la conscience noire. Ce dernier représente « un état d'esprit », dit Steve Biko, « un mode de vie qui rejette les valeurs qui font des Noirs des étrangers sur leur propre terre, qui promeut l'autodéfinition plutôt que la définition par les autres, qui considère l'unité de groupe comme la clef pour prendre le pouvoir, politiquement et économiquement ». Et, pour cela, il s'agit de transformer l'agitation qui règne dans les townships en une véritable révolution.

Les émeutes de Soweto constituent l'expression la plus aboutie de cet « état d'esprit ». Elles éclatent au mois de juin 1976 et se soldent par la mort d'environ deux cents personnes, dont deux de couleur blanche. Mais, malgré la brutalité de la répression, ce soulèvement signale que l'apartheid peut bien être le pilier du régime, il est aussi son principal point faible. Le géographe Philippe Gervais-Lambony l'explique : à Soweto comme dans tant d'autres townships, après avoir subi la ségrégation qui leur était imposée par la loi et dans l'espace, « les populations s'y sont progressivement identifiées, ont inventé une culture spécifique puis ont revendiqué le contrôle de ce territoire ».

Une quinzaine d'années après le massacre de Sharpeville, Soweto constitue le second grand basculement de la lutte anti-apartheid. Entre la majorité noire et la minorité blanche, les affrontements ne cesseront plus. La jeunesse défie la police, les arrestations se font toujours plus musclées et, en retour, les manifestations se multiplient. Le fossé se creuse également entre l'Afrique du Sud et le reste du monde. Certes, le régime de Pretoria avait déjà fait l'objet de dénonciations publiques. En 1966, les Nations unies avaient qualifié d'« illégale » l'occupation du Sud-Ouest africain par l'Afrique du Sud et, depuis 1968, après les Jeux olympiques de Mexico, un collectif de sportifs noirs représentés par le joueur de tennis Arthur Ashe boycotte systématiquement les compétitions auxquelles participent les Sud-Africains. Mais, après Soweto, plusieurs États d'Europe et d'Afrique concrétisent leur opposition au régime en imposant un embargo sur le marché sud-africain. Cela n'empêche pas la communauté blanche de survivre, loin s'en faut. Les ventes d'or lui permettent même de vivre dans une relative auto-suffisance et une réelle aisance, au détriment des Noirs qui sont poussés hors des campagnes productives vers les industries urbaines et leurs bidonvilles. La crise économique changera toutefois la donne au mitan des années 1980.

44. Soweto 1976, une journée de sang et de joie

Le 16 juin 1976, dans ce quartier de Johannesburg où depuis les années 1930 les « Noirs » sont forcés de résider de manière permanente mais sans y avoir de véritables droits, environ quinze mille lycéens manifestent pacifiquement. Âgés de dix à vingt ans, ils protestent contre l'imposition de l'afrikaans comme langue d'enseignement pour les Noirs. La police ouvre le feu et tue un enfant de treize ans, Hector Petersen. Les manifestants s'attaquent alors à tous les symboles de l'État présents dans le township : les bus, les débits de boisson publics, les écoles puis les forces de l'ordre qui abattent, ce jour-là, au moins deux cents personnes.

Déjà sur les lieux lorsque les tueries débutent, le photographe Sam Nzima prend en photo le corps sans vie du jeune Petersen, porté par un de ses camarades et suivi par sa sœur en larmes, dans sa tenue d'écolière. Le cliché fait le tour du monde, levant encore davantage le voile sur la violence éhontée du régime sud-africain.

Mais, pour les habitants de Soweto, le 16 juin sera aussi une journée de bonheur : « presque tout le township était saoul », « tout le monde était si généreux », « il y avait une telle joie », se souviennent-ils des années plus tard. Car ce qui se joue à

> Soweto ce jour-là, c'est « une revendication pour la reconnaissance de l'identité territoriale du township et pour le droit des habitants à contrôler leur propre espace. C'est pourquoi la prise du contrôle de la rue, espace public, était si symboliquement importante et fut accompagnée de manifestations de joie », écrit Gervais-Lambony. D'abord ségréguées par le haut de façon négative, les populations noires ont donné à leur identité et leur culture ghettoïsées une « valeur positive ». Celle-ci vient du « bas », et c'est d'elle que découle le droit à l'espace public et à la vie politique au sens premier du terme.
>
> Voir Philippe Gervais-Lambony, *Territoires citadins. 4 villes africaines*, Paris, Belin, 2003, p. 105-106.

Des fissures du régime à l'effondrement[1]

Arrêté en août 1977, Steve Biko meurt un mois plus tard des tortures que lui infligent ses geôliers. La violence de l'État est sans bornes et, à cette date, elle a encore tout pour durer. Pourtant, en 1990 puis définitivement en 1994, le régime est mis à bas, et cela de façon plutôt pacifique. Les causes de ce renversement sont à rechercher dans la nature même du régime, né d'une sortie coloniale si singulière : la domination des populations de couleur, la suprématie de la minorité blanche et la radicale séparation entre les deux.

Commençons par la majorité. Enfermés par le pouvoir dans le carcan de la race, les « Noirs » ont plusieurs porte-parole : la SASO, interdite depuis 1973 ; l'ANC, soutenu à l'étranger par l'URSS et dans le pays par des organisations marxistes ; ses concurrents du PAC, qui continuent de militer pour la libération de

1. Voir tout particulièrement : Frederick Cooper, *L'Afrique depuis 1940*, *op. cit.*, p. 269-287.

l’Azanie ; ou encore ses ennemis de l’Inkhata Zulu, eux aussi décidés, depuis leur bantoustan du Kwazulu, à gagner le monopole de la contestation anti-apartheid. Aucun de ces groupes ne parvient à s’imposer comme leader de la lutte et, paradoxalement, cette absence de front commun représente une difficulté de plus pour le régime de Pretoria. Car celui-ci doit faire face à une opposition d’autant plus difficile à mater qu’elle est protéiforme. Il y a d’abord le Mouvement de la conscience noire, à l’origine d’une nouvelle révolte des townships en 1984. Les émeutes répondent cette fois-ci à des considérations économiques. Avec la récession qui frappe l’économie minière depuis deux ans, tous ceux qui étaient intégrés au système de l’emploi salarié se retrouvent au chômage, même les ouvriers affectés aux postes les plus sous-payés. Alors la violence urbaine s’amplifie, et dégénère. L’ANC parviendra à exploiter et accentuer la situation insurrectionnelle mais, ici, l’ancrage social de la « conscience noire » précède l’intention politique. Il en va de même de l’opposition ouvrière. Les travailleurs de couleur ne sont pas affiliés à des syndicats puisque, compte tenu de leur « race », le gouvernement sud-africain leur refuse ce droit. Seulement, cela n’empêche plus les ouvriers noirs d’organiser des grèves générales. Et contre toute attente, la dimension apolitique de leurs contestations contraint les autorités à légaliser les syndicats noirs : à trop avoir nié l’existence même des populations noires, le régime s’est privé d’interlocuteur à réprimer, ou avec qui négocier. C’est ainsi que naît le Congress of South African Trade Unions (COSATU). Issu d’une première association créée en 1979, il se fait désormais le porte-parole de la classe ouvrière noire, laquelle demande une réforme des relations employeurs-employés, mais aussi l'amendement des lois relatives au logement, à l'école et aux migrations interrégionales. L'ANC interdit, le COSATU devient le premier mouvement d'opposition du pays. D'autres le rejoignent après 1983 et, pour apaiser tous ces détracteurs, le régime sud-africain autorise la création de partis multiraciaux. Le plus important d'entre eux est le Front démocratique uni et là encore, les autorités se retrouvent prises à leur propre piège. Le Front est aussi la vitrine légale de l'ANC, elles ne le savent que trop bien. Mais le gouvernement a beau déclarer l'état d'urgence en 1986, il peine à réprimer un parti multiracial qu'il a lui-même encouragé à voir le jour. Ainsi, pour reprendre l'analyse de Frederick Cooper, la « multitude des ressorts de la mobilisation des Noirs sud-africains » va provoquer la défaite de la minorité blanche.

Il faut toutefois ajouter que la population blanche est de plus en plus divisée. Le Parti national reste au pouvoir de 1948 à 1994, obtenant jusqu'à 65 % des votes en 1978 grâce aux Afrikaners. Pour autant, il fait de moins en moins consensus. Beaucoup de Sud-Africains voient désormais d'un mauvais œil le fait d'être soutenus par des chefs d'État comme Houphouët-Boigny ou Mobutu. Ils considèrent que l'autoritarisme du régime constitue un obstacle à l'intégration de leur économie dans les sphères internationales : l'apartheid est devenu un frein à leur propre développement. Les Sud-Africains sont également nombreux à ne plus supporter le poids de cet État policier qui organise leurs déplacements, censure leur accès aux biens culturels, contrôle jusqu'à leurs relations sexuelles et emprisonne tout individu suspecté de menacer le régime. Jeunes, intellectuels ou tout simplement citoyens en manque de liberté, ils basculent alors dans l'opposition.

45. L'apartheid et l'opposition blanche, en musique et en livre

Étouffés par un régime aussi conservateur qu'autoritaire, brimés dans chaque pan de leur vie quotidienne, beaucoup de Sud-Africains recherchent des espaces de liberté. Ils les trouvent notamment dans la littérature et la musique.

Chanteur états-unien d'origine mexicaine, Sixto Rodriguez peine à réussir dans son pays. Il ne sera reconnu aux États-Unis qu'au début des années 2010. Mais, dès la fin des années 1970, celui qui se fait surnommer Sugar Man est l'une des premières idoles de la jeunesse sud-africaine. Importés clandestinement dans le pays, ses deux premiers albums évoquent la révolution sexuelle, la liberté politique ou l'absurdité du monde moderne. Avec des chansons comme *Crucify your Mind*, dans laquelle Rodriguez use d'une histoire d'amour pour critiquer la politique états-unienne, on comprend le succès qu'il peut rencontrer dans l'Afrique du Sud de l'apartheid : « *And you claim you got something going* [Et tu prétends que tu es en train de faire quelque chose] *; Something you call unique* [quelque chose d'unique] *; But I've seen your self-pity showing* [mais je t'ai vue t'apitoyer sur ton sort] *; As the tears rolled down your cheeks* [pendant que les larmes coulaient le long de tes joues] ; *Soon you know I'll leave you* [tu sais que bientôt je vais te quitter] *; And I'll never look behind* [et je ne regarderai jamais derrière] *; 'Cos I was born for the purpose* [car je suis né dans le but] / *That crucifies your mind* [qui crucifie ton esprit] *; So con, convince your mirror* [alors escroc, convaincs ton miroir] *; As you've always done before* [comme tu l'as toujours fait auparavant] *; Giving substance to shadows* [donnant de l'importance aux ombres] *; Giving substance ever more* [donnant de l'importance encore et encore] *; And you assume you got something to offer* [et tu crois que tu as quelque chose à offrir] *; Secrets shiny and new* [des secrets brillants et nouveaux] *; But how much of you is repetition* [mais quelle partie de toi n'est pas une répétition] *; That you didn't whisper to him too* [que tu lui as déjà murmurée auparavant] »*.

La musique n'est pas la seule voie d'expression pour les Sud-Africains fatigués de l'idéal ségrégationniste de leurs dirigeants. On peut également prendre l'exemple du roman *A Dry White Season* publié en 1979 par André Brink, un professeur de littérature et romancier sud-africain. Dans *Une saison blanche et sèche*, Brink met en scène Ben du Toit, un enseignant d'histoire-géographie vivant à Johannesburg, où il se lie d'amitié avec son jardinier noir, Gordon, affligé par la disparition soudaine de son fils. L'enseignant essaie de l'aider. Il contacte les autorités mais, dans les jours qui suivent, c'est au tour de Gordon de disparaître. Ben du Toit va alors se retrouver écrasé par la violence de l'État policier. Et il ne peut plus ignorer la réalité de l'apartheid : « Voilà l'ultime et terrifiante vérité de mon univers brisé. Je suis blanc. Et, parce que je suis blanc, je suis né dans un état privilégié. Même si je combats le système qui nous a réduits à ça, je reste blanc et privilégié par ces mêmes circonstances que j'abhorre. Même si je suis haï et fui, écarté et persécuté et, pour finir, détruit, rien ne pourra me faire devenir noir. Ainsi, ceux qui le sont ne peuvent que se méfier de moi. À leurs yeux, mes efforts pour m'identifier à Gordon, à tous les Gordon, sont obscènes. Chaque geste que je fais, chaque acte que je commets dans mes efforts pour les aider leur rend plus difficile la tâche de définir leurs besoins réels, de découvrir par eux-mêmes leur intégrité, d'affirmer leur dignité. Comment pourrions-nous espérer transcender les notions de prédateur et de proie, de celui qui aide et de celui qui est aidé, de Blanc et de Noir, et trouver une rédemption** ? »

* Voir Malik Bendjelloul (réalisateur), *Searching for Sugar Man*, Stockholm, ARP Selection, 2012.

** André Brink, *Une saison blanche et sèche* (1979), traduit de l'anglais par Robert Fouques Duparc, Paris, Stock, 1980, p. 362-363.

Opposition des « Noirs », désillusion des « Blancs », c'est en fait le système ségrégatif lui-même qui semble à présent vicié. En 1951, l'Afrique du Sud comptait 13 millions d'habitants dont 20 % de Blancs. Mais, en 1991, le pays rassemble 39 millions de Sud-Africains dont 14 % sont blancs. L'équilibre démographique compromet inévitablement le pouvoir de la minorité. Sa survie nécessiterait que les Noirs deviennent des consommateurs ; or, le régime tout entier repose sur leur exclusion et leur exploitation. L'économie nationale se retrouve donc au bord de l'asphyxie. Avec des millions d'habitants sans pouvoir d'achat, le marché intérieur est trop restreint pour se suffire à lui-même. Et, avec l'embargo international qui pèse sur ses produits d'exportation, la récession des années 1980 frappe l'Afrique du Sud de plein fouet. Les Blancs se mettent eux aussi à faire grève, et l'équilibre de l'apartheid vacille.

Ses promoteurs refusent d'abord de l'accepter. Premier ministre depuis 1978, l'Afrikaner Pieter Botha met en œuvre une « stratégie finale », censée répondre à l'« assaut final » de ses opposants qui seraient manipulés par Moscou. À ce titre, les autorités sud-africaines intensifient la répression à l'intérieur du pays et à l'extérieur, elles commanditent l'assassinat des leaders et soutiens de l'ANC. Dans le contexte d'une guerre froide finissante, l'entreprise échoue. Devenu président en 1984, Botha va alors tenter de réformer le système. En 1983, les populations « colorées » obtiennent le droit à une représentation électorale ; laquelle reste interdite aux « Noirs ». Puis, en 1985, le gouvernement lève l'interdiction des mariages mixtes et établit des premiers contacts avec Nelson Mandela, en vue de sa libération. Le système des laissez-passer est aboli en 1986, l'armée sud-africaine se retire du Sud-Ouest africain en 1988 et en 1990, avec Frederik de Klerk élu à la présidence de la République, l'ANC, le PAC et le Parti communiste sont à nouveau autorisés. Enfin, après vingt-sept années passées en prison, Mandela est libéré. La fin de l'apartheid est proche.

De Klerk espère encore préserver le pouvoir de la minorité blanche. Il obtient de l'ANC que, en cas d'élections et d'une victoire du Congrès, les droits et les propriétés des minorités seront protégés et certaines règles électorales héritées de l'apartheid maintenues. Mais, en échange, l'ANC obtient l'organisation d'une nouvelle élection présidentielle. Elle aura lieu le 27 avril 1994. Entre-temps, à la tête du Congrès, Mandela se révèle à la fois intransigeant et conciliant. En 1990, aux États-Unis, il refuse de céder, d'abord, devant le maire de Miami qui l'exhorte à se désolidariser publiquement de Fidel Castro, ensuite, devant les médias qui lui demandent de retirer son soutien à Yasser Arafat. Cela dit, Mandela sait aussi rassurer les Sud-Africains. En avril 1993, un membre de l'extrême droite blanche assassine Chris Hani, secrétaire général du Parti communiste et héros de la jeunesse noire. Déjà « au bord du précipice », le pays menace de basculer dans la guerre civile. Mais l'ANC en profite au contraire pour unifier les communautés sud-africaines. Mandela fait organiser les funérailles de Hani et, à cette occasion, il appelle les populations blanches à se joindre au cortège et les populations noires à ne pas céder à la provocation. Il demande aux forces de l'ordre de faire preuve de retenue et à la jeunesse d'agir avec sagesse. Puis il invite tous les Sud-Africains à s'unir pour la liberté d'un seul peuple et d'une même nation[1].

Faisant du rejet de la haine raciale le fondement de la nouvelle Afrique du Sud, Mandela est élu début mai 1994 à la présidence de la République. L'ANC remporte 62 % des suffrages, contre 23 % pour le Parti national, 7 % pour l'Inkhata Freedom Party et moins de 5 % pour l'extrême droite afrikaner.

1. François-Xavier Fauvelle-Aymar, « Afrique du Sud, 1993 : le discours qui évita la guerre civile », *L'Histoire*, n° 391, 2013, p. 8-12. Voir également : *id.*, *Convoquer l'histoire. Nelson Mandela : trois discours commentés*, Paris, Alma Éditeur, 2015.

Les méandres d'une sortie coloniale tardive

L'Afrique du Sud est à la fois la première et la dernière des colonies du continent à accéder à l'indépendance. Celle-ci est acquise pour les colons en 1910 avec la création de l'Union, voire en 1931 lorsque le dominion britannique accède officiellement à l'autonomie. Mais, pour les colonisés, l'indépendance n'est conquise qu'en 1994. La colonisation allait main dans la main avec la ségrégation, et la première ne s'achève véritablement qu'avec la disparition de la seconde. C'est le cas en Afrique du Sud, et dans toute l'Afrique australe.

L'Afrique du Sud, l'apartheid et ses voisins

Si le régime sud-africain est devenu le premier symbole du racisme colonial, chaque pays de la région fut impacté par l'idéologie ségrégationniste. Elle fut mise en œuvre en Namibie[1] et au Botswana[2] mais aussi, surtout, en Zambie, au Zimbabwe et au Malawi[3]. Ces derniers partagent une genèse relativement similaire. En effet, ils sont tous trois créés sous mandat britannique par la British South Africa Company dirigée par Cecil Rhodes, ancien Premier ministre de la colonie du Cap et homme d'affaires investi dans l'industrie du diamant. À la fin du XIXe siècle, plusieurs chefferies d'Afrique australe en

1. Ingolf Diener, *Namibie, une histoire, un devenir*, Paris, Karthala, 2000 (2e éd.) ; *id.* et Olivier Graefe (dir.), *La Namibie contemporaine. Les premiers jalons d'une société post-apartheid*, Paris, Karthala-Unesco-IFRA, 1999.

2. Marie Lory, *Le Botswana*, Paris, Karthala, 2014 (2e éd.) ; Daniel Compagnon et Brian Mokopakgosi (dir.), *Le Botswana contemporain*, Paris, Karthala-IFRA, 2001.

3. Là encore, les ouvrages de Frederick Cooper (2012), François-Xavier Fauvelle-Aymar (2013), Philippe Gervais-Lambony (2013) et John Iliffe (2016) sont riches d'informations à recouper les unes avec les autres.

appellent au soutien britannique pour faire face aux chefferies rivales, aux Allemands et aux Portugais. Et Rhodes répond à leur demande en plaçant sous la « protection » de la BSAC le Nyassaland et les deux Zambézie du Nord et du Sud. La compagnie se révèle bien entendu l'outil d'une politique de domination. Au début du XXe siècle, après plusieurs révoltes réprimées par les Britanniques, le Nyassaland et la Rhodésie du Nord deviennent des protectorats de la Couronne, et la Rhodésie du Sud une colonie de peuplement. C'est la principale différence entre ces trois territoires. La Rhodésie du Sud va évoluer au gré d'une politique ségrégationniste et d'une économie de traite reposant à la fois sur les plantations de tabac et de céréales, sur l'extraction minière d'or, de charbon et d'amiante. Quant à la Rhodésie du Nord et au Nyassaland, la première s'organise autour d'une industrie minière qui tarde à se développer et la seconde sert principalement de réservoir de main-d'œuvre à ses deux voisins.

Cette interdépendance entre les trois colonies s'accroît après la Seconde Guerre mondiale, lorsque les Britanniques décident de les rassembler au sein d'une seule fédération. L'entreprise est cependant minée par une double opposition : les populations noires du Nyassaland redoutent l'idéal ségrégationniste des populations blanches de la Rhodésie du Sud qui craignent, elles, d'être envahies par leurs voisins de couleur. Mais les Britanniques persistent. À la faveur de la guerre froide et de la montée des mouvements indépendantistes en Afrique, la Fédération de Rhodésie et du Nyassaland est créée en 1953. Elle doit permettre à la Couronne de lutter plus efficacement contre les communistes et les nationalistes. Ses débuts se révèlent prometteurs : les autorités font régner l'ordre colonial et les populations blanches bénéficient d'une modernisation économique et sociale dont les Noirs sont exclus. Les mécontentements menacent toutefois assez rapidement le nouvel édifice fédéral. À l'instar de leur Premier ministre Edgar Whitehead, les leaders blancs revendiquent l'indépendance de la Rhodésie du Sud. Quant aux élites noires, après avoir intégré les partis multiraciaux désormais autorisés, elles s'investissent dans des syndicats puis des partis indépendantistes. Ces derniers ont d'ores et déjà leurs meneurs : Hastings Banda au Nyassaland, Kenneth Kaunda en Rhodésie du Nord et Joshua Nkomo en Rhodésie du Sud. Ce dernier y prend la tête de la ZAPU (Zimbabwe African People's Union), avant qu'une faction dissidente radicale émerge autour de Robert Mugabe qui crée, lui, la ZANU (Zimbabwe African National Union). Ces mouvements précipitent la dissolution de la Fédération. Malgré l'état d'urgence et les répressions de masse qui s'ensuivent, la Couronne est contrainte de négocier, puis d'accorder l'indépendance à ses trois colonies. Le Nyassaland devient le Malawi en 1964, la Rhodésie du Nord est rebaptisée Zambie la même année et, en 1965, la Rhodésie du Sud accède à l'indépendance en conservant son nom, et ses dirigeants. Elle est gouvernée par Ian Smith, un Anglo-Rhodésien aussi déterminé que son voisin sud-africain à maintenir la domination blanche.

Ce dernier cas le signale, le legs ségrégationniste continue de peser sur les nouveaux États d'Afrique australe. La difficulté de composer avec l'héritage d'une colonisation raciste est d'ailleurs d'autant plus forte que celle-ci perdure en Afrique du Sud. Depuis la Zambie, le président Kaunda s'oppose d'abord à Pretoria en soutenant la branche armée de l'ANC. Cependant, lorsque le marché mondial du cuivre s'effondre au début des années 1980, il finit par se rapprocher des dirigeants sud-africains. Le Malawi fait de même, et plus encore.

À la tête du pays jusqu'en 1994, non seulement Banda intensifie la politique de tribalisation initiée par les colons pour dominer les colonisés, mais il reste aussi un fidèle allié de l'Afrique du Sud. Ensemble, ils soutiennent activement les rebelles de la RENAMO qui entendent renverser leurs voisins socialistes mozambicains du FRELIMO. Quant à la Rhodésie du Sud de Ian Smith, elle obtient sa seconde indépendance en 1980. Une interminable guerre civile entre la minorité blanche et les majorités noires amène la ZANU au pouvoir et, depuis, dans l'ancienne colonie rebaptisée Zimbabwe, la ségrégation s'efface derrière la haine des Blancs. Mugabe prend soin de l'attiser pour rester à la tête de l'État jusqu'en 2017. Seul le temps long semble finalement pouvoir achever la sortie coloniale de l'Afrique australe en général, et de l'Afrique du Sud en particulier.

La nation arc-en-ciel : le temps des changements ?

Le 10 mai 1994, lors de son discours d'investiture, Mandela s'affiche en père de la nation sud-africaine. « De l'expérience d'un désastre humain inouï qui a duré beaucoup trop longtemps, doit naître une société dont toute l'humanité sera fière », dit-il à ses concitoyens. Leur nouveau président les appelle à faire table rase du passé et à se tourner vers l'avenir : « Le temps est venu de panser nos blessures. Le moment est venu de réduire les abîmes qui nous séparent. Le temps de la construction approche[1]. » Et, en effet, l'Afrique du Sud va effectuer un véritable bond en avant. L'État adopte une devise qui souligne la diversité d'une nation « arc-en-ciel ». Un nouveau drapeau intègre les couleurs de l'ANC. Un

1. Fabrice d'Almeida, *Nelson Mandela*, Paris, PUF, « Que sais-je ? », 2018, p. 101-114.

régime démocratique est institué, l'économie se dynamise et de réelles structures collectives d'éducation et de santé sont mises en place. Mais le pays reste profondément marqué par la pauvreté, la criminalité et la ségrégation socio-spatiale[1]. L'un optimiste, l'autre pessimiste, ces deux regards constituent les deux faces d'une seule société sud-africaine qui évolue, nous dit encore une fois le géographe Philippe Gervais-Lambony, au gré de quatre temps.

Le temps le plus court est celui du politique. Il est porté dès 1994 par un parti de masse, l'ANC, un parti communiste de réflexion, un mouvement syndical et un vaste réseau d'associations structurant le monde du travail et la vie quotidienne des Sud-Africains. Cette alliance aboutit à des résultats considérables. Droits constitutionnels et droit de vote pour toutes et tous, reconnaissance légale de toutes les orientations sexuelles, instauration de onze langues officielles dans la sphère publique : la rupture politique est rapide et totale.

Il en va autrement du temps de l'économie. Avec des mesures de « *black empowerment* » et de discrimination positive, le premier gouvernement sud-africain soutient l'essor d'une classe moyenne et entrepreneuriale noire. Dans les faits, les milieux d'affaires anglophones et blancs restent cependant à la tête des grands conglomérats industriels et financiers du pays. Puis, après 1997 et encore davantage sous les présidences de Thabo Mbeki

1. À ce sujet, on trouve, d'une part, des analyses immédiates de la sortie de l'apartheid (Martin Denis-Constant (dir.), *Sortir de l'apartheid*, Bruxelles, Complexe, 1992), d'autre part, des histoires du temps présent (*Afrique contemporaine*, n° 210 « Afrique du Sud », 2004 ; *Politique africaine*, n° 103, « Afrique du Sud. Au-delà de l'arc-en-ciel », 2006) et, enfin, des réflexions sud-africaines sur l'héritage socio-culturel de l'apartheid (Philippe-Joseph Salazar (dir.), *Amnistier l'apartheid. Travaux de la commission Vérité et Réconciliation, sous la direction de Desmond Tutu*, Paris, Seuil, 2004).

(1999-2008) et de Jacob Zuma (2009-2018), les autorités changent de cap. Pour poursuivre leur objectif de rééquilibrage économique, elles cessent de s'appuyer sur des investissements publics et décident de plutôt instaurer une économie néo-libérale, censée favoriser la circulation et la répartition des richesses. Seulement, en pratique, parce qu'elle ne touche que certains territoires, cette politique laisse de côté de nombreuses poches de pauvreté qui correspondent aux espaces urbains autrefois réservés aux « non-Blancs ». L'économie sud-africaine s'inscrit alors dans une certaine permanence avec l'époque d'apartheid.

Cette continuité fait écho à celle du temps de la construction matérielle. Une fois au pouvoir, l'ANC décide de changer non pas la forme mais le fonctionnement de la ville ségréguée. Or, moderniser les townships et construire des habitations à loyer modéré dans les banlieues, c'est reproduire le modèle spatial de l'apartheid. Le même scénario se répète pour les dix anciens bantoustans. Ces derniers sont bel et bien supprimés et intégrés à de nouvelles provinces. En revanche, le gouvernement tarde à concrétiser le transfert des terres encore exclusivement détenues par des agriculteurs blancs. Reconstruire le territoire demande du temps et, surtout, une réelle détermination politique. Mais l'inertie de la matérialité héritée de l'apartheid semble renforcée par celle des autorités étatiques.

Cette inertie se révèle encore plus forte lorsque l'on observe, enfin, le temps des usages. Durant l'apartheid, la société sud-africaine était exclusivement fondée sur la communauté. Et celle-ci était définie selon des critères raciaux. La mixité « raciale » a véritablement progressé depuis chez les plus riches, mais, pour tous les autres, la ségrégation demeure : à l'échelle de la ville, des campagnes et du pays, la concordance est frappante entre l'affiliation raciale et l'appartenance sociale. L'Afrique du Sud semble ainsi divisée entre les « territoires perdants » et les « territoires gagnants » d'une société qui a fait son entrée dans le système-monde sans pouvoir se départir pleinement de l'héritage ségrégationniste[1].

Cette superposition entre « apartheid de classe » et « apartheid de race » nous renvoie vers la nature de l'identité sud-africaine. Depuis 1994, les nouveaux dirigeants du pays tentent d'unir la nation autour d'une seule communauté de destin, celle des Africains-Afrikaners. L'entreprise se concrétise en 1999 lorsque le Congrès se rapproche du New National Party, l'héritier du Parti national depuis 1996. Les deux mouvements vont jusqu'à fusionner en 2005 afin d'atteindre deux objectifs. Leur rapprochement est d'abord tactique. Tandis qu'il permet au Nouveau Parti national de survivre face aux autres mouvements qui le marginalisent, l'ANC y voit un moyen de rallier davantage de Sud-Africains derrière sa politique multiraciale. L'alliance entre les deux anciens ennemis est également idéologique. Elle vise à inventer puis à diffuser l'idée d'une autochtonie commune : Africains et Afrikaners partageraient la tumultueuse histoire des « vrais enracinés » du pays. Le problème est que ce discours continue de définir la société en termes raciaux. D'un côté se trouveraient les Sud-Africains authentiques, Africains et Afrikaners, et d'un autre les Sud-Africains de seconde main, c'est-à-dire, surtout, les immigrés venus des quatre coins du continent. Ces derniers sont alors les nouvelles victimes de la xénophobie sud-africaine. En septembre 2019 par exemple, dans l'ancien township d'Alexandra, là où

1. Philippe Gervais-Lambony, « Afrique du Sud, les temps du changement », *Hérodote*, n° 111, 2003, p. 81-98.

l'ANC avait soutenu le premier boycott général des bus publics en 1943, plusieurs travailleurs immigrés sont tués par la foule, leurs magasins ravagés et leurs camions brûlés[1]. L'idéologique racialisante perdure et la violence qui l'accompagne, aussi[2].

1. Jean-Philippe Rémy, « En Afrique du Sud, aux racines d'une haine des étrangers », *Le Monde*, 20 décembre 2019 (https://www.lemonde.fr/international/article/2019/12/20/en-afrique-du-sud-aux-racines-d-une-haine-des-etrangers_6023612_3210.html, consulté le 22 mai 2020).

2. Vincent Darracq, « Un nationalisme à géométrie variable dans l'Afrique du Sud post-apartheid », *Critique internationale*, n° 48, 2010, p. 161-181.

Chapitre 12

À chaque présent son histoire

3 octobre 2013 au matin. Parties du port de Misrata en Libye, trois cent soixante-six personnes meurent noyées au large de l'île sicilienne de Lampedusa. La plupart d'entre elles venaient d'Érythrée, un pays jusqu'ici méconnu des médias européens qui le décrivent alors comme « une Corée du Nord africaine[1] ». Un peu plus tard dans cette même après-midi du 3 octobre, cette fois-ci à propos du Rwanda, on apprend dans la presse que les États-Unis viennent de sanctionner économiquement le pays « pour des cas de recrutement d'enfants-soldats ». Le régime de Paul Kagame est accusé d'avoir envoyé des enfants rejoindre les « rebelles tutsi » du M23, un mouvement qui a fait sécession dans le Kivu congolais, de l'autre côté de la frontière rwandaise[2]. Enfin, en début de soirée, à la « *Wagah border* » entre l'Inde et le Pakistan, comme chaque jour depuis plus de dix ans, les soldats des deux armées rivales sonnent la retraite et abaissent leurs drapeaux respectifs. Plusieurs milliers

1. Cyril Bensimon, « L'Érythrée, pays mi-prison mi-caserne », *Le Monde*, 9 octobre 2013 (https://www.lemonde.fr/afrique/article/2013/10/09/l-erythree-pays-mi-prison-mi-caserne_3492559_3212.html, consulté le 26 mai 2020).

2. *Le Monde* avec Reuters, « Enfants soldats : Washington annonce des sanctions contre le Rwanda », 3 octobre 2013 (https://www.lemonde.fr/ameriques/article/2013/10/03/enfants-soldats-washington-annonce-des-sanctions-contre-le-rwanda_3489600_3222.html, consulté le 26 mai 2020).

de touristes assistent à cette cérémonie qui a longtemps valu au poste-frontière de Wagah, lit-on dans la presse, le surnom de « mur de Berlin de l'Asie[1] ».

De prime abord, ces trois événements nous renvoient à la violence qui caractérise tant de pays du Sud : violence d'un État qui pousse ses citoyens à l'exil, d'un régime qui envoie ses enfants à la guerre ou encore de deux nations qui se haïssent au point de mettre en scène l'hostilité qu'elles nourrissent l'une envers l'autre. L'actualité de cette violence ne peut toutefois être comprise sans en rechercher les racines. Si l'Érythrée a un point commun avec la Corée du Nord, ce n'est pas tant celui de l'autoritarisme que le fait d'avoir vu son avenir décidé par les Nations unies au début des années 1950, lorsque les impératifs de la guerre froide présidaient à la réorganisation de l'Afrique et de l'Asie. De la même manière, si le M23 est bien un mouvement tutsi soutenu par le Rwanda, son existence nous renvoie elle aussi aux années 1950, lorsque les sorties coloniales inauguraient le début d'une guerre continentale en Afrique centrale. Quant aux drôles de festivités qui se déroulent à Wagah, elles s'inscrivent dans le prolongement direct de la partition qui a séparé l'Inde et le Pakistan en 1947. Si les deux États s'opposent aujourd'hui quotidiennement l'un à l'autre, c'est avant tout pour nourrir leurs identités nationales respectives : moins que la guerre, la paix menace la pérennité de leur État-nation. La violence décrite par les médias est donc une réalité sociale mais telle qu'ils la racontent, nul ne peut véritablement la comprendre.

1. Frédéric Bobin, « À Wagah, le drôle de front », *Le Monde*, 27 mai 2011 (https://www.lemonde.fr/asie-pacifique/article/2011/05/27/a-wagah-le-drole-de-front_1528325_3216.html, consulté le 26 mai 2020).

En 2000, Edward Saïd exhortait les Français à dépasser leur « inconscient colonial » pour véritablement s'emparer de l'histoire algérienne[1]. Le même effort doit être fourni si l'on veut correctement observer les quelque soixante-dix États que comptent aujourd'hui l'Afrique et l'Asie du Sud-Est. Il importe, d'abord, de reconnaître que le passé colonial y pèse encore sur le présent, ensuite, d'accepter que seule une approche à la fois historique et située peut nous permettre d'appréhender l'actualité postcoloniale de manière intelligible. Car, à l'instar des plombiers polonais qui afflueraient en France, des Corses qui se méfieraient de tout ce qui vient du continent ou de l'animosité mutuelle que se voueraient Parisiens et Marseillais, aucun cliché ne peut résister à l'analyse : « migrants », « ethnies » ou « frères ennemis » d'Afrique et d'Asie, tout le monde a une histoire. Elle est le produit du temps qui passe, partout, mais chaque société a sa manière d'actualiser son passé.

Les « migrants » (d'Érythrée)

Un million d'entre eux vivent en Europe et en Amérique du Nord, moins de trois millions à l'intérieur du pays. Et ils sont toujours plus nombreux à tenter de le quitter. Depuis le début des années 2000, chaque jour, une cinquantaine d'Érythréennes et d'Érythréens y parviennent. Certains visent l'Angleterre ou la Suède, qu'ils imaginent sinon accueillantes au moins prometteuses, d'autres veulent seulement rejoindre leurs proches. Ils devront réussir à traverser le Soudan dans le faux

1. Edward Saïd, « Albert Camus, ou l'inconscient colonial », *Le Monde diplomatique*, novembre 2000, p. 8-9.

plancher d'un camion. Il leur faudra ensuite passer la frontière libyenne à pied puis rencontrer des passeurs. Dépouillés de toutes leurs économies, il leur restera encore à traverser la Méditerranée sur une embarcation de fortune. L'aventure est périlleuse ; d'autant qu'en cas d'arrestation sur le chemin ils risquent d'être renvoyés chez eux, puis exécutés. Car, pour l'État érythréen qui a enrôlé toute sa population dans l'armée, ces hommes et ces femmes sont des déserteurs et, à ce titre, depuis leur départ, ils sont condamnés à mort par contumace. Celles et ceux qui reviendront seront donc fusillés : telle est la loi que fuient ces « migrants », ainsi que les nomment les médias européens. Et à en croire ces médias, leur histoire tiendrait d'ailleurs à l'autoritarisme d'un homme, le « dictateur » Issayas Afeworki. En réalité, cette actualité érythréenne est le produit direct d'une colonisation européo-africaine qui court de 1890 jusqu'à 1991.

D'abord la nation, ensuite l'identité

Les États-nations de la vieille Europe naissent au XIXe siècle. Ils représentent l'aboutissement d'une construction identitaire portée par des élites puis des mouvements populaires, lesquels réclament la formation d'un État-nation qui incarne *leur* identité nationale sur *leur* territoire national. L'entreprise ne se fait jamais sans heurts ; pensons à la nationalisation forcée des Bretons en France ou des Irlandais au Royaume-Uni. Cependant, partout en Europe, cette histoire suit la même trajectoire : d'abord l'identité, ensuite la nation. Le cas érythréen nous montre qu'en colonie, le sens de l'histoire s'inverse.

Comme dans la majorité des possessions européennes d'Afrique et d'Asie, en Érythrée les premières pages du roman national racontent une histoire d'étrangers. Le 1er janvier 1890, le roi des rois d'Éthiopie Ménélik II passe un marché avec les Italiens. Ces derniers promettent de ne pas l'attaquer et, en échange, il leur cède les territoires situés dans la partie septentrionale de son royaume, au nord de la rivière Mareb. S'inspirant du grec *eritreaum*, « mer rouge », l'Italie baptise sa première colonie *Eritrea*. Et, dès lors, les deux empires se regardent en chiens de faïence. Régnant sur les hauts plateaux centraux éthiopiens, Ménélik a bien l'intention de conquérir les basses terres qui entourent son domaine, au nord et au sud, à l'est et à l'ouest. Mais l'Italie est déterminée, elle, à s'asseoir à la table des grandes puissances européennes coloniales. Elle se lance alors à l'assaut des montagnes éthiopiennes, en 1896. Seulement, contre toute attente, le roi des rois l'emporte lors de la bataille d'Adwa. S'ensuit une période de négociations entre l'Italie, la Grande-Bretagne, la France et l'Éthiopie, seule puissance coloniale du continent à être africaine. En 1908, elles ont délimité les frontières de la colonie italienne d'Érythrée : au sud, l'empire reste celui de Ménélik ; au sud-est, les Français s'installent pour de bon à Djibouti ; et, à l'ouest et au nord, les Britanniques sont à la tête du Soudan. Créée de toutes pièces par des étrangers, la nation érythréenne s'impose désormais à un ensemble de communautés, de sultanats et de royaumes qui ne partagent ni la même langue ni la même identité. Ainsi, par exemple, tandis qu'à l'ouest le territoire des Beni-Amer est coupé en deux, divisé entre l'Érythrée et le Soudan, à l'est le domaine des Afar se retrouve démembré, partagé entre les trois États érythréen, éthiopien et djiboutien.

Deux facteurs vont toutefois favoriser une « érythréisation » des consciences. Un sentiment d'altérité se développe d'abord dans la colonie. Les populations colonisées participent à la conquête de la Libye en 1911 puis, en 1936, à celle de l'Éthiopie. Elles accèdent à de nouvelles infrastructures d'éducation, découvrent d'autres biens de consommation et sont placées au sommet de la hiérarchie des colonisés établie par les Italiens. Les « Érythréens » deviennent ainsi de moins en moins « Éthiopiens ». À cette altérité s'ajoute ensuite la formation de l'État. En 1941, une fois les Italiens vaincus dans la région par les Alliés, les Britanniques prennent le contrôle de l'Érythrée. Ils en font un protectorat et, progressivement, ils encouragent les populations à former des partis politiques, à créer des syndicats et à se doter d'un hymne et d'un drapeau national. Mais cette libéralisation de l'ordre colonial s'arrête net en 1952. Trop occupés à réprimer les révoltes qui éclatent dans leurs colonies voisines, notamment celle des Mau Mau au Kenya, les Britanniques laissent les Nations unies décider du sort de l'Érythrée. Et celles-ci rétrocèdent la colonie à l'Éthiopie, à laquelle elle est rattachée sous une forme fédérale. L'ONU évoque une « solution de compromis », préférant ignorer que la situation est loin d'être identique à celle de 1890. Car c'est bien d'une communauté érythréenne consciente de sa différence qu'il s'agit désormais[1].

L'oppression viendra finaliser cette nationalisation des populations. À la tête de l'empire éthiopien depuis 1930, Hailé Sélassié a entrepris de bâtir une nation centralisée et chrétienne. L'identité nationale doit y reposer sur la culture amharo-tigréenne, c'est-à-dire sur l'héritage de

1. Voir notamment : Fabienne Le Houérou, *Éthiopie-Érythrée, frères ennemis de la Corne de l'Afrique*, Paris, L'Harmattan-Les Nouvelles d'Addis, 2000.

la civilisation des hauts plateaux éthiopiens, cœur historique du pouvoir avant son expansion coloniale à la fin du XIXe siècle. Et, dans ce contexte, l'Érythrée est l'une des premières cibles de la politique d'éthiopianisation menée par l'empereur. Après 1952, Hailé Sélassié y fait interdire les deux langues officielles qu'avaient reconnues les Britanniques, à savoir l'arabe et le tigrinya. Puis il dissout les syndicats et le Parlement, avant de supprimer le drapeau national. C'est l'étincelle qui met le feu aux poudres. Opprimées au nom de leur appartenance à l'Érythrée, les populations revendiquent à présent leur droit à l'indépendance nationale. Leur combat est porté par l'Eritrean Liberation Front (ELF). Le 1er septembre 1961, ses dirigeants font officiellement sécession et, en retour, l'État éthiopien dissout la fédération. L'Érythrée devient la quatorzième province de son empire. Le point de non-retour est franchi : la lutte indépendantiste durera trente longues années.

Une guerre civile interne divise d'abord les rebelles de l'ELF. La faction dissidente de l'Eritrean People's Liberation Front (EPLF) en sort vainqueur au début des années 1970 et, dès lors, ses soldats tiennent les maquis du nord du pays. Ils luttent contre Hailé Sélassié jusqu'en 1974, puis contre le régime marxiste-léniniste de Mengistu Hailé Mariam. Le combat s'achève le 24 mai 1991 lorsqu'ils libèrent Asmara, la capitale érythréenne. Au même moment, leurs alliés éthiopiens du Tigray People's Liberation Front (TPLF) pénètrent dans Addis-Abeba, la capitale éthiopienne. Ils renversent les dirigeants communistes, puis reconnaissent à l'Érythrée le droit de faire sécession. Un référendum y est organisé deux ans plus tard et, à la question « Voulez-vous que l'Érythrée soit un pays indépendant ? », 99,8 % des votants répondent par l'affirmative. Le 24 mai 1993, la nation accède enfin à l'indépendance[1].

La nation postcoloniale[2]

Après trente ans à lutter dans les montagnes, l'EPLF arrive au pouvoir. Les *fighters*, ainsi qu'ils sont surnommés en Érythrée, rebaptisent leur parti le Popular Front for Democracy and Justice (PFDJ). Et, dès 1995, ils substituent à leur projet d'indépendance celui très officiel de « l'unité dans la diversité ». Deux lois visent à concrétiser ce programme.

Le PFDJ refond d'abord le système foncier. Celui-ci reposait sur deux principaux modes de gestion. Le premier, celui du *diesa* en tigrinya, désigne l'administration des terres villageoises par un conseil, le *baito* : ses membres répartissent les domaines cultivables entre les habitants. Le second, dit *resti*, renvoie au droit de possession du lignage, l'*enda* : la terre se transmet de père en fils. Communautaire ou familial, ces deux systèmes fonctionnent donc à l'échelle locale. Or, les *fighters* considèrent que la nation l'emporte désormais sur le village. « Les traditions relatives à la terre [...] ne s'accordent pas avec les exigences modernes du pays », explique la Proclamation foncière de 1995, avant de stipuler qu'« en Érythrée, toute la terre est propriété du gouvernement [...] et tous les droits légaux afférents sont déterminés par le gouvernement ». En d'autres termes, la réforme abolit les liens terre-village et terre-lignage.

1. Voir notamment : Jean-Baptiste Jeangène Vilmer et Franck Gouéry, *Érythrée, un naufrage totalitaire*, Paris, PUF, 2015.

2. Voir notamment : Guillaume Blanc, « Constructions nationale et patrimoniale dans l'Érythrée indépendante (1991-2006) », *Annales d'Éthiopie*, n° 25, 2010, p. 209-228 ; *id.*, « SOS Érythrée », *L'Histoire*, n° 394, 2013, p. 26.

Le parti décide également de rejeter l'organisation territoriale héritée de l'époque coloniale. Depuis presqu'un siècle, celle-ci repose sur l'identification de neuf ethnies, auxquelles correspondent neuf provinces : il y a les Tigrinya, Tigre, Saho, Afar, Begja, Bilen, Kunama, Nara et Rashaida, et les circonscriptions de Barka, Akele Guzai, Denkalia, Gash Setit, Hamasien, Sahel, Seraye, Senhit et Seraye. En leur sein, la politique se décide à l'échelle de la communauté. Dans chaque village et chaque district, en plus de gérer la terre, les conseils, ou *baito*, définissent les lois et les font appliquer. Or, là encore, le PFDJ estime que la nation doit désormais primer. Les *fighters* substituent aux neuf provinces « ethniques » six régions administratives. Celles-ci sont subdivisées en sous-régions à la tête desquelles le parti place des fonctionnaires de l'État. Quant aux *baito*, ils sont remplacés par des comités de justice eux aussi dirigés par des représentants du PFDJ. Dans chaque sous-région et chaque village, leur tâche est de mettre en œuvre les programmes nationaux initiés par le pouvoir central. Il s'agit donc ici d'abolir les liens entre vie quotidienne et gouvernement local.

Avec ces deux lois, les nouveaux dirigeants entendent nationaliser et contrôler la terre et le fait politique. Mais le sens de ces réformes est également plus profond. L'État cherche à ancrer la nation érythréenne dans la continuité historique.

Les systèmes du *diesa* et du *resti* furent identifiés puis légalisés par les Italiens, lors de la colonisation. Il est toutefois peu probable que ces régimes fonciers aient été aussi figés qu'il n'y paraît. On peut supposer que la propriété des terres était bel et bien liée à la communauté et à la famille ; mais elle fut surtout décrite et définie comme telle par les colons. À leurs yeux, les sociétés africaines étaient si peu avancées qu'elles évoluaient forcément au gré de systèmes relativement primaires : une vie au village, régie par de vieux sages qui se rassembleraient à l'ombre d'un arbre pour répartir les terres, de façon autoritaire certes, mais dans le respect d'une supposée « tradition ». De plus, comme tous les autres colonisateurs européens, les Italiens avaient besoin de définir clairement les systèmes locaux pour pouvoir, ensuite, les dominer : le *diesa* et le *resti* nous renvoient donc, d'abord, à l'histoire coloniale. Y voir les traces d'un système ancestral relève en revanche d'une autre entreprise, tout à fait endogène : celle de la reconstruction du passé par les nationalistes érythréens. Une fois arrivés au pouvoir, pour mieux se distinguer des Éthiopiens, il leur faut insister sur leur passé italien. La colonisation européenne est en fait la première source de leur légitimité. Elle est garante de l'origine de la nation et, aujourd'hui, de son indépendance.

Le même scénario se répète à propos des neuf « ethnies » du pays. Les Italiens les ont identifiées à la fin du XIXe siècle et, depuis 1993, les *fighters* les survalorisent en permanence. Le PFDJ n'a de cesse de vanter le mérite de ces ethnies qui ont su transcender leurs différences pour conquérir l'indépendance : l'unité dans la diversité, dit la devise nationale. Or, si l'on observe les sources de la propagande gouvernementale, on s'aperçoit que les neuf ethnies citées par les autorités ne sont jamais les mêmes. Par exemple, les Hebareb disparaissent régulièrement au profit des Beni-Amer. Et, bien souvent, les Baria remplacent les Rashaida. En se réappropriant les identités coloniales italiennes, l'objectif du parti est encore une fois de combler les pages vides du roman national érythréen. Comme l'ont fait les autres colonies indépendantes avant eux, les nouveaux dirigeants du pays s'efforcent donc de réinterpréter le passé et, au besoin, de l'inventer. En officialisant l'ancienneté des systèmes locaux foncier et administratif, le nouvel État érythréen se dote de solides racines historiques. Il ancre l'histoire de la nation dans le temps colonial. Et, en renvoyant ces systèmes à un passé périmé, il s'attache à construire un présent national. La Constitution érythréenne l'indique d'ailleurs presque explicitement. Depuis 1997, le parti doit « substituer aux allégeances communautaires un lien direct entre le citoyen et l'État ». Plutôt que le village et la famille, la nation doit désormais être le premier référent identitaire des citoyens.

La lutte, toujours la lutte

Les *fighters* sont devenus fonctionnaires, mais leur combat est loin d'être terminé. Après 1991, ils s'engagent dans une véritable lutte identitaire. La moindre de leur action est destinée à faire vivre la nation au nom de laquelle ils ont tout sacrifié pendant trois décennies. La « Charte nationale » du parti l'affirme : « Puisque le peuple et le gouvernement ont lutté pour établir un pays avancé et uni, dans le contexte érythréen de diversité, ils devraient être guidés par le principe de base de "l'Unité dans la diversité". » Seulement, une fois la guerre d'indépendance terminée, les *fighters* en sont parfaitement conscients, l'appartenance nationale des uns n'est pas celle de tous les autres. À l'instar des leaders lusophones du MPLA en Angola ou des métis du FRELIMO au Mozambique, les Tigréens étaient les premiers meneurs du combat indépendantiste : leur identité est résolument nationale et érythréenne. Mais ce n'est pas le cas des autres peuples de ce pays né, comme tant d'autres, d'un découpage colonial ignorant tout de leur existence. Les Afar, par exemple, se sont moins battus pour l'indépendance nationale que pour retrouver le droit dont les Italiens les avaient privés : celui d'exister en tant que peuple, sur un territoire non pas érythréen mais afar. Voilà pourquoi le PFDJ se replie sur son idéologie résistentialiste. Seule la lutte a permis à l'identité érythréenne de prendre forme, et, aux yeux des dirigeants du parti, seule la lutte permettra de pérenniser la nation.

Ce combat nécessite la réactivation quotidienne du lien censé unir les Érythréens autour d'un territoire sacré et menacé, qu'il leur faut toujours défendre. Aussi, depuis 1993, l'État s'engage dans des conflits frontaliers permanents. En se battant contre le Soudan, l'Érythrée met en avant la séparation identitaire qui existerait entre leurs deux nations, et ce malgré la présence des Bedja de chaque côté de leurs frontières. Contre le Yémen, le conflit sur la souveraineté des îles Hanish vise, lui, à affirmer la légitimité des frontières coloniales. Quant à la guerre qui éclate contre l'Éthiopie entre 1998 et 2000, elle vise à convaincre tous les Érythréens de la nécessité vitale de rester unis face à l'expansionnisme de leur voisin.

Les *fighters* s'investissent aussi dans la création à marche forcée d'une culture nationale. Chaque citoyen qui a perdu un membre de sa famille durant la guerre d'indépendance reçoit un certificat de martyrologie : nul ne doit oublier la lutte nationale[1]. Homme ou femme, chaque Érythréen âgé de plus de dix-huit ans est soumis au service militaire et à la conscription à vie :

1. Vincent Brion, « La commémoration des martyrs d'Érythrée (1991-2005) », *Chroniques yéménites*, n° 13, 2006 (http://journals.openedition.org/cy/1375, consulté le 27 mai 2020).

nul ne doit oublier qu'il faut savoir se battre pour la nation[1]. Et, tous les jours à 17 heures, dans la capitale, au moment de la levée du drapeau, chaque personne présente dans la rue doit s'arrêter et théoriquement se tenir immobile pendant quelques minutes : nul ne doit oublier qu'il appartient à la nation.

Cette lutte identitaire explique enfin que l'Érythrée soit devenue une prison à ciel ouvert, ainsi que la décrivent ses jeunes citoyens. La répression est quotidienne. Celles et ceux qui refusent d'effectuer leur service militaire sont privés de la carte d'identité dont le port est obligatoire, en tout temps : un contrôle de police dans un café ou dans la rue suffit à envoyer en prison celles et ceux qui n'ont pas leur « passe ». Les Érythréens qui font l'erreur de parler d'Issayas Afeworki en public risquent eux aussi l'arrestation, même s'ils ont pris soin de taire son nom en le nommant, comme le veut la coutume, « *him* [lui] », ou « *the guy* [le type] ». Ces imprudents iront rejoindre les journalistes et les étudiants contestataires enfermés depuis des mois dans les containers métalliques que l'armée entrepose en plein désert, avec à l'intérieur une vingtaine d'autres détenus qui se partagent un unique seau, à vider deux fois par jour, pas plus. Une permission leur sera délivrée au bout de six mois. Et ils tenteront alors de s'enfuir. « Être fusillé, ou avoir une vie meilleure », voici la devise des conscrits érythréens qui se réfugient aujourd'hui dans l'humour cynique, en attendant de tenter la tragique aventure migratoire de demain[2].

1. David Bozzini, « Surveillance, répression et construction collective de l'insécurité en Érythrée », *Politique africaine*, n° 135, 2014, p. 137-157.

2. Voir notamment : Léonard Vincent, *Les Érythréens*, Paris, Payot & Rivages, 2012.

46. En Érythrée, l'humour comme première porte de sortie

Dans les cafés et les bars les plus discrets d'Asmara, la capitale du pays, l'une des principales occupations des jeunes Érythréens est d'inventer des blagues. Celles-ci donnent la mesure de l'autoritarisme auquel ils sont soumis. Et les fous rires qu'elles ne manquent jamais de provoquer signalent combien l'humour est une forme de résistance mais aussi, surtout, le premier outil dont la jeunesse dispose pour se construire un espace (mental) de liberté. Ces blagues tournent généralement autour de trois sujets : le président Issayas Afeworki, incarnation du pouvoir des *fighters* ; le service national, symbole de l'oppression ; et l'enfer, puisque c'est là que beaucoup d'Érythréens ont l'impression de vivre.

Le président. « En 1993, un peu après l'indépendance, le type [Issayas Afeworki] s'envole pour Israël. Après trente ans passés dans le maquis, il est franchement mal en point, il doit suivre un traitement médical *high-tech*. Les médecins réussissent à le soigner. Le problème est qu'ils l'ont transfusé avec du sang israélien. Voilà pourquoi quand le type rentre au pays, il s'en prend aussi violemment à la population. Il croit que les Érythréens sont des Palestiniens et qu'ils vivent en territoire occupé. »

Le service national. « Un beau jour, Dieu décide de quitter le paradis pour parcourir la terre. Il fait le tour de la planète, regarde les villes, les océans, les montagnes, tout. Et soudain il s'arrête. Dieu se retourne vers l'ange Gabriel et lui demande : "Dis-moi, pourquoi l'Érythrée est-elle entièrement verte ? Quand j'ai créé ce pays, je l'ai fait sec et jaune comme le désert !" Gabriel se penche, regarde, puis il répond doucement à Dieu, en murmurant à son oreille pour que personne ne puisse les entendre : "Seigneur, ce n'est pas de la forêt, ni même de la verdure. Ce sont les uniformes militaires des jeunes". »

L'enfer. « George W. Bush, Jacques Chirac et le type [Issayas Afeworki] se retrouvent en enfer. Pour en sortir, le diable leur donne le droit de passer un coup de téléphone. Bush passe en premier. Il appelle son gouvernement et lui explique la situation : "Je suis en enfer, c'est vraiment horrible ici, terrible, invivable. S'il vous plaît, faites-moi revenir." Les Américains débattent entre eux et ils acceptent. Le diable lui facture un million de dollars le coup de fil. Puis vient le tour de Jacques Chirac. Il appelle la France : “Un endroit irrespirable, la mort est partout, je ne souhaiterais pas ça à mon pire ennemi, autorisez-moi à revenir, je vous en supplie.” Le gouvernement discute, il peut revenir. Et le diable lui annonce la facture, un million d'euros. C'est enfin à son tour. Le type passe son coup de téléphone : il fait sa demande, rapide, claire, autoritaire, et le parti accepte immédiatement. Le diable lui demande alors un nakfa (soit à peine cinq centimes d'euro). Les deux autres s'étonnent aussitôt. Jaloux, énervés, Bush et Chirac demandent au type : “Pourquoi est-ce que tu paies si peu ? Pour aller de l'enfer aux États-Unis c'est un million de dollars, jusqu'à la France c'est un million d'euros, mais depuis l'Érythrée, c'est seulement un nakfa !? Pourquoi !?” Alors, toujours sérieux, le type répond : “Ce n'est pas pareil pour moi puisque c'est un appel local.” »

Observations de l'auteur, Asmara, février 2005.
Et voir, surtout : David Bozzini,
« The *Catch-22* of Resistance : Jokes and the Political Imagination of Eritrean Conscripts »,
Africa Today, n° 60, 2013, p. 38-64.

Les « ethnies » (du Rwanda)

Le cas érythréen est caractéristique des histoires contemporaines africaines et asiatiques : une invention exogène du territoire suivie d'une revendication endogène de la nation. L'histoire rwandaise peut maintenant nous permettre d'appréhender un autre processus, lui aussi propre à la plupart des anciennes possessions européennes : la fabrique coloniale des identités puis leur réappropriation postcoloniale. Le cas du Rwanda le montre fort bien, à l'instar des « migrants » d'aujourd'hui, « les ethnies ont une histoire[1] ».

1. Jean-Pierre Chrétien et Gérard Prunier (dir.), *Les Ethnies ont une histoire*, Paris, Karthala, 2003 (2e éd.).

Ethnicisations coloniale et postcoloniale

Les sources manquent encore pour retracer le passé précolonial du royaume du Rwanda. Plusieurs historiens s'y sont tout de même essayés avec succès[1]. Ils expliquent que, avant la conquête européenne de la région, le royaume nyiginya s'étend sur un territoire correspondant aujourd'hui au Rwanda, au nord de l'Ouganda et à la région du Kivu, dans le nord-est congolais. La majorité des populations y parlent le kinyarwanda. La vie politique s'organise autour d'un roi (*mwami*) et de plusieurs clans (*ubwoko*), tandis que la hiérarchie sociale repose sur une distinction croissante entre des Tutsi et des Hutu. Vraisemblablement, le terme « Tutsi » désignait à l'origine les éleveurs de bétail les plus riches. Puis, au XIXe siècle, l'ensemble des éleveurs se revendiquent « Tutsi ». Ils entendent ainsi afficher leur supériorité sur les agriculteurs qui sont désormais désignés, eux, comme des « Hutu », une dénomination englobant à l'origine les catégories sociales les plus basses, les agriculteurs, les serviteurs ou les étrangers, par exemple. Ce processus de distinction sociale s'opère lorsque les Tutsi commencent à monopoliser les fonctions politiques du royaume. Pour autant, il n'y a pas une concordance systématique entre l'appartenance au groupe tutsi et l'exercice du pouvoir. Un Hutu peut devenir Tutsi, et vice versa. Et, tandis qu'au Rwanda une dynastie composée de lignages appartenant à la classe tutsi exclut les élites hutu du pouvoir, dans le royaume voisin du Burundi la dynastie régnante assoit son autorité en conciliant en son sein les lignages associés aux groupes hutu et tutsi. Ces

1. Jan Vansina, *Le Rwanda ancien. Le royaume nyiginya*, Paris, Karthala, 2012 (2e éd.).

catégories sociales étaient donc perméables avant que l'Allemagne ne soumette les deux royaumes, au début du XXe siècle. Puis, après la Première Guerre mondiale, les puissances européennes s'accordent pour les confier à la Belgique. Les Belges rattachent le Ruanda-Urundi à leur colonie voisine du Congo et, pour gouverner, comme l'empire germanique avant eux, ils s'appuient sur la théorie hamitique en vogue en Europe. Les colons vont alors racialiser les catégories « Hutu » et « Tutsi ».

47. L'hypothèse hamitique : faux nègres et vrais nègres du Rwanda

Au milieu du XIXe siècle, les savants et lettrés européens s'investissent dans la taxonomie raciale. En croisant la biologie, l'anthropologie et l'histoire, ils se persuadent que les hommes aux traits fins et à la peau claire des hauts plateaux d'Afrique orientale appartiennent à la race des Hamites. Ces derniers seraient les descendants de la race blanche des Chamites, c'est-à-dire, selon la tradition biblique, les fils de Cham, l'enfant maudit de Noé, puis, selon les savants européens du XIXe siècle, des Caucasiens qui auraient quitté leurs terres il y a environ cinq mille ans. Ces hommes blancs auraient migré vers le sud et, au fil de leurs déplacements, ils se seraient métissés avec des Égyptiens puis des Éthiopiens. Ainsi seraient nés ces « faux nègres » que les colons rencontrent en Afrique de l'Est – au Rwanda, ce sont les Tutsi. Puis il y aurait les « Bantous », à la peau plus foncée et aux traits plus gros. Dans les langues de la région, le mot « *bantu* » ne désigne rien d'autre que les « êtres humains ». Mais les savants européens définissent ces langues comme « bantouphones » et leurs locuteurs, comme une race, celle des « vrais nègres » que les colons rencontrent notamment au Rwanda – ce sont les Hutu. Certes, ces derniers sont supérieurs aux pygmées qui peuplent également le pays. Les Hutu restent cependant d'authentiques nègres et, à ce titre, ce sont des êtres inférieurs ; preuve en est, forts de leur ascendance caucasienne, les Tutsi les dominent politiquement.

Les colons vont d'ailleurs jusqu'à associer les Tutsi à une race « noble » et les Hutu à des « serfs ». Jean-Pierre Chrétien et Marcel Kabanda ont montré combien cette croyance va alors être partagée par les savants, les administrateurs et les civils de métropole et de colonie. Les deux historiens ont notamment étudié le manuscrit de Jules Sasserath, un médecin belge qui travaille au Congo au mitan du XXe siècle. En 1948, celui-ci publie *Au pays des « Hamites ». Un étrange royaume féodal au cœur de l'Afrique : le Ruanda-Urundi*. Sorte de reportage écrit, ce petit livre est tout à fait symptomatique des perceptions européennes de l'Afrique en général et du Rwanda en particulier. Après une préface rédigée par deux sommités du monde littéraire et de la presse belges, voici la description que Sasserath donne des Hutu et des Tutsi : « On les appelle les Batutsis. En réalité, ce sont des Hamites, probablement d'origine sémitique ou, suivant certaines hypothèses, chamite, voire adamite. Ils représentent environ un dixième de la population et forment en réalité une race de seigneurs. Les Hamites ont 1,90 m de taille. Ils sont élancés. Ils possèdent le nez droit, le front haut, les lèvres minces. Les Hamites apparaissent distants, réservés, polis, fins. On devine en eux un fond de fourberie, sous le couvert d'un certain raffinement. Les femmes, lorsqu'elles sont jeunes, sont réellement belles ; elles ont d'ailleurs le teint légèrement plus clair que celui des hommes. Le reste de la population est bantoue. Ce sont les Bahutus, des nègres qui en possèdent toutes les caractéristiques : nez épaté, lèvres épaisses, front bas, crâne brachycéphale. Ils conservent un caractère d'enfant, à la fois timide et paresseux, et le plus souvent sont d'une saleté invétérée. C'est là la classe des serfs. La race des chefs exige d'eux multiples corvées. »

Voir Jean-Pierre Chrétien et Marcel Kabanda, *Rwanda. Racisme et génocide. L'idéologie hamitique*, Paris, Belin, 2013, p. 81-86.

Convaincus de la véracité de ces savoirs préconçus et racistes, les administrateurs coloniaux s'emploient à étudier le physique des populations. Ils mesurent les individus, la taille de leur corps, de leur crâne ou de leur nez, les divisent en trois « races » et les recensent selon ces critères physico-raciaux. Puis, en 1931, l'administration belge instaure une carte d'identité sur laquelle les colonisés doivent indiquer leur appartenance. La population rwandaise est très officiellement racialisée. Elle compterait 14 % de Tutsi, c'est-à-dire des Hamites pasteurs devenus l'aristocratie dominante ; 85 % de Hutu, des Bantous agriculteurs devenus la masse dominée ; et 1 % de Twa, des pygmées chasseurs-cueilleurs enfermés dans la sauvagerie africaine originelle. Figées sur le papier, ces identités vont ensuite s'ancrer dans le quotidien des colonisés. D'autant que, pour pérenniser l'ordre colonial, les Belges prétendent restaurer la coutume selon laquelle les « seigneurs » tutsi gouvernaient jadis la majorité de « serfs » hutu. Ils établissent donc un système politique, économique et scolaire favorisant les Tutsi, qui deviennent l'élite intermédiaire grâce à laquelle les colons parviennent à contrôler la majorité[1].

La décolonisation ne signe pas la fin de cette racialisation. Elle accélère au contraire un autre processus, celui de l'ethnicisation de la société rwandaise. À la veille de l'indépendance, par stratégie mais aussi par aliénation, une élite hutu se rassemble autour d'intellectuels, d'instituteurs et d'employés de bureau. Ils réclament que le pouvoir soit confié au « peuple », c'est-à-dire à l'« ethnie » hutu. C'est dans ce contexte qu'éclatent les premières violences antitutsi, en 1959. Les Belges n'interviennent pas, ou presque, car ils sont désormais rangés du côté des masses qui devraient leur permettre de rester influents dans la région. Ils laissent plutôt se renforcer le Parmehutu, le Parti du mouvement de

1. Jean-Pierre Chrétien, *Le Défi de l'ethnisme. Rwanda et Burundi*, Paris, Karthala, 2012 (2e éd.), p. 21-35.

l'émancipation des Bahutu, porté par Grégoire Kayibanda. Celui-ci arrive au pouvoir une fois l'indépendance proclamée, en juillet 1962. Et, sous couvert d'une révolution sociale hutu, le parti use de la grille raciale établie par les Belges pour éliminer légalement l'opposition tutsi, au nom de la règle de la majorité. Le Parmehutu en profite aussi pour se débarrasser des opposants hutu qui contestent son autoritarisme. Puis il poursuit son entreprise ethno-nationaliste. Avec une part très officielle de 9 % de Tutsi dans la population, des quotas sont instaurés dans le pays : les écoles ne doivent pas abriter plus de 9 % de Tutsi. Ces derniers résistent dans un premier temps. Des Tutsi réfugiés au Burundi organisent plusieurs raids contre la capitale rwandaise de Kigali, mais la répression est violente, et massive. En 1963, quinze mille d'entre eux sont tués par les forces armées gouvernementales[1].

Depuis, les tensions perdurent. L'ethnisme fait des ravages au Rwanda et encore davantage, au lendemain de la sortie coloniale, au Burundi. Avant la conquête européenne, la division entre groupes hutu et tutsi n'était pas aussi déterminante dans le territoire burundais que dans le rwandais. Voilà pourquoi la colonisation belge ne s'y est pas traduite par une partition aussi rigide. Cela explique aussi l'identité du parti qui arrive au pouvoir en 1962. Baptisé l'Union pour le progrès national, l'UPRONA compte presque autant de Hutu que de Tutsi. Seulement, les violences qui éclatent au Rwanda et l'afflux des réfugiés tutsi qui s'ensuit renforcent, ici aussi, un processus d'ethnicisation. Craignant de subir

1. Jean-Pierre Chrétien, « Hutu et Tutsi au Rwanda et au Burundi », *in* Jean-Loup Amselle et Elikia M'Bokolo (dir.), *Au cœur de l'ethnie. Ethnies, tribalisme et État en Afrique*, Paris, La Découverte, 2005 (1re éd. 1985), p. 129-165.

le même sort que leurs homologues rwandais, les Tutsi burundais se replient sur une identité ethno-nationaliste. Et, inévitablement, les Hutu font de même. Ces derniers regroupent leurs forces en 1965 pour remporter les élections et former un gouvernement « ethniquement » homogène. Mais ils sont renversés l'année suivante par les partisans tutsi de Michel Micombero. Des opposants hutu essaient de le destituer, celui-ci les fait exécuter et il en profite pour mettre en œuvre une politique de défense tutsi. La résistance hutu s'organise pas à pas, jusqu'à lancer, en 1972, une série d'attaques coordonnées contre les populations tutsi. Alors l'armée intervient : elle fait environ cent mille morts chez les Hutu. Baptisée *ikiza*, le « fléau », cette crise a un caractère génocidaire. Mais elle est surtout le produit de rivalités clientélistes et régionales où l'ethnie est moins la cause que le prétexte. L'argument ethnique permet aux adversaires politiques de rallier un maximum de partisans, contre un maximum d'ennemis[1].

Cette ethnicisation exponentielle mène droit au génocide des Tutsi du Rwanda. En 1973, Juvénal Habyarimana renverse le président Kayibanda pour apaiser, affirme-t-il, les conflits ethniques. Mais rien ne change pour les Tutsi, et ces derniers émigrent massivement. Ils partent se réfugier au Burundi et dans la région congolaise du Kivu. Les Tutsi rwandais se dirigent aussi vers l'Ouganda, où ils subissent rapidement la politique xénophobe du président Milton Obote. C'est contre lui qu'en 1980 ils fondent la RANU, la Rwandese Alliance for National Unity. Puis, l'année suivante, à l'instar de Fred Rwigyema et Paul Kagame, nombre d'entre eux

1. Voir notamment : Jean-Pierre Chrétien et Jean-François Dupaquier, *Burundi 1972. Au bord des génocides*, Paris, Karthala, 2007.

rejoignent les troupes de Yoweri Museveni, le premier opposant ougandais d'Obote. Celui-ci accède au pouvoir en 1986. Il doit beaucoup à ses alliés rwandais mais, à ses yeux, la RANU est devenue trop puissante. De plus, le FMI conditionne désormais l'octroi de ses prêts bancaires à la démilitarisation du pays. Museveni encourage alors le FPR à attaquer le Rwanda. Héritier de la RANU, le Front patriotique rwandais (FPR) donne l'assaut le 1er octobre 1990 sous la conduite du « commandant Fred » et de Kagame. Suite à la mort du premier sur le champ de bataille, le second dirigera le FPR et ses soldats durant les trois années suivantes. Réunis dans l'Armée populaire rwandaise, ils combattent les forces du président Habyarimana qui mobilise de son côté tous les supporters d'une nation hutu : l'armée ; les milices *interahamwe*, « ceux qui travaillent / combattent ensemble » ; les membres de son parti unique, le Mouvement révolutionnaire national pour le développement ; la nouvelle Coalition pour la défense de la République ; et les médias, dont Radio Mille Collines qui scande sur les ondes, à longueur de journée, le slogan « Tuez-les tous ».

Ougando-rwandais, le conflit s'étend enfin à toute la région, en 1993. À cette date, les troupes d'Habyarimana sont activement soutenues par Mobutu. Le Zaïrois s'efforce de réprimer le soulèvement du Kivu, une région où les Tutsi du Rwanda affluent en nombre. Au même moment au Burundi, des militaires tutsi assassinent le président hutu fraîchement élu, Melchior Ndadaye. En réponse à ce coup de force, des Hutu s'en prennent à des Tutsi et, pour répondre à ces attaques, l'armée tutsi s'attaque aux populations hutu. Cette escalade de la violence semble contenue après les accords d'Arusha, signés en Tanzanie en août 1993. Quelques mois plus tard, début 1994, au Rwanda, le FPR de Kagame est invité à former une coalition aux côtés du président Habyarimana. Et, au Burundi, un nouveau président hutu est élu, Cyprien Ntaryamira, lequel gouverne aux côtés d'un Premier ministre tutsi. Puis tout s'effondre le 6 avril 1994. Alors qu'ils rentraient de Tanzanie, où les deux présidents s'étaient rendus pour planifier l'application des accords d'Arusha, Habyarimana et Ntaryamira sont assassinés. Deux missiles sont tirés sur leur Falcon 50, qui vient s'écraser à Kigali, dans les jardins du palais présidentiel. Tutsi du FPR, radicaux hutu, militaires français, l'identité des commanditaires de l'attentat fait encore débat aujourd'hui[1].

Le génocide

Reste que cet attentat marque le coup d'envoi d'un génocide au terme duquel au Rwanda, le 4 juillet 1994, les extrémistes hutu ont assassiné plus de huit cent mille personnes, Tutsi pour l'immense majorité, opposants hutu pour une minorité. La rapidité avec laquelle s'opère ce génocide s'explique par la proximité des bourreaux et des victimes, mais pas seulement.

48. Innocent Rwililiza, rescapé du génocide rwandais

Interviewé par le journaliste Jean Hatzfeld, Innocent Rwililiza, un enseignant qui a survécu au génocide, raconte : « Je me souviens d'un soir, quelques semaines avant les attaques, je rentrais du boulot en compagnie d'un collègue et voisin hutu. On parlait de ce qui se négociait au sommet d'Arusha entre les gouvernants et les rebelles, de nos inquiétudes politiques. À mi-côte, il s'est arrêté, il m'a regardé ; il m'a dit : "Innocent,

1. Mehdi Ba, « L'attentat du 6 avril 1994. Confusion, inversion, négation », *Cités*, n° 57, 2014, p. 65-78.

on va vous exterminer." Je lui ai rétorqué : "Non, je ne crois pas. Nous allons souffrir une fois de plus, mais nous allons sûrement nous sauver." Il m'a répété : "Innocent, écoute-moi, je dois te dire que vous allez tous mourir." Plus tard, j'ai croisé ce collègue dans le quartier, il se baladait dans une camionnette de militaires du camp de Gako, il désignait du doigt les portes de ceux qu'il fallait tuer. Il m'a vu, il a simplement repris son occupation.

Le lendemain de la chute de l'avion d'Habyarimana, nous continuions à enseigner pendant les horaires de journée ; mais les nuits, nous les dormions dans la brousse, loin des habitations, de crainte des coups fourrés. Le 11 avril dans la matinée, il y a eu un très grand brouhaha en ville. Des militaires se sont mis à fusiller très sérieusement dans les rues. Mais rapidement, ces militaires ont constaté que les gens n'étaient pas menaçants, ils n'ont plus consumé de cartouches, ils ont seulement donné un coup de main aux *interahamwe* qui s'étaient déjà rués pour cogner. Ils ont débuté par les commerçants prospères, parce qu'ils étaient déjà, surtout préoccupés de s'enrichir.

Dans la panique, une foule s'est précipitée vers le bâtiment communal. On est restés quelque deux heures, assemblés dans la cour, à attendre des paroles de protection. Le bourgmestre est sorti, il était vêtu de son trousseau bleu de cérémonie. Il nous a déclaré : "Si vous retournez chez vous, on va vous tuer. Si vous fuyez dans la brousse, on va vous tuer. Si vous restez ici, on va vous tuer. Toutefois vous devez partir d'ici, parce que je ne veux pas de sang devant ma commune." Les femmes, les enfants et les plus faibles se sont mis en marche vers l'église. Moi […] j'ai couru toute la journée sans destination. J'ai passé la nuit dans les taillis et j'ai atteint Kayumba le lendemain. Là-haut, nous nous sommes retrouvés quelque six mille personnes bien portantes, à deux ou trois kilomètres de la ville, à attendre les péripéties dans les forêts d'eucalyptus. Le jour du massacre à l'église, du haut de Kayumba, on a entendu les grenades et on a vu des fumées. Ma femme et mon enfant s'étaient réfugiés à l'intérieur. Quatre jours plus tard, j'ai croisé dans les bois une maman qui avait échappé au massacre. Elle m'a dit : "Innocent, j'amène une mauvaise nouvelle, j'ai croisé ton épouse dans la mêlée à l'église. Dans l'état où je l'ai laissée, je dois te dire qu'elle n'est plus de ce monde." J'étais

assommé, mais j'espérais encore. Je me disais : "Si personne n'a vu sa dépouille, peut-être elle a pu échapper elle aussi."
Encore aujourd'hui, des années plus tard, quand j'aperçois au loin une silhouette qui ressemble à la sienne, je sursaute dans la rue. C'est très éprouvant de vivre avec une fausse espérance.
Je peux dire aujourd'hui que survivre avec le souvenir de son épouse et de son enfant, quand on ignore comment ils ont été tués, quand on ne les a pas vus morts, et qu'on ne les a pas enterrés, est la chose la plus décourageante.
Je ne pouvais pas emmener ma femme et mon fils, sur la colline de Kayumba, parce qu'ils ne couraient pas assez vite. Je ne les ai pas suivis à l'église qui est de coutume réservée aux personnes faibles. Je me disais : "Puisque tu vas mourir, tu dois quand même essayer de durer deux ou trois jours de plus." Voilà pourquoi nous nous sommes quittés. »

Jean Hatzfeld, *Dans le nu de la vie. Récits des marais rwandais*, Paris, Seuil, 2000, p. 93-95.

Pour mieux identifier les racines historiques du génocide, il convient d'abord d'observer les ressorts idéologiques de la mobilisation populaire. Dans les semaines qui suivent le 7 avril, premier jour des violences, les extrémistes hutu véhiculent l'idée d'une guerre totale contre les Tutsi. Cette guerre n'est ni politique ni conjoncturelle, elle est ethnique et structurelle : les génocidaires en appellent à écraser les *inyenzi*, les « cafards », terme qui désigne d'abord les réfugiés et les membres du FPR puis, par extension, tous les Tutsi. Deux logiques s'entremêlent. D'une part, en animalisant les Tutsi, la propagande raciste permet d'unir la population autour de l'édification d'une nation humaine, et hutu. Car si la nation veut être humaine, elle doit être hutu, les attaques incessantes du FPR et l'assassinat d'Habyarimana le prouvent. Ici, la cruauté des tueurs n'est que la mise en acte d'une nécessité prétendument vitale, celle de se débarrasser des Tutsi. D'autre part, les tueries servent les intérêts de ceux qui les commettent. Les génocidaires cherchent tantôt à s'enrichir en dérobant les biens de leurs victimes, tantôt à conserver une situation sociale privilégiée que menaceraient les *inkotanyi* (les « combattants valeureux » du FPR) et les *ibyitso* (leurs « complices » de l'intérieur). Ici, la mobilisation est associée à l'ethnicité mais son moteur est avant tout social. Nation humaine et donc hutu, société égale et donc hutu : l'historien Florent Piton l'explique, les arguments auxquels recourent les extrémistes donnent finalement à voir le « faisceau d'événements [qui] instaurent une continuité entre les discriminations et les violences de 1959 jusqu'au printemps 1994[1] ».

Animés par cette même vision ethnique de la société, deux « acteurs intermédiaires » donnent au génocide son caractère fulgurant. Le pouvoir hutu a instauré un programme national d'« autodéfense populaire » dont la réussite réside, à l'échelle de la commune, dans l'action conjointe des employés des administrations militaires et civiles. Ces représentants de l'autorité se légitiment les uns les autres pour diffuser auprès des Hutu les fantasmes du danger tutsi, pour leur distribuer des armes et pour les former à leur maniement. Puisque les représentants de l'État acceptent leur présence, les militaires sont convaincus d'agir comme il le faut ; et puisque les militaires sont présents, les employés gouvernementaux se sentent dans leur bon droit en participant aux tueries. L'action de ces acteurs intermédiaires révèle ici l'inexactitude des analyses qui voudraient qu'une foule génocidaire

1. Florent Piton, *Le Génocide des Tutsi du Rwanda*, Paris, La Découverte, 2018, p. 107-108.

ait été soumise à une poignée de dirigeants calculateurs. Bien au contraire, nous dit une autre historienne, Hélène Dumas, le génocide ne s'explique que par la « conjonction d'une dynamique verticale impulsée par l'État, et d'une logique horizontale de pogroms au sein des communautés de voisins[1] ».

De ces pogroms « en train de s'accomplir », il n'existe qu'une seule image, celle de la vidéo enregistrée par le caméraman britannique Nick Hughes le 11 avril à Kigali. En revanche, depuis 1994, une quantité d'images du génocide « accompli » sont exposées dans les mémoriaux et à l'occasion des commémorations officielles. Cette publicisation des cadavres et des restes de corps démembrés représente une rupture radicale avec la culture rwandaise des morts. Depuis l'époque précoloniale, indique Nathan Réra, la règle sociale veut que les corps soient généralement enveloppés dans une natte avant d'être soit abandonnés dans la forêt, soit ensevelis sans sépulture près des habitations. L'omniprésence des images de la mort signale alors l'actualité de la « fracture anthropologique » que représente encore le génocide pour toute la société rwandaise[2].

Quant à l'ethnicité, si sa marque a disparu des cartes d'identité, elle demeure le pilier de l'État autoritaire que dirige Paul Kagame *de facto* depuis 1994, et officiellement depuis 2000. Car la première source de légitimité du régime est d'avoir conduit une nation déchirée depuis l'époque coloniale sur les chemins de la réconciliation postcoloniale. Le génocide n'en finit pas de peser sur le

1. Hélène Dumas, *Le Génocide au village*, Paris, Seuil, 2014, p. 155.

2. Nathan Réra, « Rwanda, 1994-2014 : la photographie à l'épreuve des cadavres. Une anthropologie des images du génocide des Tutsi », *in* Jean Guilaine et Jacques Sémelin (dir.), *Violences de guerre, violences de masse. Une approche archéologique*, Paris, La Découverte, 2016, p. 297-314.

quotidien des Rwandais, sur la vie politique du pays et, plus largement, sur celle de toute la région.

Conflits nationaux et guerres régionales

Le Tchad évolue main dans la main avec ses voisins du pré carré français. L'histoire sud-africaine ne saurait être dissociée de celle des autres pays d'Afrique australe. Les politiques cambodgienne et vietnamienne s'inscrivent dans un cadre indochinois, à l'instar de l'Indonésie et de la Malaisie ancrées, elles, dans un archipel indo-malais. Et, au Rwanda, l'histoire et la mémoire du génocide en attestent, le temps présent postcolonial ne peut être saisi hors du contexte régional dans lequel il se déroule. Ce contexte est celui de l'Afrique centrale et, plus particulièrement, de la place qu'y occupe le Congo.

Revenons d'abord brièvement sur l'histoire du Congo-Kinshasa. De 1885 à 1908, à la faveur de la ruée européenne vers l'Afrique, Léopold II fait de l'État indépendant du Congo sa propriété personnelle. Le roi des Belges y soumet les populations à l'arbitraire de colonisateurs dont la mission est de tirer profit des ressources naturelles. Puis, de 1908 à 1960, une fois le Congo cédé par Léopold à l'État belge, son histoire est celle d'une colonie d'exploitation tournée vers le commerce de l'ivoire et du caoutchouc. Et selon la conception européenne d'une Afrique naturelle, près de deux cent cinquante « ethnies » sont identifiées. Elles se répartiraient autour des quelque deux cent cinquante affluents du fleuve Zaïre, que les colons rebaptisent Congo. Ensuite, de 1960 à 1965, après l'indépendance de la République du Congo, une lutte tripartite oppose les partisans du président Joseph Kasa-Vubu (du parti de l'Abako bakongo), ceux du Premier ministre Patrice

Lumumba (du Mouvement national congolais) et les troupes du dirigeant sécessionniste de la province minière du Katanga, Moïse Tshombé. Dans un contexte de guerre civile et de guerre froide, Lumumba est assassiné, le Katanga revient dans le giron congolais grâce au soutien des Nations unies puis, après avoir défait les derniers maquis lumumbistes, Mobutu devient l'homme fort du pays. Il y met en œuvre, jusqu'en 1997, une politique anticommuniste, une économie d'État garde-barrière et un système préfectoral dont la pérennité repose sur la captation des revenus miniers par une clique mafieuse. Tant que Mobutu laisse ses préfets s'enrichir et que ceux-ci parviennent à payer l'armée, ils se partagent la direction et l'exploitation du pays. Mais la vie politique et l'économie nationale sont trop corrompues et anarchiques pour tenir indéfiniment. Au mois de mai 1997, après une « odyssée » d'un an au cours de laquelle il traverse le pays d'est en ouest, Laurent-Désiré Kabila fait une entrée triomphante à Kinshasa. Ancien lumumbiste dans le Katanga puis seigneur de guerre réfugié dans le Kivu, il renverse le régime après avoir pris la tête de l'Alliance des forces démocratiques pour la libération du Congo-Zaïre, l'AFDL. Kabila doit sa réussite à la faillite de l'État que Mobutu avait rebaptisé Zaïre. Mais il la doit aussi au soutien de l'Ouganda, du Rwanda et du Burundi[1].

Les liens entre le Congo et ses trois voisins se tissent principalement dans la région du Kivu à l'est du pays. La victoire du FPR en juillet 1994 met fin au génocide au Rwanda et, très vite, la guerre se transporte au Kivu.

1. David Van Reybrouck, *Congo. Une histoire* (2010), traduit du flamand par Isabelle Rosselin, Paris, Actes Sud, 2012 ; Jean-Pierre Chrétien, *L'Invention de l'Afrique des Grands Lacs. Une histoire du XXe siècle*, Paris, Karthala, 2010.

Les *Banyarwanda* y sont nombreux. Le terme désigne littéralement les « gens du Rwanda » et, dans les faits, les Tutsi qui vivent dans cette région depuis plusieurs générations, ou depuis qu'ils ont fui leur pays après l'indépendance de 1962. À cause de leur ascendance rwandaise, Mobutu les considérera toujours comme des traîtres à la nation zaïroise et c'est pourquoi après le génocide, durant l'été 1994, ils sont nombreux à quitter le Congo pour repasser de l'autre côté de la frontière, au Rwanda. Or, au même moment mais en sens inverse, 1,2 million de Hutu s'exilent au Kivu. De là, ils lancent des raids réguliers sur le Rwanda.

Ces attaques sont à l'origine de la première guerre du Congo, de 1996 à 1997. Paul Kagame envoie ses soldats soutenir les *Banyarwanda* du Kivu et, surtout, détruire les camps des réfugiés hutu. Il s'associe pour cela à l'Ouganda : ensemble, ils soutiennent un seigneur de guerre farouchement opposé à Mobutu, Laurent-Désiré Kabila. Cette coopération s'avère payante. Tandis que l'Alliance dirigée par Kabila parvient à mettre fin au règne de Mobutu, huit cent mille réfugiés Hutu ont reflué vers le Rwanda. Trois cent mille Hutu meurent aussi d'épuisement, ou sous les coups d'une AFDL soucieuse de montrer sa gratitude à ses alliés. Seulement, après avoir instauré une dictature digne de son prédécesseur, Kabila décide de s'émanciper de la tutelle de ses deux petits voisins rwandais et ougandais. Alors, en 1998, la deuxième guerre du Congo éclate. Initialement, elle oppose deux fronts distincts. D'un côté, les rebelles du Rassemblement congolais pour la démocratie (RCD) sont soutenus par l'Ouganda, le Rwanda et le Burundi. De l'autre, le régime de Kabila bénéficie du soutien de l'Angola, de la Namibie et du Zimbabwe. Puis les alliances éclatent et se complexifient. Le RCD se divise à l'intérieur du pays entre plusieurs factions soutenues, depuis l'extérieur, par tous les États de la région. Ces derniers s'opposent désormais les uns aux autres par le truchement des factions congolaises qu'ils financent et qu'ils arment[1].

Cette guerre prend officiellement fin en 2003. Depuis, le Kivu reste cependant le terrain d'affrontements internationaux permanents, ainsi qu'en témoigne la suspension de l'aide militaire états-unienne au Rwanda le 3 octobre 2013, au nom de l'assistance qu'apporte Kagame au Mouvement du 23 mars, dit le M23. La presse associe les troubles qui agitent le Kivu au « sécessionnisme » d'une « ethnie » tutsi qui ne serait liée qu'au Rwanda. Mais c'est nier aussi bien la géographie que l'histoire postcoloniales. Il est moins question d'ethnisme que de populations ethnicisées par les colons et instrumentalisées, depuis, par tous les États d'Afrique centrale et australe qui tantôt les soutiennent, tantôt les oppriment. Et, plutôt que de sécessionnisme, il est désormais davantage question d'une guerre globale de prédation. Le Kivu rassemble aujourd'hui un nombre incalculable de firmes multinationales américaines, européennes et asiatiques, d'ONG humanitaires occidentales, de mineurs informels, de groupes armés et en effet, cet élément, les médias le soulignent, d'enfants-soldats. Car au Kivu, l'Ouganda[2], le Rwanda[3], le Congo de Kabila (celui du fils Joseph, au pouvoir

1. Roland Pourtier, « L'Afrique centrale dans la tourmente. Les enjeux de la guerre et de la paix au Congo et alentour », *Hérodote*, n° 111, 2003, p. 20-38.

2. Gérard Prunier, « L'Ouganda et les guerres congolaises », *Politique africaine*, n° 75, 1999, p. 43-59.

3. Pierre Jacquemot, « Le Rwanda et la République démocratique du Congo. David et Goliath dans les Grands Lacs », *Revue internationale et stratégique*, n° 95, 2014, p. 32-42.

de 2001 à 2019) et chaque mouvement rebelle[1] luttent désormais pour le contrôle des mines d'or, de diamant, de cobalt et de coltan. La vente de ces minerais leur permet de poursuivre un combat à l'issue duquel ils espèrent pouvoir gouverner un territoire, et y affirmer une identité tantôt ethnique, tantôt nationale, voire régionale. Et cette lutte continue notamment grâce aux fonds que leur fournissent les multinationales qui ont besoin, entre autres, du coltan du Kivu grâce auquel se fabriquent une grande partie des téléphones « intelligents » qui circulent dans le monde.

Les « ennemis » (indo-pakistanais)

Au Rwanda comme en Érythrée, en Afrique comme en Asie, l'actualité postcoloniale est le produit d'identités territoriales nées de processus historiques cumulatifs lesquels sont autant exogènes qu'endogènes. L'état des relations indo-pakistanaises le signale tout particulièrement. Au-delà des drames migratoires ou génocidaires, chaque postcolonie nécessite que l'on continue de penser par relations, systématiquement.

Deux histoires nationales

Depuis la partition de 1947 et la fin de la première guerre du Cachemire en 1949, trois périodes marquent la trajectoire de l'Inde contemporaine[2]. Les

1. Jason Stearns, « Repenser la crise au Kivu : mobilisation armée et logique du gouvernement de transition », *Politique africaine*, n° 129, 2013, p. 23-48.

2. Voir notamment : Christophe Jaffrelot (dir.), *L'Inde contemporaine. De 1950 à nos jours*, Paris, Fayard, 2006 (1re éd. 1996) ; *id.* (dir.), *L'Inde contemporaine. De 1990 à aujourd'hui*, Paris, Pluriel, 2014.

années 1950-1960 représentent d'abord le temps de la construction nationale. Soutenu par le parti du Congrès, Nehru se fait l'architecte d'une « voie indienne » où se mêlent un capitalisme d'État, une démocratie parlementaire et une cohabitation plutôt pacifique entre les communautés linguistiques et religieuses du pays ; le tout en prônant le non-alignement dans la géopolitique internationale. Puis, jusqu'à la fin des années 1980, cette voie indienne est progressivement remise en cause. Après avoir mené sa Révolution verte, l'État oriente l'économie vers un système libéral. Les conflits qui l'opposent à la Chine poussent l'Inde à prendre position dans la guerre froide et à s'associer avec l'URSS. Quant au parti du Congrès, il commence à s'effacer derrière une alternance parlementaire qui entraîne, elle, une différenciation croissante entre les provinces du pays. Enfin, depuis le début des années 1990, les changements amorcés durant les deux dernières décennies se concrétisent. Côté géopolitique, la chute de l'URSS conduit l'Inde à tourner le dos au non-alignement et à se rapprocher de l'Asie, puis des États-Unis. Côté économique, l'État décide de laisser libre cours à l'économie néo-libérale. Et, côté politique, le Congrès décline encore davantage, cédant sa place à des partis nationalistes hindous, des mouvements régionalistes et des formations politiques représentant les basses castes.

L'histoire de l'Inde postcoloniale est marquée par des processus progressifs plutôt que des virages radicaux. Toutefois, l'ascension du nationalisme hindou représente une véritable rupture, probablement la plus marquante du pays depuis sa séparation d'avec le Pakistan. Nehru et ses successeurs ont stimulé un sentiment d'appartenance indien fondé sur la fierté nationale, l'attachement au territoire et la reconnaissance de la diversité des populations. Mais, depuis la fin des années 1990, le Parti nationaliste hindou instrumentalise la menace terroriste venue du Pakistan musulman pour rallier les Indiens autour d'une idéologie de repli sur soi. Au point qu'aujourd'hui, pour beaucoup d'Indiens, hindouisme et indianité ne font plus qu'un. Initiée à l'époque coloniale et renforcée au moment de l'indépendance, la nationalisation de la foi continue.

49. De la mosquée au nucléaire : le face-à-face indo-pakistanais

Le 6 décembre 1992, en Inde du Nord, des nationalistes hindous rasent l'une des mosquées les plus importantes de la ville d'Ayodhya. Selon eux, les musulmans auraient bâti cette mosquée sur un temple hindou, il y a quatre siècles. La destruction de l'édifice vise donc à rectifier le cours de l'histoire. Et elle pousse immédiatement les deux communautés à l'affrontement : les heurts provoquent la mort de deux mille personnes, musulmanes pour la plupart.

Aux yeux de ceux qui orchestrent cette abolition matérielle du présent musulman, l'hindouisme ne désigne ni une religion ni une communauté de croyants. C'est « une véritable nationalité » née de l'âge d'or de l'Inde hindoue, celle qui existait avant les invasions musulmanes de l'époque médiévale. Cette nationalité renvoie alors, dans l'esprit des extrémistes hindous, à l'interprétation du passé précolonial et, dans les faits, à la reconfiguration coloniale des identités religieuses, les Britanniques ayant politisé les religions pour pouvoir diviser les colonisés et mieux les contrôler*.

Les événements de décembre 1992 s'inscrivent dans le prolongement de ce processus. La destruction de la mosquée est le fait d'au moins deux partis. Le premier est la RSS, l'Association des volontaires nationaux. Elle est l'héritière d'un mouvement créé en 1925 en réaction aux craintes qu'éprouvaient de nombreux hindous face à la reconnaissance croissante de l'islam par les Britanniques. Et la RSS est désormais alliée au BJP, le Parti du peuple indien. Après avoir instrumentalisé les émeutes musulmanes qui suivent la destruction de la mosquée d'Ayodhya, ce dernier accède au pouvoir en 1998. Dès son arrivée à la tête de l'État, l'Inde procède à cinq essais nucléaires, au nom de la menace que représenterait son voisin pakistanais. Celui-ci réplique en organisant à son tour, deux semaines plus tard, des essais nucléaires : cinq, précisément. Pour la coalition au pouvoir à New Delhi, dans laquelle le BJP n'a pas la majorité absolue, cette démonstration de force était une réponse nécessaire à l'encerclement de l'Inde par la Chine et le Pakistan, lesquels menacent régulièrement ses frontières. L'attitude des partis de la coalition diffère toutefois de celle du Parti du peuple indien. Les premiers se soucient avant tout de la géopolitique régionale. Pour eux, ces essais nucléaires représentent l'élargissement du nationalisme hindou à un nationalisme bien plus large : celui de l'Inde. En revanche, pour le Parti du peuple comme pour les militants de la RSS, ce nationalisme indien nucléaire n'est que la manifestation concrète du nationalisme hindou. La différence est subtile mais elle est de taille. Pour beaucoup d'Indiens, l'hindouisme représente un attribut parmi d'autres de leur identité nationale. Mais, pour les partisans du BJP encore au pouvoir en 2020, à l'instar de leur Premier ministre Narendra Modi, l'hindouisme et l'indianité se confondent : les hindous sont les authentiques Indiens ; tous les Indiens devraient donc être hindous**.

* Voir Claude Markovits, « Appropriation du passé et nationalisme hindou dans l'Inde contemporaine », *Sociétés & Représentations*, n° 22, 2006, p. 63-80.

** Voir Christophe Jaffrelot, « Du nationalisme hindou au nationalisme nucléaire en Inde », *Études*, n° 389-10, 1998, p. 305-314.

Ce nationalisme, on l'aura compris, est étroitement lié à l'existence du Pakistan. Le phénomène est réciproque : le Pakistan n'évolue pas indépendamment de l'Inde. Sa trajectoire contemporaine est toutefois nettement plus chaotique[1]. Depuis 1947, la vie politique pakistanaise est

1. Voir notamment : *id.*, *Le Syndrome pakistanais*, Paris, Fayard, 2013 ; *id.* (dir.), *Le Pakistan*, Paris, Fayard, 2000.

marquée par une alternance permanente entre des phases de démocratisation et de militarisation. Cette histoire se dessine à travers l'adoption de trois Constitutions (en 1956, 1962 et 1973), la réalisation de trois coups d'État militaires (en 1958, 1977 et 1999) et l'engagement dans les trois guerres du Cachemire menées contre l'Inde en 1948 et 1965, puis en 1971 suite à la proclamation de l'indépendance du Pakistan oriental devenu, depuis, le Bangladesh. Plusieurs facteurs expliquent cette instabilité chronique.

Il importe d'abord de prendre la mesure de la vulnérabilité que ressentent les Pakistanais depuis la partition. Beaucoup considèrent avoir été floués en 1949 lors du règlement de la guerre du Cachemire, où l'Inde conserve le contrôle des points stratégiques. Bien des Pakistanais sont également apeurés par la détermination de l'État indien à « ré-unifier » le sous-continent. Enfin, nombre d'entre eux se sentent pris au piège entre les Indiens d'un côté et les Afghans de l'autre. Ces derniers refusent en effet de reconnaître la ligne Durand à cause de laquelle, depuis l'époque britannique, le territoire pachtoune se retrouve coupé en deux : sa partie occidentale en Afghanistan, celle orientale au Pakistan. Beaucoup d'Afghans réclament sinon un Pachtounistan indépendant, du moins le rattachement de tous les Pachtounes à l'Afghanistan. Quant aux autorités pakistanaises, elles sont convaincues que Kaboul et New Delhi s'entendent pour assiéger le pays.

Cette peur de l'encerclement explique en partie le déficit démocratique de l'État et son hypertrophie militaire. Cela dit, des logiques exclusivement pakistanaises entrent aussi en jeu. L'administration civile est animée par une telle culture autoritaire du pouvoir qu'aux yeux de ses responsables la démocratie et la justice ne feraient que menacer leurs intérêts. Voilà pourquoi, quels que soient les régimes qui se succèdent, l'État pakistanais demeure centralisé. Ce phénomène nous renvoie directement à la genèse du projet national élaboré, à la veille de l'indépendance, par Ali Jinnah et la Ligue musulmane. Selon ce projet, si chaque province pakistanaisc correspond bien à un groupe ethno-linguistique particulier, chaque habitant du pays doit se sentir appartenir à un seul État-nation : celui qui représente l'islam et où se parle l'ourdou, une langue minoritaire dans le pays mais employée par l'élite qui a mené le Pakistan vers la souveraineté. Venue de l'Inde du Nord, cette aristocratie lettrée, ourdophone et musulmane est l'héritière de l'empire moghol qui dominait le pays depuis le XVIe siècle. Déclassée par les Britanniques, elle a alors revendiqué la séparation d'avec l'Inde au nom d'un islam menacé par les hindous, mais aussi au nom de la restauration et de la défense de son rang.

Conjuguée à un sentiment national de vulnérabilité, cette singularité des logiques pakistanaises explique l'instabilité du pays. Depuis 1947, le Pakistan évolue plus précisément au grés de trois contradictions majeures, soulignées par le politiste Christophe Jaffrelot. D'abord, tel qu'il est défini par l'élite musulmane ourdophone, le modèle d'État-nation unitaire brime l'autonomie théoriquement accordée aux provinces : les mouvements sécessionnistes sont donc légion. Ensuite, parce qu'elle est dédiée à la protection de leurs intérêts politiques et économiques, la collusion entre les autorités civiles et militaires se révèle incompatible avec l'existence de contre-pouvoirs : les islamistes populistes sauront alors incarner le combat pour l'égalité politique et sociale. Enfin, les dirigeants pakistanais conduisent une politique d'islamisation qui se retourne fatalement contre eux. Durant les années 1970, pour faire face à la menace indienne, ils s'efforcent d'unir le peuple autour de l'islam. Puis, à compter des années 1980, les autorités pakistanaises s'associent aux islamistes afghans et cachemiri pour étouffer, avec les premiers, les revendications pachtounes et, avec les seconds, les velléités des opposants qui souhaiteraient un rattachement à l'Inde. Seulement, ces islamistes radicaux ne peuvent que contester l'existence même de l'État-nation qui les soutient épisodiquement. Tout au long des années 1990 et surtout après le 11 septembre 2001, ils s'en prennent alors à l'État qui les prive constamment, eux et les Pakistanais, du partage du pouvoir et des ressources.

Quoique sur un registre différent, cette situation postcoloniale fait largement écho à celle de l'Inde. Islamisme ou hindouisme selon les cas, la nationalisation de la foi n'en finit pas de rythmer le quotidien des deux nations.

Un même syndrome postcolonial

L'histoire de l'une est en grande partie fonction des relations qu'elle entretient avec l'autre. Cette association indo-pakistanaise est née en 1947 et, depuis la partition, elle se joue avant tout au Cachemire[1].

Décrété le 1er janvier 1949 sous les auspices des Nations unies, le cessez-le-feu s'accompagne de la promesse d'un référendum qui offrira aux populations le choix de leur avenir. Celui-ci n'aura jamais lieu. Les deux armées refusant de se retirer, le Cachemire vit sous tutelle. À l'ouest, tandis qu'une partie de l'ancien État

1. Voir notamment : Jean-Luc Racine, « Le Cachemire et ses trois cercles », *Le Débat*, n° 118, 2002, p. 156-165 ; *id.*, « Le paradigme pakistanais », *Hérodote*, n° 139, 2010, p. 3-50.

princier est dirigée par le Pakistan, une administration exclusivement provinciale contrôle la région dite du « Cachemire libre ». En revanche, la partie orientale du territoire conserve le nom de Jammu-et-Cachemire. Elle est occupée *de facto* par l'Inde, puis officiellement gouvernée par celle-ci depuis 1956. Et, des deux côtés de la frontière, dans tout le Cachemire, tandis qu'une partie des populations souhaite l'indépendance, d'autres espèrent être rattachées à la nation qui les dirige. Le problème est alors qu'Islamabad et New Delhi ont une vision bien différente de cet imbroglio cachemiri. Pour le Pakistan, la situation est le symbole de l'inachèvement de la partition. Mais, pour l'Inde, elle est la preuve de l'hostilité que son voisin nourrit à son égard.

Aucun des deux États ne souhaite apaiser les tensions, les conflits diplomatiques se multiplient et, en 1965, la deuxième guerre du Cachemire éclate. Elle durera jusqu'en 1966. De nouveaux accords de paix sont signés à Tachkent, en Ouzbékistan : le *statu quo* perdure. Puis, en 1971, après la défaite du Pakistan occidental contre le Bangladesh, la guerre se déplace une nouvelle fois au Cachemire. Ce troisième conflit s'achève en 1972 sur la reconnaissance officielle de la ligne de partage entre l'Inde et le Pakistan. Et il se traduit aussi par la formation de mouvements indépendantistes et islamistes radicaux. Tandis que le Front de libération du Jammu-et-Cachemire réclame l'indépendance de la région, le Hizbul-Mujahidin se bat pour un rattachement au Pakistan.

Les hostilités n'ont jamais cessé depuis. Elles sont parfois frontales, comme en 1999, lorsque les soldats indiens doivent combattre les généraux pakistanais qui se sont associés à des groupes islamistes pour pénétrer de « leur » côté de la ligne de cessez-le-feu. Mais, le plus souvent, l'Inde et le Pakistan s'affrontent indirectement, préférant soutenir les factions qui leur sont favorables. Il faut dire que, depuis les essais nucléaires de 1998, l'Inde a conscience qu'elle ne pourrait sortir totalement victorieuse d'une quatrième guerre. Quant au Pakistan, sa présence au Cachemire vise avant tout à poursuivre son interminable quête de parité avec son puissant voisin.

Entamée à la fin du XIXe siècle, cette quête prend un nouvel élan au cours des années 1930, quand Ali Jinnah élabore la théorie dite des « deux nations ». La Ligue considérait que les musulmans et les hindous formaient deux communautés à part entière ; et peu importait que l'une soit majoritaire et l'autre minoritaire. Jinnah, lui, va plus loin. Il estime que les musulmans et les hindous forment deux civilisations différentes. Mais à ses yeux, une telle différence démographique les sépare qu'elles ne peuvent être regroupées dans le même État : il est indispensable de construire deux États-nations. Cet objectif est atteint en 1947.

La quête de la parité se déplace alors des hindous vers les Bengalis. Après la partition, le débat politique se cristallise autour du système fédéral pakistanais. Si celui-ci venait à reposer sur la représentativité des provinces, et donc de leur nombre d'habitants, leurs pouvoirs seraient forcément disproportionnés. Située au Pakistan oriental, forte de ses 41 millions de citoyens, la province du Bengale aurait un poids prépondérant dans la fédération. En revanche, située au Pakistan occidental et abritant 33 millions d'habitants, la province du Pendjab n'aurait qu'un rôle secondaire. Quant aux trois provinces pakistanaises qui la jouxtent, elles seraient réduites à une participation toute symbolique. Pour corriger ce déséquilibre, les élites musulmanes et ourdophones s'allient avec les autorités politico-militaires de la province du Pendjab ; au point de se fondre dans le même appareil administratif. Leur objectif est de rallier les trois autres provinces du Pakistan occidental derrière le projet dit du « *One Unit Scheme* ». Celui-ci prévoit que, indépendamment du nombre de provinces qu'elles abritent, deux à l'est, quatre à l'ouest, les deux ailes de la fédération auront le même nombre de sièges au Parlement : l'équilibre entre le Pakistan occidental et le Pakistan oriental serait ainsi garanti. Ce projet est à l'origine des alliances et des mésententes qui divisent les provinces pakistanaises pendant vingt ans. Puis il aboutit en 1971, à l'est, à la sécession du Bengale oriental et, à l'ouest, à la centralisation du pouvoir par les élites pendjabi rejointes pour l'occasion par les Mohajires, des musulmans qui ont fui l'Inde du Nord après la partition et qui sont eux aussi, pour la plupart, ourdophones.

Puis une troisième et dernière phase débute pour les dirigeants pakistanais. Ils décident de poursuivre leur quête de parité en élaborant cette fois-ci le concept de « profondeur stratégique ». En perdant le Bangladesh, ils ont perdu leur capacité à encercler l'Inde. Aussi, lorsque l'URSS envahit l'Afghanistan en 1979, ils n'ont qu'une crainte : voir l'Inde se servir de ses alliés russes pour à son tour encercler le Pakistan. Islamabad se rapproche donc des islamistes afghans qui combattent les Soviétiques. L'URSS quitte la région en 1989 mais les autorités pakistanaises continuent, elles, de soutenir les groupes islamistes d'Afghanistan. Désormais, leur objectif est de faire du pays une base arrière grâce à laquelle lutter contre le géant indien. Cette orientation dite de « profondeur stratégique » contraint cependant l'État pakistanais à adopter une politique quasi schizophrénique. Parce qu'il a besoin d'intervenir au Cachemire pour affaiblir l'Inde, il soutient les islamistes qui y mènent désormais un véritable djihad. Mais, parce que le Pakistan a besoin de s'allier aux États-Unis pour pouvoir peser face à l'Inde, il est aussi contraint de pourchasser… les islamistes.

Tel est le prix de cette quête de la parité. Elle est d'ailleurs si coûteuse que les spécialistes du Pakistan vont jusqu'à la qualifier de « syndrome » : « elle en a la dimension récurrente, voire obsessionnelle, et le côté contre-productif, en tout cas depuis 1947 », nous dit encore Christophe Jaffrelot[1]. Ajoutons que ce syndrome est éminemment postcolonial. Aujourd'hui comme au moment de la sortie coloniale, ainsi que l'affirme Jean-Luc Racine, « la nation pakistanaise ne peut échapper au fait qu'elle existe par opposition à l'Inde[2] ».

S'il y est peut-être moins visible, ce syndrome affecte tout autant le voisin indien. La « *Wagah border* » le montre bien. Wagah est l'un des deux seuls postes-frontières qui permettent aux citoyens de circuler entre les deux nations, de la ville indienne d'Amritsar jusqu'à celle de Lahore, au Pakistan. Et la cérémonie qui s'y déroule chaque soir depuis près de vingt ans est l'occasion pour les soldats de mimer l'invasion de l'une par l'autre, avant d'abaisser simultanément leurs drapeaux respectifs. Ce *check point* incarne le fossé qui sépare les deux pays. Certains auteurs y voient le signe d'une violence perpétuelle mais, au quotidien, Wagah est davantage l'instrument d'une relation postcoloniale à double sens, où l'Inde et le Pakistan n'existent que grâce à l'autre. Chaque soir au poste-frontière, devant la foule réunie sur des gradins installés des deux côtés de

1. Christophe Jaffrelot, « Le syndrome pakistanais, ou la quête souvent irréaliste d'une coûteuse parité », *Hérodote*, n° 139, 2010, p. 51-68.

2. Jean-Luc Racine, « Le syndrome indien. Entre Cachemire et nucléaire », *in* Christophe Jaffrelot (dir.), *Le Pakistan, carrefour de tensions régionales*, Bruxelles, Complexe, 1999, p. 41.

la ligne de démarcation, tandis qu'en Inde un animateur choisit un spectateur pour courir avec le drapeau national jusqu'au point « 0 » de la frontière, au Pakistan deux commis d'État portent le drapeau national en scandant « *Allah Akbar* » (« Dieu est grand »). Ainsi s'opposent la nation indienne, démocratique, et la nation pakistanaise, soudée autour de l'islam. Mais Wagah est aussi le symbole de leur victoire commune contre l'occupant britannique, comme en témoigne la cérémonie des chandelles qui se tient chaque année les 14 et 15 août, jours des fêtes nationales respective du Pakistan et de l'Inde. Durant vingt-quatre heures, des chandelles restent allumées à la frontière, en signe de la continuité entre les déclarations d'indépendance du Pakistan et de l'Inde, les 14 et 15 août 1947.

Finalement, il est moins question d'une rivalité naturelle entre deux nations que d'une nécessité commune d'exister en miroir de l'Autre. Certains sont d'autant plus pakistanais qu'ils ne sont pas indiens, d'autres sont d'autant plus indiens qu'ils ne sont pas pakistanais. À cet égard, les deux nations ne représentent en aucun cas une exception. Ces jeux identitaires existent en Afrique comme en Asie : l'Érythrée contre l'Éthiopie ; l'Indonésie contre la Malaisie. On les retrouve également au sein même de nombreux États-nations : les Hutu contre les Tutsi au Rwanda ; les Ashanti contre les nationalistes centralisateurs au Ghana ; les urbains du FRELIMO contre les ruraux de la RENAMO au Mozambique ; les Vietnamiens du Sud contre ceux du Nord ; ou encore les Chinois contre les Malais en Malaisie.

Partout, la course de dirigeants africains et asiatiques pour le monopole du pouvoir ou des ressources est un symptôme qui focalise l'attention. Or, derrière ce symptôme se cache toujours une cause profonde, et historique.

La rivalité qui oppose aujourd'hui l'Inde et le Pakistan nous renvoie d'abord à la domination des hindous par les musulmans, ensuite à la conversion coloniale des croyances religieuses en identités sociales, enfin à la concrétisation de ces nationalités religieuses en États-nations. Et, dans chaque postcolonie, à l'instar des régimes autoritaires ou des violences génocidaires, aujourd'hui encore, pour être comprises, les rivalités identitaires doivent être envisagées comme le produit de l'entremêlement du temps colonial, du moment indépendantiste et des trajectoires postcoloniales.

50. Et pendant ce temps-là, à la *Wagah border*…

Au fil d'une enquête de terrain menée à Wagah, le géographe David Goeury a décrypté la touristification d'« un lieu qui porte en lui la mémoire d'un conflit ». Le processus débute en 2000. Déterminé à développer le tourisme dans la région d'Amritsar, le gouvernement indien décide de faire construire des gradins au poste-frontière de Wagah. Quitte à nourrir la rivalité avec le Pakistan, pourquoi ne pas en faire, aussi, une attraction touristique ? Et l'entreprise incite Islamabad à bâtir à son tour une tribune, dédiée aux Pakistanais morts durant la partition.

Depuis, chaque année, deux millions de personnes assistent à cette cérémonie : « Alors que le jour décline, que les derniers fonctionnaires quittent leur poste pour s'en retourner vers Amritsar pour les Indiens, vers Lahore pour les Pakistanais, la route s'enfièvre. Des dizaines d'échoppes ouvrent, autant de marchands ambulants s'installent sur le bord de la route, et surtout des centaines de véhicules, auto-rickshaws, taxis, bus, tentent de se garer bruyamment sur des bas-côtés non stabilisés, sur les conseils de gardiens de parking improvisés. La foule – plusieurs milliers en Inde, plusieurs centaines au Pakistan – s'agglutine devant la barrière des douanes. À 17 h, à leur ouverture, elle entre en marche soutenue jusqu'au point "0" qui marque la frontière entre le Pakistan et l'Union indienne. Elle dépasse les administrations et se masse derrière une arche fermée d'un mince cordon tenu par les immenses soldats indiens, ou les puissants *Rangers* pakistanais. Vers 18 h, enfin, les soldats font glisser la masse d'impatients le long de barrières métalliques qui longent la frontière, les Pakistanais les premiers puis les Indiens. [...] L'attente n'est pas silencieuse, bien au contraire, les chants, les musiques et les danses s'enchaînent jusqu'à la tombée du jour. Puis, l'officier sonne la "retraite" avant la descente des drapeaux. Les gardes indiens à l'est, les *Rangers* pakistanais à l'ouest marchent d'un pas décidé vers les portes closes à grand renfort de gestes guerriers. Ils ouvrent les portes sous les acclamations. Commence alors une étrange parade où Pakistanais et Indiens, de façon coordonnée, grimacent, gesticulent, s'intimident, avant de faire glisser les deux drapeaux lentement et simultanément. Jamais l'un ne doit être plus haut que l'autre. Une fois les drapeaux pliés, les deux officiers se saluent avant de claquer les portes qui resteront closes toute la nuit. Alors, la foule quitte les gradins, non sans venir prendre quelques ultimes photographies avec les héros de la cérémonie. »

Voir David Goeury, « "Wagah Border". Mise en tourisme d'un rituel nationaliste à la frontière indo-pakistanaise », *Civilisations*, n° 57-1, 2008, p. 139-154.

Pour des histoires-mondes comme les autres ?

Difficile d'abandonner le rêve de la synthèse. Pourtant, en matière d'histoire des décolonisations, il est peut-être nécessaire de s'y résoudre. La structure même de l'enseignement supérieur français reste marquée par des cadres de pensée hérités, qu'on le veuille ou non, du passé colonial. Les cursus d'histoire contemporaine proposent généralement aux étudiants d'appréhender soit des histoires situées, relatives à la France, aux États-Unis, à la Chine ou encore à la Russie, soit des histoires thématiques, dédiées à la construction européenne, à la guerre froide ou aux mouvements sociaux, par exemple. Pourtant, on y enseigne aussi les « décolonisations ». Tout se passe comme si l'Afrique et l'Asie représentaient un seul territoire, celui des anciens empires européens, et une seule thématique, celle de la colonisation et de ses suites. Comment s'étonner, alors, que nos représentations des sociétés africaines et asiatiques restent marquées du sceau de l'altérité ? Presse écrite, radio, télévision, magazine, exposition, roman, les instruments dont nous disposons pour comprendre le monde contemporain continuent de croire et de faire croire à l'ethnie et à la violence tribale, à la passivité des « Africains » face à l'avidité de leurs dirigeants, ou encore à l'inclinaison naturelle des « Asiatiques » à respecter l'autorité. Mais comment pourrait-il en être autrement lorsque, d'une certaine façon, même les lieux exclusivement dédiés au savoir perpétuent des représentations ancrées dans le temps colonial ?

Nous disposons aujourd'hui des outils nécessaires pour analyser la situation postcoloniale. Comme la colonie, la postcolonie est le produit de temps qui s'accumulent et d'échelles qui s'entrecroisent. Et, dans chaque histoire et chaque géographie postcoloniales, tous les acteurs ont leur place, depuis l'ancien colonisé devenu dirigeant jusqu'à l'ancien colonisateur devenu expert international, depuis le porte-parole d'un parti d'opposition jusqu'à la foule des héros anonymes qui construisent les sociétés africaines et asiatiques, qui *font* quotidiennement société.

De nombreux auteurs éclairent la situation postcoloniale ; reste, maintenant, à ce que leurs écrits soient connus. La faute revient d'abord aux historiens et aux historiennes. Bon gré mal gré, certains sont longtemps restés fiers de n'être compris que par quelques-uns. Cette époque est heureusement révolue. L'heure est au retour de l'histoire dans l'espace public. À l'égard des décolonisations, peut-être peut-on alors oser croire qu'il serait utile d'abandonner les récits totalisants. C'est le souhait de ce livre que de délaisser la synthèse au profit d'histoires situées. Mais peut-être est-ce le temps de sortir définitivement de l'exceptionnalité « africaine » ou « asiatique » et d'enfin proposer, pour chaque société qu'abritent ces deux continents, des histoires-mondes. Après tout, l'Éthiopie ou l'Indonésie ne partagent-elles pas avec la France ou les États-Unis le fait d'avoir une histoire mondiale ? Ces pays n'ont-ils pas évolué au rythme de rencontres globales et situées suffisamment riches pour que des cours leur soient entièrement consacrés à l'université, ou que des éditeurs estiment bon de les faire connaître ? Tout ceci n'est qu'un souhait, bien entendu. Rien ne nous empêche toutefois d'espérer pouvoir dire un jour, à propos des savoirs préconçus et des récits totalisants sur les sociétés africaines et asiatiques, que « tout cela est désormais fini ».

Bibliographie

Les références des sources et des témoignages, comme ceux de Frantz Fanon ou Albert Memmi, ne figurent pas dans la bibliographie. Elles se trouvent généralement dans les encadrés qui accompagnent chaque chapitre.

Travaux généraux

Jean-Loup AMSELLE, *L'Occident décroché. Enquête sur les postcolonialismes*, Paris, Pluriel, 2011 (1re éd. 2008, Stock).

Hannah ARENDT, *Eichmann à Jérusalem, Rapport sur la banalité du mal* (1963), traduit de l'anglais par Anne Guérin, Paris, Gallimard, 1991 (1re éd. 1966).

Georges BALANDIER, « La situation coloniale : approche théorique », *Cahiers internationaux de sociologie*, n° 11, 1951, p. 44-79.

–, « Inventer des sociétés neuves », *Arguments*, n° 15, 1959, p. 34-36.

Étienne BALIBAR, Immanuel WALLERSTEIN, *Race, nation, classe. Les identités ambiguës*, Paris, La Découverte, 2007.

Nicolas BANCEL, Daniel DENIS, Youssef FATES (dir.), *De l'Indochine à l'Algérie. La jeunesse en mouvements des deux côtés du miroir colonial, 1940-1962*, Paris, La Découverte, 2003.

Pascale BARTHÉLEMY, « L'enseignement dans l'Empire colonial français : une vieille histoire ? », *Histoire de l'éducation*, n° 128, 2010, p. 5-28.

Jean-François BAYART, Romain BERTRAND, « De quel “legs colonial” parle-t-on ? », *Esprit*, décembre 2006, p. 134-160.

Fabrice BENSIMON, *L'Empire britannique*, Paris, PUF, « Que sais-je ? », 2013.

Magali BESSONE, *Sans distinction de race ? Une analyse critique du concept de race et de ses effets pratiques*, Paris, Vrin, 2013.

Hélène BLAIS, Florence DEPREST, Pierre SINGARAVÉLOU (dir.), *Territoires impériaux. Une histoire spatiale du fait colonial*, Paris, Publications de la Sorbonne, 2011.

Pascal BLANCHARD, Nicolas BANCEL (dir.), *Culture post-coloniale, 1961-2006. Traces et mémoires coloniales en France*, Paris, Autrement, 2006.

Pascal BLANCHARD, Sandrine LEMAIRE (dir.), *Culture coloniale, 1871-1931. La France conquise par son empire*, Paris, Autrement, 2003.

Ahmed BOUBEKER, Françoise VERGÈS, Florence BERNAULT, Achille MBEMBE, Nicolas BANCEL, Pascal BLANCHARD (dir.), *Ruptures postcoloniales. Les nouveaux visages de la société française*, Paris, La Découverte, 2010.

Amzat BOUKARI-YABARA, *Africa Unite ! Une histoire du panafricanisme*, Paris, La Découverte, 2017 (2e éd.).

Pierre BROCHEUX (dir.), *Les Décolonisations au XXe siècle. La fin des empires européens et japonais*, Paris, Armand Colin, 2012.

Hervé BROQUET, Catherine LANNEAU, Simon PETERMANN (dir.), *Les 100 discours qui ont marqué le XXe siècle*, Bruxelles, André Versailles, 2008.

Christophe BRUN, « Découper la Terre, inventorier l'Homme. Le planisphère de Bory de Saint-Vincent, 1827 », *Monde(s). Histoire, espaces, relations*, n° 3, 2013, p. 67-89.

Jane BURBANK, Frederick COOPER, *Empires. De la Chine ancienne à nos jours* (2010), traduit de l'anglais par Christian Jeanmougin, Paris, Payot, 2011.

Gérard CHALIAND, *Repenser le tiers-monde*, Bruxelles, Complexe, 1987.

Philippe CHASSAIGNE, *La Grande-Bretagne et le Monde, de 1815 à nos jours*, Paris, Armand Colin, 2009.

Alain CHATRIOT, Marie-Emmanuelle CHESSEL, Matthew HILTON (dir.), *Au nom du consommateur. Consommation et politique en Europe et aux États-Unis au XXe siècle*, Paris, La Découverte, 2005.

Christine CHIVALLON, « La quête pathétique des *postcolonial studies* ou la révolution manquée », *Mouvements*, n° 51, 2007, p. 36-37.

Frederick COOPER, Ann STOLER (dir.), *Tensions of Empire. Colonial Culture in a Bourgeois World*, Berkeley, University of California Press, 1997.

Serge CORDELLIER, « 1955 : naissance de l'altermondialisme d'État », *Alternatives internationales*, n° 22, 2005, p. 40.

Éric DESMONS, « Avant-propos », *Revue française d'histoire des idées politiques*, n° 42 « Tiers-mondismes », 2015, p. 9-12.

Laurent DORNEL, Michael PARSONS (dir.), *Fins d'Empires. Ends of Empires*, Pau, Presses de l'université de Pau et des pays de l'Adour, 2016.

Bernard DROZ, *Histoire de la décolonisation au XXe siècle*, Paris, Seuil, 2006.

Samia EL MECHAT (dir.), *Les Administrations coloniales, XIXe-XXe siècles. Esquisse d'une histoire comparée*, Rennes, PUR, 2009.

Jacques FRÉMEAUX, « Les contingents impériaux au cœur de la guerre », *Histoire, économie & société*, n° 23, 2004, p. 215-233.

–, « Les empires coloniaux : la question territoriale », *Cités*, n° 20, 2004, p. 79-90.

–, *Les Colonies dans la Grande Guerre. Combats et épreuves des peuples d'Outre-Mer*, Saint-Cloud, 14-18 Éditions, 2006.

Louis GAUTIER, « Les guerres de François Mitterrand », *Matériaux pour l'histoire de notre temps*, n° 101-102, 2011, p. 64-70.

Pierre GROSSER, « Une “création continue” ? L'Indochine, le Maghreb et l'Union française », *Monde(s). Histoire, espaces, relations*, n° 12, 2017, p. 71-94.

Jean GUILAINE, Jacques SÉMELIN (dir.), *Violences de guerre, violences de masse. Une approche archéologique*, Paris, La Découverte, 2016.

François GUILLEMOT, « Bérurier noir. Sociogenèse culturelle et itinéraire personnel », *Volume !*, n° 13-1, 2016, p. 61-85.

–, Agathe LARCHER-GOSCHA (dir.), *La Colonisation des corps*, Paris, Vendémiaire, 2014.

Pierre HASSNER, *Les alliances sont-elles dépassées ?*, Paris, Fondation nationale des sciences politiques, 1966.

Béatrice HIBOU (dir.), *La Bureaucratisation néolibérale*, Paris, La Découverte, 2013.

Marc-Vincent HOWLETT, Romuald FONKOUA, « La maison Présence africaine », *Gradhiva*, n° 10, 2009, p. 106-133.

C. R. L. JAMES, *Histoire des révoltes panafricaines* (1938), traduit de l'anglais par Véronique Samson, Paris, Éditions Amsterdam, 2018.

Vincent JOLY, « "Races guerrières" et masculinité en contexte colonial. Approche historiographique », *Clio. Femmes, genre, histoire*, n° 33, 2011, p. 139-156.

Jean-François KLEIN, « Du patronat colonial au patronat impérial. Un changement de paradigme », *Vingtième Siècle. Revue d'histoire*, n° 114, 2012, p. 67-81.

Hélène L'HEUILLET, « Les études postcoloniales, une nouvelle théorie de la domination ? », *Cités*, n° 72, 2017, p. 41-52.

Paul-Marie DE LA GORCE, *L'Empire écartelé, 1936-1946*, Paris, Denoël, 1988.

Yves LACOSTE, « La question postcoloniale », *Hérodote*, n° 120, 2006, p. 5-27.

Henry LAURENS, « Le canal de Suez », *L'Histoire*, n° 157, 1992, p. 112-113.

–, « Les Afro-Asiatiques : acteurs ou enjeux de la scène politique internationale ? », *Politique étrangère*, n° 65, 2000, p. 887-900.

–, « Métropoles et empires coloniaux », *Le Débat*, n° 164, 2011, p. 70-84.

Yves LÉONARD, « 25 avril 1974 : les œillets font la démocratie », *Les Collections de L'Histoire*, n° 63, « Portugal, l'empire oublié », 2014, p. 70-80.

–, « L'empire, dernier acte », *Les Collections de L'Histoire*, n° 63, « Portugal, l'empire oublié », 2014, p. 82-85.

Claude LIAUZU, Gilles MANCERON (dir.), *La Colonisation, la Loi et l'Histoire*, Paris, Syllepse, 2006.

Amaury LORIN, Christelle TARAUD (dir.), *Nouvelle Histoire des colonisations européennes, XIXe-XXe siècles*, Paris, PUF, 2013.

Pierre-Jean LUIZARD (dir.), *Le Choc colonial et l'Islam*, Paris, La Découverte, 2006.

Achille MBEMBE, « Qu'est-ce que la pensée postcoloniale ? », *Esprit*, décembre 2006, p. 117-133.

Julien MEIMON, « Se découvrir militant. Le cabinet Cot à l'épreuve de la Coopération (1981-1983) », *Politix*, n° 70, 2005, p. 113-134.

Isabelle MERLE, « "La situation coloniale" chez Georges Balandier. Relecture historienne », *Monde(s). Histoire, espaces, relations*, n° 4, 2013, p. 211-232.

–, Adrian MUCKLE, *L'Indigénat. Genèses dans l'empire français. Pratiques en Nouvelle-Calédonie*, Paris, CNRS Éditions, 2019.

Marc MICHEL, *Décolonisations et émergence du tiers-monde*, Paris, Hachette, 2005 (2e éd.).

Ernst Wilhelm MÜLLER, « *L'Étudiant noir*, négritude et racisme. Critique d'une critique », *Anthropos*, n° 91, 1996, p. 5-18.

Gérard NOIRIEL, *Introduction à la socio-histoire*, Paris, La Découverte, 2006.

ORGANISATION INTERNATIONALE DE LA FRANCOPHONIE, *Le Mouvement panafricaniste au XXe siècle*, Paris, OIF, 2007.

René PÉLISSIER, « Portugal : trois empires perdus », *Matériaux pour l'histoire de notre temps*, n° 107, 2012, p. 44-53.

Caroline PIQUET, « Le canal de Suez : une route stratégique au cœur des conflits du Moyen-Orient au XXe siècle », *Guerres mondiales et conflits contemporains*, n° 262, 2016, p. 73-92.

Jean-Pierre RAISON, « Nommer, c'est créer un peu. De "Tiers-Monde" à "Tropicalisme" : les avatars d'un vocabulaire », *Autrepart*, n° 41, 2007, p. 57-68.

Edward SAÏD, « Albert Camus, ou l'inconscient colonial », *Le Monde diplomatique*, novembre 2000, p. 8-9.

–, *L'Orientalisme. L'Orient créé par l'Occident* (1978), traduit de l'anglais par Catherine Malamoud, Paris, Seuil, 2005 (1re éd. 1980).

Pierre Singaravélou (dir.), *Les Empires coloniaux, XIXe-XXe siècle*, Paris, Seuil, 2013.

Isabelle Surun, Hugues Tertrais, « Les continents orphelins ? Introduction », *Monde(s). Histoire, espaces, relations*, n° 3, 2013, p. 6-27.

Maxime Szczepanski-Huillery, « “L'idéologie tiers-mondiste”. Constructions et usages d'une catégorie intellectuelle en “crise” », *Raisons politiques*, n° 18, 2005, p. 27-48.

Pierre-André Taguieff (dir.), *Dictionnaire historique et critique du racisme*, Paris, PUF, 2013.

Sylvie Thénault, « L'indigénat dans l'empire français : Algérie / Cochinchine, une double matrice », *Monde(s). Histoire, espaces, relations*, n° 12, 2017, p. 21-40.

Yves Charles Zarka, « Le postcolonialisme ou le crime inexpiable de l'Occident », *Cités*, n° 72, 2017, p. 3-8.

Histoires d'Afrique

Charles-Robert Ageron, *Genèse de l'Algérie algérienne*, Paris, Bouchène, 2005.

–, « Mai 1945 en Algérie : enjeu de mémoire et histoire », *Matériaux pour l'histoire de notre temps*, n° 108, 2012, p. 68-73.

Mustafa al-Ahnaf, Bernard Botiveau, Franck Fregosi, *L'Algérie par ses islamistes*, Paris, Karthala, 1991.

Fabrice d'Almeida, *Nelson Mandela*, Paris, PUF, « Que sais-je ? », 2018.

Hélène d'Almeida-Topor, *L'Afrique du XXe siècle à nos jours*, Paris, Armand Colin, 2013 (4e éd.).

Marcel Amondji, *Félix Houphouët et la Côte d'Ivoire. L'envers d'une légende*, Paris, Karthala, 1984.

Jean-Loup Amselle, Elikia M'Bokolo (dir.), *Au cœur de l'ethnie. Ethnies, tribalisme et État en Afrique*, Paris, La Découverte, 2005 (1re éd. 1985).

Mehdi Ba, « L'attentat du 6 avril 1994. Confusion, inversion, négation », *Cités*, n° 57, 2014, p. 65-78.

Nicolas BANCEL, « La voie étroite : la sélection des dirigeants africains lors de la transition vers la décolonisation », *Mouvements*, n° 21-22, 2002, p. 28-40.

Jean-Pierre BAT, « Le rôle de la France après les indépendances. Jacques Foccart et la *pax gallica* », *Afrique contemporaine*, n° 235, 2010, p. 43-52.

–, *Le Syndrome Foccart. La politique française en Afrique, de 1959 à nos jours*, Paris, Gallimard, 2012.

–, « Les diamants (de Bokassa) sont éternels. "Pré carré" et guerre fraîche : la fabrique de la Françafrique », *Afrique contemporaine*, n° 246, 2013, p. 127-148.

–, « Bokassa, dernier empereur d'Afrique », *L'Histoire*, n° 394, 2013, p. 66-71.

–, *La Toussaint rouge. Aux origines de la guerre d'Algérie*, Paris, Hatier, 2014.

–, *La Fabrique des « barbouzes ». Histoire des réseaux Foccart en Afrique*, Paris, Nouveau Monde Éditions, 2015.

–, « "Call of Duty" : l'ombre de Savimbi », *Africa4*, 10 février 2016 (http://libeafrica4.blogs.liberation.fr/2016/02/10/call-duty-lombre-de-savimbi/).

–, « Le secteur N (Afrique) et la fin de la guerre froide », *Relations internationales*, n° 165, 2016, p. 43-56.

–, « La garde présidentielle de Bob Denard. Un mercenariat à la française (1961-1989) ? », *20 & 21. Revue d'histoire*, n° 141, 2019, p. 143-157.

–, Nicolas COURTIN (dir.), *Maintenir l'ordre colonial. Afrique et Madagascar, XIXe-XXe siècles*, Rennes, PUR, 2012.

Jean-François BAYART, *L'État en Afrique. La politique du ventre*, Paris, Fayard, 2006 (2e éd.).

Jean-Pierre BERTIN-MAGHIT (dir.), « La guerre d'Algérie et les médias. Questions aux archives », *Théorème*, n° 18, 2013.

David BIRMINGHAM, *Histoire de l'Angola de 1820 à nos jours* (2015), traduit de l'anglais par Gérard Siary, Paris, Chandeigne, 2019.

Guillaume BLANC, « Constructions nationale et patrimoniale dans l'Érythrée indépendante (1991-2006) », *Annales d'Éthiopie*, n° 25, 2010, p. 209-228.

–, « SOS Érythrée », *L'Histoire*, n° 394, 2013, p. 26.

Emmanuel BLANCHARD (réalisateur), *Bokassa Ier. Empereur de Françafrique*, Program33-ECPAD, 2011.

Françoise BLUM, *Révolutions africaines. Congo, Sénégal, Madagascar, années 1960-1970*, Rennes, PUR, 2014.

Martin BOSSENBROEK, *L'Or, l'Empire et le Sang. La guerre anglo-boer, 1899-1902* (2012), traduit du néerlandais par Bertrand Abraham, Paris, Seuil, 2018.

Raphaël BOTIVEAU, « Les avatars de l'African National Congress Youth League. L'invention d'une organisation politique de jeunesse sud-africaine (1990-2007) », *Politique africaine*, n° 104, 2006, p. 81-102.

Abderrahmane BOUCHÈNE, Jean-Pierre PEYROULOU, Ouanassa SIARI TENGOUR, Sylvie THÉNAULT (dir.), *Histoire de l'Algérie à la période coloniale, 1830-1962*, Paris-Alger, La Découverte-Barzakh, 2012.

Daniel BOURMAUD, *Histoire politique du Kenya. État et pouvoir local*, Paris, Karthala-CREDU, 1988.

–, « La nouvelle politique africaine de la France à l'épreuve », *Esprit*, août-septembre 2005, p. 17-27.

David BOZZINI, « The *Catch-22* of Resistance : Jokes and the Political Imagination of Eritrean Conscripts », *Africa Today*, n° 60, 2013, p. 38-64.

–, « Surveillance, répression et construction collective de l'insécurité en Érythrée », *Politique africaine*, n° 135, 2014, p. 137-157.

Raphaëlle BRANCHE, *La Torture et l'Armée pendant la guerre d'Algérie (1954-1962)*, Paris, Gallimard, 2001 (1re éd.).

–, *L'Embuscade de Palestro. Algérie 1956*, Paris, La Découverte, 2018.

–, Sylvie THÉNAULT, « Terrorisme : n'oublions pas les victimes de l'OAS ! », *Histoire coloniale et postcoloniale*, 2011 (http://histoirecoloniale.net/terrorisme-n-oublions-pas-les.html).

Vincent BRION, « La commémoration des martyrs d'Érythrée (1991-2005) », *Chroniques yéménites*, n° 13, 2006 (http://journals.openedition.org/cy/1375).

Michel CAHEN, « La crise du nationalisme », *Politique africaine*, n° 29, 1988, p. 2-14.

–, « Lutte d'émancipation anticoloniale ou mouvement de libération nationale ? Processus historique et discours idéologique. Le cas des colonies portugaises, et du Mozambique en particulier », *Revue historique*, n° 637, 2006, p. 113-138.

Tony CHAFER, *La Fin de l'empire colonial français en Afrique de l'Ouest. Entre utopie et désillusion* (2002), traduit de l'anglais par Jean Pasqualini, Rennes, PUR, 2019.

Salem CHAKER, Dahbia ABROUS, « De l'antiquité au Musée : berbérité ou… la dimension in-nommable », *Revue des mondes musulmans et de la Méditerranée*, n° 48-49, 1988, p. 173-197.

Hélène CHARTON, « Jomo Kenyatta et les méandres de la mémoire de l'indépendance du Kenya », *Vingtième siècle. Revue d'histoire*, n° 118, 2013, p. 45-59.

Jean-Pierre CHRÉTIEN, *L'Invention de l'Afrique des Grands Lacs. Une histoire du XXe siècle*, Paris, Karthala, 2010.

–, *Le Défi de l'ethnisme. Rwanda et Burundi*, Paris, Karthala, 2012 (2e éd.).

–, Jean-François DUPAQUIER, *Burundi 1972. Au bord des génocides*, Paris, Karthala, 2007.

–, Marcel KABANDA, *Rwanda. Racisme et génocide. L'idéologie hamitique*, Paris, Belin, 2013.

–, Gérard PRUNIER (dir.), *Les Ethnies ont une histoire*, Paris, Karthala, 2003 (2e éd.).

Blondin CISSÉ, « La problématique de la renaissance africaine dans le *Consciencisme* de Nkrumah : pour une relecture du socialisme africain », *Présence africaine*, n° 185-186, 2012, p. 61-78.

Daniel COMPAGNON, Brian MOKOPAKGOSI (dir.), *Le Botswana contemporain*, Paris, Karthala-IFRA, 2001.

Frederick COOPER, *L'Afrique depuis 1940* (2002), traduit de l'anglais par Christian Jeanmougin, Paris, Payot & Rivages, 2012.

Paul COQUEREL, *L'Afrique du Sud des Afrikaners*, Bruxelles, Complexe, 1992.

Catherine COQUERY-VIDROVITCH, *Le Congo au temps des grandes compagnies concessionnaires, 1898-1930*, Paris, Éditions de l'EHESS, 2001.

Anne CORNET, « Punir l'indigène : les infractions spéciales au Ruanda-Urundi (1930-1948) », *Afrique & histoire*, n° 7, 2009, p. 49-73.

Christian COULON, Jean-François BAYART, Yves-André FAURÉ, « Avant-propos », *Politique africaine*, n° 1, 1981, p. 2-4.

Olivier DARD, *Voyage au cœur de l'OAS*, Paris, Perrin, 2005.

Vincent DARRACQ, « Un nationalisme à géométrie variable dans l'Afrique du Sud post-apartheid », *Critique internationale*, n° 48, 2010, p. 161-181.

Marielle DEBOS, Nathaniel POWELL, « L'autre pays des "guerres sans fin". Une histoire de la France militaire au Tchad (1960-2016) », *Les Temps modernes*, n° 693-694, 2017, p. 221-266.

Martin DENIS-CONSTANT (dir.), *Sortir de l'apartheid*, Bruxelles, Complexe, 1992.

Marie-Luce DESGRANDCHAMPS, « Soutien militaire et aide humanitaire. Les ambiguïtés de la France au Biafra », *Relations internationales*, n° 165, 2016, p. 81-96.

Ingolf DIENER, *Namibie, une histoire, un devenir*, Paris, Karthala, 2000 (2e éd.).

–, Olivier GRAEFE (dir.), *La Namibie contemporaine. Les premiers jalons d'une société post-apartheid*, Paris, Karthala-Unesco-IFRA, 1999.

Cheikh Anta DIOP, *Les Fondements culturels, techniques et industriels d'un futur État fédéral d'Afrique noire*, Paris, Présence africaine, 1960.

Jean-Pierre DOZON, « L'État franco-africain », *Les Temps modernes*, n° 620-621, 2002, p. 261-288.

Papa DRAMÉ, Samir SAUL, « Le projet d'Eurafrique en France (1946-1960) : quête de puissance ou atavisme colonial ? », *Guerres mondiales et conflits contemporains*, n° 216, 2004, p. 95-114.

Hélène DUMAS, *Le Génocide au village*, Paris, Seuil, 2014.

Myron ECHENBERG, *Les Tirailleurs sénégalais en Afrique occidentale française (1857-1960)*, Paris, Karthala, 2009.

Camille EVRARD, « Quelle transmission du "pouvoir militaire" en Afrique ? L'indépendance mauritanienne vue par l'armée française », *Afrique contemporaine*, n° 235, 2010, p. 27-42.

François-Xavier FAUVELLE-AYMAR, « Afrique du Sud, 1993 : le discours qui évita la guerre civile », *L'Histoire*, n° 391, 2013, p. 8-12.

–, *Histoire de l'Afrique du Sud*, Paris, Seuil, 2013 (2e éd.).

–, *Convoquer l'Histoire. Nelson Mandela : trois discours commentés*, Paris, Alma Éditeur, 2015.

Éloi FICQUET, « L'Afrique comme pictogramme. Un continent souvent réduit à ses contours », *Cahiers d'études africaines*, n° 198-199-200, 2010, p. 405-418.

Laurent FOURCHARD, « Violences et ordre politique au Nigeria », *Politique africaine*, n° 106, 2007, p. 4-27.

Jean FREMIGACCI, « La vérité sur la grande révolte de Madagascar », *L'Histoire*, n° 318, 2007, p. 36-43.

Christian GEFFRAY, *La Cause des armes au Mozambique. Anthropologie d'une guerre civile*, Paris, Karthala, 1990.

Philippe GERVAIS-LAMBONY, « Afrique du Sud, les temps du changement », *Hérodote*, n° 111, 2003, p. 81-98.

–, *Territoires citadins. 4 villes africaines*, Paris, Belin, 2003.

–, *L'Afrique du Sud et les États voisins*, Paris, Armand Colin, 2013 (2e éd.).

–, Sylvy JAGLIN, Alan MABIN (dir.), *La Question urbaine en Afrique australe. Perspectives de recherche*, Paris, Karthala, 1999.

Antoine GLASER, *Africafrance. Quand les dirigeants africains deviennent les maîtres du jeu*, Paris, Pluriel, 2017.

–, Stephen SMITH, *Ces messieurs Afrique*, Paris, Calmann-Lévy, 1994.

Yves GOUNIN, *La France en Afrique. Le combat des Anciens et des Modernes*, Paris, De Boeck Supérieur, 2009.

Jean GUILOINEAU, *Nelson Mandela*, Paris, Payot, 1994.

Mohammed HACHEMAOUI, « La corruption politique en Algérie : l'envers de l'autoritarisme », *Esprit*, juin 2011, p. 111-135.

Mohammed HARBI, « Culture et démocratie en Algérie : retour sur une histoire », *Le Mouvement social*, n° 219-220, 2007, p. 25-34.

–, « Les violences de la guerre d'indépendance algérienne », *Histoire coloniale et postcoloniale*, 2008 (https://histoirecoloniale.net/Mohammed-Harbi-les-violences-de-la.html).

–, Gilbert MEYNIER, « La dernière frappe du révisionnisme médiatique », *Confluences Méditerranée*, n° 48, 2004, p. 221-232.

–, Benjamin STORA, *La Guerre d'Algérie*, Paris, Pluriel, 2010.

François-Xavier HAUTREUX, *La Guerre d'Algérie des Harkis, 1954-1962*, Paris, Perrin, 2013.

Vincent HIRIBARREN, « L'héritage spatial de l'*Indirect Rule* au Nigeria », *Hérodote*, n° 159, 2015, p. 13-26.

John ILIFFE, *Les Africains. Histoire d'un continent* (1995), traduit de l'anglais par Jean-Paul Mourlon, Paris, Flammarion, 2016 (2e éd. révisée par Anne Hugon).

Pierre JACQUEMOT, « Le Rwanda et la République démocratique du Congo. David et Goliath dans les Grands Lacs », *Revue internationale et stratégique*, n° 95, 2014, p. 32-42.

Vincent JACQUET, « D'instrument de propagande à miroir de la guerre d'Algérie : l'équipe de football du Front de libération nationale, 1954-1962 », *Bulletin de l'Institut Pierre Renouvin*, n° 47, 2018, p. 121-131.

Jean-Baptiste JEANGÈNE VILMER, Franck GOUÉRY, *Érythrée, un naufrage totalitaire*, Paris, PUF, 2015.

Eric JENNINGS, *La France libre fut africaine*, Paris, Perrin, 2014.

Vincent JOLY, *Guerres d'Afrique. 130 ans de guerres coloniales. L'expérience française*, Rennes, PUR, 2009.

Barbara JUNG, « L'image télévisuelle comme arme de guerre. Exemple de la guerre du Biafra, 1967-1970 », *Bulletin de l'Institut Pierre Renouvin*, n° 26, 2007, p. 49-63.

Alexander KEESE, « L'évolution du "leader indigène" aux yeux des administrateurs français : Léon M'Ba et le changement des modalités de participation au pouvoir local au Gabon, 1922-1967 », *Afrique & histoire*, n° 2, 2004, p. 141-170.

Jonathan KUIKEN, « Une persistance de l'Empire britannique en Afrique postcoloniale ? Le rôle des compagnies pétrolières British Petroleum et Shell », *Afrique contemporaine*, n° 261-262, 2017, p. 49-63.

Yves LACOSTE, « Enjeux politiques et géopolitiques de la langue française en Algérie : contradictions coloniales et postcoloniales », *Hérodote*, n° 126, 2007, p. 17-34.

Pierre-Jean LE FOLL-LUCIANI, William SPORTISSE, *Le Camp des Oliviers. Parcours d'un communiste algérien*, Rennes, PUR, 2012.

Fabienne LE HOUÉROU, *Éthiopie-Érythrée, frères ennemis de la Corne de l'Afrique*, Paris, L'Harmattan-Les Nouvelles d'Addis, 2000.

Delphine LECOUTRE, « L'Éthiopie et la création de l'OUA », *Annales d'Éthiopie*, n° 20, 2004, p. 113-147.

Yves LÉONARD, « La fin de l'Afrique portugaise », *Les Collections de L'Histoire*, n° 49, 2010, p. 86-87.

Marie LORY, *Le Botswana*, Paris, Karthala, 2014 (2e éd.).

Claude LUTZELSCHWAB, « Populations et économies des colonies d'implantation européenne en Afrique (Afrique du Sud, Algérie, Kenya et Rhodésie du Sud) », *Annales de démographie historique*, n° 113, 2007, p. 33-58.

Elikia M'BOKOLO, *Afrique noire. Histoire et civilisations*. T. II, *Du XIXe siècle à nos jours*, Paris, Hatier-AUF, 2008 (3e éd.).

Şaul MAHIR, « "La jarre révolutionnaire bouillait". 1915-1916 : guerre anticoloniale dans l'Ouest-Volta », *Les Temps modernes*, n° 693-694, 2017, p. 59-86.

Philippe MARCHESIN, « Mitterrand l'Africain », *Politique africaine*, n° 58, 1995, p. 5-24.

Claude MARKOVITS, « Ce qu'il doit à l'Afrique du Sud », *L'Histoire*, n° 393, « Gandhi. Au-delà de la légende », 2013, p. 42-45.

Claire MARYNOWER, *L'Algérie à gauche (1900-1962). Socialistes à l'époque coloniale*, Paris, PUF, 2018.

Achille MBEMBE, *De la postcolonie. Essai sur l'imagination politique dans l'Afrique contemporaine*, Paris, Karthala, 2000.

Christine MESSIANT, *L'Angola postcolonial*. T. II, *Sociologie politique d'une oléocratie*, Paris, Karthala, 2009.

Gilbert MEYNIER, « Problématique historique de la nation algérienne », *NAQD. Revue d'étude et de critique sociale*, n° 14-15, 2001, p. 25-54.

Abderahmen MOUMEN, « De l'Algérie à la France. Les conditions de départ et d'accueil des rapatriés, pieds-noirs et harkis en 1962 », *Matériaux pour l'histoire de notre temps*, n° 99, 2010, p. 60-68.

Nelly MOURIC, « La politique tchadienne de la France sous Valéry Giscard d'Estaing : vers la prise en compte de la rébellion », *Politique africaine*, n° 16, 1984, p. 86-101.

Martin MOURRE, *Thiaroye 1944. Histoire et mémoire d'un massacre colonial*, Rennes, PUR, 2017.

–, « La répression de Thiaroye. Décrire les différents degrés de la violence coloniale », *Les Temps modernes*, n° 693-694, 2017, p. 87-110.

Jean-François ORRU, Rémi PELON, Philippe GENTILHOMME, « Le diamant dans la géopolitique africaine », *Afrique contemporaine*, n° 221, 2007, p. 173-203.

Philippe OULMONT, « Félix Éboué, un jaurésien inattendu », *Cahiers Jaurès*, n° 200, 2011, p. 147-161.

Guy PERVILLÉ, « Terrorisme : l'arme du FLN », *Les Collections de L'Histoire*, n° 15, 2002, p. 46-51.

Jean-Pierre PEYROULOU, *Guelma, 1945. Une subversion française dans l'Algérie coloniale*, Paris, La Découverte, 2009.

Jean PIROTTE, « L'Afrique centrale ex-belge », *Histoire, monde et cultures religieuses*, n° 25, 2013, p. 107-132.

Florent PITON, *Le Génocide des Tutsi du Rwanda*, Paris, La Découverte, 2018.

POLITIQUE AFRICAINE, « La fin du pacte colonial ? La politique africaine de la France sous J. Chirac et après », *Politique africaine*, n° 105, 2007, p. 7-26.

Roland POURTIER, « L'Afrique centrale dans la tourmente. Les enjeux de la guerre et de la paix au Congo et alentour », *Hérodote*, n° 111, 2003, p. 20-38.

Nathaniel Kinsey POWELL, « La France, les États-Unis et la Force interafricaine au Zaïre (1978-1979) », *Relations internationales*, n° 150, 2012, p. 71-83.

Gérard PRUNIER, « L'Ouganda et les guerres congolaises », *Politique africaine*, n° 75, 1999, p. 43-59.

Lucile RABEARIMANANA, « Les Malgaches durant la Seconde Guerre mondiale : souffrances et rêves d'émancipation », *Guerres mondiales et conflits contemporains*, n° 246, 2012, p. 7-22.

Malika RAHAL, « 10 février 1943 – Le Manifeste du peuple algérien », *Textures du temps*, 2015 (https://texturesdutemps.hypotheses.org/1458#footnote_1_1458).

Daniel RIVET, *Le Maghreb à l'époque de la colonisation*, Paris, Pluriel, 2010 (1re éd. 2002, Hachette).

Alain RUSCIO, *Les Communistes et l'Algérie. Des origines à la guerre d'indépendance, 1920-1962*, Paris, La Découverte, 2019.

Philippe-Joseph SALAZAR (dir.), *Amnistier l'apartheid. Travaux de la commission Vérité et Réconciliation, sous la direction de Desmond Tutu*, Paris, Seuil, 2004.

Todd SHEPARD, *1962. Comment l'indépendance algérienne a transformé la France* (2006), traduit de l'anglais par Claude Servan-Schreiber, Paris, Payot, 2012 (2e éd.).

Nedjib SIDI MOUSSA, *Algérie, une autre histoire de l'indépendance. Trajectoires révolutionnaires des partisans de Messali Hadj*, Paris, PUF, 2019.

Stephen SMITH, « France-Afrique : l'adieu aux "ex-néo-colonies" », *Le Débat*, n° 137, 2005, p. 74-85.

SORTIR DU COLONIALISME (dir.), *Résister à la guerre d'Algérie. Par les textes de l'époque*, Paris, Les Petits Matins, 2012.

Jason STEARNS, « Repenser la crise au Kivu : mobilisation armée et logique du gouvernement de transition », *Politique africaine*, n° 129, 2013, p. 23-48.

Benjamin STORA, *Histoire de l'Algérie coloniale, 1830-1954*, Paris, La Découverte, 2004.

–, *Histoire de la guerre d'Algérie, 1954-1962*, Paris, La Découverte, 2004.

–, *Histoire de l'Algérie depuis l'indépendance, 1962-1988*, Paris, La Découverte, 2004.

Khaoula TALEB IBRAHIMI, « L'Algérie : coexistence et concurrence des langues », *L'Année du Maghreb*, n° 1, 2006, p. 207-218.

Meredith TERRETTA, « *Cause lawyering* et anticolonialisme : activisme politique et État de droit dans l'Afrique française, 1946-1960 », *Politique africaine*, n° 138, 2015, p. 25-48.

Sylvie THÉNAULT, *Une drôle de justice. Les magistrats dans la guerre d'Algérie*, Paris, La Découverte, 2004 (2e éd.).

–, « Personnel et internés dans les camps français de la guerre d'Algérie. Entre stéréotypes coloniaux et combat pour l'indépendance », *Politix*, n° 69, 2005, p. 63-81.

–, « L'OAS à Alger en 1962. Histoire d'une violence terroriste et de ses agents », *Annales. Histoire, sciences sociales*, n° 63, 2008, p. 977-1001.

–, « Le régime pénal de l'indigénat. Une histoire en débat », *Carnet de l'Association des historiens contemporanéistes de l'enseignement supérieur et de la recherche*, 2012 (https://ahcesr.hypotheses.org/40).

–, « Les disparus de la guerre d'Algérie », *L'Histoire*, n° 466, 2019, p. 12-19.

Romain TIQUET, *Travail forcé et mobilisation de la main-d'œuvre au Sénégal. Années 1920-1960*, Rennes, PUR, 2019.

Jean Omasombo TSHONDA, « Lumumba, drame sans fin et deuil inachevé de la colonisation », *Cahiers d'études africaines*, n° 173-174, 2004, p. 221-261.

David VAN REYBROUCK, *Congo. Une histoire* (2010), traduit du flamand par Isabelle Rosselin, Paris, Actes Sud, 2012.

Jan VANSINA, *Le Rwanda ancien. Le royaume nyiginya*, Paris, Karthala, 2012 (2e éd.).

Martin VERLET, « Langue et pouvoir au Ghana sous Nkrumah : les maîtres-mots », *Politique africaine*, n° 23, 1986, p. 67-82.

François-Xavier VERSCHAVE, *La Françafrique. Le plus long scandale de la République*, Paris, Stock, 1998.

Léonard VINCENT, *Les Érythréens*, Paris, Payot & Rivages, 2012.

Michel WINOCK, « 1957 : la campagne des intellectuels », *Les Collections de L'Histoire*, n° 15, « La guerre d'Algérie », 2002, p. 62-63.

Robert J.-C. YOUNG, « Fanon et le recours à la lutte armée en Afrique », *Les Temps modernes*, n° 635-636, 2006, p. 71-96.

Histoires d'Asie

Benoît ANTHEAUME, Joël BONNEMAISON, Michel BRUNEAU, Christian TAILLARD, *Géographie universelle. Asie du Sud-Est, Océanie*, Paris, Belin, 1995.

Hans ANTLÖV, Stein TØNNESON (dir.), *Imperial Policy and Southeast Asian Nationalism, 1930-1957*, Richmond, Curzon Press, 1995.

Sandrine BÈGUE, « La réaction internationale face à la chute de Goa (fin décembre 1961) », *Relations internationales*, n° 133, 2008, p. 53-70.

Romain BERTRAND, « Islam, pouvoir et modernité en Asie du Sud-Est : de la "première modernité islamique" aux radicalismes contemporains », *Mouvements*, n° 36, 2004, p. 32-41.

–, « Histoire d'une "réforme morale" de la politique coloniale des Pays-Bas : les Éthicistes et l'Insulinde (vers 1880-1930) », *Revue d'histoire moderne & contemporaine*, n° 54, 2007, p. 86-116.

–, « Les relations entre l'Indonésie et la Malaisie. L'histoire oubliée d'un "nationalisme malais" et d'un islam social-démocrate sans frontières (c. 1920-1960) », *Matériaux pour l'histoire de notre temps*, n° 88, 2007, p. 44-51.

Michel BODIN, « Les Laotiens dans la guerre d'Indochine, 1945-1954 », *Guerres mondiales et conflits contemporains*, n° 230, 2008, p. 5-21.

Pierre BROCHEUX, *Hô Chi Minh*, Paris, Presses de Sciences Po, 2000.

– (dir.), *Du conflit d'Indochine aux conflits indochinois*, Bruxelles, Complexe, 2000.

–, « Pol Pot et la destruction du Cambodge », *L'Histoire*, n° 247, 2000, p. 64-67.

–, « Sihanouk, le "prince rouge" », *L'Histoire*, n° 295, 2005, p. 27-29.

–, *Histoire du Viêt-Nam contemporain. La nation résiliente*, Paris, Fayard, 2011.

–, Daniel HÉMERY, *Indochine. La colonisation ambiguë*, Paris, La Découverte, 2001 (2e éd.).

Alexandra CARTER, « Le long retour du colonisateur : les Britanniques et le choc de la Seconde Guerre mondiale en Malaisie (1941-1948) », *Relations internationales*, n° 134, 2008, p. 19-35.

Françoise CAYRAC-BLANCHARD, « De l'Ordre nouveau au régime Soeharto », *Archipel*, n° 46, 1993, p. 3-24.

David CHANDLER, *S-21 ou le crime impuni des Khmers rouges* (2000), traduit de l'anglais par Alexandra Helleu, Paris, Autrement, 2002.

–, *Une histoire du Cambodge* (1983), traduit de l'anglais par Christiane Lalonde, Paris, Les Indes savantes, 2011.

Benoît DE TRÉGLODÉ, « Viêt-Nam, le Parti, l'armée et le peuple : maintenir l'emprise politique à l'heure de l'ouverture », *Hérodote*, n° 157, 2015, p. 9-22.

Mamadou DIOUF (dir.), *L'Historiographie indienne en débat. Colonialisme, nationalisme et sociétés postcoloniales*, Paris, Karthala, 1999.

Jean-Luc DOMENACH, François GODEMENT (dir.), *Communismes d'Asie : mort ou métamorphose ?*, Bruxelles, Complexe, 1994.

Françoise DOUAIRE-MARSAUDON, Alain GUILLEMIN, Chantal ZHENG (dir.), *Missionnaires chrétiens, XIXe-XXe siècle. Asie et Pacifique*, Paris, Autrement, 2008.

Pierre FISTIÉ, « La rupture entre Singapour et la Malaysia », *Revue française de science politique*, n° 17, 1967, p. 237-262.

David GOEURY, « "Wagah Border". Mise en tourisme d'un rituel nationaliste à la frontière indo-pakistanaise », *Civilisations*, n° 57-1, 2008, p. 139-154.

Daniel P. S. GOH, « Genèse de l'État colonial. Politiques colonisatrices et résistance indigène (Malaisie britannique, Philippines américaines) », *Actes de la recherche en sciences sociales*, n° 171-172, 2008, p. 56-73.

Christopher GOSCHA, « Une guerre pour l'Indochine ? Le Laos et le Cambodge dans le conflit franco-vietnamien (1948-1954) »,

Guerres mondiales et conflits contemporains, n° 211, 2003, p. 29-58.

–, « Bao Dai, monarque colonial », *Les Collections de L'Histoire*, n° 62, « Le Viêtnam depuis 2000 ans », 2014, p. 36-39.

–, « Géopolitique de l'Asie nouvelle », *L'Histoire*, n° 413-414, 2015, p. 120-125.

–, « La géopolitique vietnamienne vue de l'Eurasie : quelles leçons de la troisième guerre d'Indochine pour aujourd'hui ? », *Hérodote*, n° 157, 2015, p. 23-38.

Pierre GROSSER, « La guerre de trente ans », *Les Collections de L'Histoire*, n° 62, 2014, p. 48-60.

Mathieu GUÉRIN, Jonathan PADWE, « Pénétration coloniale et résistance chez les Jarai. Revisiter le rôle des colonisés dans la mise en place des frontières en Indochine », *Outre-Mers*, n° 370-371, 2011, p. 245-272.

Jules GUILLAUMÉ, « Le droit à réparation devant la CPI : promesses et incertitudes », *Politique étrangère*, n° 4, 2015, p. 51-62.

François GUILLEMOT, *Viêt-Nam, fractures d'une nation. Une histoire contemporaine de 1858 à nos jours*, Paris, 2018, La Découverte.

Daniel HÉMERY, « L'Indochine à l'âge des extrêmes : protestations et révolutions (XIXe-XXe siècles). III, 1940-2006 », *Europe solidaire sans frontières*, 2007 (https://www.europe-solidaire.org/spip.php?article9821).

Nathalie HOFFMANN, « Malaisie : vingt-deux ans de régime Mahathir. Esquisse de bilan d'un dirigeant hors du commun », *Revue internationale et stratégique*, n° 49, 2003, p. 58-68.

Ben KIERNAN, *Le Génocide au Cambodge (1975-1979). Race, idéologie et pouvoir* (1996), traduit de l'anglais par Marie-France de Paloméra, Paris, Gallimard, 1998.

Christophe JAFFRELOT, *Les Nationalistes hindous*, Paris, Presses de la Fondation nationale des sciences politiques, 1993.

–, « Delhi, 30 janvier 1948 : l'assassinat de Gandhi », *L'Histoire*, n° 216, 1997, p. 64-69.

–, « Du nationalisme hindou au nationalisme nucléaire en Inde », *Études*, n° 389-10, 1998, p. 305-314.

– (dir.), *Le Pakistan, carrefour de tensions régionales*, Bruxelles, Complexe, 1999.

– (dir.), *Le Pakistan*, Paris, Fayard, 2000.

– (dir.), *L'Inde contemporaine. De 1950 à nos jours*, Paris, Fayard, 2006 (1re éd. 1996).

–, « Le syndrome pakistanais, ou la quête souvent irréaliste d'une coûteuse parité », *Hérodote*, n° 139, 2010, p. 51-68.

–, *Le Syndrome pakistanais*, Paris, Fayard, 2013.

– (dir.), *L'Inde contemporaine. De 1990 à aujourd'hui*, Paris, Pluriel, 2014.

Pierre JOURNOUD, « Viêtnam : le choc du Têt », *L'Histoire*, n° 330, 2008, p. 14-15.

–, *Diên Biên Phu. La fin d'un monde*, Paris, Vendémiaire, 2019.

Rodolphe DE KONINCK, « Singapour : le modelage d'une cité-État », *Monde chinois*, n° 30, 2012, p. 47-58.

B. KRISHNAMURTHY, « De Bruxelles à Bandung : l'anticolonialisme de Jawaharlal Nehru », *Revue française d'histoire des idées politiques*, n° 42, 2015, p. 13-46.

Elsa LAFAYE DE MICHEAUX, *La Malaisie, un modèle de développement souverain ?*, Lyon, ENS Éditions, 2012.

Pierre LEMONNIER, « La chasse à l'authentique. Histoires d'un âge de pierre hors contexte », *Terrain*, n° 33, 1999, p. 93-110.

Henri LOCARD, « Les Khmers rouges : d'où venaient-ils ? », *Après-demain*, n° 36, 2015, p. 13-15.

Amaury LORIN, « “La civilisation suit la locomotive” : le credo ferroviaire de Paul Doumer, gouverneur général de l'Indochine (1897-1902) », *Revue d'histoire des chemins de fer*, n° 35, 2006, p. 41-54.

Rémy MADINIER, « Asie du Sud-Est : les chimères de l'islam radical », *Outre-Terre*, n° 6, 2004, p. 109-114.

–, « La tragédie de 1965 en Indonésie : une historiographie renouvelée, une mémoire toujours tronquée », *Archipel*, n° 88, 2014, p. 189-212.

Stéphane MANTOUX, « L'offensive du Têt : la surprise au service d'un choc stratégique », *Stratégique*, n° 106, 2014, p. 95-110.

Jean-Louis MARGOLIN, « Prolétariat combatif, ouvriers atones : le paradoxe singapourien (1936-1995) », *Le Mouvement social*, n° 173, 1995, p. 113-148.

–, « Indonésie 1965 : autopsie d'un coup d'État anticommuniste », *L'Histoire*, n° 225, 1998, p. 28-29.

–, « Le Cambodge des Khmers rouges : de la logique de guerre totale au génocide », *Vingtième Siècle. Revue d'histoire*, n° 77, 2003, p. 3-18.

–, « Appropriation du passé et nationalisme hindou dans l'Inde contemporaine », *Sociétés & Représentations*, n° 22, 2006, p. 63-80.

Claude MARKOVITS, « L'Asie, une invention européenne ? », *Monde(s). Histoire, espaces, relations*, n° 3, 2013, p. 53-66.

François-Charles MOUGEL, « Singapour, 2015. 50 ans d'indépendance », *L'Histoire*, n° 412, 2015, p. 80-87.

Satoshi NAKANO, « La gestion des colonies et l'administration militaire dans le Sud. Le démantèlement de l'Empire japonais en Asie du Sud-Est », *Guerres mondiales et conflits contemporains*, n° 249, 2013, p. 75-99.

Pap NDIAYE, « Naissance d'un leader indépendantiste », *L'Histoire*, n° 393, « Gandhi. Au-delà de la légende », 2013, p. 46-53.

Marie NICOLAS-GRÉCIANO, « Justice et vérité sur le génocide cambodgien », *La Revue des droits de l'homme*, Actualités Droits-Libertés, 2019 (http://journals.openedition.org/revdh/6241).

Milton OSBORNE, « Norodom Sihanouk, prince rouge ? », *L'Histoire*, n° 381, 2012, p. 56-57.

Éric PANTHOU, *Les Plantations Michelin au Viêt-Nam*, Clermont-Ferrand, La Galipote, 2013.

John PRADOS, *La Guerre du Viêt-Nam, 1945-1975* (2009), traduit de l'anglais par Johan-Frederik Hel-Guedj, Paris, Perrin, 2011.

Jean-Luc RACINE, « Le Cachemire et ses trois cercles », *Le Débat*, n° 118, 2002, p. 156-165.

–, « Le paradigme pakistanais », *Hérodote*, n° 139, 2010, p. 3-50.

François RAILLON, « Comment peut-on être indonésien ? De la mondialisation d'un archipel », *Hérodote*, n° 120, 2006, p. 237-260.

Ami-Jacques Rapin, « Chiêu hôi, un programme de pacification de la guerre du Vietnam (1963-1973) », *Vingtième Siècle. Revue d'histoire*, n° 110, 2011, p. 33-46.

Marie Redon, « D'un nationalisme à l'autre : la naissance de la République démocratique de Timor Leste face à l'émergence de l'Indonésie », *Matériaux pour l'histoire de notre temps*, n° 88, 2007, p. 60-68.

Philippe Richer, *L'Asie du Sud-Est. Indépendances et communismes*, Paris, Imprimerie nationale, 1981.

–, *Le Cambodge de 1945 à nos jours*, Paris, Presses de Sciences Po, 2009 (2e éd.).

Hartmut O. Rotermund (dir.), *L'Asie orientale et méridionale aux XIXe et XXe siècles. Chine, Corée, Japon, Asie du Sud-Est, Inde*, Paris, PUF, 1999.

Alain Ruscio, « L'opinion française et la guerre d'Indochine (1945-1954). Sondages et témoignages », *Vingtième Siècle. Revue d'histoire*, n° 29, 1991, p. 35-46.

Olivier Sevin, « Timor Lorosa'e : naissance d'un nouvel État », *Les Cahiers d'Outre-Mer*, n° 228, 2004, p. 387-424.

Élie Tenenbaum, « Les déplacements de populations comme outil de contre-insurrection : l'exemple du programme des hameaux stratégiques au Sud-Viêtnam », *Guerres mondiales et conflits contemporains*, n° 239, 2010, p. 119-141.

Hugues Tertrais, « Dien Bien Phu l'incroyable victoire », *Les Collections de L'Histoire*, n° 62, 2014, p. 62-65.

Raymond Toinet, *Une guerre de trente-cinq ans. Indochine-Viêtnam, 1940-1975*, Limoges, Lavauzelle, 1998.

Isabelle Tracol-Huynh, « Encadrer la sexualité au Viêt-Nam colonial : police des mœurs et réglementation de la prostitution (des années 1870 à la fin des années 1930) », *Genèses*, n° 86, 2012, p. 55-77.

Index des acronymes

Index des noms de personnes

L'index est organisé en « Nom, Prénom ». Autant que possible, nous avons toutefois tenté de respecter l'identification des individus appartenant à des sociétés où les hommes et les femmes ne sont pas désignés par un nom puis un prénom – on lira ainsi « Issayas Afeworki » ou « Rithy Panh ».

Index des noms de villes, de régions et d'États

Table des cartes

Liste des cartes

Table des encadrés

Table

RÉALISATION : NORD COMPO À VILLENEUVE-D'ASCQ
IMPRESSION : NORMANDIE ROTO IMPRESSION S.A.S. À LONRAI
DÉPÔT LÉGAL : JANVIER 2022. N° 149666 (2105325)
Imprimé en France